博学而笃志,切问而近思。
（《论语·子张》）

博晓古今,可立一家之说;
学贯中西,或成经国之才。

复旦博学·复旦博学·复旦博学·复旦博学·复旦博学·复旦博学

消费者行为学

王晓玉　主编

复旦大学出版社

内容提要

本书共18章,从逻辑框架上分为四个部分:第一部分是消费者行为学的导论,主要介绍了消费者行为学的跨学科特征、消费者行为理论的发展以及与市场营销的关系;第二部分是影响消费者行为的内在因素,包括消费者动机、消费者感知、消费者学习、消费者记忆、消费者态度、消费者情绪、消费者个性以及消费者的自我概念共八章内容;第三部分是消费者的决策过程,包括消费者的信息搜集过程、消费者的方案评价过程、消费者的购买渠道选择和情境影响过程,以及消费者购后行为共四章内容;第四部分是影响消费者行为的外在因素,主要包括参考群体、家庭与消费者行为、社会阶层的影响、文化对消费者的影响、亚文化对消费者的影响共五章内容。

序 言

消费者行为学是一门相对年轻的学科，又是一门领域跨度大的学科，涉及心理学、社会学、人类文化学、经济学、市场营销学、管理学以及统计学等诸多学科。1968年美国俄亥俄州立大学的詹姆斯·恩格尔等人出版了《消费者行为学》一书，这是世界上第一本系统介绍消费者行为知识与理论的教科书。之后，随着社会各界尤其是企业界对消费者问题的日益关注，消费者行为研究备受重视，消费者行为学的发展与传播速度大大加快。消费者行为学不仅成为市场营销专业学生的必修课，而且受到管理、传播、广告等相关专业学生的重视和欢迎。

本书在上海财经大学出版社2014年版的基础上进行了修订，共18章，从逻辑框架上分为四个部分：第一部分是消费者行为学的导论，主要介绍了消费者行为学的跨学科特征、消费者行为理论的发展以及与市场营销的关系；第二部分是影响消费者行为的内在因素，包括消费者动机、消费者感知、消费者学习、消费者记忆、消费者态度、消费者情绪、消费者个性以及消费者的自我概念共八章内容；第三部分是消费者的决策过程，包括消费者的信息搜集过程、消费者的方案评价过程、消费者的购买渠道选择和情境影响过程，以及消费者购后行为共四章内容；第四部分是影响消费者行为的外在因素，主要包括参考群体、家庭与消费者行为、社会阶层的影响、文化对消费者的影响、亚文化对消费者的影响共五章内容。

本书由王晓玉主编，上海财经大学市场营销系的楼尊副教授、叶巍岭副教授、龚晗副教授、田鼎副教授，华东师范大学的王雪华副教授，以及上海健康医学院万广圣副教授参与了编写。具体分工如下：王晓玉编写了第一章、第三章、第四章、第五章、第六章、第七章、第八章；楼尊编写了第十四章、第十七章、第十八章；叶巍岭编写了第十二章；龚晗编写了第十章、第十一章；田鼎编写了第十三章、第十六章；王雪华编写了第二章、第九章；万广圣编写了第十五章；博士生曹琪、金文玉也参与了部分章节的写作，在此一并表示感谢！

与第一版相比，本版本具有以下特征：第一，充分融入了互联网与数字经济背景对消费者行为的影响，体现了新消费特征。第二，融入了党的二十大精神和习近平总书记的思想，强化了对中国市场的分析，关注中国消费者的行为规律、中国企业的营销案例，以及中国学者的营销建议。第三，章内编排做了优化，每章增加了一到两个经典和前沿研究，用通俗的语言，向读者展示了与章内重要知识点有关的经典和前沿研究。第四，体系更加全面，增加了"消费者情绪"一章。

  教材的完善既需要编写者付出努力，也需要读者的反馈和批评。由于编写者水平所限，书中错误和不当之处在所难免，恳请同行和读者批评、指正，以便下次修订能有更大的进步和提高。

王晓玉
2022 年 10 月

目　录

第一章　导论　1
开篇案例　1
第一节　消费者行为的内涵与特征　2
第二节　消费者行为研究的跨学科特征　4
第三节　消费者行为研究中的代表性模型　5
第四节　消费者行为与营销策略　8
本章小结　11
思考题　11

第二章　消费者动机　12
开篇案例　12
第一节　消费者动机的内涵　13
第二节　关于动机的理论　14
第三节　消费者动机的特征　23
第四节　动机与目标　26
第五节　动机与涉入度　28
第六节　动机与消费者归因　31
第七节　动机理论与市场营销策略　32
本章小结　38
思考题　38

第三章 消费者感知 40

开篇案例 40
第一节 消费者感官系统与感官刺激 41
第二节 展露 49
第三节 消费者注意 52
第四节 消费者理解 57
第五节 消费者感知的营销借鉴 60
本章小结 67
思考题 67

第四章 消费者学习 68

开篇案例 68
第一节 消费者学习的内涵 69
第二节 有关消费者学习的理论 70
本章小结 85
思考题 85

第五章 消费者记忆 86

开篇案例 86
第一节 消费者记忆的体系 87
第二节 记忆的过程 91
第三节 消费者知识 96
第四节 广告中提高消费者记忆的方法 99
第五节 怀旧营销 106
本章小结 108
思考题 109

第六章 消费者态度 110

开篇案例 110
第一节 消费者态度概述 111
第二节 消费者态度的模型与测量 113
第三节 消费者态度的形成 123
第四节 影响和改变消费者的态度 126

	第五节　消费者态度的其他理论	137
	本章小结	140
	思考题	141

第七章　消费者情绪　142

	开篇案例	142
	第一节　消费者情绪概述	143
	第二节　情绪对消费者的影响	149
	第三节　基于情绪的市场营销策略	157
	本章小结	160
	思考题	160

第八章　消费者个性　161

	开篇案例	161
	第一节　消费者个性的内涵与特征	162
	第二节　个性理论的发展	164
	第三节　消费者气质	173
	第四节　品牌个性	178
	本章小结	183
	思考题	184

第九章　消费者的自我概念与生活方式　185

	开篇案例	185
	第一节　自我概念的含义、类型及测量	186
	第二节　自我概念的形成	190
	第三节　自我概念对动机的激发	193
	第四节　身体、性别角色、物质主义与自我概念	194
	第五节　消费者的生活方式与自我概念	198
	第六节　自我概念与消费心理和行为	201
	本章小结	202
	思考题	203

第十章　消费者的信息搜集过程　205

开篇案例　205
第一节　消费者的决策过程　206
第二节　消费者决策的类型　208
第三节　消费者问题认知　212
第四节　消费者信息搜集　215
本章小结　222
思考题　222

第十一章　消费者的方案评价过程　224

开篇案例　224
第一节　可选方案　225
第二节　消费者决策规则　233
第三节　影响消费者决策规则的主要因素　234
第四节　消费者决策的其他情况　236
本章小结　237
思考题　238

第十二章　购买渠道选择与购买情境　239

开篇案例　239
第一节　消费者购买渠道的选择　240
第二节　情境因素对消费者的影响　242
第三节　消费者冲动购买　251
本章小结　256
思考题　257

第十三章　消费者购后行为　258

开篇案例　258
第一节　产品使用和消费　259
第二节　购后失调与后悔　261
第三节　消费者满意　265
第四节　消费者抱怨　272
第五节　消费者忠诚　275

第六节　产品处置　279

本章小结　282

思考题　283

第十四章　参考群体　284

开篇案例　284

第一节　参考群体的内涵与类型　285

第二节　参考群体对消费者行为的影响　286

第三节　意见领袖　290

第四节　口碑　291

第五节　品牌社区　295

本章小结　299

思考题　300

第十五章　家庭与消费者行为　301

开篇案例　301

第一节　家庭角色　302

第二节　家庭购买决策　307

第三节　儿童对家庭消费的影响　311

第四节　家庭生命周期　314

本章小结　320

思考题　320

第十六章　社会阶层的影响　321

开篇案例　321

第一节　社会阶层的含义与特征　322

第二节　社会阶层的划分　327

第三节　社会阶层的衡量方法　332

第四节　社会阶层对消费者行为的影响　337

本章小结　343

思考题　344

第十七章　文化对消费者的影响　345

开篇案例　345
第一节　文化的内涵与特征　346
第二节　文化的构成　348
第三节　文化的测量　357
第四节　跨文化营销：国际视角　363
本章小结　366
思考题　366

第十八章　亚文化对消费者的影响　367

开篇案例　367
第一节　亚文化的含义　368
第二节　种族亚文化对消费者的影响　370
第三节　宗教亚文化对消费者的影响　374
第四节　年龄亚文化对消费者的影响　375
本章小结　382
思考题　382

第一章 导论

> 开篇案例

中国市场的消费升级

消费升级一般指的是消费结构的升级,是各类消费支出在消费总支出中的结构升级和层次提高。它直接反映了消费水平、消费层次和发展趋势。从改革开放以来,我国出现了三次明显的消费升级。

第一次消费升级发生在改革开放之初。当时的主要升级体现为粮食消费下降、轻工产品消费上升。这一消费升级对轻工、纺织产品的生产产生了很明显的推动作用。

第二次消费升级发生在20世纪80年代末至90年代末。80年代末90年代初期,标志性的"老三件"(自行车、手表、收音机)和"新三件"(冰箱、彩电、洗衣机)分别是温饱家庭和小康家庭的"顶尖"配置。90年代中后期,多样化的、升级的家用电器快速发展,技术不断升级的彩电、大容量冰箱、空调等成为城镇居民的消费热点,对相关行业产生了强大的推动力,促进了经济增长。

第三次消费升级发生在2015年以后。随着经济增长和社会财富的增加,消费者的消费理念和行为发生了很多方面的变化，体现为更多地关注体验型需求和自我实现型需求，而非普通的物质需求。尤其是从 2016 年开始，"消费升级"成为企业及至整个营销界最热门的关键词之一。2018 年国务院办公厅发布《完善促进消费体制机制实施方案（2018—2020 年）》，指出"消费是生产的最终目的和动力，要以消费升级引领供给创新、以供给提升创造消费新增长点，不断实现更高水平的供需平衡"。在这一轮升级过程中，增长最快的是教育、娱乐、文化、IT、汽车、通信、医疗保健、住宅、旅游、互联网等，尤其是与 IT、汽车，以及房地产业相联系的消费增长最为迅速。以云计算、大数据、移动互联网、物联网、人工智能为代表的新一代信息技术呈现出爆炸式增长。

消费升级的发展脉络，体现了社会的发展、经济的发展、营销的发展，也体现了消费者需求特征的变化和发展。

资料来源：https://www.sohu.com/a/229535051_100018121。

第一节 | 消费者行为的内涵与特征

一、消费者行为的内涵

消费者行为是指消费者在寻求、购买、使用、评价和处理他们期望能够满足自己需求的产品和服务过程中所表现出来的行为。消费者行为研究关注的是消费者如何把他们所拥有的资源（如时间、金钱、精力、体力等）分配到与消费相关的各种事物上并做出决定。这主要包括消费者购买什么、为什么购买、什么时候购买、在哪里购买、购买的频率如何、用什么方式购买、产品如何使用、使用的频率、购买和使用后对产品和服务如何评价、一次购买如何影响以后的购买、如何处理这些产品等方面的问题。

人们的消费生活可分为宏观的消费生活和微观的消费生活。从宏观的角度来看，消费生活关系反映了整个社会经济发展的状况与水平。所以，经常看到对宏观消费的分析与研究中，关注消费支出在收入支出中所占的比重、消费者为将来生活的储蓄以及在消费总支出中各种具体支出所占的比重等进行。从微观的角度来看，个体消费者的消费行为实际上是一种选择性的行为，也就是说，每个消费者购买前搜索、决策、购买、评论、分享、使用、使用后处置产品的整个行为过程都带有选择性。

二、消费者行为的特征

（一）消费者行为不仅指产品购买的那一刻，而且包括多项活动和内容

一般来说，我们可以将消费者行为分为购买前、购买中和购买后三个阶段。每一个阶段都

包含许多具体活动。在这些活动当中有些是消费者认知决策的结果,属于深思熟虑型消费行为(deliberate consumer behavior),例如,消费者在购买一台电脑时,通常会多方面地搜集信息,并且会理性地对各种备选方案进行比较分析。但有些消费行为是在无意或是随意中发生的,比如一些尝试性购买行为、偶发性购买行为等。所以,对于市场营销人员来说,若要了解和把握消费者的行为,就必须了解多项活动和内容,而不仅仅是消费者购买那一刻的行为。

(二)消费者行为通常是一种程序和过程

消费者行为可以被分解为一定的程序和步骤,比如像上面所说的,把消费者行为分为购买前、购买中和购买后三个阶段,每一阶段都包含一连串有次序的活动;也可以再稍微复杂一些,把消费者行为分为问题认知、信息搜集、方案评价、实施购买、购后行为五个阶段。因此,营销人员可以此程序和过程作为架构来考察消费者在每一阶段的活动,并提炼出其中的理论规律,用来指导营销实践。当然,消费者并非购买所有商品都会经历这些阶段,有些购买非常简单,不需要这么多的阶段。要注意的是,在网络购物以及时间和信息碎片化时代,消费者的行为过程越来越呈现出"千人千程"的局面,即不同的消费者购买同样的产品,可能会呈现出很多不同的触点、程序和过程;即使同一消费者在不同时间购买同一产品,也会因为很多具体因素的影响,从而呈现出不同的程序和过程。

(三)消费者行为过程包含许多不同的参与者

在消费者行为的整个过程中,可能有多个不同的参与者,比如有些学者将消费过程中的参与者分为发起者、影响者、决策者、购买者和使用者五种角色类型;在此基础上,还有评论者、分享者等角色。实际上,同一个消费者也可能不仅仅扮演一种角色,而是在不同阶段扮演多种不同的角色。对市场营销者来说,应该理解各种角色的不同作用,从而能够针对每一个角色实施相应的营销策略。

(四)消费者行为会受到内在和外在力量的影响

消费者行为会受其自身内部心理机制和力量的影响,也会受其所处的外部环境力量的影响。

1. 常见的内在影响力量

(1)动机,是指引起消费者个体活动并促使活动朝向某一目标进行的内在驱动力。

(2)知觉,是指消费者展露及注意某个营销刺激,并对刺激加以解释的整个过程。

(3)学习,是指来自信息与经验的影响而对消费者所产生的行为、情感以及思想上较为持久的改变。

(4)态度,是指消费者对一个特定对象持有的认知反应、情感反应和行为意向。

(5)情绪,是指消费者对外部刺激的功能性反应,是一种相对难以控制且影响行为的情感。

(6)消费者个性,是指消费者个体稳定的心理倾向和心理特征的总和。

(7)生活方式,是指个体表现出来的活动、兴趣和意见,体现了消费者是如何生活的。

(8)自我概念,是指消费者对自身特征所持有的信念,以及对这些特征的评价。

2. 常见的外在影响力量

(1)文化,是指一个社会所共有的基本价值、规范、观点与信念。

（2）亚文化，是指在大文化下，某些族群因其特性而产生的独特价值、规范、观点与信念等。

（3）社会阶层，是指由具有相同或类似社会地位的社会成员组成的相对持久的群体。

（4）家庭，是指居住在一起，并具有血缘、婚姻或收养关系的群体。家庭往往是人们在社会化过程中的第一个影响群体。

（5）参考群体，是指会直接或间接影响个人态度或购买行为的正式或非正式的团体。

（6）情境因素，是指社会大环境和具体情境中对消费者行为有所影响的外部因素。

（五）消费者行为具有异质性特征

上述消费者行为特征代表的是消费者行为所普遍具有的共同特征，但是在对消费者行为的研究中，也一定不能忽略其独特性和差异性。例如，我们认为消费者行为是受情绪影响的，但不同消费者受情绪影响的程度和体现并不一样。尤其是在新消费背景下，消费者行为更是体现出高度个性化、"千人千面"、"千人千程"的特征。正因为消费者之间存在差异，市场营销者可以并且应该利用这种差异来进行消费者市场细分，从而针对不同的消费者实施不同的营销策略。

第二节 消费者行为研究的跨学科特征

图1-1 影响消费者行为的学科

消费者行为学是一门跨学科的课程，除了来源于市场营销学的知识，还有心理学（主要是借助它对个体消费者的研究）、社会学（主要是借助它对群体消费者的研究）、人类学（主要是借助它关于社会对个体影响的研究）、人口统计学（主要是借助它关于人口属性的研究），以及经济学等学科的知识。

这些学科分别以各自独特的视角来审视消费者行为学，并以自己的独特观点发挥对消费者行为学科的影响，为消费者行为学的知识体系贡献力量。

关于各个学科与消费者行为的关系，以及它们在消费者行为中的关注度及贡献点，索罗门（Solomon）从消费者行为的宏观面与微观面上进行了梳理[1]，如图1-1所示。

此外，索罗门以妇女杂志这一产品为例，说明了各个学科可能关注的与消费者行为相关的研究兴趣和探讨重点，如表1-1所示。

---

[1] Solomon, M. *Consumer Behavior: Buying, Having, and Being*. 12th Edition, New Jersey: Pearson Education, Inc. 2016.

表1-1 消费者行为学中的跨学科研究问题

学科名称	学科的重点	典型研究问题(以杂志为例)
实验心理学	产品在知觉、学习与记忆过程中的角色	杂志的特定层面如何被消费者所认知与解读?对哪一部分的版面或安排,消费者的阅读率最高?
临床心理学	产品在心理调适上的角色	杂志如何影响消费者对于身体的印象(例如,过于清瘦的模特儿是否会使一般妇女觉得自己过于肥胖?)
微观经济学/人类生态学	产品在个人或家庭资源分配上的角色	影响家庭在杂志上消费金额多与少的因素有哪些?
社会心理学	产品在个人作为社会群体成员时所表现的行为角色	杂志广告如何影响读者对于其所宣传的商品的态度?参考群体如何影响消费者的阅读决策?
社会学	产品在社会机构与群体关系中的角色	杂志的偏好在某一个群体中的分布形态是怎样的?
宏观经济学	产品在消费者与市场关系中的角色	流行杂志的价位与其所做广告的商品价格在高失业率期间所产生的影响是怎样的?
符号学/文学批评	产品在语言和视觉上传达意思的角色	杂志中人们所传达的信息是如何被读者解读的?
人口统计学	产品在可测量的人口特性上的角色	消费者的年龄、收入与婚姻状况等方面的特征对消费者的杂志选择行为会产生怎样的影响?
历史学	产品在社会变革或时代变迁中的角色	杂志对于主流文化中的一些现象是如何定义的?这种定义如何随着时代而变迁?
人类文化学	产品在社会信念中的角色	读者对于市场和社会现象的感知和信念如何?杂志如何在这种感知信念中产生影响?

第三节 消费者行为研究中的代表性模型

研究消费者行为的学者从各种不同视角梳理消费者行为的各个方面,形成了不同的消费者行为模型,其代表性模型主要包括以下几种。

一、菲利普·科特勒的刺激-反应模型

美国著名营销学者菲利普·科特勒(Philip Kotler)教授提出了刺激-反应模型(见图1-2),认为认识消费者的购买行为首先要从认识刺激-反应模型开始。科特勒的刺激-反应模型由相互联系的三个部分组成。第一部分包括企业内部的营销刺激和企业外部的环境刺激,这两类刺激共同作用于消费者,从而引起消费者的注意。这一部分实际上是影响消费者行为的外部因素。第二部分

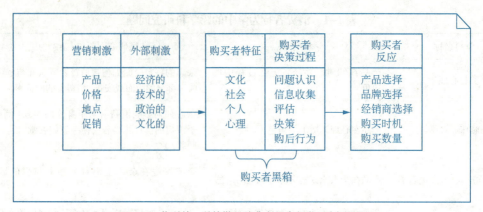

图 1-2　菲利普·科特勒的消费者行为刺激-反应模型

资料来源：[美]菲利普·科特勒、凯文·莱恩·凯勒著，何佳讯、于洪彦、牛永革等译，《营销管理》（第 15 版），格致出版社 2019 年版。

包括消费者的特征和他们的购买决策过程，前者对消费者的购买行为有着重要影响，后者的作用在于将得到的刺激进行加工处理。消费者的特征主要包括：（1）文化因素，包括文化、亚文化和社会阶层；（2）社会因素，包括参考群体、家庭、角色与地位；（3）个人因素，包括消费者的年龄、职业、经济环境、生活方式、个性和自我概念等；（4）心理因素，主要包括消费者的动机、感知、学习、信念和态度等。第三部分是消费者的反应。企业内部的营销刺激和企业外部的环境刺激作用于消费者，并与消费者自身的特征一起影响消费者的决策过程，最终导致消费者行为的外化，即他们的反应行为。这些反应行为包括选择了什么产品、选择了什么品牌、选择了什么渠道以及选择了什么经销商、选择了在何时购买、选择了购买多少，等等。

二、德尔·霍金斯的消费者行为综合模型

德尔·霍金斯（Del Hawkins）与其合作者在《消费者行为学》一书中，提出了消费者行为综合模型。他们认为消费者在内外部因素的影响下形成了自我概念和生活方式。消费者的自我概念与生活方式会引导与其一致的需要与欲望的产生，这些需要与欲望大部分要通过消费来获得满足。一旦消费者面临相应的情境，消费决策过程就会被启动。这一过程以及随之而来的产品获取与消费体验会对消费者的内部影响因素和外部影响因素产生作用，最终引起消费者自我概念和生活方式的调整（见图 1-3）。

三、保罗·彼得与杰里·奥尔森的概念模型

保罗·彼得与杰里·奥尔森的概念模型重视消费者的感知和认知，认为感知和认知是消费者对外部环境的事物与刺激可能产生的两种类型的反应。感知与感觉有关，而认知则与思想和思考有关。感知与认知是受环境影响的，而感知与认知的结果会产生消费者外在的、可以被观察到的行为。保罗·彼得与杰里·奥尔森的概念模型如图 1-4 所示。

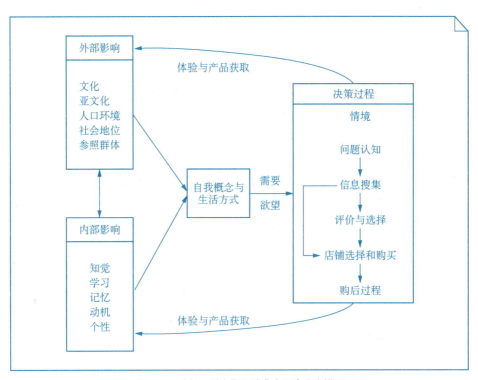

图 1-3 德尔·霍金斯的消费者行为综合模型

资料来源：[美]戴维·L.马瑟斯博、德尔·I.霍金斯著，陈荣、许销冰译，《消费者行为学》（第13版），机械工业出版社2018年版。

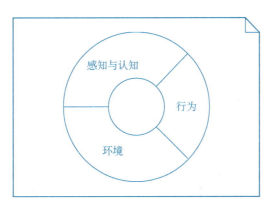

图 1-4 保罗·彼得与杰里·奥尔森的概念模型

资料来源：J.保罗·彼得、杰里·C.奥尔森著，王欣双译，《消费者行为与营销战略》（第9版），东北财经大学出版社2015年版。

第四节 消费者行为与营销策略

消费者的行为规律是企业制定市场营销战略，并通过市场营销组合来实施市场营销策略的依据和基础。消费者行为对市场营销战略（STP）的具体影响体现在以下五个方面。

一、消费者行为是市场机会分析的对象

从营销角度看，市场机会一定来自未被满足的消费者需要。当市场上存在没有被满足的消费者需求，且竞争对手还没有对这种需求予以关注，此时如果与企业的资源和能力比较吻合，对企业来说就是很好的机会。从这个意义上说，企业需要时刻关注和了解消费者哪些需要没有被满足或没有被完全满足，从而去发现和把握市场机会。

有时候，市场机会不仅仅要去发现，还要去开创、去预测，所以企业也需要根据市场环境的变化和消费者行为的一些趋势来预测消费者需求的变化，从而前瞻性地推测哪里有市场机会。在数字经济时代，大数据、机器学习等为消费者需求的发现、洞察、预测都提供了新的工具、思路和渠道，更有利于企业精准地把握市场机会。

二、消费者行为是企业实施市场细分的依据

市场细分是制定大多数营销策略的基础，是指企业按照一定标准将整个市场划分开来的活动，又称为市场分割、市场区隔化。市场细分的理论可以追溯到史密斯（Smith, 1956）[1]。他认为，根据消费者的需求特征和购买习惯的差异，可以将整体市场划分为由许多消费需求大致类同的消费者群体所组成的子市场群。这个概念被认为是市场营销概念和市场导向逻辑的延伸。市场细分活动的结果是把被分割成的一个个子市场称为细分市场，每个细分市场内的消费者具有相对类同的消费需求。其理论依据是消费者需求的绝对差异性和相对同质性。所谓消费者需求的绝对差异性，是指由于消费者所处的地理位置、社会环境及自身的个性心理等方面的不同，导致市场上的消费者千差万别，他们追求不同的利益，拥有不同的需求特点和购买习惯，以至于对商品的品种、数量、价格、式样、规格、色彩乃至购买时间和地点的要求都会有所不同。以消费需求为中心的市场营销活动自然地应该建立在对这些客观差异的识别和区分，即市场细分的基础上。所谓消费者需求的相对同质性，是指在同一地理位置、社会环境和文化背景下，人们会形成相对类同的人生观、价值观，需求特点和消费习惯大致相同。正因为消费需求在某些方面的相对同质性，市场上具有绝对差异的消费者才可能按一定标准细分成不同的群体，每一个群体都是一个有相似欲望和需求的子市场。所以，消费者需求的绝对差异性造成了市场细分的必要性，而消费者需求的相对同质性使市场细分有了实现的可能性。

---

[1] Smith, W.R. Product Differentiation and Market Segmentation as Alternative Marketing Strategies. *Journal of Marketing*, 1956, 21（1）: 3-8.

消费者市场细分的依据很多，所有造成消费者需求特征多样化的因素几乎都可被视为市场细分的依据或标准，其主要包括消费者的基本特征（地理分布因素、人口统计因素、文化因素、社会阶层因素、家庭规模与生命周期等）、消费者的心理特征（个性、生活方式、态度、动机等）以及行为特征（追求的利益、购买时机和频率、使用的方法等）三大类。数字经济时代由于可以更为动态精准地掌握消费者需求，因此市场细分可以更为精细，比如很多企业在以往常用细分变量的基础上，基于用户群体的需求场景来细分，有企业细分到年轻人熬夜场景中的需求。与市场细分相对应，企业根据各个细分变量可以形成目标群体的"消费者画像"，即通过各个细分指标刻画出消费者的形象轮廓。

市场细分通常涉及四个步骤：第一是识别与产品相关的需要域；第二是将具有类似需要域的消费者归入同一个群体；第三是对每一群体或细分市场予以描述；第四是选择一个或几个有吸引力的细分市场作为企业进入的市场。上述每一个步骤均涉及对消费者的调查与了解。通过对消费者的调查和了解来对市场进行细分，可以发现新的市场机会，并在此基础上使企业获得更好的营销状态和结果。

三、消费者行为是目标市场选择的基础和依据

所谓目标市场（market targeting），就是企业决定要进入的那个市场，即企业在市场细分的基础上，根据自身特长意欲为之服务的那部分消费者群体。消费者行为及需求的特征，也是企业选择目标市场的依据和前提，因为企业选择目标市场时，需要考虑自己企业的能力和资源是否正好适合于满足这部分消费者的需求，从而能在为这部分消费者服务的过程中取得相对于竞争对手的优势。

四、消费者行为与产品定位息息相关

目标市场定位又称产品的市场定位（market positioning），是指对企业的产品（服务）和形象进行设计，使其在目标消费者心目中占有一个独特位置的行为和方法。一般来说，消费者对市场上的产品有着自己的认识和价值判断，因此每当提到一类产品，消费者会在内心按自己认为重要的产品属性将市场上他们所了解的产品进行描述和排序。因此，随着市场上商品越来越丰富，与竞争者雷同、毫无特色的产品恐怕越来越难以吸引消费者的注意。为使自己的产品在市场上获得竞争优势，企业必须在消费者心目中确立自己的产品相对于竞争者产品而言的独特的品牌定位和鲜明的差异性，这就是定位的做法。因此，这种定位就是要达到以下目的：第一，创造一个或几个真正的差异点；第二，让其他人尤其是目标消费者知道并理解这种差异点，达到使目标消费者一想到该产品，就能清楚地想到该差异点的程度。因此，为了向消费者提供更多的价值，企业产品定位就是从差异化开始的，而企业与消费者接触的全过程都可以进行差异化。通常，企业可以从以下五个方面实施差异化：一是产品差异化，二是渠道差异化，三是服务差异化，四是形象差异化，五是人员差异化。

五、市场营销组合必须依据消费者行为来设计与实施

市场营销组合的产品策略、定价策略、渠道策略和传播策略都必须依据目标消费者群体的特

征来有的放矢地设计与实施。

(一)产品策略

从市场营销学的角度来认识,产品就应当是能够满足一定消费需求并能通过交换实现其价值的物品和服务。了解消费者的需要与欲望,以及消费者对各种产品属性的评价,企业可以据此开发新产品。可以说,消费者调查既是新产品构思的重要来源,也是检验新产品能否被接受和应在哪些方面进一步完善的重要途径。

(二)定价策略

价格是消费者为获得或使用产品而必须支付的成本。产品定价只有与目标消费者的承受能力或消费者对产品价值的感知相吻合,才可能被消费者购买。在定价过程中,营销者尤其需要了解消费者对价格的反应。虽然经济学理论告诉我们,降价可以增加消费者的购买量,但这一法则在消费者感知中并不总是成立。价格有时被作为品质的信号,产品定价太低,有时反而会使消费者怀疑其品质。高价位产品还能反映购买者的信息,即表明购买者有能力消费价格昂贵的产品,对于某些消费者而言,这是一种希望拥有的产品特征,因此价格有时候具有象征意义。实际上,消费者对价格的反应是非常复杂的,不同消费者群体对价格的敏感性也是不同的,消费者研究有助于确定哪些消费者对价格更为敏感。

(三)渠道策略

分销渠道是与消费者喜欢到哪些地方购物以及如何购买到本企业的产品相关的营销策略。分销渠道的设计及管理也可以通过对消费者的研究找到依据,企业只有了解目标消费者在购物方式和购物地点上的偏好,才能最大限度地降低在分销渠道策略上的风险。另外,分销渠道的形象是否与本企业的形象相符、商品在零售店应该怎样摆放才能获得消费者的注意等一系列决策,都需要进行消费者研究。在新消费时代,包括实体渠道、电子商务渠道、移动终端渠道等跨渠道和全渠道(omni-channel retailing)模式成为主导,对于消费者如何跨渠道选择与购买等方面规律的探索变得越来越重要。

(四)传播策略

营销传播(marketing communications)包括广告、人员分销、公共关系、营业推广,以及企业提供的关于它自身及其产品的信号;同时,也包括用户生成的信息,比如消费者购买产品或服务后的评价、消费者在网络社区上的讨论等。有效的传播策略需要回答以下一系列与消费者相关的问题。

(1)营销信息的传播对象是哪些消费者?

(2)营销者希望通过传播对目标消费者产生怎样的影响?对于企业生成的营销信息,营销传播的目标可能是让消费者了解产品,刺激消费者搜寻更多与产品有关的信息,让其喜欢该产品,或者令其向他人推荐该产品,在购买该产品后对产品产生好感等。除了企业生成的营销信息,企业还应该关注用户生成的有关产品或品牌的信息所可能对消费者产生的影响。

(3)什么样的信息有助于获得企业所希望的传播效果?信息传播中应使用哪些语言、图片、符号以及什么样的诉求方式才能吸引消费者的注意并产生希望的结果?传播的营销信息可以是纯粹的事实表达,也可以是完全象征性的内容,决定用何种表达方式以及何种信息内容应因时因地制宜，营销者应该了解和把握目标消费者对所传播的这些信息的感知过程。

（4）采用何种传播方式和媒体效果更好？是否使用人员推销方式传递信息？能否依赖包装传递信息？或者仅仅借助互联网由消费者主动搜寻到企业的营销信息？

（5）什么时候与消费者沟通？企业应集中在消费者购买决策即将做出之前进行营销传播，还是按周、月、年平均分配传播力量？消费者会在购买前的短时期内主动搜集信息吗？如果是，从哪里搜集信息？回答这类问题，需要掌握消费者购买特定产品所采用的具体程序。

从上面的分析可以看出，对消费者行为的研究，在提高营销决策水平、增强营销策略的有效性方面确实有着重要的意义。

本章小结

消费者行为规律的研究是市场营销的重要基础和指导。本章介绍了消费者行为的含义及特征。分析了消费者行为学的跨学科特征，并介绍了消费者行为学科的几个代表性模型，包括菲利普·科特勒的刺激-反应模型、德尔·霍金斯及其合作者以自我概念和生活方式为核心的消费者行为综合模型、保罗·彼得与杰里·奥尔森的概念模型。同时，本章还分析了消费者行为与市场营销的关系，认为消费者行为是企业识别营销机会、设计营销战略（包括市场细分、目标市场选择和营销定位）和实施营销组合策略（产品策略、定价策略、渠道策略和传播策略）的依据和基础。

思考题

1. 什么是消费者行为？
2. 消费者行为有哪些特征？
3. 如何理解消费者行为与市场营销的关系？

第二章 消费者动机

> **开篇案例**
>
> ### 网红打卡的消费者动机
>
> 肉松小贝最火的时候据说有人排队8个小时都没有排到，肉松小贝里面有沙拉酱，外面包裹着肉松，甜甜咸咸的，或许你也想尝试一下。我们还会看到有人用2个小时排队买奶茶、4个小时买蛋糕，这样很快一天就过去了。这些网红产品真的有这么好吃好喝吗？很多人会把排队的照片、买到网红奶茶的照片放到朋友圈求点赞。现在肉松小贝不需要排队就可以买到了，很多蛋糕店都有售卖。但是能随时买到，大家却都不买肉松小贝了，好像肉松小贝的风过去了，因为现在即使拍了肉松小贝发朋友圈，也不会有那么多点赞了。脏脏包最火的时候排好几个小时也买不到，现在各大面包店里脏脏包就整整齐齐地摆在那里。抖音上巨火的榴莲芝士饼，很多人都说不好吃，但大家还是排几个小时的队去买，再拍个抖音小视频打个卡。现在很多网红店装修很棒，很适合拍照打卡，发朋友圈求赞。那么，大家排队买网红食品、朋友圈抖音打卡的行为是为了什么呢？
>
> 资料来源：https://www.douban.com/note/713959463.

第一节 | 消费者动机的内涵

人的需要是一切现代营销手段的基础。需要与动机是密不可分的，甚至有时可以互相交换使用。当个体感觉到理想状态和现实状态有差异的时候，需要就会产生，而产生的这一需要会以动机的形式被个体体验到。[1]

动机是行为的原因，从消费者的角度来讲，没有动机就没有购买行为。动机源于个体内部产生的紧张感，为什么会产生紧张感呢？是因为个体的某个目标没有完成或者没有达到个体想要达到的状态。因此动机是一种认知上的缺乏状态，正是有了这种缺乏状态，才会导致个体去做出消除这一缺乏状态的行为。[2]

动机（motivation）这一概念是由 R. 伍德沃斯（R. Wood-worth）于 1918 年率先引入心理学的，他把动机视为决定行为的内在动力。一般认为，动机的内涵是"引起个体活动，并促使活动朝向某一目标进行的内在作用"[3]。

把动机视为内在动力，这是驱力理论（drive theory）的基本观点。驱力主要来自因需要未得到满足而产生的紧张及不舒服的感觉。当这种紧张和不舒服达到某一程度时，消费者便会产生驱力从而采取行动来满足其需要以降低紧张感。[4]因此，驱力理论认为动机就是一种驱力，主要目的在于驱动行为来消除消费者的紧张和不舒服的感觉。

动机体现为一种驱力，这种驱力有的是消费者自发感知的，是内在的。比如口渴了，会产生去解决这个问题的驱力，从而促使消费者产生获得水的行为。驱力还可能是外部刺激的结果，即诱因诱导的结果。很多时候，消费者产生驱力，就是企业使用营销策略刺激和诱导的结果。比如一个品牌做大力度的促销活动，消费者觉得此时购买性价比非常高，从而产生购买产品的驱力，引发购买行为。因此，动机是一种在内在驱力和外部诱因所激发的驱力过程。

基于内在驱力和外部诱因，可以把动机分为内在动机和外在动机。一般来说，当人们是为了自己内在的原因，而不是为了外部奖励从事某种行为时，行为本身就是一种奖励，这时会产生内在动机。而当人们为了获得外部奖励或者避免某种惩罚时，就会产生外在动机，比如某消费者本计划购买一双鞋却购买了两双，因为商店在搞买两双可以享 8 折的促销活动。这两者的区别在于行为的原因不同：如果是为了自己或者为了享受而做一些事情，那就是内在动机驱使；如果是为了某种奖励，那就是外在动机驱使。

---

[1] ［美］戴维·L. 马瑟斯博、德尔·I. 霍金斯著，陈荣、许销冰译：《消费者行为学》，机械工业出版社 2018 年版。
[2] ［奥］托马斯·富诗德、［德］伯恩哈德·斯沃伯得、张红霞著，孙晓池译：《消费者行为学：关注个体与组织的购买行为》（第 5 版），北京大学出版社 2020 年版。
[3] 符国群编著：《消费者行为学》（第 4 版），高等教育出版社 2021 年版。
[4] Mook, D. G. *Motivation: The Organization of Action*. New York: W. W. Norton, 1987.

第二节 | 关于动机的理论

关于消费者动机的理论有很多，主要包括以下几种。

一、本能说

这一学说认为人一生下来，由基因决定，就有预先设定好的程式化的行为倾向，不管是个体还是组织，行为都遵从本能的倾向。20世纪初，美国心理学家W. 麦克杜格尔（W. McDougall）就提出人生来就有从基本的觅食、性欲到更高层次的恐惧、憎恶、逃避、合群、好奇、自信和自我表现等本能。本能是一切想法和行为的根本原因。本能的行为不是后天学习而得的，而且属于同一种属的个体，不管是动物还是人，其行为模式都是一样的。尽管人跟动物不同，但是人类与其他高等动物一样也是由低等动物进化而来的。因此，动物具有的多种本能，人也有，比如饥饿。

本能说视角的动机理论，就是把动机视为本能，这一理论观点有很大的局限性，因为人的动机和行为是复杂多变的，本能只是其中的一小部分而已，甚至很多与动物一样的本能都会因为后天的学习而改变。因此，本能说只能解释人类思想和行为中的一部分，必须与其他学说一起使用。

二、精神分析说

西格蒙德·弗洛伊德（Sigmund Freud）的精神分析说是现代心理学的基石，这一理论建立在潜意识的需求和动力，尤其是性和其他生理需要的假设基础上。弗洛伊德认为人的精神由意识、前意识和潜意识构成。意识直接与感知相关，使人们感知到现象与要素。与意识相反，人们并不能识别潜意识，通常潜意识是个人的原始本能以及由这种本能而产生的欲望，不容于社会道德和习俗，因此被压抑在意识之下。潜意识是人的精神中最原始和重要的部分，通常包括很多不为自我所接受的部分（如不想与他人分享的经验或者性冲动）。而前意识介于意识与潜意识之间，可以被意识所提取，它是人们以前在记忆之中存储的信息，处于冬眠状态，不使用的时候个体对其毫无意识，只有在一定的环境和情形下被使用时，个体才会对其产生意识。

弗洛伊德非常重视对梦的解析，他认为梦是通往潜意识的重要途径，是个体对被压抑的欲望的变形的满足，可以揭示出个体在潜意识中的各种欲望与动机。当然，弗洛伊德认为通往潜意识的途径不仅仅包括梦，还包括其他行为，如过失、俏皮话、冲动性行为等，这说明尽管个体不能直接感知到潜意识，但是潜意识总是在持续地活动着，并在之前提到的各种途径中积极表现着自己。

弗洛伊德将人格划分为三大互相影响的系统，即本我、超我和自我。本我即本能的我，其囊括了最原始和最冲动的不为社会伦理和法律规范所容纳的欲望，处于人格结构的最底层。其包括基本的生理需求，如口渴、饥饿以及性。对于这些欲望，个体会找寻最直接的满足方式。本我在个体获得类似的经验之前就已经存在，不受任何理性和原则的约束，它的存在就是为了使个体追求快乐以及避免痛苦。它的这一"快乐原则"使得它只知道为了满足需要不惜代价而忽略了价值、道德和善恶。

与本我相反，超我是个体对社会道德的内部表达，是道德化了的我。超我的作用就是使得个体能够在社会可接受的范围内满足自己的需要。也就是说，超我掌管着道德，告诉人们应该做什么、不应该做什么。超我由道德、理想和心理构成，代表了道德的限制，驱动个体去追求高尚的行为，通过良心、道德、理想来惩罚违反道德标准的行为，从而使人产生内疚感。

　　自我是个体在与环境的交往中形成的，是个体意识的一部分，是面对外界现实的我，它源自本我。人很难依靠本我的冲动性行为、想象、做梦等获得真正的满足，因为冲动性行为会受到惩罚从而增加人的痛苦，而做梦和幻觉又不真实，所以个体只好发展出能够积极适应外界环境的新的心理系统，也就是自我，来解决这一问题。自我介于本我与外界环境之间，它受到本我的影响，要反映本我的要求和愿望，同时又受到外界环境条件的限制，要考虑到其他人的需要，从而把本我的欲望冲动限制在社会可接受的范围之内。因此，自我是本我和超我的内部监控器。

　　本我、自我和超我是相互联系、相互作用的。本我只追求快乐，超我按照道德规则和良心对人的行为实施多种约束，而自我活动于本我和超我之间，反映了现实的限制条件，考虑到了本我的需求以及超我所提出的道德规范的要求。所以自我的发展必须要强大到能够平衡本我和超我的矛盾，否则人格结构就会失衡，导致人格不健全。当自我受到本我和超我的双重压力，就会发展出一种心理防御机制，用一定的方式减少压力和威胁，从而使得本我能够得到满足，而超我也可以接受。

　　常见的自我防御机制主要包括以下六种。

　　第一是压抑（repression）。压抑是个体把一些威胁性的痛苦感觉和体验在不知不觉中从意识中排除，这是一种"不知不觉"的有意识、有目的的遗忘，不同于自然而然的遗忘。

　　第二是投射（projection）。投射是指把自己的个性、态度、欲望或者动机转移到别人身上，是自我对抗超我时解除内心罪恶感的一种方式。当自我对抗超我时，内心会感到紧张和焦虑，为了解除焦虑，自我可能会将主客体对调，或者换掉情感的主体（即自我），如"以小人之心度君子之腹"。

　　第三是反向形成（reaction formation）。顾名思义，使用这一行为的人的外在行为与其内心的动机是相反的。这一行为形成的原因是当个体的欲望或者动机不能被超我或者社会外界环境所接受时，为了不让自己做出不能被接受的行为，个体甚至使用与内在动机相反的行为来表现，如"此地无银三百两"。

　　第四是置换（displacement）。个体对某一对象的情感、态度或者欲望，由于某种原因不能直接向对象表现时，就转移到一个较为安全、容易被大家接受的对象身上，如"迁怒"。

　　第五是合理化与理智化（rationalization）。个体无意识地用对自己有利的理由对难以接受的情感、行为、动机进行辩护，尽管这些理由可能是不符合逻辑或者不正确的。个体之所以这样做，是为了减少精神上的痛苦，如"吃不到葡萄就说葡萄酸"。

　　第六是幻想（fantasy）。当个体无法忍受生活的磨难或者情绪的困扰时，往往会通过幻想或者做白日梦的方式让自己暂时脱离现实，以获得内心的平静和安宁，达到在现实生活中无法获得的满足。幻想毕竟是一种假想，不能解决现实问题，问题的解决还是得需要个体面对现实和克服困难。

　　其他的自我防御机制还有否认（denial）、退化（regression）、隔离（isolation）、补偿（compensation）等。

总的来说，弗洛伊德的精神分析说一方面认为潜意识、本能和欲望驱动了人的动机和想法，从而对人的行为起决定性作用；另一方面认为理智与意识作为潜意识心理活动的发展，对人的动机和行为也有着重要的作用。

关于弗洛伊德从精神分析视角对动机的这两种理解与消费者行为的关系，潜意识视角的理解体现为在现实消费中，确实有很多时候消费者并不能清楚地意识到他们购买某种产品的真实原因，因此导致在这种情况下企业很难通过问卷法获得消费者购买的真实意图。而弗洛伊德从理智与意识视角对动机的理解，体现为在现实消费中，消费者会有意识地购买适合自己、适合其所在的群体和社会规范的产品或服务。

三、驱力理论

驱力理论关注的是当个体的需要不被满足时，会促使个体采取行动满足需要。驱力理论认为当个体的需要不被满足时，会产生不愉悦的状态，从而推动个体采取行动去缓解由此引起的紧张感。而当个体的需求被满足时，个体会产生愉悦感和满足感，驱力也会随之减少。个体会在这一过程中学习，从而获得经验，知道何种满足物以及何种行为能够消除不满足感，从而指导以后的行为，并形成习惯；相反，如果以前的行为导致了不好的结果，没有满足个体的需要，个体将会规避这种行为。因此，驱力能够提供能量，而形成的习惯将决定未来的行为。

驱力分为原始驱力（primary drives）和获得驱力（acquired drives）。

原始驱力是由于个体的内部生理需求导致的驱力，是不用学习就存在的驱力，包括口渴、饥饿、性以及为了避免痛苦而产生的驱力。通常我们很难只用原始驱力去解释消费者行为，如饥饿能解释人们为什么去找餐馆吃饭，但很难解释为什么有的消费者选择了麦当劳而有的却选择了中餐。

获得驱力又称为衍生驱力。衍生驱力顾名思义是后天学习而得的驱力。除了原始驱力以外的大多数驱力是获得驱力，如与他人交往的需要、对成就的渴望以及对名誉的追逐等。

获得驱力与原始驱力是密切相关的，原始驱力会促进获得驱力促动行为的能力。如对权力的渴望，这是一种获得驱力。假设一个人在孤岛上生活，那么权力对他而言是没有意义的，但是在一个复杂的社会里，如果权力能够给个体带来享受和地位等愉悦的感觉，那么这个人就会想获得权力。

驱力理论在营销中有很多应用。消费者的需要如果不能得到满足就会感到不愉悦，如消费者在买不到想要的款式时会很沮丧甚至生气，而这一状态会导致消费者采取目标导向的行为，促使消费者努力消除这一不愉悦的状态。

当然，驱力理论有其局限性，如无法解释有人为了以后的成功而放弃今天的享受，也无法解释延迟消费。所以不能仅依靠驱力理论来理解消费者动机，而是要结合其他的一些理论视角。

四、诱因理论

诱因理论（incentive theory）是20世纪50年代提出来的动机理论。该理论认为不仅内部驱力会引起行为，诱因作为外部刺激也会引起行为。持诱因理论的学者提出了两个重要概念：一是感受-激励机制（sensitization-invigoration mechanism，SIM）；二是预期-激励机制（anticipation-invigoration mechanism，AIM）。感受-激励机制是用来解释个体对特定刺激物的敏感性，以及由此对行为的产生所起到的激励作用。预期-激励机制则是指因对行为结果的预期而产生的行为激励后果。诱因论者认为，个体关于行为奖赏的预期将直接影响其行为状态。如果行为预期的奖赏效果好，个体将处于较高的行为水平；反之，将处于较低的活动水平。这实际上隐含着个体受目标导引而且知悉行为后果这一基本假设。但是个体面对的诱因可能有很多，甚至诱因之间会有矛盾和冲突，由于诱因的这一复杂性，人们会对每种情况进行评估，采取能够达到最好效果的方式，力争避免那些会带来负面效果的诱因。

需要注意的是，诱因理论并没有否定个体基于驱力的内在动机的地位与作用，而只是将关注点放在个体的内在动机在多大程度上以及如何被特定的外在诱因和刺激物所激活。

将动机研究的关注点放在外部刺激和诱因上，对市场营销有重要的指导意义。营销人员可以通过设计营销策略作为诱因来吸引消费者，激发消费者购买产品的动机，从而促使消费者采取购买行动。

五、唤醒理论

所谓唤醒（arousal），是指个体的激活水平或活动水平，即个体是处于一种怎样的警醒或活动反应状态。唤醒理论的产生是因为学者们发现根据传统动机理论，人们行为的产生是为了消除某些紧张感。但人类某些追求刺激的冒险行为，如登山、探险、看恐怖电影、打恐怖游戏等，恰恰是为了唤起紧张而不是消除紧张，这类现象是传统动机理论无法解释的。一些学者由此提出了唤醒理论，认为人们在身体和心理上，都有保持适度兴奋的内在倾向。如果兴奋度过低，人们会寻求提高；反之，则会寻求降低。因此，总体上说，人们会偏好那些具有中度唤醒能力的刺激物。

唤醒理论认为，人们的兴奋水平与刺激物的模糊性之间有一定的联系。在图2-1中，竖轴代表兴奋水平或唤醒状态，横轴代表刺激物的模糊性。在$0 \sim x_1$区间段，刺激物的模糊性很低，消费者的兴奋水平呈下降的趋势，此时，消费者对刺激物有某种乏味感，因而会想去购买趋于复杂的新方式与途径，比如选择某个不知名的品牌或购买某种新产品。在$x_1 \sim x_2$区间段，模糊性处于中等水平，此时消费者被激起从事搜寻信息、对不同品牌进行比较等活动。但当兴奋水平达到很高程度、刺激物的模糊性进一步提升时，则会招致兴奋水平的下降和购买搜寻过程的中止。

唤醒理论可以解释很多营销和购买的现象。比如，对某一品牌形成忠诚度的消费者在连续选择该品牌一段

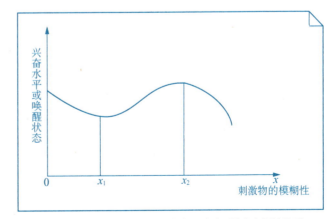

图2-1　刺激物的模糊性与兴奋水平或唤醒状态之间的关系

时间后,往往会尝试选择新的品牌,这可以解释为原来所忠诚的品牌对消费者的唤醒程度降低。一些研究发现,宣传企业产品时,隔一段时间对广告版式或文案做稍许变动,广告效果会更好,这实际上也是运用了唤醒理论。

消费者唤醒的方式主要包括以下三种类型。

(1)生理的唤醒。主要是指通过刺激消费者的感官等,唤醒消费者的生理需求,从而激发动机和行为。一些广告会通过令人垂涎的美食画面等来引发消费者的生理唤醒。比如,雪碧常利用沾满水珠的瓶子来引发消费者对于清凉的追求,使消费者在生理上产生口渴、想要寻找清凉的感觉,从而强化了其想要饮用雪碧的欲望。

(2)情绪的唤醒。通过激发消费者的某些情绪来引导消费者采取行为。一般来说,情绪可以分为积极情绪或者消极情绪。情绪是可以被唤醒的。比如,让消费者观看一段喜剧,就可以唤醒他们开心的积极情绪,而观看地震等相关的场景,则会唤起惊吓、悲伤的情绪。虽然对于某种刺激,每个消费者的情绪强度会不一样,但是某些普遍的场景仍然可以唤醒消费者的共同情绪,这也是很多广告使用情感诉求的一个基本前提和假设。

(3)认知的唤醒。通过向消费者展示产品的功能或产品有优势的性价比等方式,从认知上吸引消费者,从而引发消费行为。广告诉求中的理性诉求以及比较诉求,通常会引发消费者认知的唤醒。

六、马斯洛的需要层次理论

心理学家亚伯拉罕·哈罗德·马斯洛(Abraham Harold Maslow)[1]的需要层次理论是建立在四个假设的基础上的。

(1)所有人会因为天生的需要和后天的社会活动获得一系列类似的动机;

(2)有些动机比其他动机更为基本和重要;

(3)只有最基本的动机得到最低程度的满足之后,更高层次的动机才会被激发;

(4)一旦基本动机满足之后,更高层次的动机就会起作用。马斯洛将人的需要由低到高划分为五个级别,分别是生理需要、安全需要、社会需要、尊重的需要以及自我实现的需要(见图2-2)。

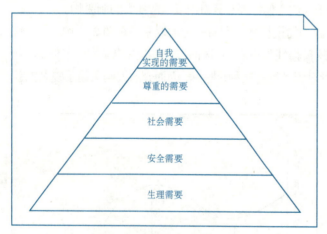

图2-2 马斯洛的需要层次理论

资料来源:[美]马斯洛著,许金声等译,《自我实现的人》,生活·读书·新知三联书店1987年版。

---

[1][美]马斯洛著,许金声、刘锋等译:《自我实现的人》,生活·读书·新知三联书店1987年版。

生理需要是人类为了维持生命所必需的，包括对食物、水、睡眠、空气以及性等的需要，这是最基本需要；安全需要是指人们在寻求庇护和安全、稳定等方面的需要，比如人们想得到稳定的工作、购买人寿保险等；社会需要是对爱、友谊、归属方面的需要；尊重的需要是人们对身份和地位、尊重和声望等方面的需要；自我实现的需要是人们对自我成就以及丰富体验的需要。

马斯洛的理论对于一般的行为具有很好的指导作用，但是也有它不能解释的地方。体现为：（1）马斯洛认为只有当人的低层次需要获得满足之后，高层次的动机才会被激发。因此，人们在追求更高层级的需要（如获得一定的身份地位）之前会满足基本的低层次需要，如睡眠和食物的需要。但现实中却有少量人愿意为了事业的成功和自我实现而牺牲睡眠和健康。这说明在个体的高级需要产生以前，低层级的需要只要获得一部分满足即可。（2）马斯洛的理论也很难解释同一种消费行为可能会满足不同需要的现象，比如，购买一件昂贵的衣服可以同时满足取暖的生理需要，以及尊重的需要。

低层级的需要与个体的生存紧密相关，也叫缺失需要（deficiency need），高层级的需要并不是维持个体生存所必需的，但是高层级需要的满足可以使人心理更加健康且精力旺盛，所以也叫生长需要（growth need）。低层级的需要很简单，而高层级需要的满足复杂，需要很多内外部条件，如个人不断的学习以及社会经济条件等。此外，对高层级需要的满足依赖于个体本身的特点，比如，有的个体对爱和归属的需要超过自我实现的需要。

在企业营销的实践中，很多企业的广告在针对马斯洛需要层次进行诉求，比如"小饿小困，喝香飘飘奶茶"针对的是消费者的生理需要。"买保险就是买平安"针对的是消费者的安全需要。"孔府家酒，让人想家"针对的是消费者的社会需要。"坐红旗车，走中国路"针对的是消费者的尊重的需要。而"Impossible is nothing"则针对的是消费者的自我实现的需要。

七、麦圭尔的动机理论

20世纪70年代，威廉·J. 麦奎尔（William J. McGuire）提出了一系列比马斯洛需求层次理论更为详细的动机分类理论，用两个标准将动机分为四个门类：第一个标准是动机是认知性的还是情感性的，第二个标准则是动机主要关注现状还是未来的成长。认知性动机是指一个人对适应环境并获得意义的需要；情感性动机是指一个人对获得满意的情感状态以及个人目标的需要。关注现状的动机被称为保守性动机，而关注发展的动机被称为成长性动机。这四大动机门类又进一步在两个标准的基础上进行细分，即行为是主动性的还是对环境的反应，以及行为能帮助个人获得新的内部关系还是取得新的外部关系。下面是麦圭尔对具体动机的描述。

（一）认知性保持动机

认知性保持动机包括四类。

1. 一致性需要

人们有与他人保持一致的需要。这是一种内在的、主动寻求的动机。保持一致的需要体现在态度、行为、意见、自我形象、对他人的看法等方面。认知不协调就是这一类型动机之中的一种，指的是一个人的行为与对自己的认知不一致，从而产生分歧，进而导致不舒服的情绪、感觉。比如，一个内向的人在工作中不得不表现出热情开朗的一面，以迎合顾客的需要，这时就会出现认知不协调。

因此营销人员应该努力去了解消费所处的文化以及人群的消费特点，从而可以通过将产品与特定人群的消费模式进行联系从而创造一种人群的"一致性"，使得消费者产生一致性需求。比如，露露乐蒙（lululemon）一个以生产女性瑜伽服起家的加拿大运动品牌，一个从不做广告，也从未请过明星代言的运动品牌，在纳斯达克拥有近 180 亿美元市值，相当于耐克（Nike）的 1/8、阿迪达斯（Adidas）的 2/5、2 个安德玛（Under Armour），露露乐蒙将品牌调性归纳为"功能性时尚潮牌"，满足那些需要时尚又舒适的瑜伽服的消费者，这就是一种一致性需求。

2. 归因性需要

这一大类的动机关注的是人们归因的需要。我们会将某种好的或者不好的结果归因于自己或是外界环境因素。归因需要是在探索行为的原因，比如消费者会主动去思考广告的意图等，从而判断广告信息是否真实。消费者对收到的信息持怀疑态度，会认为销售人员是为了做成生意而对他们进行奉承，销售人员的话是不可信的。对于企业的慈善营销行为，也可能会因为归因而影响消费者对企业的评价。比如有的企业发起捐款行为，如果消费者认为企业并不是真心提供帮助，而是为了塑造一个亲社会的形象，从而提升产品的销量，消费者就会因为这一归因的过程，推断企业有利己动机，从而对企业的捐赠行为不仅不会有积极评价，还可能产生负面评价。而相反，如果消费者对企业捐赠动机的归因是利社会的，则会对企业有高度评价，并用自己的行为支持企业的发展。比如 2021 年河南发生严重水灾时，鸿星尔克捐赠 5 000 万元，当媒体信息显示鸿星尔克是亏损状态，且有多项捐赠的历史事项时，很多消费者用实际购买行为回报鸿星尔克的亲社会行为。

消费者会根据自己的理解进行归因，营销者一方面要了解消费者的可能归因，另一方面可以引导消费者进行归因。比如，除了给出一定的认知上的理由帮助消费者进行归因，企业还可以利用名人效应，请在某一领域的专家进行代言，以增强可信度。举例来说，很多牙膏厂家会请牙医进行代言，因为牙医代表了专家的观点，因此增强了广告的可信度。

3. 分类需要

人们有对所遇到的大量信息进行有效分类的需要，所以会在大脑中建立一定的结构或者类别来帮助他们处理以后可能接收到的信息。分类有助于消费者简化处理信息，因此也是一种重要的动机。比如，不同的价格水平可能代表着不同的档次；再如，一辆车是低于还是超过 20 万元人民币，对消费者来说可能意义是不一样的。因此，产品信息的呈现形式是很重要的，营销人员应该简单清晰地对产品信息进行展现，从而方便消费者进行分类。此外，可以通过差异化定位的宣传，来引导消费者进行分类。比如，王老吉凉茶从 2002 年开始定位就是去火气，从而与可乐、奶茶、茶饮料等区分开，形成了自己的一个类别。

4. 客观化需要

这类动机指的是人们需要使用可以观察到的线索、符号来帮助他们推断自己的感觉和想法，比如，衣服有助于人们建立理想的形象和传达生活方式。因此营销人员需要提供给消费者可以观察到的线索符号，如产品的颜色、价格等。一个很好的例子就是营销人员可以通过某些线索（如价格等）来影响人们的感知。比如，LV 包包是几万元一个，以彰显身份地位。此外，营销人员还应该建立产品与目标人群理想化形象的连接，使得目标人群觉得使用了该产品就与自己的理想形象更加接近。比如，很多化妆品广告都会展示化妆完美的模特，人们看了就会觉得只要使用了该品牌的化妆品就可以变成广告中的形象。

（二）认知性成长动机

认知性成长动机包括四类。

1. 自主的需要

人们在不同程度上都有独立自主的需要。尤其是年轻人，越来越重视独立自主的需要，他们会通过购买独特的商品和服务来表达这一需要。市场上很多产品会通过限制销量或者私人订制来满足消费者的这一需要。

2. 求新猎奇的需要

这一需要可能是品牌转换或者冲动性购买的主要原因。品牌尤其是老字号品牌在人们的心目中的形象可能已经固化，这或多或少会造成消费者的疲惫心理。因此企业可以通过推出新的产品或者为品牌增加不同元素，或者与其他品牌合作来满足消费者求新猎奇的需要。比如2018年泸州老窖推出了香水，首批 20 000 套，48 小时售罄，第二批限量发售也被抢购一空，成为"网红"产品，得到很多消费者的善意调侃，比如"喷了会被查酒驾吗？""是不是要分浓香型和酱香型？"甚至《人民日报》也赞这款香水真是"一身酒气"。除了通过产品，企业也可以通过标语的变化来满足消费者的这一需要，比如，耐克的标语是："Just Do It"，但是耐克也曾经使用"What Is Your Motivation?"之类的标语试图给消费者带来新鲜的感觉。

3. 达成目标期望的需要

消费者在心中对于理想的状态有自己的看法，他们会将现有状态与其相比较，之后监督并改变自己的行为以达到理想状态。这一需要与消费者的期望有关。消费者为了离目标期望更接近而会去购买产品，因此营销人员需要说服消费者相信使用了企业产品之后可以缩短消费者与目标期望的距离。

4. 功利主义的需要

这一需要是指人们会积极取得有用信息或学习新技能来解决问题，比如人们看电视并不仅仅是为了娱乐，还为了观察最新的服装流行趋势等。因此，对于功能性产品，营销人员在产品的宣传中需要展示更多的产品信息。

（三）情感性保持动机

情感型保持动机包括四类。

1. 缓解紧张情绪的需要

人们在日常生活工作中不可避免地会遇到很多紧张的时刻，为了有效缓解紧张情绪所带来的压力，会主动寻找降低紧张程度的方式，如冬天去三亚旅游。

2. 表达的需要

人们购买的产品和服务有象征性的符号意义，通过购买和使用可以使消费者表达自我形象。

比如，名牌手提包不仅有功能性的作用，对女性来说，更多地表达了与时尚相关方面的意义。

3. 自我防御的需要

保护或者防御自我不受伤害是另一种重要的需要。当个体的身份被威胁时，就会有动力保护自己并采取保护性的行为，这种行为可能体现为消费行为。

4. 强化的需要

奖励可以改变人的行为，从而起到强化未来行为的作用。

（四）情感性成长动机

情感性成长动机包括四类。

1. 决断权的需要

很多人的理想是取得成功和声望，对他们来说，权力、成就和自尊是非常重要的，这就是决断权的需要。

2. 亲密和谐的人际关系的需要

这一需要涉及的是与他人发展互相有利和满意的关系，这与利他主义、寻求被接受及亲密关系有关。作为某个群体成员的身份对消费者来说是非常重要的，他们做出的很多与消费购买有关的决策，在很大程度上都是基于他们想要保持满意的人际关系的需要。

3. 身份认同的需要

身份认同的需要会导致消费者扮演不同的角色。一个人可能有很多不同的身份，比如，她可能是一个大学生，同时也是某个吉他协会的成员。

4. 模仿的需要

这一需要涉及人们在行动之前会参考他人的行为。模仿是孩童学习成为真正消费者的一种主要手段，同时，模仿的需要也是向往型参考群体（比如 NBA 球员）对粉丝产生影响的重要原因。

八、双因素理论

美国心理学家弗雷德里克·赫茨伯格（Frederick Herzberg）在 20 世纪 50 年代提出的双因素理论将导致工作满意或不满意的因素进行归类，他把导致工作满意的因素称为激励因素，而把导致工作不满意的因素称为保健因素。保健因素包括企业的政策、规章制度、工资福利、工作条件以及人际关系等；激励因素包括工作吸引力、升职、成就感、他人认可、责任以及自我发展等。保健因素并不能激励员工努力工作，但如果缺乏这些因素，人们就会感到沮丧和不满意，从而降低生产力和工作效率。而像升职、成就等激励因素则可以激起人们的进取心，从而激励人们努力工作、提高工作效率。

赫茨伯格所提出的双因素理论尽管是针对工作和职场的，但可以应用在市场营销领域。因为商品对消费者也有很多作用，营销者需要分清楚哪些是其基本功能，哪些是其额外或者附加的价值，前者起保健因素的作用，后者起激励因素的作用。商品的基本功能如果得不到保证，消费者就会不满；但是只有基本功能并不能吸引消费者继续购买，进而形成品牌忠诚，商品还要提供一定的额外价值才能更好地吸引消费者。比如，名牌包包不仅可以装东西，还代表了一定的身份和地位。

九、麦克利兰的显示性需要理论

戴维·麦克利兰（David McClelland）[1]提出的显示性需要理论或习得性需要理论将分析重点放在环境或社会学习对个体需要和动机的影响上。与马斯洛认为人生来就有不同层次的需要的观点不同，麦克利兰认为个体可以在文化或者后天的学习生活中获得新的需要。他的主要假设是，个体的需要是在幼年或者童年时期在社会化过程中的后天学习而获得的，如果一个人的行为被鼓励或者认可，则与被批评的行为相比，该行为更容易在未来再出现，所以显示性需要或习得性需要来源于这些被鼓励的行为。个体的经历不同，导致每个人未来的行为也不同。

麦克利兰注重三个方面的需要，即成就需要、亲和需要和权力需要。

成就需要是指个体勇于承担责任并试图解决某个问题的需要。如果个体的成就需要较高，则会设置较高目标，并具有一定的冒险精神，对于工作或者行动要求有一定的反馈以助其进一步提高。

亲和需要指的是人们对与其他人交往和亲近的需要。如果个体的亲和需要较高，就会试图获得别人更多的关心，获得友谊与爱情、他人的支持与认可等，并且对人际关系的质量要求也比较高。具有高亲和动机的人往往会把人际关系放在自己的成就之上，更重视周围朋友和同事的意见，因此在消费时容易受他人的影响。麦克利兰认为亲和需要也是后天学习而得的，比如当个体遇到困难时会学习求人帮助。

权力需要指的是个体对权力和权威的需要以及试图改变或影响别人行为的倾向。麦克利兰发现权力需要与成就需要不同，他发现成就动机高的人对权力的需要反而较低，而社会活动频繁的人必定有较强烈的权力欲望。权力动机进一步又可分为个人化权力动机和社会化权力动机。个人化权力动机主要是为了自己的利益和目的，而社会化权力动机则是为了他人或社会的利益和目的。权力既可以支配他人和使别人服从（负面方向），也可以通过劝说和激励（正面方向）来改变别人的想法和行为。

麦克利兰的显示性需要理论着重研究了环境以及社会学习对人的影响，这在营销中有较好的应用价值。尽管市场营销人员无法影响消费者在孩童时期就形成的不同动机和需要，但可以通过其在网上的搜索行为、购买行为、评价和分享行为等来分析消费者的动机，从而为消费者提供个性化的产品和服务。比如，研究发现成就动机较高的男性可能会需要更多的室外运动产品，而成就动机不那么高的人则可能更喜欢抽烟。

第三节 消费者动机的特征

消费者的动机是很复杂的，主要体现为以下一些特征。

---

[1] McClelland, D. C. *Power: The Inner Experience*. New York: Irvington, 1975.

一、多样性

动机的多样性主要体现为动机有很多种不同的类型，而且有多种划分类型的视角。比如，动机可以划分为理性动机和感性动机。理性动机指的是人们仔细考量所有的选择并理智地选择能够最大化他们效用的行为；而感性动机是指人们的选择是基于个人主观的标准，因此所做出的选择可能并不能提供最大的效用。比如，对于买牛奶，有的消费者可能会在不同的牛奶产品之间比较价格、容量以及性价比；而有的消费者却会担心某一品牌的牛奶喝了不安全而不去选择。由于每个消费者的评估过程不同，对于某个消费者来说很不理智的行为对于其他消费者来说可能是理智的，因此很难说到底是理性动机还是感性动机能够提供更高的满意度。比如，有的消费者认为花钱买奢侈品是一种很不理智的行为，但是对于另外一些消费者来说，奢侈品会带来心理上的满足，是值得的，即使省吃俭用也要购买。

动机还可以分为主导动机和非主导动机。比如消费者的某一行为可能由多种动机驱动，但在某一环境下，某种动机是支配性的主导动机。比如，消费者购买奔驰车可能主要是为了彰显身份和地位，但是奔驰车本身作为一种高质量的交通工具，也能够满足消费者解决交通问题的动机。这启发营销人员要分清消费者的主导动机和非主导动机，不仅要注重消费者的主导动机，也要重视他们的非主导动机。

也有一些学者把消费者日常消费行为中的动机归集为以下一些类别：一是求实动机，指消费者重视产品或者服务的使用价值；二是求新动机，指消费者选择产品或服务时以追求时尚新奇为导向；三是求美动机，指消费者重视商品的欣赏和艺术价值；四是求名动机，指消费者倾向于选择名牌高档商品来提高自己的身份和地位；五是求廉动机，指消费者对价格敏感，以追求价格低廉为导向；六是求便动机，指消费者在购买和使用商品或者服务时，以追求最大程度的便利为导向；七是模仿或从众动机，指消费者在购买商品时自觉或者不自觉地模仿他人的购买行为，这一模仿行为可能有多种原因，如缺乏主见、害怕风险或者因为羡慕而模仿他人的购买行为；八是癖好动机，指消费者购买是为了满足个人的特别爱好和兴趣或者为了满足某种嗜好，如养花、养宠物等。

马斯洛需求层次理论也充分体现了消费者动机的多样性，很多企业基于马斯洛需求层次理论所体现的消费者动机的多样与层级，用广告激发消费者的动机，比如，激发自我实现动机——"谁都有机会去拿自己的冠军，做最好的自己，我能，全球通"；激发社会动机——"小洋人妙恋，初恋般的感觉"；激发安全动机——"车身虽小，但是更安全"；激发生理动机——"累了，困了，喝东鹏特饮"。

二、动机有强度和方向

消费者的动机有两个主要层面：方向与强度。方向（direction）是指动机的驱力会引导行为往哪个方向发展。强度（energy）是指动机的驱力高低。驱力会引发我们一些内在的力量，这些力量的高低便是强度。心理学家常用一些生理上的指标来测量动机的强度，比如有些研究用心跳、血压、脉搏次数、脑电波等衡量动机的强度。一般而言，动机强度和该需要的重要性与不满足程度正相关。在消费者行为领域，我们认为某需要的重要性越高，以及消费者对现状的不满足程度越高

（代表一个人的现状与其理想状态之间的差距越大），则其动机强度就越大。当动机强度不够时，消费者采取行动的意向便会减弱，从而导致消费者惰性（consumer inertia）的现象。当消费者的动机强度较低时，就需要被唤起。

三、动机之间有冲突

人与人之间、组织机构间都会产生冲突，而我们自身内部也会产生冲突，这种个体内部的冲突会影响我们的态度和行为。当两种行为互相矛盾时，就会产生个体内部的冲突。我们可以将其具体分为动机性冲突和认知性冲突[1]。

什么是动机性冲突？举例来说，某消费者可能会由于省钱的动机偏向于购买 Vivo 手机，但出于面子动机又会想买苹果手机，这就产生了动机性冲突。动机性冲突本质上是由于相反的驱力而产生的相反互斥的行为冲突。

认知性冲突主要是认知上的反应，比如，某消费者购买了 A 品牌的产品之后发现 B 品牌有很多优点，就会后悔，从而产生认知失调，是一种思维冲突。

拥有某种动机会驱使我们去接近主观期望的行为目标。然而，我们可能因为某些动机而采取某些行动，也可能因为某些动机而规避某些行为。正向的动机会使我们趋向（approach）某种行为或某种事物，而负向的动机则会使我们规避（avoid）某种行为或某种事物。由于消费者有正向动机也有负向动机，所以会产生动机冲突（motivational conflicts）。黎温（Lewin Kurt）提出三种类型的动机冲突，每一种类型都包含心理上两股相互对抗的力量[2]。

（一）趋向-趋向冲突

当消费者在两个具有吸引力的替代方案中进行选择时，所面临的动机冲突就是一种趋向-趋向冲突（approach-approach conflicts）。比如一个大学生每个月只有 1 000 元的零花钱，而在某个月她想看一场偶像歌星的演唱会，同时也看好了一件很漂亮的裙子，两样事情她都非常想去做，但限于每个月 1 000 元零花钱的预算，这两样事情不能同时去做，因此在到底用这钱去看演唱会还是去买裙子之间就会有冲突，这就是趋向-趋向冲突。

（二）趋向-规避冲突

意思是指当消费者对某一事物既希望趋向又想规避时所引发的冲突。比如一个糖尿病患者非常想吃水果，但又知道吃了水果自己的血糖会升高，因此他既有去吃水果的动机又有不要去吃水果的动机，这就是趋向-规避冲突。现在市场上针对人们既想享受美食又不想摄取高热量的趋向-规避动机冲突，推出了很多零卡、零糖的饮料和食品。

（三）规避-规避冲突

与趋向-趋向冲突完全相反的便是规避-规避冲突（avoidance-avoidance conflicts）。消费者所面临的可能是两个具有负面风险的替代方案，必须在两者间做一选择，以尽可能地降低风险。这种

---

[1] Hawins, D. I., Best, R. J. and Coney, K. A. *Consumer Behavior, Building Marketing Strategy*. Boston: McGraw-Hill/Irwin, 2001.

[2] Kurt, L. *Field Theory in Social Science: Selected Theoretical Papers*. New York: Harper. 1951.

"两害相权取其轻"的动机冲突便是规避-规避冲突。比如电脑过了保质期坏掉了，买一台新电脑要花很多钱，这是消费者不愿意的，同时由于过了保质期，修电脑也要花不少钱，消费者也很不愿意，但自己在学习过程中又必须有一台电脑。因此对消费者来说，尽管买电脑和修电脑都是他所不愿意的，但他必须在两样当中选择一样来做，这就是规避-规避冲突。

四、消费者动机是变化的

消费者动机是随着时间、环境等的变化而变化的，这意味着对企业来说，必须根据消费者动机的变化来实施动态、有效的营销策略。

上海家化的化妆品品牌佰草集刚上市时主打的是中草药概念，当时很多消费者对中草药有一定的排斥心理，一看到中草药就联想到难闻的味道、难看的颜色和不堪的药渣，因此消费者对这种产品没有购买动机。佰草集只得暂时放下中草药的市场诉求，转向以"清新自然"为诉求点（此时消费者动机主要在于天然），做了大量的软性宣传作为铺垫，不断地向消费者传达佰草集天然健康的中草药护理理念。此后，新开的专卖店也根据这一诉求点来设计，逐渐培育了消费者的购买动机。

其后的形势不断地发生变化，随着自然护肤风潮渐起，越来越多的化妆品主打清新自然的概念，"天然护肤"市场的蛋糕越做越大，竞争也日趋激烈（此时消费者对天然化妆品的需求有一定的饱和）。同时经过一段时间的市场培育，消费者开始成熟起来，中草药化妆品的概念已不像早先让人觉得匪夷所思。于是从 2002 年起，佰草集逐渐将宣传重心转回中草药概念，并且把中草药添加剂作为产品卖点，更深入地体现产品与中医理论之间的衔接。2005 年，佰草集进一步将中草药添加剂的概念演化为包含中医药配伍理论的"中草药复方"理念，在原先的基础上更上一层楼，从而激发了消费者的购买动机。在消费者对中草药概念接受的基础上，佰草集开始强化对中草药护肤的科学化探究，包括 2007 年设立中国第一个专门将中草药与化妆品结合的综合性科研机构，2019 年将中草药系统数据化并建立系统完整的中医药护肤方剂数据库。企业目前定位于专研中国女性肤质，探索更安心、更有效的中草药活性成分，举现代科技之力，树立以现代中草药专业理论为基础的前沿中草药科研级护肤专家。佰草集案例显示了消费者对"中草药"化妆品的动机从排斥到接受甚至是追求这一变化的过程，因此企业激发消费者动机的诉求与营销方式和营销重点也要发生变化。

第四节 动机与目标

所有的行为都是以目标为导向的，目标是人们的动机和需要所追求的结果。

一、目标的设定与选择

人们可以用不同的目标去满足同一种需要和动机。目标的设定和选择取决于个人的经历、个性、自我意识、价值观、目标可达成性、文化以及社会规范等。研究表明，人会有进取聚焦型目标（promotion focus）和防守聚焦型目标（prevention focus）。具有进取聚焦型目标的人更关注实现个人的成长和发展，对未来抱有更大的期望并且喜欢好的结果，在意目标的实现能使其获得多少；而具有防守聚焦型目标的人更关注安全、责任和义务，倾向于规避负面结果和保持现状，在意目标的实现能使其避免多少损失。比如，当你吃巧克力的时候，你是关注吃了以后感觉有多好（进取聚焦型目标）还是关注吃了之后会长胖多少（防守聚焦型目标）。

在消费领域，设定消费目标能影响消费者的动机，因为追求某一目标会成为消费者的强大动力。比如在一家人均消费为4美元的便利店里，研究人员给了一些顾客消费满6美元可以减1美元的优惠券，给了另外一些顾客满3美元可以减0.5美元的优惠券。研究发现，收到前一种优惠券的顾客为了享受到优惠会增加消费，可更有趣的是，收到后一种优惠券的顾客实际上却减少了消费——少于通常的人均4美元消费。优惠券隐含的特定消费者目标，扰乱了消费者本来的消费意向和动机。

设定目标不仅能刺激动机，而且能够抑制动机。比如在美国西雅图和其他几个城市，如果居民的能耗少于他们的邻居，他们的公用事业费账单上就会得到一个笑脸——这种策略有效地减少了当地的能耗，因为居民把获得一个笑脸当成了目标。

二、目标的达成

目标的达成会让人们获得满足感和成就感。企业可以通过品牌的意义、产品以及服务等来帮助消费者达成某些目标。但当个体的目标不能达成时，个体会有挫败感。目标不能达成的原因有很多，可能是因为个人能力，也可能是因为外界环境。对于挫败的目标，有的人则会选择心理防御机制来保护自己不受伤害。心理防御机制是由弗洛伊德提出的，是指个体在面临挫折而引起的紧张感时的一种倾向，它使得个体能够自觉或者不自觉地减少烦恼和不安，从而恢复心理平衡。有的人会去选择替代性目标，尽管替代性目标不如首要目标那么令人满意，但是足以降低或者消除消费者由于需要得不到满足而引起的紧张感。如果首要目标持续地得不到满足，那么替代性目标就会逐渐担负起责任。举例来说，如果某个人买不起高档汽车，那么他可能会说服自己去买一辆价格亲民的车，并认为它也能提供他想要的利益。这也是很多山寨产品如此盛行的原因之一。

经典和前沿研究 2-1

绩效目标会激发消费者高卡路里食品的消费动机

当消费者有绩效目标要实现时，会想到吃点巧克力和蛋糕等高热量的食物，而不会选择一份水果或蔬菜沙拉。在营销广告中，像士力架巧克力这样的高卡路里零食也经常被宣传成为身

> 体和大脑提供能量,帮助人们在运动、工作或学习考试中取得优异绩效的产品。
>
> 食物的主要功能是为人体提供能量、营养,或提供愉快的感官体验,有学者(Sauder, 2020)研究发现,当人们需要实现绩效目标(无论是在体力领域还是在认知领域)时,会增加高卡路里食物的预期摄取量或实际摄取量。比如,有一个实验,为了验证认知领域的绩效目标与食物选择和消费的关系,招募了146名被试者,告知他们需要完成两项研究:在第一项研究中,被试者在观看莫斯科视频的同时吃M&M巧克力豆;在第二项研究中,被试者将完成"隐藏的单词"谜题。实验组的被试者被告知第二项研究的目的是比较被试者的解谜表现,被试者必须证明自己与其他被试者相比表现更优秀。对照组的被试者被告知研究目的是收集他们对谜题的反应。
>
> 实验结果显示,认知领域的绩效目标导致高卡路里、营养不良零食的消耗量增加,且对于认为食物的主要功能是提供能量,而不是提供健康保护或满足享乐需求的被试者来说,结果尤其如此,而且在这个过程中研究排除了压力或情绪化进食的影响。
>
> 在这个实验之后,研究者发现身体领域的绩效目标也产生了同样模式的结果。本研究为营销者在高卡路里、脂肪和糖的休闲食品的包装和广告中使用绩效目标的倾向提供了理论上的依据。
>
> 资料来源:Cornil, Y., Gomez, P. and Vasiljevic, D. Food as Fuel: Performance Goals Increase the Consumption of High-calorie Foods at the Expense of Good Nutrition, *Journal of Consumer Research*, 2020, 47(2):147–166.

第五节 动机与涉入度

一、涉入度的内涵及影响因素

涉入度概念来自社会判断理论(social judgment theory; Sherif, 1981)[1],是指个体对某一对象所感知的与个人的关联性或关心程度。在消费者行为领域,涉入度是指消费者认为一个产品、品牌或者广告与自我是否相关的感觉状态。

涉入度是一个影响动机强度的重要概念,当涉入度高时,消费者的动机强度也高。涉入度有两个重要特征。

(一)涉入度高低是一个相对的概念

当人们衡量涉入度,并且用高和低来标识的时候,并不是指绝对的高涉入度和绝对的低涉入度,而是受到其他因素的影响而形成的相对水平的差异。

---

[1] Sherif, B. M. and Hovland, I. *Social Judgment*. Conn. : Yale University Press, 1981.

（二）涉入度会受到其他因素的影响

这些影响因素具体包括：（1）消费者的经验与知识。当消费者在产品与服务上有先前的经验或知识时，涉入度一般会比较低。所以对很多产品的购买来说，第一次购买相对之后的重复购买，所花费的时间和精力会更多。（2）消费者的兴趣。涉入度与消费者的兴趣有直接的关系，一般来说，消费者对产品或服务的兴趣越高，其涉入度也会越高。（3）消费者的感知风险。当消费者购买某一产品或服务的感知风险较大时，其涉入度也会随之提高。比如购买高价格的产品，或风险本身很大的产品（如股票），消费者经常会因为财务风险较高而涉入度也会提高。另外，当消费者面临的社会风险以及心理上的风险较高时，其涉入度也会较高。（4）消费者面临的购买情境。购买情境可能会改变消费者的涉入程度，有时一个购买情境可能会暂时地将低涉入度转换成高涉入度，或者相反。比如有时候时间特别紧张，消费者可能会被迫降低对产品的涉入度，较快地完成购买。（5）产品的社会外显性。一般来说，当产品的社会外显性增加时，消费者的涉入度也会增加。比如消费者的衣服、包包、汽车等具有一定社会外显性的产品，由于不当的穿着或是购买不当的产品都会带来很高的社会风险，因此消费者的涉入度会提高。

二、涉入度的类型划分

第一，可以将涉入度分为认知涉入（cognitive involvement）和情感涉入（affective involvement）。认知涉入会引发消费者对于对象的高度思考和信息处理，而情感涉入则会引发消费者对于对象的高度情感与情绪反应。例如，理性诉求的广告，会提供大量信息供消费者处理，就是希望引发消费者的认知涉入；而情感诉求广告，则是希望引发消费者的情感涉入。

第二，可以将涉入度分为情境性涉入度（situational involvement）、持续性涉入度（enduring involvement）和反应性涉入度（response involvement）。情境性涉入度是指由产品的特性（价格、产品复杂性、方案的类似性等）和购买情境特性（购买目的、时间限制等）、感知风险等引起的涉入度；持续性涉入度是指由消费者个人持续的、长期的兴趣所引发的涉入度；而反应性涉入度则是上述两种涉入度相互作用的结果。也就是说，当情境性涉入度和持续性涉入度高的时候，消费者的反应即决策的过程、决策的时间等一般也会越长。

第三，可以将涉入度分为产品涉入、广告涉入与自我涉入。产品涉入（product involvement）是指消费者对于某一特定产品类别的感兴趣程度。广告涉入（advertising involvement）是指消费者对于处理广告信息的感兴趣程度。广告涉入又称信息反应涉入（message-response involvement）。自我涉入（ego involvement）则是指消费者认为某一产品对于其自我概念的重要程度。一般而言，自我涉入与社会风险的大小有关。自我涉入属于持续性涉入，它与某一特别的购买情境无关，而是一种持续长久且对自我、对享乐体验的关切。

三、消费者涉入度的测量方法

有关涉入度的测量，很多学者研发了不同的量表，其中常为学界所用的是由蔡奇科夫斯基

（Zaichkowsky，1994）所研发的量表[1]。她认为涉入度的高低受到三个因素的影响：人、情境以及产品与刺激。人的因素包括一个人的需要、兴趣与价值等；而产品与刺激因素则包括替代产品间的差异性、沟通的来源以及沟通的内容等；情境因素，则是指购买或使用的状态以及时机。下面是蔡奇科夫斯基涉入度的量表。

对我而言，该产品是：
- 重要的————————不重要的
- 烦人的————————有趣的
- 令人兴奋的——————不令人兴奋的
- 相关的————————无关的
- 没什么意义的—————有很大意义的
- 吸引人的——————不吸引人的
- 迷人的————————平凡的
- 没有价值的—————有价值的
- 令人关切的—————不令人关切的
- 不需要的——————需要的

四、涉入度对消费者行为的影响

涉入度对消费者行为有重要影响，体现在很多不同的方面。

第一，对消费者决策的影响。涉入度可以影响消费者决策的很多方面，比如在信息搜寻阶段，高涉入度的消费者会高度重视信息的搜集过程，其搜集的信息广泛、具体；低涉入情境下的消费者搜集的信息是有限的，而且也不会付出很大的精力来搜寻。在认知反应方面，高涉入度的消费者会反驳与自己信念不一致的信息，而低涉入度的消费者则被动地接受与自己想法不一致的信息。

第二，对消费者态度变化的影响。高涉入情境下的消费者没有频繁的态度变化，因为他们会花费更多的时间和精力来避免购后失望，因此这些消费者一般会更多地传递他们对所购产品的满意态度，较少传递不满意态度。而低涉入情境下的消费者会频繁地变化态度。

第三，对信息重复性效果的影响。高涉入情境下的消费者不容易受信息重复性的影响，更加注重信息的内容；而低涉入情境下的消费者则会受到信息反复传递的影响。

第四，对品牌喜好的影响。高涉入情境下的消费者较为坚持自己所选择的品牌，不容易进行品牌的转换，对品牌有强烈的信仰并且感到在产品种类中品牌间有着巨大的差别，常常喜欢或偏爱某品牌并且具有品牌忠诚度；而低涉入情境下的消费者则会常常转换品牌，他们对许多品牌之间的差异不太敏感，会将这些品牌都看作合理的替代品，也就是说，他们并不特别偏好某一品牌，对品牌的忠诚度也不高。

---

[1] Zaichkowsky, J. L. The Personal Involvement Inventory: Reduction, Revision, and Application to Advertising. *Journal of Advertising*, 1994, 23(4): 59-70.

基于涉入度对消费者行为产生的多方面影响，企业的营销策略也应随着产品的涉入度而有所改变。对一个高涉入度的产品而言，营销者通常需要给消费者提供多方面且广泛的产品信息，以帮助其决策，因此广告中的信息诉求可能扮演着重要的角色。相反，对于低涉入产品的购买，消费者通常会受到产品购买现场的影响，营销人员必须注重产品的包装设计，以吸引消费者，同时消费者会受到代言人等信息的影响。[1]

当然，企业也可以通过一定的途径来提高消费者的涉入度：

（1）诉诸消费者的享乐需要。例如，直接刺激消费者的感官来引起较为强烈的注意和兴趣。

（2）利用较为新颖的刺激。例如，利用独特的表现手法、特殊的图片等来引发消费者的关注度和兴趣。

（3）利用突出的刺激。例如，利用鲜明的对比或特殊比例的图片来引发消费者的注意和兴趣。

（4）利用名人来作为广告代言人。

（5）建立品牌和消费者之间的一种紧密联系从而提升涉入度，如航空公司的常旅客计划等。

第六节 动机与消费者归因

人们不断追求事件背后原因的过程被称为归因（attribution），对这方面相关的探讨则形成归因理论（attribution theory）。

归因可以分为内在归因与外在归因。内在归因（internal attributions）是将一个人行为背后的原因归于个人的倾向、特征、能力、动机与情感，而外在归因（external attributions）则将一个人行为背后的原因归于个人所不能控制的情境因素或环境限制。

决定一个人内在归因与外在归因的主要是下列因素[2]：

第一，一贯性（consistency）。一贯性是指个体是否持续地表现出一致的行为和看法。如果个体所表现的行为只是偶发的，而不是持续一贯发生，则通常会倾向于将该事件作为外在归因；当一贯性越高时，则越倾向于作为内在归因。比如企业发生产品危机，如果这种危机经常发生，即体现为较高的一贯性，消费者就会归因于企业自身，而如果只是偶然发生，则消费者可能会将其归因于企业不能控制的其他因素。

第二，共识性（consensus）。如果每个个体面对相似情境时，都会以同样的方式来应对，则此行为被认为具有共识性。因此，当消费者在面对某一情境所表现的行为和其他人并不相似时，则会

---

[1] MacInnis D. J., Moorman, C. and Jaworski, B. J. Enhancing and Measuring Consumers' Motivation, Opportunity, and Ability to Process Brand Information from ads. *Journal of Marketing*, 1991, 55(4): 32–353.

[2] Weiner, B. Attribution Theory, in *The Corsini Encyclopedia of Psychology*, Weiner, I. B. and Craighead, W. E., eds. New Jersey: John Wiley & Sons, Ltd, 2010, 1–2.

倾向于将该行为作为内在归因。

第三，独特性（distinctiveness）。独特性指的是个人是否在许多不同情境下都有同样的行为表现，或只有在特定情境下才有这样的行为表现。如果个人的行为只在某一特殊的情境或时刻发生，则会倾向于将这种行为作为外在归因。

总之，在高一贯性、低共识性以及低独特性下，消费者会比较倾向于内在归因；而在低一贯性、高共识性以及高独特性下，消费者则会倾向于外在归因。

当消费者被激励或被说服去购买某种物品或服务时，他们希望了解背后的原因，这就是消费者归因。营销人员必须认识到消费者常常会对事件背后的原因加以推论，而这种推论对营销的改善与成功有很大影响，因为消费者购买后的归因会影响其未来所要采取的行动。营销人员若能掌握这些消费者归因，就可能有机会满足消费者需要，从而获得长期的营销成功。

第七节 动机理论与市场营销策略

一、识别与发现消费者的购买动机

如果问一位消费者为何购买苹果手机，这位消费者很有可能会说因为"苹果手机功能强大、外形时尚、有面子"等。但是，有一些购买原因消费者可能不愿意分享或者可能他们根本就不知道这些原因的存在，如"购买苹果手机使我觉得自己不落伍""为了获得朋友的认可""使我更有魅力"等。所有这些某一个或某几个动机的组合就形成了消费者购买某种商品的影响因素。

消费者能够意识到并能够清楚说明的动机称为显性动机（manifest motives）。与社会规范和价值观相容的动机更容易成为显性动机。消费者意识不到或者不愿意承认的动机称为隐性动机（latent motives）。图2-3说明了这两种动机是如何影响消费者购买决策的。

对于营销管理者来说，首要的任务就是要确定到底哪一种或哪几种动机的组合在影响消费者的购买行为。显性动机相对来说更容易知道，比如我们可以通过直接询问的方式获知，但是这一方法有一定的局限性，因为很多时候动机都是隐性的，

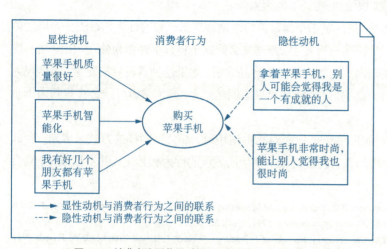

图2-3 消费者购买苹果手机的显性动机与隐性动机

被调查对象可能不愿意说出自己的真实想法，或者没有意识到而没有足够的能力去表达自己的动机。一般来说，识别与发现消费者动机的方法包括以下几种：

（一）深度访谈（in-depth interview）

使用一对一的访问形式，按照特定的主题，对消费者进行深入访问，以揭示其对某一问题的潜在动机。访问可以是有特定提纲的结构化访谈，也可以是开放式的非结构化访谈。特别是引导消费者表达其在与访问主题相关的消费场景中的一些需求特征、感知特征、态度和情感等，以此来判断消费者的动机和需求。

（二）"手段-目的链"或者利益链方法（means-end chain）[1]

这一方法的具体做法是，提供给消费者一个产品或品牌，要求消费者说出此产品吸引他的属性，进而基于属性列出产品能提供的所有利益，然后列出这些利益提供的所有好处，一直这样继续下去，直到消费者再也说不出进一步的好处为止。举例来说，被试者可能会把"感冒减少"作为每天服用维生素的好处之一，接着被试者会被问到感冒减少的利益，这时他可能会说"工作更有效率"或者"更有精力"，而另一个人则可能会说"可以更多地进行户外活动"或者"气色更好"等。这两个人都服用了维生素来预防感冒，但他们的最终目的是截然不同的。那么针对这两种不同消费者的维生素广告应该有什么不同呢？这对广告信息和主题的设计都有很好的营销启示。

（三）投射技术（projective technique）

对于隐性动机，有时需要采取更加复杂的方法才能识别获得。营销人员一般使用投射技术来获得隐性动机。其具体方法有：

1. 比喻分析法（metaphor analysis）

在20世纪90年代，研究者们发现个体的大部分交流是非语言性的，人们更倾向于使用形象而非语言进行思考，因此使用语言来揭示消费者的思想是非常有限的。研究者们考虑使用非语言的手段，比如声音、音乐、图画来描述消费者的情绪，这样的方式被称为比喻（metaphor）。ZMET（Zaltman metaphor elicitation technique）[2]就是其中一个较为典型的方法，它是依靠图画来揭示人们对产品和服务深层次的潜意识的想法。

2. 词语联想和完成句子法（word association and sentence completion）

研究人员将一些词语一个一个地给被试者观看，要求他们说出看到这个词语后马上想到的是什么。这一方法可以使研究人员获得与给出的刺激词汇相对应的联想，这对于识别品牌联想非常有用。完成句子法是让被试者进行完形填空，比如，"驾驶奔驰车的人是_____"。

3. 主题统觉测验法（thematic apperception test，TAT）

这一方法是由亨利·A. 默里（Henry A. Murray）[3]在20世纪30年代提出的。在这一方法中，研究人员将一些图片给被试者看，要求被试者为每张图片讲述一个故事。被试者在讲述故事的时

---

[1] Gutman, J. A Means-end Chain Model Based on Consumer Categorization Processes. *Journal of Marketing*, 1982, 46(2):60-72.

[2] Coulter, R. H. and Zaltman, G. Using the Zaltman Metaphor Elicitation Rechnique to Understand Brand Images. *Advances in Consumer Research*, 1994, 21: 501-507.

[3] Murray, H. A. *Thematic - TAT*. Mass.: Harvard University Press, 1935.

候会将自己的想法、情绪等投射到画中,可以用来分析被试者的需要和压力。默里认为压力来自需要,而这两者会驱动人的行为并影响人的性格的形成和发展。因此,主题统觉测验法可以用来反映一个人的性格特点。

4. 第三人称技术法(third-person technique)

这一方法要求消费者对为什么其他人会买某个品牌提供原因和动机。

(四) 案头资料分析(desk research)

案头资料分析是通过使用二手资料进行分析和研究来推断和了解消费者动机的方法。尤其在互联网和数字营销背景下,可以收集和分析消费者在网络上的一些行为来识别消费者动机,重点是消费者在网站上的四个方面的行为数据:(1)网上购买数据;(2)对商品的评价数据;(3)浏览和搜索数据;(4)社交媒体上的数据。

营销小故事 2-1

雀巢速溶咖啡的消费者动机识别

雀巢速溶咖啡上市时一开始没有成功,因为目标群体——美国的家庭主妇不愿意购买。雀巢咖啡公司在识别了消费者动机后,才得以使产品打开市场。

当时的过程是这样的:雀巢速溶咖啡推出速溶咖啡,改写了传统的咖啡豆需要研磨、冲调等复杂程序,在做了大量的口味测试,获得消费者的认可和喜爱后正式推出。但销量没有达到预期目标,企业于是找来目标群体了解原因,很多消费者表示产品的口味不好,而这一答案与上市前测试时目标群体认为口味很好是矛盾的。企业最后使用投影法才了解到真正的原因。在操作过程中,使用的工具是两张购物清单,清单中的产品数量等信息完全一致,唯一有差异的是一张购物清单中咖啡项目是雀巢的速溶咖啡,而另一种购物清单中的咖啡项目是麦斯威尔的传统咖啡。两种购物清单随机发给来参加测试的家庭主妇,请他们评价制作这张购物清单的家庭主妇。结果显示,制作有雀巢速溶咖啡的购物清单的家庭主妇,被认为是"懒惰的""不称职的""喜欢睡懒觉的"等,显示这是一个"不合格"的家庭主妇。由此雀巢公司才恍然大悟,原来作为目标群体的家庭主妇不购买雀巢的速溶咖啡,是因为怕被别人认为自己是一个不称职的家庭主妇。这与当时婚后女性的主要角色是家庭主妇有关系。了解了真正的动机之后,雀巢咖啡改变了诉求方式,不再强调省时、省力,而是诉求其为"聪明主妇的选择",从而打开了销路。

资料来源:Haire, M. Projective Techniques in Marketing Research. *Journal of Marketing*, 1950, 14(5):649–656.

这些数据构成消费者数字画像,都可以用于推断消费者动机。除此之外,还可以利用相似性和关联性两方面的依据来对消费者动机进行识别和推断,比如通过其他消费者的行为对某一消费者进行推荐,这是相似性的判断,其依据是如果两个消费者有很多相似性,那么他们喜欢的商品也

应该有相似性，如果一个消费者的行为显示其喜欢某产品，则可以推断另一位消费者也可能对该产品具有购买动机。从关联性方面推断消费者动机，是指如果消费购买记录里同时出现某两个商品，这两个商品的关联度就比较高，一旦消费者购买了其中一个商品，则可以推断该消费者对另外一个关联产品也具有购买动机。

> **经典和前沿研究 2-2**
>
> **产品类型和评分如何影响推荐系统的效果？**
>
> 通过与一家顶级零售商合作进行随机现场实验，将 184 375 名用户分为推荐者处理组和对照组，发现相对于没有收到推荐信息的控制组的消费者，向消费者推送"买了这个产品的顾客，同时还购买了……"推荐信息的消费者对被推荐产品的浏览量、转化率和最终转化率分别提高了 15.3%、21.6% 和 7.5%。但这种提升受到产品类型和评分的影响：与享乐型产品相比，实用型产品的浏览量提升更大；与搜索型产品相比，体验型产品的浏览量提升更大。相比之下，享乐型产品的转化率高于实用型产品。
>
> 资料来源：Lee, D. and Hosanagar, K. How Do Product Attributes and Reviews Moderate the Impact of Recommender Systems Through Purchase Stages? *Management Science*, 2021, 67(1):524−546.

（五）消费者调研

消费者调研是一种定量了解动机的方法。比如要了解消费者为什么喜欢或不喜欢某一产品或品牌，可以向目标群体发放问卷，罗列可能影响消费者购买的因素，让消费者进行打分评价，也可以了解消费者对这些因素的重要性程度感知等，通过对调研的数据的分析，来了解消费者购买或不购买的动机。

除了以上方法，企业还可以通过焦点小组方法、实验研究方法、人种志研究方法等来识别与分析消费者的动机。

二、基于多种动机的市场营销策略

一旦营销者识别出影响目标受众的不同动机之后，下一个任务就是根据这些不同的动机设计市场营销策略。这意味着所有人员包括从产品设计到营销沟通都要参与这一过程，这在营销传播策略中得到了最大的体现。假如图 2-3 真实地反映了目标受众的情况，那么苹果的营销者应该使用什么样的营销策略呢？

在考虑使用什么样的营销策略时，营销者必须意识到可能存在多于一种的动机在起作用。如果存在多种动机，那么产品和广告必须分别反映和传递这些利益。再者，营销者还需要分清这些不同的动机是隐性动机还是显性动机。传递显性动机相对而言比较容易，比如苹果的官方网站提供了很多不同种类的产品，消费者可以在视觉上评估这些产品的颜色、样式及质量等，这样就直接迎合了消费者的显性动机。

由于多数人对于隐性动机意识不到或者不愿表达，营销者应该考虑使用间接沟通方式。尽管苹果在官方网站上给出了不同产品的照片或视频，从而展现了高质量和高品质的形象，其网站的其他方面则间接地传递了苹果代表一定身份、时尚、创新的信息，从而迎合了消费者的隐性动机。

尽管一则广告要覆盖所有的动机可能会使消费者不知道广告的主题是什么，从而产生混乱，但企业一定要在整个传播过程中传递所有消费者都认为是重要的动机，并且有效组合显性动机和隐性动机，这样的传播过程才会有效。

三、基于动机冲突的营销策略

由于消费者拥有如此多的动机，因此动机与动机之间不可避免地产生冲突。对消费者动机冲突的解决会影响他们的消费模式，营销人员应该分析导致动机冲突的情境，提供能够解决动机冲突的方案，从而鼓励消费者购买自己品牌的产品。消费者所面临的动机冲突主要有三种类型，都有相应的营销策略来解决。

（一）针对双趋冲突动机的营销策略

当消费者面临两种或两种以上对其具有吸引力的选择目标而只能选择一种时，就面临着双趋冲突。两种被选目标的吸引力越趋近，冲突越大。比如某消费者获得了一笔额外的收入，他要在去海南岛游玩（可能来自寻求刺激的需要）和购置一套高档家庭影院（可能来自享乐的需要）之间做出选择。解决双趋冲突的有效方法是，通过广告来增加某一种选择的吸引力，或者以降价的方式提高购买兴趣来解决，分期付款也是解决双驱冲突的有力策略。

（二）针对趋避冲突动机的营销策略

当消费者面临的购买决策既能带来好的结果又能带来不好的结果时，消费者就面临着趋避冲突。比如消费者在购买较昂贵的空气净化器的时候，一方面觉得商品可以净化空气、除甲醛等，但另一方面又嫌其价格太高。营销人员应该通过了解消费者的心态来消除这种趋避冲突。比如可以提供保修承诺并保证消费者消费的商品价格是最实惠的。有的消费者很喜欢被太阳晒成古铜色皮肤，但又不想冒被太阳晒伤的危险，于是露得清化妆品公司针对这些人群提供了古铜彩油，可以使消费者不用晒太阳，一擦就能变成古铜色皮肤。随着消费者健康意识的提升，"无糖""减糖"已成为人们对冰淇淋、巧克力、蛋糕……这些传统"高糖高热量食物"的新诉求。这可以追溯到可口可乐和百事可乐的无糖可乐，现今已成为普遍的市场现象。根据淘宝天猫数据，2020年减糖概念的相关产品销量走势比2019年上涨了56%。目前，市场上无糖、低糖的产品品类越来越丰富，无论是冰淇淋、巧克力、蛋糕这类甜味代名词，还是代餐类功能食品，甚至连传统肉制品，都在"减糖"。这一现象充分体现了市场对消费者想要吃甜食的趋向动机，与避免糖分的规避动机冲突的重视与利用。

（三）针对双避冲突动机的营销策略

当消费者面临两个或两个以上不好的结果时想同时避免，但是只能选择避免其中之一的时候发生的冲突叫作双避冲突。举例来说，家里的电脑坏了，消费者可能不想买一台新的，但同时又觉得去修理不合算，这时消费者就面临着双避冲突。企业可以通过一些有效的方式来解决双避冲突，比如可以通过广告的方式来告知消费者应该做定期的电脑保养。企业也可以通过广告来纠正消费者的一些不正确的观念，比如对于牙齿的保养，消费者一方面希望牙齿健康，另一方面又害怕去医院看牙，这时企业就可以通过宣传来消除消费者的担心，或者将医院进行重新装修，使消费者在看牙的过程中感到非常享受，从而消除害怕心理。另外，有的企业对于家电业务推出了"以旧换新"或者延长新家电保修期的办法，以吸引消费者购买新的家电。解决双避冲突的关键是使消费者相信他所做的决定是最优决定，帮助他去选择一种方案。

四、基于调节聚焦的市场营销策略

消费者在做出选择的时候经常会考虑很多因素，很多时候会受到当时情境下被激发的具体动机的影响。被激发的动机使得消费者为了获得想要的结果而调节自己的行为。不同消费者调节行为的方式是不同的，大体分为两类，即进取聚焦型目标和防守聚焦型目标。如前文所述，进取聚焦型目标与消费者的希望有关，是一种对成长和发展的渴望；防守聚焦型目标与消费者的责任感和义务有关，是一种对安全的渴望。

每个人都存在着这两种调节聚焦，至于哪一种占主导，则要依赖个体特征和当时的情境。当然，一个人孩童时期的经历可能会导致某一种调节聚焦在个体行为时更鲜明，这称为习惯近用性（chronic accessibility）。也就是说，如果这一倾向对个体来说一直都很鲜明，那么当他在某种情境下需要做出决策时就会自然而然地使用这一调节聚焦。消费者调节聚焦的目标不同会影响他们的消费行为。当进取聚焦型目标被激发时，消费者想要寻求的是积极的结果，会更加冒险，决策的制定更加依赖情感和感性的因素，并且会很快地做出决定而不管这个决定是否正确。相反，当防守聚焦型目标被激发时，消费者的目标是避免负面的结果，会更加保守，他会使用比较具体的思维来思考，对决策的制定更加依赖事实而非情感，会追求正确的结果而不在意决策时间的长短。

营销管理者需要特别注意的是，进取型调节聚焦的人的自我概念倾向于独立，而防守型调节聚焦的人的自我概念则更多是依赖，这对营销实践有着很积极的意义。举例来说，东方文化重视"和"的思想和集体主义观念，而西方文化崇尚个人主义，那么可以推断在东方人中防守聚焦型目标的人占多数，而西方人中进取聚焦型目标的人更多一些。那么，如果在西方文化人群中做广告，应该多推崇所销售的商品如何能帮助消费者获得好的利益和结果；而在东方文化人群中做广告，则应多注重使用商品如何能使消费者避免损失。另外，消费情境也可以短暂地影响一个人的调节聚焦，比如广告的主题可以是获得成就型的或者是避免损失型的。

本章小结

需要是指一种生理上或者心理上理想状态与实际状态的不对等,这使得消费者感到缺乏了什么并且试图对其进行填补。动机是"引起个体活动、维持已引起的活动,并促使活动朝向某一目标进行的内在作用"。当消费者在理想状态与现实状态之间感到不平衡时,需要就会产生并驱使其行动,这就是动机。本章所阐述的动机理论包括本能说、精神分析说、驱力理论、诱因理论、需求层次理论和麦圭尔的动机理论等。

动机是复杂的,具有多样性、冲突性、动态性等特征。动机与涉入度有关。消费者对高涉入度商品的品牌忠诚度较高,动机较强;反之,则相反。动机与归因也有密切联系。

动机理论与市场营销战略有着很大关系。首先要识别与发现消费者的购买动机。消费者的动机分为显性动机和隐性动机。显性动机可以借由询问消费者而获得;隐性动机则不容易被察觉,需要借助比较复杂的技术才可以获得。消费者的某一行为可能有多种动机共同起作用,这多种动机有的是显性动机,有的是隐性动机,企业需要有效组合显性动机和隐性动机,关注重要的动机,这样的营销沟通才会有效。

消费者存在的多种动机之间并不总是一致的,有可能存在冲突。消费者所面临的三种主要类型的动机冲突包括双趋冲突、趋避冲突和双避冲突。对于不同的冲突类型,企业应该采取不同的营销策略以降低动机的这些冲突。另外,消费者存在两种调节聚焦,即进取聚焦型目标和防守聚焦型目标,这对企业的营销策略有不同的意义。

思考题

1. 名词解释
   动机　显性动机　隐性动机　涉入度　双趋冲突　趋避冲突　双避冲突
   进取聚焦型目标　防守聚焦型目标
2. 什么是动机?动机有哪些特征?
3. 请具体阐述马斯洛的需求层次理论,并指出该理论对企业制定营销策略的意义。
4. 什么是动机冲突?动机冲突分为哪几类?对于不同的动机冲突应该如何制定有效的营销策略?
5. 消费者动机有哪些识别的方法?
6. 动机和涉入度的关系是什么?
7. 请论述调节焦点理论,并用生活中的例子加以阐述。
8. 请指出如何使用马斯洛的需求层次理论来为下列商品制定有效的营销策略:
   (1)洗发水;(2)瓶装水;(3)巧克力;(4)高档手提包。

9. 请阐述购买或者光顾下列商品店铺时的显性动机和隐性动机：
（1）苹果手机；（2）奔驰跑车；（3）牙膏；（4）私人俱乐部。

10. 实践活动：

（1）请选择一件商品，根据麦圭尔的动机理论为其设计一则广告，并确定广告的主题；

（2）找到两则针对马斯洛需求层次理论中不同层次需求的广告，对每则广告，请解释其针对的具体需求是什么以及为什么，并解释企业为何要针对这一具体需求做广告；

（3）找到几家大公司的网站，使用马斯洛的需求层次理论或麦圭尔的动机理论来分析其网站的有效性；

（4）选择一个产品，使用隐性动机技术中的一种或者两种来确定三位消费者的隐性动机。

第三章

消费者感知

> **开篇案例**
>
> ### 香 氛
>
> 人们对香气的追求自古就有，比如古人会佩戴香囊、焚烧香料，而现今的消费者则更倾向于使用香水、个护和家居的香氛产品。香氛不仅有令人愉悦的香气，还能代表精致的生活调性，活跃消费者的神经和心情。由此"嗅觉经济"在逐年升温。根据《2020年香水行业市场前景及投资研究报告》，预计到2022年，我国香水市场的规模将突破400亿元。根据企查查数据，从2017年开始，香氛企业的注册数量快速增长，到2021年，我国香氛企业注册量累计已超过2 000家。
>
> 很显然香氛市场进入了增长期，这与如今的消费者不再为温饱发愁，转而追求高品质生活相关。国内香氛品牌Plustwo创始人表示，经历新冠疫情，消费者更加关注生活，加上很多年轻人普遍比较焦虑，希望在睡前舒缓身心，香氛恰好是很好的疗愈工具。不仅如此，消费者购买香氛产品的理念也有所转变。之前，很多人购买大牌香水，更多是寻求身份认同感，而现在的消费者更关注产品是否能悦己。因此，尽管长期以来，我国的香氛市场一直被国际大牌主导，

但随着消费群体的迭代,年轻用户喜欢猎奇尝新,喜欢接受新品牌,因此不少国产香氛品牌都将"Z世代"作为市场的突破口。

近两年国潮品牌崛起之后,不少新品牌尝试将"东方美学"和"中国记忆"两个元素融入产品中,取得成功,比如故宫文创、花西子雕花口红等。同样,这两种元素也推动了香氛产品的发展。比如2018年,气味图书馆以"凉白开"为灵感,推出一款香薰产品,引发了消费者的广泛关注。观夏公司也以东方文化为底蕴设计产品,比如蜡杯的灵感来自宋代定窑,"颐和金桂""昆仑煮雪"等产品的名称也保留和体现了东方文化的内涵。这些品牌不再一味模仿欧美大牌,而是凭借其中国特色成为年轻消费者的新宠。

资料来源:https://new.qq.com/rain/a/20210604A08DLS00.

第一节 消费者感官系统与感官刺激

品牌、产品、广告等营销信息只有被消费者感知后,才能对其心理和行为产生影响。感知是消费者信息处理过程的第一步,是消费者展露和注意某个营销刺激,并对刺激加以解释的整个过程。消费者的展露和注意过程都具有高度的选择性,这意味着消费者只会处理所有营销刺激中的一部分,而理解过程是一个具有主观色彩的过程。因此,市场营销的客观现实与消费者感知之间存在着很大的差别。营销人员为了将营销信息有效地传递给消费者,就必须了解消费者感知的相关规律。

要了解消费者的感知规律,需要了解消费者的感知体系。如图3-1所示,消费者的感知体系包括感官刺激、感官系统和感知过程。

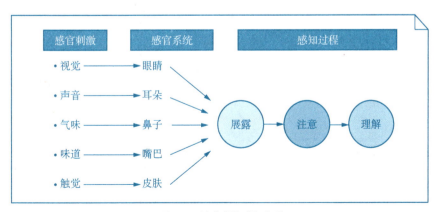

图3-1 消费者的感知体系

消费者的感官系统是指眼睛、耳朵、鼻子、嘴巴、皮肤等视觉、听觉、嗅觉、味觉、触觉器官所组成的用于感知外部刺激的生理系统。

感官刺激是通过消费者的感官系统作用于消费者的。感官刺激是市场营销中很重要的领域，甚至在感官刺激的基础上，20 世纪 90 年代曾出现感官营销的概念以及相关的营销理论和实践。克里希纳（Krishna）[1]将感官营销界定为"通过影响消费者的感官感受来影响消费者行为的市场营销活动"。消费者的感官及感官刺激主要包括以下五个方面。

一、视觉感官

很多营销刺激，比如广告、店面设计、产品包装、品牌标志等，都非常依赖视觉因素，人类超过 80% 的信息都是通过视觉获得的。常用的视觉因素包括色彩、形状、位置等。

（一）色彩对消费者的影响

色彩是一种非常重要的视觉因素。营销者可以用色调、饱和度和亮度等指标来选择和描述特定的色彩。其中色调（tone）是指一种颜色中所包括的色素。从色调的角度看，颜色可以分为两大类，即暖色调和冷色调。暖色调主要包括红色、橙色、黄色等颜色，而冷色调主要包括绿色、蓝色、黑色等颜色。饱和度（saturation）是指颜色的浓度，我们习惯上根据饱和度把颜色区分为浅色和深色。亮度（brightness）是指某种颜色色调的深度，比如饱和的粉红色可以很亮（荧光粉红色）或者很暗（紫红色）。

色彩作为一种重要的视觉因素，会影响消费者的心理反应。比如学者们发现暖色调通常刺激消费者形成兴奋的心情，而冷色调则会使消费者舒缓和放松。有研究结果表明，在广告中以蓝色背景展示的产品，比使用红色背景展示的产品更受欢迎。另外，有研究表明蓝色相对于红色来说，会让消费者有更强的创新性[2]。这些结论形成的原因主要在于消费者已有的知识体系中已经储存了关于色彩的范畴，比如蓝色的东西包括蓝天，该范畴的联想包括空阔、自由等，因此当蓝色展示在消费者面前的时候，可能会让消费者因为联想到自由而更有创新性。另外，绿色的东西包括薄荷、绿草、绿叶等范畴，该范畴的联想包括清新的、新的、有机的、富有春天气息的，等等。基于这种范畴知识，消费者可能会推断采用绿色包装的产品是新鲜的、健康的、纯天然的。

色彩还被发现能影响消费者的价格感知。有学者以网上沙发店为例（Naomi & Johnson，2002），发现绿底色加上美钞的网页背景，会让消费者把关注点放在价格高低上，而蓝底色加上云彩的网页背景，则让消费者更加关注产品的舒适度。他们还发现，汽车也是如此，以橘红色作为网页背景时，消费者更会不计价格去购买安全系数高的汽车，这可能是因为橘红色让消费者联想到了车祸现场[3]。

---

[1] [美]阿瑞娜·克里希纳著，钟科译:《感官营销力》，格致出版社 2016 年版。
[2] Mehta, R., Zhu, R. Blue or Red? Exploring the Effect of Color on Cognitive Task Performances. *Science*, 2009, 27(2): 1226–1229.
[3] Mandeleric, N. and Johnson, J. Web Pages Influence Choice: Effects of Visual Primes on Experts and Novices. *Journal of Consumer Research*, 2002, 29(9):235–245.

研究发现，对色彩的反应可能会因为生理差异或文化差异而不同。比如女性消费者更容易被明亮的色彩所吸引，并且对微妙的色彩变化和色彩运用更为敏感，一些学者将此归结为生理原因，认为这是女性对色彩的感受力比男性更强的表现。消费者生理对色彩感知的影响还体现在随着年龄的增大，消费者的眼睛也逐渐老化，会逐渐提升对黄颜色的视觉敏感度。关于文化对色彩感知的影响，研究发现，色彩在不同的文化中有不同的象征意义，从而影响消费者的感知[1]。比如在中国，红色代表着吉祥喜庆，因此中国消费者在很多产品上对红色会更加喜爱，尤其是与节日、婚庆等相关的产品上。

色彩在市场营销中的重要作用，不仅体现在企业使用色彩作为营销工具去影响消费者的感知方面，而且当企业在营销中对色彩的利用和积累达到一定程度时还可能会形成企业的一种资产，形成品牌基于色彩的感官印记。"印记"是一个来自生理学的概念，早在1910年，德国动物学家奥斯卡·海因洛特（Oskar Heinroth）发现了一个有趣的现象：破壳而出的小鹅会对第一眼见到的活动物体产生依从心理，即便第一眼见到的不是鹅妈妈，而是猫或狗等其他动物，亦会自动跟随其后——这就是著名的"印记效应"（imprinting）。所谓感官印记，是指如果某种特定的感官体验能使消费者想到某个具体的品牌，或是从品牌到感官体验的反向联想，那么这个品牌就成功地塑造了一个感官印记（sensory imprint）[2]。动物和人类的印记本能与心理对于品牌如何攻占消费者心智有着重要的启示。

色彩方面的感官印记有的已形成法律保护的商标，比如柯达公司曾经为已经在市场上消失的胶卷的外包装盒上黄、黑、红三色搭配的颜色申请了商标保护。欧文斯康宁公司也为其粉红色家庭绝缘产品申请了商标保护。蒂芙尼（Tiffany）公司1998年将经典的蒂芙尼蓝在美国注册成颜色商标。还有的色彩感官印记，在消费者心中形成鲜明的认知，形成消费者对企业与竞争对手差异化感知的一个来源，比如百事可乐的蓝色和可口可乐的红色在消费者心中已经形成了鲜明的区隔。

（二）形状对消费者的影响

除了色彩，经常被企业使用的视觉刺激工具还包括形状，比如产品和包装的造型就是企业重要的营销工具，通过产品和包装的形状可以提高消费者对产品的喜欢程度，体现企业营销的创新性。比如对一些女性消费者来说，香水瓶的形状是影响她们购买的一个重要因素。品牌标志的形状也会对消费者产生影响，比如研究发现品牌标志的形状会影响消费者的联想和判断，圆形和角形的标志分别会启动柔软和坚硬的联想，从而影响消费者对产品舒适性或是结实度的属性判断。[3]

（三）位置对消费者影响

位置作为一个重要的视觉因素，也会对消费者产生很多影响。关于产品在货架上的位置，研究发现了一些规律。比如消费者认为贵的产品会放在货架的上部，流行度高的产品放在货架的中

---

[1] Jacobs, L., Keown, C. and Worthley, R., et al. Cross-cultural Colour Comparisons: Global Marketers beware! *International Marketing Review*, 1991, 8(3):21.

[2] ［美］阿瑞娜·克里希纳著，钟科译：《感官营销力》，格致出版社2016年版。

[3] Jiang, Y., Gorn, G., Galli, M. and Chattopadhyay, A. Does Your Company Have the Right Logo? How and Why Circular- and Angular-logo Shapes Influence Brand Attribute Judgments. *Journal of Consumer Research*, 2016, 42(5):709-726.

部,而促销的产品会放在货架的下部。[1]位置也被感知到与重量有关系,消费者会认为摆在下面的产品比摆在上面的产品更重。[2]基于隐喻的机制,研究发现,强势品牌的 logo 放在包装的靠上部位比放在下部会引发消费者更高的评价;而弱势品牌的 logo 放在包装的靠下部位比放在上部更容易引发消费者偏好。[3]

二、听觉感官

声音是另一种重要的感官刺激。声音的维度体现为音调(pitch)、响度(loudness)和音色(timbre),其中声波的频率被感知为音调,声波的振幅被感知为响度,声波的谐波被感知为音色。[4]消费者会基于这些维度,利用自己从品牌的声音、音节和词汇中所搜集到的信息来推断产品属性并形成评估,这一过程称为语音象征。[5]比如研究发现降低打开打火机时产生声音的音调会让消费者产生奢侈的联想。[6]营销宣传中低音调的声音会使得消费者推断出更大的产品尺寸,而高音调的声音则使得消费者推断出较小的产品尺寸。这个音调大小效应是通过视觉心理表征过程产生的。[7]

与消费相关的声音的影响主要体现为音乐、产品声音、噪声的影响等。

(一)音乐声的影响

一些消费场所经常使用音乐来影响消费者,此时这些音乐成了"功能性音乐",它可以根据客流量等具体情况播放不同的音乐,使消费者放松,延长在店里消费的时间,或刺激消费者快速决策、快速消费。研究发现,音乐会影响消费者的具体选择,在同一家商店里,播放法国风格的音乐会增加商店里法国红酒的销量,而播放德国风格的音乐,则会增加德国红酒的销量[8]。

(二)产品的声音

一些品牌也通过产品的声音来塑造消费者的特定感知,从而形成品牌与竞争对手的差异化特征,形成声音的品牌印记。比如,对于哈雷摩托车来说,发动或疾驶时发出的声音是产品的重要特征,也给车手带来无尽的体验和满足。

---

[1] Valenzuela, A., Raghubir, P. and Mitakakis, C. Shelf Space Schemas: Myth or Reality? *Journal of Business Research*, 2013, 66(7):881-888.

[2] Deng, X. and Kahn, B. E., et al., Is Your Product on the Right Side? The "Location Effect" on Perceived Product Heaviness and Package Evaluation. *Journal of Marketing Research*, 2009, 46(6):725-738.

[3] Sundar, A. and Noseworthy, T. J. Place the Logo High or Low? Using Conceptual Metaphors of Power in Packaging Design. *Journal of Marketing*, 2014, 78(5): 138-149.

[4] Yorkston, E. A. and Menon, G. A Sound Idea: Phonetic Effects of Brand Names on Consumer Judgement, *Journal of Consumer Research*, 2004, 31(1):43-51.

[5] [美]阿瑞娜·克里希纳著,钟科译:《感官营销力》,格致出版社 2016 年版。

[6] Lageat, T. and Laurent, C. G. Engineering Hedonic Attributes to Generate Perceptions of Luxury: Consumer Perception of an Everyday Sound. *Marketing Letters*, 2003, 14(2):97-109.

[7] Lowe, M. L. and Haws, K. L. Sounds Big: The Effects of Acoustic Pitch on Product Perceptions. *Journal of Marketing Research*, 2017, 54(2):331-346.

[8] North, A. C., Hargreeaves, D. J. and Mckedrick, J. The Influence of In-store Music on Vine Selections, *Journal of Applied Psychology*, 1999, 84(2):271-276.

(三）噪声

噪声并不总是产生影响听觉注意力等负面影响，比如研究发现中等程度的噪声会一定程度上增加人们加工信息的难度，使得人们有更多的抽象思维，从而提升创造力。这也许可以解释为什么有的人愿意到咖啡店这种非工作场所去工作。

声音不仅可以在消费者心理形成品牌印记，还可以成为企业受法律保护的资产。英特尔（Intel）于1991年启动著名的"Intel inside"计划，即任何一位电脑生产企业，只要在其广告上加入英特尔特别制作的"Intel inside 图像+Jingle音效"，英特尔就会为其支付40%的广告费（在中国是30%）。在电脑业利润日趋低下的情况下，英特尔的广告返款已占到一些电脑生产企业利润的1/4，成为这些企业利润增长的主要来源。全球平均每5分钟，"5 1 5 3"音调的Intel inside 品牌Jingle就会响起一次，这个伟大的"小动静"，创造了传播史上的奇迹，该计划改变了内嵌式电脑芯片的地位，使得许多消费者将自己电脑内有没有英特尔的芯片作为判断电脑档次与质量的标准，同时Jingle也成为英特尔公司申请的声音商[1]（如图3-2所示）。

图3-2 英特尔公司注册的声音商标

> **经典和前沿研究 3-1**
>
> **音调与威胁感知**
>
> 人们会把低音调与攻击性、威胁、黑暗、恐惧、愤怒等概念联系起来（Krishna & Schwarz, 2014）[2]，这会影响人们的威胁感知，在音乐中，低音调的音乐片段被认为象征着威胁，而高音调的音乐片段则传达的是顺从（Huron et al., 2006）[3]。因此，低音调会产生一种自动的威胁反应，比如低音调（vs. 适度音调）的背景声音会无意识地启动消费者的威胁反应，导致消费者产生高度的焦虑，从而增加消费者的风险规避行为，这可以体现为消费者愿意为汽车保险支付更多的钱，或者选择一种口味不确定性程度较低的食物等。然而，当背景环境声音的来源明确地

---

[1] 杨延超，"声音商标将成为知识产权的新蛋糕"，《经济参考报》，2013年1月31日。

[2] Krishna, A. and Schwarz, N. Sensory Marketing, Embodiment, and Grounded Cognition: Implications for Consumer Behavior. *Journal of Consumer Psychology*, 2014, 24(2): 159–168.

[3] Huron, D., Kinney, D. and Precoda, K. Influence of Pitch Height on the Perceptions of Submissiveness and Threat in Musical Passages. *Emperical Musicology Review*, 2006, 1 (3): 170–177.

> 消除了威胁时，比如直接标明这个声音是良性的，或者提醒被试他们所听到的声音只是一个广告而已，又或者将听到的背景声音与潜在的安全来源联系起来时，音调、焦虑和风险规避三者之间的关系就会减弱。
>
> 这些研究的营销启示在于，在零售环境和营销沟通中，商家既可以通过提高环境声音的音调来降低消费者购买之前对产品的风险感知，也可以通过降低环境声音的音调来鼓励爱冒险的消费者购买产品（lowe et al., 2019）[1]。
>
> 资料来源：Lowe, M. L., Loveland, K. E. and Krishna A. A Quiet Disquiet: Anxiety and risk Avoidance Due to Nonconscious Auditory Priming. *Journal of Consumer Research*, 2019, 46(1):159-179.

实际上，很多国家和地区早已对声音商标做出立法规定，如美国、欧盟、新加坡、澳大利亚、韩国、印度、中国香港、中国台湾等，都规定了声音商标。美国全国广播公司的 NBC 三响音阶，是美国专利商标局注册的第一个声音商标；雅虎公司的"Yodel"成为印度 2003 年允许声音商标注册的首个成功注册案例。

三、味觉感官

味觉感官的营销主要应用在食品和饮料等行业。这些行业的营销人员必须注重消费者对其营销刺激的味觉感知。许多食品、饮料产品甚至是医药产品在上市前会进行消费者口味测试。不少著名的香料公司，比如美国国际香料公司（IFF）都致力于做消费者味觉测试。消费者的味觉感知，不仅受到产品本身的影响，还会受到品牌的影响。比如盲测（blind test）发现，在隐藏品牌的情况下，受测者认为不同品牌的产品之间口味并没有太大差异，而当显示品牌信息时，消费者的偏好却明显受到品牌偏好的影响。可口可乐就有这样的故事。20 世纪 80 年代，可口可乐公司计划推出新口味的可口可乐来替代传统口味的可口可乐，盲测的结果显示，目标消费者对新口味可口可乐的反应比传统的可口可乐更好，因此企业决定全面推出新口味的可口可乐，停掉传统可乐的生产。然而，事后却引起消费者的反抗，最后迫使可口可乐公司重新推出传统口味的可口可乐。因此，虽然味觉对于大部分的食品很重要，但也不要忽略品牌的作用。当然，除了品牌，还有其他因素也可能影响味觉的感知，比如其他感官。就视觉来说，研究发现消费者对水果口味的识别准确性会受通过视觉感知到的果汁颜色的影响；[2]就听觉来说，也有研究发现听到咀嚼薯片时发出的声音的音量越大，消费者越会觉得薯片香脆可口；[3]触觉也会产生一定的影响，比如克里希纳（Krishna）等发现，

---

[1] Lowe, M. L., Loveland, K. E. and Krishna, A. A Quiet Disquiet: Anxiety and Risk Avoidance due to Nonconscious Auditory Priming. *Journal of Consumer Research*, 2019, 46(1):159-179.

[2] Dubose, C. N., Cardello A. V. and Maller, O. Effect of Colorants and Flavorants on Identification, Perceived Flavor Intensity, and Hedonic Quality of Fruit-flavores Beverages and Cake. *Journal of Food Science*, 1980, 45(5):1393-1399.

[3] Zampinni, M. and Spence, C. Modifying the Multisensory Perception of a Carbonated Beverage Using Auditory Cues. *Food Quality and Preference*, 2005,16(7):632-641.

消费者认为装在硬杯子里的饮料比装在软杯子里的饮料更好喝。[1]

四、嗅觉感官

市场营销人员也会利用嗅觉刺激来影响消费者的心理和情绪反应。一些人员专门研究关于有无气味和什么样的气味会导致人们感到紧张或者放松。嗅觉（或与其他感觉一起）会吸引消费者食用或购买食品。研究表明，当空气中的气味与所售产品有关时，这种气味就会成为一种有效的刺激，比如在内衣商店使用花香要比在咖啡店使用花香产生的效果更好[2]。研究发现，令人感到愉悦的环境气味对购买行为有积极影响，因为这会促使消费者更多地注意与该气味有关的刺激，并促使消费者逗留更久的时间。一项研究还发现，在一间充满花香的房间中，相比没有花香的房间，消费者对耐克鞋的评价更好。嗅觉与消费者记忆也有着直接的神经生理关联。研究发现，如果消费者第一次接触某产品时闻到了独特的产品味道，则两周后该消费者对该产品属性的记忆效果会更好。但这种结果仅限于消费者闻到产品本身的气味，如果闻到的是环境中的气味，则不会有这种记忆效果。[3]

嗅觉刺激对消费者所产生的这些影响，使得很多企业把嗅觉刺激作为很重要的影响工具，以此形成企业的差异化和感官印记。比如新加坡航空公司空姐身上的香水是美国仙爱尔公司特别调制的"热毛巾上的香水味"，这成为新加坡航空公司的专利香味，使很多消费者可以"闻香识人"；喜达屋酒店集团旗下每个品牌都拥有自己的签名香味，为客人创造怡人放松的心灵旅行体验；北美BOSS将"男人的味道"这句广告语与店内魅力张扬的男性香味融为一体，成为视听品牌与嗅觉品牌完美融合的典范。美国儿童蜡笔品牌绘儿乐（Crayola）在遭遇其他品牌竞争时，由于蜡笔产品本身难以差异化，绘儿乐分析了产品的气味，并根据气味的特征模拟了一种人造香气，并将香气进行了注册获得专利保护，气味成为绘儿乐蜡笔的感官印记，陪伴孩子们成长。

营销小故事 3-1

宜家的肉丸香味蜡烛

众所周知，宜家是一个家居品牌，但其除了卖家具，也卖肉丸子。对于宜家而言，代表性的肉丸则是他们在营销中最有辨识度的元素之一。1956 年，宜家在瑞典开设了第一家宜家餐厅，此后宜家餐厅一直是宜家区别于其他家具卖场的重要特色。宜家一直将肉丸称为"沙发推销员"，宜家创始人英格瓦（Ingvar Kamprad）曾表示宜家的商业逻辑是——"跟饥肠辘辘的

---

[1] Krishna, A. and Morrin, M. Does Touch Affect Taste? The Perceptual Transfer of Product Container Haptic Cues. *Journal of Consumer Research*, 2008, 34(6): 807−818.

[2] Bosmans, A. M. M. Scents and Sensibility: When Do Congruent Ambient Scents Influence Product Evaluations, *Journal of Marketing*, 2006, 70(3):32−43.

[3] Krishna, A. and Morrin, M. Product Scent and Memory. *Journal of Consumer Research*, 2010, 37(1):57−67.

> 人是做不了生意的"。
>
> 　　2021年,宜家推出了一款肉丸味的香薰蜡烛。这款蜡烛名叫"Huvudroll",与宜家肉丸的商品名相同。香薰蜡烛是宜家的一个产品项目,能和瑞典肉丸联动的家居产品那么多,宜家为何偏偏选择香薰蜡烛?这就是感官营销中嗅觉营销的效应了。香味经过精心调配,可以恰好与场景相符合。点燃香薰,可以通过你的嗅觉享受,不停刺激你的大脑,让你好好享受当下的场景,从而获得情绪上的共振。由此当你回到家,将瑞典肉丸香薰蜡烛点上,空气中飘散的肉丸香气,会不会让你联想到宜家餐厅里带着酱汁和土豆泥的经典餐品?会不会由此让你感觉宜家和你更贴近了?
>
> 　　资料来源:https://view.inews.qq.com/a/20210810A02DM200.

五、触觉感官

　　触觉也是影响消费者对品牌或产品评价的一个重要方面。研究发现,让消费者触摸商品,会提升消费者对产品的购买意向。研究人员还发现,一些消费者有更高的触觉需要(need for touch),触觉需要高的消费者特别容易受触觉的影响,在商店里,他们会忍不住触摸商品,并且他们喜欢对商品亲自检查后再购买。于是研究人员开发了触摸需要量表,主要包括以下几项[1]:

(1)当经过商店时,我忍不住会去触摸各种各样的商品;
(2)触摸商品是一件很有意思的事情;
(3)对之前触摸过的商品,购买后我会更加信任;
(4)经过触摸检验后再买商品,我会感到更加舒服;
(5)在逛商店时,触摸各种商品对我来说很重要;
(6)如果在商店里不能触摸一个商品,我会不愿意购买它;
(7)触摸了一个商品后再做购买决策,我会更加自信;
(8)在商店里浏览时,我喜欢触摸很多商品;
(9)确定一个商品是否值得购买的唯一方法就是要实际触摸一下;
(10)许多商品只有触摸感觉好,才会购买;
(11)我发现我在商店里会触摸各种各样的商品。

该量表对于不同消费者的触摸需求有重要的识别作用。

　　触摸不仅会影响被触摸的产品的评价,还会影响没被触摸到的产品的消费者评价。比如研究发现,事先让消费者触摸一个外观极度不一致的新产品会促进消费者对另一外观极度不一致的目

---

[1] Peck, J. and Childers, T. L. Individual Differences in Haptic Information Processing: The "Need for Touch" Scale. *Journal of Consumer Research*, 2003, 30(3): 430–442.

标新产品的评估和选择。[1]

触觉不仅会影响消费者对实体产品的感知和购买意向，在互联网购物背景下，消费者通过屏幕触摸产品也会对其产生影响。研究者把消费者用手指触摸显示屏上的产品称为直接触摸，把通过鼠标或触笔触摸显示屏上产品称为间接触摸，研究发现直接触摸产品能提升消费者对产品的心理所有权，从而提升产品的禀赋效应；[2]同时直接触摸相对于间接触摸会提升消费者的心理模拟，从而提高其对享乐性产品的选择；[3]研究还发现，直接触摸相对于间接触摸来说有极化效应，即对于消费者先前有积极态度的对象来说，直接触摸会提升消费者对对象的评价，而对消费者先前有消极态度的对象来说，直接触摸会降低消费者对对象的评价。[4]这些研究结论都显示了，哪怕在网络购物环境下，商家也应该关注触觉对消费者产生的影响。

六、多感官整合

除了单独的感官会对消费者产生影响，这些不同感官之间的协同与整合也是感官营销中的重要内容。比如研究发现视觉感知的果汁的颜色会影响消费者对果汁口味的判断准确性，显示视觉与味觉的协同对消费者的影响[5]；男性气味的香水与粗糙的产品触感相匹配，能够获得较高的消费者评价，而女性气味的香水与光滑的触感配合，消费者评价更高。[6]营销人员已经认识到消费者的感官之间的整合与交互的重要影响，比如福特汽车公司创立了交互感觉协调师的职位，协调汽车的声音、外形、触感、味道等，使汽车的各部分构成一个消费者满意的和谐整体。[7]

第二节 | 展 露

感官是消费者感知的载体，营销刺激通过这些载体，经过展露、注意和理解来完成感知的过

---

[1] 柳武妹、雷亮、李志远、苏云、黄晓治，"触摸，还是不触摸？先前触摸促进新产品接受".《心理学报》，2018，50（7）：782-792。

[2] Peck, J. and Childers, T. L. Individual Differences in Haptic Information Processing: The "Need for Touch" Scale. *Journal of Consumer Research*, 2003, 30(3): 430-442.

[3] Shen, H., Zhang, M. and Krishna, A. Computer Interfaces and the "Direct-touch" Effect: Can iPad Increase the Choice of Hedonic Food? *Journal of Marketing Research*, 2016, 53(5): 745-758.

[4] Wang, X., Keh, H. T. and Zhao, H., et al. Touch VS. Click: How Computer Interfaces Polarize Consumers Evaluations. *Marketing Letters*, 2020, 31(2): 265-277.

[5] Dubose, C. N., Cardello, A. V. and Maller, O. Effect of Colorants and Flavorants on Identification, Perceived Flavor Intensity, and Hedonic Quality of Fruit-flavores Beverages and Cake. *Journal of Food Science*, 1980, 45(5):1393-1399.

[6] Krishna, A., Elder, R. S. and Caldara, C. Erratums to "Feminine to Smell but Masculine to Touch? Multisensory Congruence and its Effect on the Aesthetic Experience". *Journal of Consumer Psychology*, 2011,21 (3):410-418.

[7] [美]戴维·L. 马瑟斯博、德尔·I. 霍金斯著，陈荣、许销冰译：《消费者行为学》，机械工业出版社2018年版。

程,其中当一个刺激进入个人感官范围时,展露(exposure)就产生了。所以,在任何类型的营销刺激能影响消费者之前,消费者必须能够接收到该刺激的展露。

一、展露的内涵

营销刺激(marketing stimuli)是由营销人员(通过广告、销售人员、品牌符号、标志、价格等)或由非营销渠道(如媒体、口碑)传播的有关产品或服务的信息。当营销刺激出现在消费者感官接收神经范围内时,我们称为展露。营销刺激在个体面前展露仅需将刺激物置放在个人相关环境之内,这也意味着展露的发生并不一定要求个体真正接收到该刺激物信息。比如,你在房间里,电视上正播放广告,你可能在与朋友谈话而没有注意到该广告,但该广告展露在你面前却是一个事实。

二、选择性展露

尽管营销人员非常希望所发出的营销刺激能够成功地实现对消费者的展露,但展露成功与否最终还是由消费者而非营销人员控制。比如成百个电视频道、上千个平面媒体和数量呈爆炸性增长的网络平台,都可能是企业向消费者传递营销刺激的渠道和载体。然而,通常在一段时间内消费者只能浏览某一个社交媒体,观看某一个电视台的节目,阅读某一种杂志、某一本书,或是上某一个网站,能够展露在消费者面前的刺激物大多数是消费者自主选择的结果,也就是说,消费者可以自主选择接收哪些刺激物、回避哪些刺激物,这种现象称为选择性展露。

选择性展露可以在广告播出时消费者的快速跳过广告节目、转换频道或广告静音等选择性活动中体现出来,消费者选择性避开广告信息的这些方法,称为广告躲避(Ad avoidance)。一项对人们广告躲避的研究表明,大多数商业广告在还没有收看之前就已经被有意避开了。研究结果还表明,那些新奇程度适中且引起人们好感的广告可以减少消费者有意避开。

营销人员希望其营销刺激信息能够在消费者面前展露,又不会使消费者厌烦。在当今消费者饱受营销刺激狂轰滥炸的时代,要想做到这一点确实不易。因此,很多公司除了想尽办法提高广告的新颖性,还在网络上设计了不能被删除的"弹出式广告"。更极端的一些做法是在放映电影之前播放广告,由于观众只能被动地等待电影开始,所以很多观众对这种强制性展露非常反感。还有的营销人员把广告植入节目、电影、游戏或电视剧中,消费者不能刻意回避这种植入式广告(product placement)。植入式广告有助于消费者决策,因为这些熟悉道具可能会让消费者产生情感安全感。但植入式广告也并不总是能产生好的效果,一般来说,植入式广告要产生好的效果,需要根据情节来选择最佳植入时机,与节目情节吻合一致,使产品能够真实、巧妙而又不特别引人注意地展露给消费者。

游戏市场规模巨大,广告投放展露率会较高,关于在这个市场中如何植入广告,有大量的研究结论。比如研究发现,游戏中的暴力内容吸引了玩家的注意,同时也分散了他们对其他信息的关注,从而限制了他们关注植入游戏的广告,因此如果在暴力游戏中植入广告,会导致消费者较低的品牌记忆。还有研究发现,相比女性非暴力游戏玩家来说,女性暴力游戏玩家更容易对品牌态度产生负面情绪。这主要因为女性对暴力游戏经验不足,不像男性对暴力游戏已经麻木从而很少关注。

此外，以流血形式出现的暴力情形也将导致玩家潜意识里将负面态度和植入游戏广告联系起来。因此研究者建议，如果想要通过植入游戏来获得好的广告收益，最好选择那些非暴力游戏，特别是当广告目标受众是女性群体的时候。

近几年，有些企业通过获取消费者的具体联系方式，向消费者传递企业广告，这被称为未经请求的广告展露，或者叫"推送"。这种展露模式如果能精准满足消费者的需求，可能产生对企业和消费者都有利的结果，但也可能引起消费者的强烈不满。这需要政府部门加强对消费者隐私及消费者福利的保护。在美国，数以百万计的消费者将其电话号码加入了联邦不准打电话登记簿中，以此来避免他们不想要的电话营销。另外，美国许多州都颁布了反垃圾邮件法令，禁止营销人员通过电子邮件等发送未经请求的商业广告。我国 2021 年通过的《个人信息保护法》也有一些相关的规定。

三、单纯展露效应

单纯展露（mere exposure）现象最早是由扎琼（Zajonc, 1968）提出的，他发现新鲜刺激物的反复展露会使人们更加喜欢它。由此，单纯展露效应是指刺激物展露次数的增加可以提高消费者偏好的效应，又被称为多看效应或熟悉效应。扎琼通过无意义的词汇、模糊的字母和陌生人照片作为不熟悉的刺激物，在实验室实验和现场实验中都发现了单纯展露效应的存在。扎琼对此现象的解释是：不熟悉的刺激物，比如无意义的词汇，在人们的脑海中会产生反应竞争，在通过反复展露使人们熟悉了这些无意义的词汇后，反应竞争就会减少，由此使人们对刺激物产生了更积极的评价。[1] 也有学者给出了另外的解释，认为对刺激物的反复展露，加速了人们对它的识别（recognition）能力，而更容易识别的刺激物往往是人们所喜欢的，这种"易识别 = 喜欢"的联系会影响人们的判断，从而导致更高的对刺激物的评价。

单纯展露效果的营销启示在于，企业应该通过广告等形式在一定程度上重复地向消费者展露产品和品牌等信息，尤其是对于消费者购买决策时不愿意做深认知加工的产品，展露次数的增加可以提升消费者的评价和购买意向。当然，也并不是所有的刺激物经过反复展露后都能够变得更加讨消费者喜欢，同时，展露次数也并不总是越多越好，企业还需要避免过度展露。

四、过度展露

对营销人员来说，展露是必要的，同时也应该避免过度展露（over exposure）。所谓过度展露，是指同一营销刺激长时间、高频率地在消费者面前展露。这种过度重复的展露会使消费者对该刺激过分地熟悉，从而形成对营销刺激的感知疲乏甚至是厌倦。所以营销人员要定期更新广告，从而避免过度展露。另外，过度展露的负面效果不一定只体现在广告的直接效果上，还可能因为过度展露导致消费者对品牌失去兴趣，从而使品牌资产下降。比如有些知名品牌通过授权的方式来获得

---

[1] Zajonc, R. B. Attitudinal Effects of Mere Exposure. *Journal of Personality and Social Psychology Monograph Supplement*, 1968, 9(2): 1–27.

利润。过度的授权,就如同过度展露一样,如果不能很好地控制其所授权产品的品质,最后,品牌的价值将会被折损。皮尔·卡丹这个品牌,在中国大陆和台湾地区都出现了因过度授权导致产品随处可见从而形成过度展露,其最终结果是使这个品牌在消费者心目中失去了价值。过度展露有时候也可能是因为企业不能控制的因素导致的,比如 LV 包包在中国市场上有许多假冒产品,这导致 LV 包包过度展露,影响了 LV 作为一个奢侈品的品牌价值。

第三节 | 消费者注意

一、消费者注意的内涵

展露是注意的前提。营销刺激物只有成功地展露在消费者面前,才有可能被消费者注意到。当展露的刺激物激活消费者的感官神经,由此引发的感受被传送到消费者大脑做处理时,注意就产生了。因此对注意的界定就是消费者对展露在面前的刺激物做出进一步加工和处理的过程。

二、消费者注意的特征

(一)注意的选择性

注意的选择性又叫选择性注意,意味着在任何时候消费者可以决定关注什么、不关注什么。鸡尾酒会效应(cocktail party effect)充分体现了选择性注意。它是指在鸡尾酒会嘈杂的场合,两个人可以忽略身边的噪声顺利地进行谈话,但此时如果酒会中有另外一人叫了你的名字,即使声音不大,你也能注意到的现象。出现这种效应的原因是你对自己的名字很敏感,这种敏感会调动你的注意力。在消费场景中选择性注意现象极其普遍,比如走进一家大百货商店,展露在面前的商品成千上万,但你会对很多商品视而不见,而是把注意力集中在你想要购买或感兴趣的商品上,这就是选择性注意。

> **经典和前沿研究 3-2**
>
> **消费者注意的横向和纵向偏差**
>
> 当消费者在实体店里逛一逛时,注意的规律是什么?有学者(Chen et al., 2021)在杂货店内利用移动眼球追踪技术探查了这一问题。具体地说,他们是回答了两个问题:第一,当购物者在穿越杂货店过道时,是否更倾向于关注右边的产品(即相对左边,右边是否为"正确"的一边)?第二,购物者是否倾向于关注陈列在他们眼睛同等水平高度的产品(即眼睛水平是否为"购买水平")?他们收集的数据集包含了购物者在消费过程中的位置信息、视野信

息以及购物过程中的视觉固定信息。研究结论发现：购物者在穿越过道时确实更关注右侧的产品，而与许多业内人士的想法相反，眼睛的水平高度并不是理想的"购买水平"高度，最容易吸引购物者注意力的产品水平高度是在眼睛以下大约14.7英寸的位置（大约在胸部的水平高度上）。

资料来源：Chen, M., Burke, R. R. and Hui, S. K., et al. Understanding Lateral and Vertical Biases in Consumer Attention: An In-store Ambulatory Eye-tracking Study. *Journal of Marketing Research*, 2021, 58(6): 1120-1141.

（二）注意的可分割性

注意的可分割性是指可以将注意力资源分割成许多小的单元，将它们同时分配到几项任务中去。比如消费者可以边看书边听音乐，边开车边听电台广播，一些学生会边听课边玩微信。这说明消费者在注意某件事情的同时，可以把注意力放在周边发生的其他事情上。但在这种注意力分割的情况下，往往对需要特别关注的对象的注意力就会减弱。比如学生边上课边看手机微信，对老师讲授内容的掌握程度就会降低。尤其是在智能手机、平板电脑、社交网络、购物网站等设备或平台上信息爆炸的时代，人们的注意力更加碎片化，多任务处理现象非常普遍。多任务处理对人们的影响不仅仅在于注意力的分割，加拿大麦吉尔大学的神经科学家丹尼尔·列维京（Daniel Levitin）在《有序》(*The Organized Mind*）一书中认为，多任务工作的人脑会产生的变化，除了葡萄糖的快速消耗，多任务会增加人的焦虑，这让大脑分泌更多的皮质醇，而这种物质会让人变得更有攻击性，导致人容易发生冲动行为[1]。

学者们在注意的可分割性特征的基础上，提出了中心注意与非中心注意的概念。当消费者的注意力高度集中时，比如在集中精力开车时，是否会注意到道路两旁一闪而过的路牌广告呢？这种对刺激物的无意识处理，被称为前注意状态下的信息处理，又称非中心注意。有研究表明，在非中心注意状态下，消费者对信息的处理能力取决于两个方面：第一，边缘视野中的刺激物是文字还是图片？第二，刺激物的位置是在视野的左侧还是右侧？这两个问题之所以重要，是因为人们的大脑在信息处理时左脑和右脑的分工是不同的。左脑更适合对数字、文字和与逻辑、分析有关的信息进行处理；而右脑则适合处理空间、位置关系以及音乐、图片等信息。还有研究表明，位于眼睛正前方右侧的信息是由左脑处理的，而位于眼睛正前方左侧的信息是由右脑处理的。这些研究表明，如果一则图片广告被置于消费者的左侧，则更可能被消费者做无意识处理，因为此时该图片信息刚好进入适宜处理这类信息的右半脑。同样，如果品牌名或文字资料被置于消费者视野的右侧，则更可能被有意识地加工和处理。

有些营销学者探讨了消费者在非中心注意状态下的信息处理是否会影响其对产品和广告的态度，甚至是否与特定品牌的选择有关。结果发现，相对于没有展露的情况，这种类型的信息处理会增加消费者对特定品牌的偏好，也会影响消费者对品牌的选择。之所以会出现这样的结果，是因为在非中心注意状态下的信息处理，尽管消费者没有意识到，同样可以增加消费者对品牌的熟

---

[1] Daniel, J. L. *The Organized Mind: Thinking Straight in the Age of Information Overload*, New York: Dutton, 2014.

悉程度,而熟悉程度能降低感知风险,从而提高人们的好感,这也属于在上一节所提到的单纯展露效应。

(三) 注意的有限性

消费者的注意力资源总体上是有限的。尽管消费者能够分配注意力,但通常只有在对多个刺激物加工的自动化程度较高、较不费力的情况下,才能同时注意多个刺激物。因此,消费者的注意是有限的,从这个意义上更加突出了消费者注意对企业营销的意义。甚至有的学者基于消费者注意的有限性这一特征,提出了注意力经济的理念。比如著名的诺贝尔奖获得者赫伯特·A. 西蒙 (Herbert A. Simon) 在对当今经济发展趋势进行预测时指出:"随着信息的发展,有价值的不是信息,而是注意力。"

三、影响营销刺激被消费者注意的因素

由于消费者注意的有限性和选择性等特征,营销刺激被消费者注意对市场营销者来说非常重要。因此,要了解哪些因素会影响营销刺激是否被注意,就需要了解其中的规律。

可以把相关的影响因素分为刺激物方面的因素、消费者个体方面的因素和情境方面的因素三类。

(一) 刺激物方面的因素

刺激物方面的因素是指刺激物本身的物质特征,它的一些特征会不依赖于消费者个体特征而独立地吸引消费者的注意力。

1. 刺激的大小和强度

刺激的大小影响人们对刺激物注意的概率。一般来说,大的刺激物相对于小的刺激物更容易被注意。所以,报纸上的一份全版广告相对于半版广告更容易被消费者注意,电脑屏幕上大的字体比小的字体更容易被消费者注意。同样,刺激强度越大,如更大的声音、更强的气味等都可以吸引消费者更大的注意力。

2. 展露的频率

刺激物在消费者面前展露的频率会影响其被注意的可能性。比如插播频率是反映展露频率的一个方面,研究发现,插播频率在提高消费者对刺激物的注意力方面具有积极影响,多次插播使消费者对广告的注意力提高了20%[1]。

3. 色彩和运动

色彩和运动可用来吸引消费者注意力,因为鲜艳的色彩和移动的物体更引人注目。色彩鲜艳程度、色彩的搭配等都是吸引消费者注意的影响因素。

4. 位置

位置指的是刺激物在消费者视线所及范围内的位置。处于视野正中的刺激物比处于边缘位置

---

[1] Chook, P. H. A Continuing Study of Magazine Environment, Frequency, and Advertising Performance. *Journal of Advertising Research*, 1985, 25(4): 23-33.

的刺激物更容易被消费者注意。这就是为什么营销者为取得货架中与消费者视线平行的位置而激烈竞争，并愿意为之付出更高代价。电视广告在电视剧之间播出的顺序"位置"也会影响广告被消费者注意的可能性。

5. 隔离

隔离是指将一个刺激物与其他刺激物隔开。空白（如将一则很短的信息放在一个空白的广告牌正中）的运用、广播广告之前的片刻沉默都是基于此原理。

6. 格式

格式指的是信息展示的方式。通常来说，简单、直接的展示方式相比复杂的展示方式会受到更多的注意。信息中加入需要消费者费力理解的因素会降低其关注的程度。那些缺乏明晰视点或者移动不当（如太快、太慢或太跳跃）的广告都会增加消费者处理与刺激物相关信息的难度，难以吸引大多数消费者的注意力。同样，难以听懂的口音、音量不当、人为扭曲、过大的背景杂音等也会降低消费者的注意力。

不同消费者的个体特征也会与刺激物的信息发送格式相互作用。有些格式对于某些人来说太复杂，而另外一些人则可能认为很有趣。如同其他刺激因素一样，信息格式的设计必须充分考虑目标消费者的特征。

7. 对比

对比指的是相对于那些与周围背景融合在一起的刺激物，消费者更倾向于注意那些与背景反差较大的刺激物，鲜明的对比度是一些获奖广告的促成要素之一。那些与消费者预期的或熟悉的广告内容大相径庭的广告，会因为对比效应而比那些普通的产品广告更吸引消费者的注意力。当然，对比效应产生后很难持续存在，因为经过多次注意，消费者会习惯于某种类型的刺激物，曾经很抢眼的广告也会逐渐失去对比效果，这种现象可以用消费者的"适应水平理论"（adaption level）来解释。适应水平理论给营销人员提出了一个难题，因为消费者很容易习惯广告、包装以及其他营销刺激。一种较好的解决办法是经常改变刺激，这也是为什么许多广告主开发出主题相同但沟通方式不同的多个广告的原因。适应水平理论还能解释为什么营销人员有时要更换产品包装以再次吸引消费者的注意。

8. 信息量

信息量更多涉及的是刺激物的整体领域而不是刺激物某一特定的方面。虽然在信息处理方面，个体消费者之间会存在差异，然而注意的有限性特征告诉我们，所有消费者处理信息的能力都是有限的。当消费者面对太多信息而不能无一遗漏地关注所有信息时，就会出现信息超载（information overload）。出现信息超载时，消费者会精神沮丧，要么推延对这些信息的处理，要么放弃对信息的注意及进一步的处理，或者随意做出决定，或在决策时只利用总信息中一些次优的信息。研究发现，起初随着所收到商品目录数目的增加，消费者购买的商品也在增加。然而，到了一定数量后，目录数的进一步增加反而会使消费者购买的商品数量减少。对这种现象的解释是此时发生了超载现象，由于信息超载，消费者停止阅读任何商品目录。

消费者能够和愿意接收多少信息并无确定的规律。营销人员都希望商品标签、包装和广告提供充分的信息以供消费者决策。通常，营销者需要准确地确定哪些信息对目标群体是重要的，从而确定提供哪些信息，并着重加强或从背景中突出这些信息。

（二）消费者个体方面的因素

除了营销刺激物本身，消费者个体方面的因素也会影响刺激物是否被消费者注意到。消费者兴趣或动机是影响其对刺激物关注程度的重要因素。兴趣是消费者整个生活方式的体现，同时也是消费者长期目标（如成为一名画家）和暂时需要（如饥饿）的结果。除此之外，不同的消费者对信息注意的能力也有很大的不同。

知觉警戒（perceptual vigilance）是指消费者通常更容易注意到那些与其目前需要较为相关的营销刺激。另外，消费者会故意避免一些可能对其造成心理威胁的刺激，有时尽管已经接触了该刺激，也会在潜意识里径自先行筛选，这种现象叫知觉防御（perceptual defense）。

（三）情境方面的因素

情境方面的因素是指环境中除营销刺激物以外的刺激以及因环境导致的暂时的个人状态。显然，处在忙碌状态的消费者比有闲暇时间的消费者较少关注刺激物。处于不愉快或不放松情境中的消费者，比如置身于拥挤、嘈杂、过热或过冷的商店中的消费者，会注意不到许多展露在他们面前的刺激物，因为他们想尽快从目前的环境中逃离出去。

四、注意中的绝对阈限与差别阈限

绝对阈限（absolute threshold）是某种刺激被注意所需要的最小刺激强度水平。绝对阈限的营销启示在于，只有当营销刺激的强度高于绝对阈限值时，消费者才会注意到该营销刺激。因此，商业广告的图像、文字或声音若太小，达不到消费者感官的绝对阈限，消费者的感官就不会被激活，也就不会注意和感知到该营销刺激。

差别阈限（differential threshold）是指人们刚好能区分出两个刺激之间有不同所需的刺激强度。因此，差别阈限是一个相对概念。心理学家厄恩斯特·韦伯（Ernst Weber）在19世纪首次总结了差别阈限的基本属性，这就是韦伯定理。根据该定理，初始刺激的强度越大，就越需要更大的额外刺激才能让人们察觉出刺激的变化。他把这种规律用如下公式表示：

$$K=(\Delta I/I)$$

上式中，K值被称为韦伯常数或韦伯分数，I表示原始刺激强度，ΔI就是消费者感知的差别阈限。

韦伯定理表明，消费者感知到的差别阈限与原始刺激强度呈正向变化。韦伯定理在消费者行为领域有多方面的表现，比如产品的原价是200元，价格降低20元，消费者就能感知到价格的变化；而原价2 000元的商品，可能只有降低200元，消费者才会感知到价格的降低。

差别阈限的营销启示在于，如果营销人员希望消费者注意到两个营销刺激之间的不同，就需要让这种变化超过消费者的差别阈限。比如麦当劳在不提价的情况下，曾经将汉堡的大小增加了25%，希望消费者能注意到这种变化。而如果营销者不希望消费者注意到两个营销刺激之间的变化，就需要将这种变化控制在消费者的差别阈限范围内。比如在物价上涨时期，企业的成本有了提高，但有的企业不想提高价格，而是把产品的包装做了改变，减小了产品的规格，但不希望消费者注意到这种变化。当然，这种行为也许会引发营销伦理问题。另外，在产品创新领域也要遵循韦伯定理所体现的规律，如果升级产品要让消费者感知到明显的创新，要吸引消费者产生升级换代的意向，就需要其创新水平超越消费者的差别阈限。

五、阈下刺激

一条播放过快或容量很小，或被其他内容所覆盖使人无法看清或听清楚的信息叫作阈下刺激（subliminal stimuli）。阈下刺激带来对消费者来说无意识的知觉就是阈下知觉（subliminal perception）。阈下知觉曾经是大众关注的热点，也是学术界研究的重要问题，同时也是个有争议的问题。1957年，美国广告商詹姆斯·维卡力（James Vicary）声称自己在新泽西的一家电影院开展了一场实验，在电影屏幕上快速闪放了不被察觉的广告信息——"喝可口可乐""吃爆米花"，六个月后，这条不被察觉的广告使爆米花的销量增长了18%，可口可乐的销量增长了58%。尽管该实验没有在同等条件下被重复证实，但这一现象被广泛关注，甚至美国国会都讨论了禁止阈下广告的播放，因为这可能被看作"洗脑"。美国广告公司（ABC）也有长期实行的反阈下知觉广告的政策，由此拒绝包括肯德基等公司的这种性质的广告。之后在严密操控的心理学实验中确实发现阈下刺激能够在某些特定条件下引发消费者情绪或概念的启动效应。[1]由此，目前的总体结论是阈下刺激对消费者有一定的影响，但影响有限。比如消费者以阈下刺激的方式接受了某个单词的展露，他们认出该单词的速度要快于那些没有被阈下刺激的单词。因此，研究认为阈下刺激会引起简单的反应，但是这些反应似乎还没有强大到能够改变消费者偏好的程度。如今，研究人员正在采用神经科学等较为先进的方法继续研究阈下刺激对消费者的影响。

第四节 | 消费者理解

一、消费者理解的内涵

感知过程的最后一个阶段，是个体对刺激物的理解过程（interpretation）。它是指消费者个体对所注意到的刺激物赋予某种含义或意义的过程，即对刺激物进行阐释和理解的过程。这一过程又包括三个阶段，分别是组织（organization）、分类（categorization）与推断（inference）。

二、消费者的组织过程

组织是指消费者辨认刺激物的各个部分，以组成一个有意义的整体的过程。人们一般倾向于

---

[1] Dehaene, S., Naccache, L., Clec'H, G. L., et al. Imaging Unconscious Semantic Priming. *Nature*. 1998, 395(6702): 597–600.

按照一定的规则来将新注意到的刺激物与存储在大脑中已有的知识、经验等相联系，形成一个有意义的刺激物的总体。最能解释知觉组织过程的理论是格式塔心理学理论（Gestalt Psychology），其基本思想是某些特定现象只有作为有组织的、有结构的整体进行观察时，才能被理解。根据该理论，人们在形成整体的组织过程中会遵循以下原则。

（一）图像与背景原则

消费者在对刺激物进行组织的过程中，倾向于把刺激物分成两部分，一部分是图像，另一部分是背景。图像是指在知觉范围内得到注意最多的那些因素或部分，当注意力的焦点发生改变时，图像与背景也随之改变。比如在图3-3中，人们看到的可能是一个杯子，也可能是两个人的脸，这取决于观察者的焦点所在。

一般来说，越熟悉的事物，越有可能在消费者知觉的组织过程中凸显出来成为图像，比如熟悉的品牌和产品更有可能在琳琅满目的货架上映入消费者的眼帘。

图3-3 图像与背景

（二）就近性原则

当两个刺激物在空间上或时间上很接近时，人们往往会将它们视为一个整体。在图3-4中，竖线虽然都一样，但大家会把六条线分成三组来看。

（三）相似性原则

当两个刺激物外形的相似度很高时，人们就容易把它们视为一个整体。比如图3-5，大家通常会把左边相似的圆视为一个整体，把中间的正方形视为一个整体，把右边的圆又视为一个整体。

图3-4 就近性

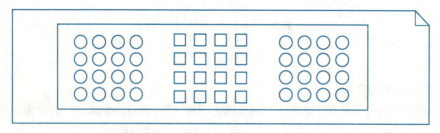

图3-5 相似性

（四）简洁性原则

人们在对刺激物进行理解时，有一种将各种感知组织成简单模式的倾向。也就是说，即使一个人对于刺激物可以产生各种复杂的理解和解释，但其总体上倾向于做出更为简单的组织与理解。

（五）完型原则

完型原则是指即使在刺激物要素不全的情况下，人们也具有将刺激物发展成一幅完整画面或图景的趋向。比如一个有缺口的圆会被感知为一个完整的圆而不是一段弧。一些企业经常在广告宣传时利用消费者对刺激物组织的这一特征，激发其对广告信息的涉入度和处理水平。

三、消费者的分类过程

分类是消费者利用他们已有的知识对刺激物进行标记、鉴别和归类的过程。消费者的分类过程对营销人员有多种启示。分类会影响消费者对营销刺激物的评价，这是因为分类会影响消费者以该营销刺激物与什么对象进行比较、对它有什么期望等。比如数码相机作为创新产品上市时，研究者发现，引导消费者把其归类为照相机，与把其归类于扫描仪，消费者对数码相机输出图片质量的期望是不一样的[1]。

在分类概念的基础上，近年来品类的概念在实践界被给予很多关注。艾·里斯（2010）[2]在消费者分类思想的基础上提出品类的概念，指出消费者的行为特征是"以品类来思考，以品牌来表达"。例如，顾客期望购买饮料的时候，首先是在茶、纯净水、可乐等不同品类中选择，在选定可乐之后才会选出一个具体品牌，如可口可乐。因此营销竞争的一个层面是品牌之争，还有一个层面是品类之争。根据此观点，艾·里斯重新定义品牌为"代表品类的名字"，并指出品牌无法在品类消亡的情况下生存，当品类消亡了，品牌就无法存在了。在此基础上，艾·里斯和合作者一起形成了一套全新的战略思想和方法——品类战略系统，提出企业通过把握趋势、创新品类、发展品类、主导品类来建立强大的品牌思想。当然，最好的结果是品牌代表品类，比如杜邦特氟龙本来是杜邦公司注册的一个品牌，但是现在消费者认为特氟龙是一种不粘材料。同样，莱卡（LYCRA）本来也是杜邦公司注册的一个品牌名称，现在却被消费者认为是一种面料，即一个品类的名称。

四、消费者的推断过程

推断是个体赋予刺激物某种含义的过程。推断是由刺激物、个体、环境特点共同决定的。如整个广告信息，包括广告出现的具体背景等都会影响消费者对其内容的推断。

营销刺激可以与消费者的先前认知一起影响消费者的推断。比如品牌名称和符号、产品包装、价格、分销和促销都可能影响消费者的推断。消费者可以从品牌名称中做出主观推断，比如外国品牌名称会引起基于文化范畴和刻板印象的推断。因此，营销人员在翻译品牌名称时，要考虑语言因素，同时要考虑文化因素导致的消费者对品牌名称的不同感知。

五、消费者的选择性理解

（一）选择性理解的形成

消费者会形成选择性理解，也就是按照自己的理解对营销中的产品、服务等做出解释。消费者个人的选择性理解而非客观事实最终影响其行为。例如，某公司由于生产与营销效率的提高，以

---

[1] Markman, A. B. and Lehmann, D. R. "What is it?" Categorization Flexibility and Consumers' Responses to Really New Products. *Journal of Consumer Research*, 2001, 27(4): 489–498.

[2] [美]艾·里斯、劳拉·里斯著，寿雯译：《品牌的起源》，山西人民出版社2010年版。

低于现有竞争品牌的价格推出了一款高质量的新产品,如果消费者将价格降低理解为质量降低,那么不论客观事实如何,这个新产品都不会成功。

一个消费者选择性理解的例子是百事可乐公司曾经推出一款水晶百事,其卖点是"透明",由此企业对产品的宣传就是"透明""清爽"。但由于这款产品冠以可乐的名称,而消费者原来所认知的可乐不是这样的,因此对于这款水晶可乐,消费者的理解并不是百事公司所期望的清爽,而是稀薄的、多水的,最终导致这款产品在市场上失败。

(二)形成选择性理解的原因

1. 刻板印象

消费者对于很多刺激都有某种既定的主观意义,也就是刻板印象。这些刻板印象会形成对某些人、事、物的预期,而此预期则是影响这些刺激知觉的重要因素。比如意大利的服装品牌贝纳通曾经在一则广告中展示了一个白人和一个黑人被手铐铐在一起的情景,这则广告是贝纳通公司强调种族和睦的一系列广告之一。但这则广告在美国播出时引起了消费者的极大不满,因为消费者将画面理解成一个白人警察逮捕了一个黑人罪犯。显然,这就是刻板印象造成的。营销人员必须意识到可能的刻板印象,因为这些刻板印象反映了消费者的期望,也影响了他们如何感知营销信息。

2. 第一印象

第一印象也很重要,而且其影响可以持续很久。有时候消费者对于广告或其他营销刺激形成的第一印象会使其忽略营销人员后续所发出的补充信息。

3. 晕轮效应

消费者往往会因为某刺激物在某一属性上的优异表现,就将其渲染到同一产品的其他属性上。营销人员扩展了晕轮效应的使用,将对某个需要多方面评价的物体用一两个方面的评价来代替,品牌延伸就是利用晕轮效应将某个产品线的品牌延伸到另外一个产品线。晕轮效应还指一个对象的总体特征会被渲染到这个对象所包含的其他具体对象上,比如原产国效应,当一个国家的原产国形象不高时,来自这个国家的品牌和产品都会被认为是不太好的。

第五节 消费者感知的营销借鉴

消费者感知过程中所体现出的各种规律,对企业营销具有重要的借鉴意义。

一、感知质量

(一)形成产品质量感知的线索

产品或服务的质量是影响消费者购买决策的重要方面。不过,消费者很难客观地形成对产品质量的认识，真正影响他们决策的往往是他们所感知的质量。一般来说，消费者会通过多方面的线索来形成对产品质量的感知，这些线索既包括内在线索也包括外在线索。[1]

1. 内在质量线索

产品的内在质量线索对不同产品来说可能是不同的。一般而言，消费者经常使用内在线索，主要包括产品本身的原材料、做工、颜色、气味、光洁度、外形等。以衣服为例，消费者购买时，评价衣服质量的内在线索包括面料、做工、扣子等方面。上述这些方面尽管都属于内在线索，但它们在形成对衣服质量的感知中发挥的作用并不一样，有的可能作用很大，有的可能作用很小。有时候，有的内在线索对产品质量的影响很大，但消费者由于缺乏知识，只能通过其他内在线索判断质量。比如决定汽车内在质量最重要的线索应该是汽车的发动机和操作系统，但对绝大多数消费者来说，根本不具备了解这些内在线索的知识和技能，因此他们只能通过汽车内饰，比如坐垫所用的牛皮的纹路和柔软程度，以及车门、把手等的精细程度等内在线索作为判断汽车质量的依据。

2. 外在质量线索

外在质量线索，主要包括价格、品牌、零售商、原产地、服务保证、消费者口碑等。比如消费者往往会认为价格和质量之间有着较强的正相关关系，价格越高，产品的质量越好。不过，对于拥有产品相关知识的消费者而言，价格对于其推断质量的作用相对较弱；而对于缺乏相关产品知识的消费者来说，价格在其推断质量中的作用则较大。根据麦肯锡公司在全球范围内的调研，中国消费者在推断产品质量时，价格发挥的作用要比美国及欧洲一些国家的消费者更大。有研究表明，当消费者购买价格低但质量风险较大的产品时，会倾向于用价格高低来作为推断产品质量的外在线索；而在购买价格低同时质量风险较小的产品时，则不一定以价格高低作为推断质量的线索。

尽管已有研究对大部分消费者会利用外在线索形成产品质量感知的论断提供了支持，但对于在什么条件下、具有什么特征的消费者会利用哪些外在线索进行感知质量的推断，这些外在线索分别发挥了多大的作用等方面的问题，仍有待进一步细致深入的研究。

消费者依据某些线索形成感知质量，而感知质量又影响他们的购买决策。这一现象对企业营销有着重要的借鉴意义。企业应该根据自己产品或服务的特征进行分析，在必要时进行调研，以了解消费者对本企业的产品和服务主要依据哪些线索来形成感知质量，这些线索的相对重要性怎么样，以及不同消费者在评价这些线索时表现出怎样的差异性，从而在消费者注重的内在线索和外在线索上进行提高，获得较好的消费者感知质量。另外，要注意的是，一些质量线索之间应该协同一致，不要出现矛盾，否则产品在某个线索方面的优异表现，也会因为其他线索方面的表现欠佳而达不到应有的效果。比如说高价格的产品应该有较好的包装，且分销渠道不能过于大众化，促销活动也应该谨慎，就表明了这些线索之间不能出现矛盾。

---

[1] ［美］艾·里斯、劳拉·里斯著，寿雯译：《品牌的起源》，山西人民出版社 2010 年版。

> **经典和前沿研究 3-3**
>
> **价格质量信念**
>
> 一般认为价格是一个重要的质量信号,由此消费者具有价格质量信念。价格质量信念会影响消费者的质量感知(Peterson & Wilson, 1985)[1]、价值感知和购买意愿(Dodds, Monroe & Grewal, 1991)[2]、信息搜集(Bettman, John & Scott, 1986)[3]等。但消费者的价格质量信念差异很大,受很多因素的影响。
>
> (1)产品或品牌特征会产生影响。研究发现,对于耐用消费品,消费者的价格质量信念要高于非耐用消费品(Lichtenstein & Burton, 1989; Garbarino & Oromulu, 2012)[4][5]。当某一产品类别中各个不同的品牌的产品质量之间差异较大时,消费者会有更高的价格质量信念(Zeithaml, 1988)[6]。
>
> (2)消费者特征的影响。当消费者缺乏判断质量的能力时,就会有更高的价格质量信念(Zeithaml, 1988)。当产品或品牌的选择与消费者的自我形象相关时,或当消费者的购买涉入度较高时(Zaichkowsky, 1988)[7],都会有较高的价格质量信念。除此以外,在心理距离远时,消费者也会有更高的价格质量信念(Yan & Sengupta, 2011)[8]。与文化相关的消费者特征也会影响价格质量信念,比如研究发现,相互依赖自我构建的消费者相对于相互独立自我构建的消费者来说,会有更高的价格质量信念,因为相互依赖、自我构建的消费者是整合性思维方式,会提升价格质量之间的相关关系(Lalwani & Shavitt, 2013)[9];高权力距离信念的消费者会有更高的价格质量信念,因为高权力距离的消费者有更高的结构化需求(Lalwani & Forcum, 2016)[10]。

[1] Peterson, R. A. and Wilson, W. R. Perceived Risk and Price Reliance Schema as Price-perceived Quality Mediators, in *Perceived Quality: How Consumers View Stores and Merchandise*, Jacob, J. and Olson, J. C., eds. Mass. : Lexington Books, 1985, 247−268.

[2] Dodds, W. B., Monroe, K. B. and Grewal, D. Effects of Price, Brand, and Store Information on Buyers' Product Evaluations. *Journal of Marketing Research*, 1991, 28(3):307−319.

[3] Bettman, J. R., John, D. R. and Scott, C. A. Covariation Assessment by Consumers. *Journal of Consumer Research*, 1986, 13(3): 316−326.

[4] Lichtenstein, D. R. and Burton, S. The Relationship between Perceived and Objective Price-quality. *Journal of Marketing Research*, 26(4): 429−443.

[5] Garbarino, E. and Oromulu, N. The Impact of Internet Search on Price/Quality Correlations. *Advances in Consumer Research*, 2012, 40(1): 422−426.

[6] Zeithaml, V. A. Consumer Perceptions of Price, Quality, and Value: A Means-end Model and Synthesis of Evidence. *Journal of Marketing*, 1988, 52(3):2−22.

[7] Zaichkowsky, J. L. Involvement and the Price Cue. *Advances in Consumer Research*, 1988, 15(1): 323−327.

[8] Yan, D. and Jaideep, S. Effects of Construal Level on the Price-quality Relationship. *Journal of Consumer Research*, 2011, 38 (2): 376−389.

[9] Lalwani, A. K. and Shavitt, S. You Get What You Pay for? Self-con-strual Influences Price-quality Judgments. *Journal of Consumer Research*, 2013, 40(2): 255−267.

[10] Lalwani, A. K. and Lura, F. Does a Dollar Get You a Dollar's Worth of Merchandise? The Impact of Power Distance Belief on Price-quality Judgments. *Journal of Consumer Research*, 2016, 43(2):317−333.

(二)判断服务的感知质量

对消费者来说,判断服务的感知质量要比判断实体产品的质量更难,这是因为服务产品具有无形性特征。最为广泛接受的研究服务质量的体系基于的假设是:消费者对服务质量的评价是由消费者对服务的预期与消费者实际得到的服务之间的差距大小和方向决定的。SERVQUAL 量表专门用于测量消费者对某种服务的预期与实际得到的服务间的差距。该量表由五个部分组成,分别是有形性、可靠性、响应性、保证性和移情性。这五个维度又被分为两组:结果维度(关注核心服务的有效传递性)和过程维度(关注如何传递核心服务)。量表的具体测量语句[1]包括:

1. 有形性

有形性包括实际设施、设备以及服务人员的礼仪等。其组成项目有:

(1)有现代化的服务设施;

(2)服务设施具有吸引力;

(3)员工有整洁的服装;

(4)公司的设施与他们所提供的服务相匹配。

2. 可靠性

可靠性是指可靠、准确地履行服务承诺的能力。其组成项目有:

(1)公司向顾客承诺的事情都能及时完成;

(2)顾客遇到困难时,能表现出关心并提供帮助;

(3)公司是可靠的;

(4)能按时提供所承诺的服务;

(5)正确记录相关的事项。

3. 响应性

响应性是指帮助顾客并迅速提高服务水平的意向。其组成项目有:

(1)能够指望他们告诉顾客提供服务的准确时间;

(2)能够期望他们提供及时的服务;

(3)员工总是愿意帮助顾客;

(4)员工不会因为太忙而无法立即提供服务来满足顾客的需求。

4. 保证性

保证性是指员工所具有的知识、礼节以及表达出的自信与可信的能力。其组成项目有:

(1)员工是值得信赖的;

(2)在从事交易时,顾客会感到放心;

(3)员工是礼貌的;

(4)员工可以从公司得到适当的支持,以提供更好的服务。

---

[1] Parasuraman, A., Leonard, L.B. and Valarie, A. Zeithaml. SERVQUAL: A Multiple-item Scale for Measuring Consumer Perceptions of Service Quality. *Journal of Retailing*, 1988, 64(1): 12-40.

5. 移情性

移情性是指关心并为顾客提供个性服务。其组成项目有：

（1）公司会针对顾客提供个性化服务；

（2）员工会给顾客个别的关心；

（3）能够期望员工了解顾客的需求；

（4）公司能够优先考虑顾客的利益；

（5）公司提供的服务时间可以符合顾客的需求。

二、感知风险

（一）感知风险的类型

感知风险的概念最初是由哈佛大学的鲍尔（Bauer，1960）从心理学延伸出来的。他认为消费者在实施任何购买行为时，可能都无法确知其预期的结果是否能达到，而某些结果可能令消费者不愉快。所以，消费者购买决策中隐含着对结果的不确定性，而这种不确定性也就是风险最初的概念。1972 年，雅各比（Jacoby）和卡普兰（Kaplan）将消费者感知风险分为财务风险、功能风险、身体风险、心理风险和社会风险；[1] 1975 年，彼得（Peter）和塔皮（Tarpey）提出的第六个重要风险为时间风险；[2] 斯通（Stone）和格朗豪哥（Gronhaung）于 1993 年的研究表明，这六种风险可以解释 88.8% 的总感知风险。[3] 至此，许多对消费者感知风险的研究都是从这六个方面开展的。

1. 身体风险

身体风险是指产品可能对自己或他人的健康与安全产生危害的风险。

2. 功能风险

功能风险是指消费者担心所购买的产品或服务不能达到期望的性能或绩效所产生的风险。

3. 社会风险

社会风险是指消费者担心购买决策不合理而受到周围人的嘲笑甚至疏远从而产生的风险，比如消费者在购买某些产品时，会考虑家人、朋友会对此购买行为有何看法。

4. 财务风险

因担心产品购买后会招致经济上的损失而形成的风险感知属于财务风险。比如消费者担心产品买贵了，或担心购买的产品质量不好从而带来损失等都属于财务风险。

5. 心理风险

心理风险是指因决策失误而使消费者自我情感受到伤害的风险。比如消费者对自己所购买的

---

[1] Jacoby, J. and Kaplan, L. B. The Components of Perceived risk, *Advances in Consumer Research*, 1972, 3(3): 382−393.

[2] Peter, J.P. and Tarpey, L.X. Sr. A Comparative Analysis of Three Consumer Decision Strategies, *Journal of Consumer Research*, 1975, 2(1): 29−37.

[3] Stone, R.N. and Gronhaung, K. Perceived Risk: Further Considerations for the Marketing Discipline. *European Journal of Marketing*, 1993, 27(3): 39−50.

产品是否适合自己、是否能够体现自己的形象等方面的担心和关注，都属于心理风险的范畴。

6. 时间风险

时间风险是指消费者花费很多时间寻找并决定购买的产品并不能像期望的那样满足消费者需求。

尽管感知风险分为这些维度，但对不同的消费者来说，这些风险对其的影响是不同的。对同一个消费者来说，在不同的情境下这些不同维度的风险的影响也不相同。

（二）感知风险产生的原因

1. 缺乏必要的信息，使消费者对购买决策的正确性缺乏信心

在做购买决策的时候，如果相关的信息比较充分，消费者面对的不确定性就会减少；反之，如果信息不全，或者消费者认为其能够掌握的信息并不十分可靠，这时候消费者对决策的感知风险就会升高。

2. 消费者缺乏经验而产生的感知风险

消费者的购买和使用经验对于降低风险有着重要作用。对大多数人来说，如果购买的是缺乏经验的新产品，就会感觉面临较大的不确定性，会提高其感知风险。

3. 所购买的产品成本很高

对于购买成本很低的产品，即使购买失败了，消费者承担的风险也很小，所以对于这样的产品，消费者会有尝试性的购买行为。但是对于购买成本很高的产品，一旦购买决策不正确，就会给消费者带来很大的损失。因此，当所购买的产品成本很高时，消费者会更加重视这项决策，在决策中的感知风险也会升高。

4. 以往在消费同类产品时有不满意的经历

对消费者来说，过去的体验和经历会影响现在甚至是未来的购买。如果消费者在购买或使用某产品或服务时曾有失败的经历，这种经历会使他对当前的购买决策产生不确定性心理，从而提高了决策的感知风险。

5. 所购买的产品复杂程度较高

一般来说，对于复杂程度较高的产品，消费者往往难以比较各个备选方案之间的差异，这就有可能增加决策后果的不确定性。因为消费者对于自己是否做出了明智的决策不一定有十分的信心和把握。

（三）降低消费者感知风险的途径

1. 依赖品牌和零售商形象

品牌和零售商形象本身是消费者形成感知质量的重要线索，如果在评价某类产品时感到风险较高，消费者就可以去购买知名品牌，或到可靠性高的零售商处购买。

2. 购买高价产品

价格也是消费者推断质量的重要线索。当消费者对质量把握不住时，往往会选择高价格的产品，依据高价高质的心理来降低自己对产品质量的风险感知。

3. 主动搜寻信息

当消费者对自己的决策缺乏信心时，会主动地进一步搜集相关信息来增强决策结果的正确性。比如，现在很多消费者在购买产品之前，会去查看网络口碑，或者会向周围有经验的人征询意见。这些方式都是想通过主动搜寻信息来降低感知风险。

4. 寻求厂家或商家保证

产品和服务保证是消费者推断产品质量的一个线索。一般来说，当消费者对购买的感知风险较高时，如果企业能够提供包修、包换等保证措施，就能降低消费者的感知风险。目前，很多网上购买都推出在一定时间内（如一周），如果消费者对产品不满意，在不影响产品二次销售的情况下，可以给予退货的保证，就是为了降低消费者网上购物的感知风险。美国著名的网上鞋子零售商美捷步（Zappos）甚至推出一年内不满意就退货的服务，吸引了很多消费者。

5. 从众购买

消费者一般认为大多数人的选择是可以信赖的，因此从众购买是消费者减少决策中感知风险的一种方式。

6. 消费者会保持对已购买品牌的忠诚度

如果消费者曾经尝试过某品牌，并且对其满意，当感觉新的购买风险较高时，就会维持忠诚，继续购买原来的品牌。

面对消费者所采取的降低感知风险的这些措施，企业应主动采取行动来降低顾客的感知风险：营销人员可以通过提供担保、允许退换货等措施来降低购买风险；在更低价位上提供小包装的产品，也能使消费者在首次试用该产品时减少风险；当顾客不能确定购买与否时，专家的推荐与认证可以使顾客确信产品性能；免费样品赠送给顾客试用新产品。这些都可以使顾客的感知风险有所降低。

三、感知价格

消费者的感知价格是影响其决策的重要因素。甚至有学者认为，在消费者行为领域，感知价格比实际价格更加重要。

参考价格（reference price）是影响感知价格的重要方面，是指消费者在比价时使用的基础价格。参考价格可以是外生的，也可以是内生的，分别称为外部参考价格和内部参考价格。营销人员会借用一个较高的外部价格作为参考价来衬托自己产品的低价。内部参考价格是指消费者大脑中记忆的价格。当实际价格低于参考价格时，消费者可能会觉得购买该产品很划算。反之，当实际价格高于参考价格时，消费者便会觉得该产品太贵，从而降低购买意向。同时，消费者也会判断参考价格的合理性。研究发现，参考价格在高度合理的状态下，对消费者的影响最大。[1]不过，不合理的参考价格也会影响消费者对产品的认知价值。[2]

---

[1] Lichtenstein, D. R., Burton, S. and Karson, E. J. Effect of Semantic Cues on Consumer Perceptions of Reference Price. *Journal of Consumer Research*, 1991, 18(3): 380–391.

[2] 林建煌、王旭民，"参考价格之合理性与建构方式对消费者价格认知的影响"．《管理科学学报》，1996，13(2): 305–330.

另外，还有多种价格策略也会影响消费者的感知价格，比如畸零定价（odd pricing）就是一种影响感知价格的策略。畸零定价是指所确定的价位都是奇数，并且尾数偏向于"5"和"9"。比如99元令人感觉不到100元，而101元则会让人感觉是100多元，因此两者在感知上的差距比实际差距大了很多。一些学者发现畸零价格会让消费者产生更便宜的感觉。[1]

本章小结

消费者感知是指消费者展露并注意某个营销刺激，进而对刺激加以理解的整个过程。本章介绍了消费者感知体系。消费者感知体系包括消费者的感官以及感知的过程。感知过程包括消费者展露、注意及理解三个阶段。当营销刺激出现在消费者的感觉接收神经范围内时，我们称之为展露。消费者展露具有选择性特征。当展露的刺激物激活消费者的感觉神经，由此引发的感受被传送到大脑做处理时，注意就产生了。注意同样具有选择性特征，一个营销刺激能否被消费者注意，取决于刺激物本身的特征、消费者的特征、情境特征等因素。感知过程的第三个阶段是消费者的理解，它是指消费者个体对所注意到的刺激物赋予某种含义或意义的过程。消费者理解阶段一般包括组织、分类和推断三个过程。消费者的理解过程中也具有选择性特征。

消费者感知过程中的规律，对于理解消费者的感知质量、感知价格和感知风险都很有意义。

思考题

1. 名词解释

   消费者感知展露　注意　理解　选择性展露　选择性注意　选择性解释　绝对阈限　差别阈限　感官营销　感官印记　单纯展露效应　过度展露　非中心注意　知觉警戒　知觉防御

2. 请区别绝对阈限和差别阈限的不同，并解释韦伯定理。
3. 消费者注意的特征有哪些？
4. 影响消费者注意的因素有哪些？
5. 消费者组织的原则有哪些？
6. 消费者为什么会形成选择性理解？
7. 消费者感知风险有哪些类型？消费者一般采取哪些措施来降低感知风险？
8. 举例说明多感官整合的营销意义。

---

[1] Schindler, R. M. and Wiman, A. R. Effects of Odd Pricing on Price Recall. *Journal of Business Research*, 1989, 19(3):165–177.

第四章 消费者学习

> **开篇案例**

万宝路香烟的男子汉形象

1924年,万宝路香烟在美国诞生。那时,美国的男男女女都喜欢抽烟,但女人们抽烟都抱怨香烟嘴常弄污她们的唇膏。于是,菲利普·莫里斯决定生产一种不损害女士唇膏的香烟"万宝路"。MARLBORO,就是"Man Always Remember Love Because of Romantic Only"的缩写,意思是说,男人总忘不了女人的爱。其广告宣传语是"像五月的天气一样温和"(mild as May)。

万宝路把最新问世的过滤嘴香烟分为三个系列:一种是简装的,一种是白色与红色过滤嘴的,还有一种是"与你的嘴唇和指尖相配"的。当时美国香烟消费量达每年3 820亿支,平均每个消费者每年要抽2 262支之多,然而万宝路的销路仍然不佳,吸烟者中很少有人抽万宝路香烟,甚至知道这个牌子的人也极为有限。

菲利普·莫里斯公司请利奥-伯内特广告公司为万宝路做广告策划:产品品质不变,但改变产品包装,使之更富有男子汉气概。广告为铁骨铮铮的男子汉。菲利普公司最初聘用马车夫、潜水员、农夫等作为具有男子汉气概的广告男主角,但这个理想中的男子汉最后集中到美国牛仔这一形象上——一个目光深沉、皮肤粗糙、浑身散发着豪气的男子汉,在广告中他高卷袖管,露出多毛的手臂,手指间夹着一支冉冉冒烟的万宝路香烟。广告于 1954 年问世后,立刻给公司带来了巨大的财富。广告语"哪里有男子汉,哪里就有万宝路"(Where there is a man, there is a Marlboro)成了人人皆知的宣传语。

1987 年,美国《福布斯》杂志对 1 546 个万宝路香烟爱好者的调查表明,真正使烟民们着迷的不是万宝路香烟与其他品牌香烟之间微乎其微的差异,而是广告商赋予了万宝路香烟男子汉气概,给烟民们带来了满足感和优越感。2020 年 7 月,万宝路名列福布斯 2020 全球品牌价值 100 强第 25 位。

资料来源:https://daqinyingyang.kuaizhan.com/82/47/p84940904702375.

第一节 | 消费者学习的内涵

所谓学习,是指人在生活过程中,因经验而产生的行为或行为潜能的比较持久的变化。学习有以下三方面的特征。

第一,学习是因经验而产生的。习惯、知识、技能、观念以及生活方式,都属于个体经验。因经验而产生的学习大致有两种:一种是经由有计划的练习或训练而产生的学习,如通过接受培训而积累如何烹调的经验,通过接受培训而形成如何驾驶汽车的经验;另一种是由偶然的生活经历而产生的学习,如看到直播间里介绍的某种化妆品的使用方法而予以仿效,看到某人闯红灯被警察罚款而意识到遵守交通规则的重要性等。

第二,学习伴有行为或行为潜能的改变。从个体行为的改变,即可推知学习的存在。当某人表现出一种新的技能,如做饭、游泳、开车等,我们即可推知,学习已经发生了。有时,个体通过学习获得的是一些一般性知识,如关于中国的历史或文化、关于中国的宗教与艺术,这类学习往往不会立即通过行为的变化外显出来,但可以影响个体的价值观念和将来对待某些事物的态度,即改变人的行为潜能。

第三,学习所引起的行为或行为潜能的变化是相对持久的。无论是外显行为还是行为潜能,只有发生较为持久的改变,才算是学习。药物、酒精、某些短期疾病等因素也可能引起人们行为或行为潜能的变化,但由于它们所引起的变化一般都是比较短暂的,故不能视为学习。当然,学习所获得的行为也并非永久的,因为遗忘是人所共知或每一个人都会体验到的。学习所引起的行为或行为潜能的改变到底能持久到什么地步,要视学习的材料与练习的程度而定。一般而言,以身体活动为基础的技能学习,能维持的时间比较长。比如,当我们学会骑车、游泳等技能后,几乎终生不忘。但对于知识观念的学习,学习内容有时会被遗忘或被新的内容所取代。

第二节 有关消费者学习的理论

关于学习理论，一般来说存在三种观点。

第一种是行为学习的观点（behavioral learning approach）。这种观点主张学习完全可由外部可观察到的行为来解释。这一观点重视的不是消费者的内在心理过程，而是重视真正观察到的实际行为，其主张学习是源自刺激与反应之间的连结所导致的行为改变。行为学习这一观点包含了两个理论：一个是经典条件反射理论，另一个是操作性条件反射理论。

第二种观点是认知学习理论（cognitive learning theory）。这种观点认为学习主要是反映出消费者知识上的变化，也就是着重探讨消费者如何学习信息的心理过程，其中更多关注的是信息如何转化为长期记忆，并通过内在心理上的认知处理，形成消费者内在与外在的改变。

第三种观点是社会学习理论（social learning theory），又叫观察学习理论，指人们借由观察其他人的行为以及该行为所导致的结果，而在自身方面所形成的行为变化的过程。

一、经典条件反射理论

第一个严格的经典条件（classical conditioning）作用研究源于俄国生理学家伊万·巴甫洛夫（Ivan Petrovich Pavlov）研究中的一次著名的意外发现。

巴甫洛夫设计了一种研究狗的消化过程的技术，他在狗的腺体和消化器官中植入管子，将其中的分泌液导入体外的容器里，这样就可以对分泌液进行测量和分析。为了产生分泌液，巴甫洛夫的助手要把肉末放到狗的嘴里。这种程序重复几次以后，巴甫洛夫观察到狗表现出一个他未曾料到的行为——它们在肉末放进嘴里前就开始分泌唾液了。

狗仅仅是看见食物，后来是看见拿着食物的助手，甚至仅仅是听见助手走过来的脚步声，就开始分泌唾液了。事实上，任何有规律的先于食物出现的刺激都能诱发唾液分泌。十分偶然地，巴甫洛夫观察到了学习可以来自两个相互联结在一起的刺激。

受这一现象的启发，巴甫洛夫开展了著名的经典条件反射研究。这方面研究的实验设计是这样的：在给狗食物之前先响半分钟铃声，观察和记录狗的唾液分泌反应；在铃声与食物反复配对呈现多次以后，仅呈现铃声而不呈现食物，再观察狗的唾液分泌情况。结果发现：铃声这一原来只能引起一般性注意、不能诱发狗的唾液分泌的中性刺激，由于多次与食物匹配，即使后来单独呈现，也会引发狗的唾液分泌。也就是说，经过条件联系的建立，中性刺激铃声具有了诱发原来仅受食物制约的唾液分泌反应的某些力量。图 4-1 描述了经典条件反射

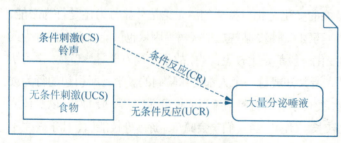

图 4-1 经典条件反射的过程

的过程。食物能够诱发狗的唾液分泌，两者之间存在一种自然的刺激-反应关系。我们将前者（即食物）称为无条件刺激（UCS），将后者（即唾液分泌）称为无条件反应（UCR）。铃声作为一种中性刺激，本来并不能诱发狗的唾液分泌，但当它与食物一起反复呈现多次后，也开始具备类似于食物呈现时那种诱发狗的唾液分泌的力量。我们把铃声与唾液分泌之间的这种关系称为条件反射作用，将处于这种条件反射关系中的铃声称为条件刺激（CS），将由条件刺激引起的唾液分泌称为条件反应（CR）。

在这个理论中有两点需要特别强调：第一，经典条件反射过程中，学习者所学到的是关于条件刺激与无条件刺激之间的关系。巴甫洛夫实验中的狗学会了将响铃与随之而来的食物联系起来。第二，应当注意条件反射与无条件反射之间的区别。虽然在巴甫洛夫的实验中，条件反射与无条件反射的结果都是分泌唾液，但两者就严格意义上说存在着很大的不同。比如，在只出现铃声时，实验中的狗可能较在仅仅呈现食物时分泌的唾液更少，而且分泌时间更短。更进一步，如果在连续多次响铃后并没有食物出现，狗的唾液分泌就可能会减少，直至完全停止。这种现象被称为消退（extinction）。基于这一原因，区分个体对条件刺激和无条件刺激的反应差异具有十分重要的意义。

（一）经典条件反射理论在市场营销实践中的应用

1. 经典条件反射在消费者感知与评价中的作用

经典条件反射理论，这一起源于生理学家对动物的研究发现，与市场营销和消费者行为有什么关系呢？比如一个消费者完全不熟悉的新产品或品牌上市，企业希望消费者对这个产品或品牌产生积极正面的感觉，就可以通过经典条件反射来实现。1980年就有研究[1]提出，消费者行为的形成和改变可以通过经典条件反射来形成。最早关于经典条件反射的消费者实证研究[2]中，让被试者看一些广告产品，同时伴有令人愉快或令人不快的音乐。结果发现，当播放令人愉快的音乐时，广告中的产品被选择的可能性显著提高。由于该实验在解释上存在一些问题，如"令人愉快"的音乐恰恰有可能引起正面的情绪，如果这样的话，可能是由于情绪的原因导致了结果，而并不能证实经典条件反射的存在。后来的研究对实验刺激做了更严格的控制，并用电影《星球大战》中的音乐和赏心悦目的图片作为无条件刺激，发现当它们与牙膏、几何图案或煤等物体配对出现后，消费者对后者的态度有明显的改善，而且这种改善具有较长的持续性。[3]之后还有研究发现，当品牌是条件刺激时，与作为无条件刺激的能带给消费者愉悦感觉的广告配对时，能够提升消费者对品牌的态度，同时还发现，条件刺激与能带来愉悦感觉的无条件刺激配对展示的次数越多，效果越好（实验中发现配对展示20次效果好于10次，10次好于3次，3次好于1次）。[4]

---

[1] Nord, W. R. and Peter, J. P. A Behavior Modification Perspective on Marketing. *Journal of Marketing*, 1980, 44(1):36-47.

[2] Gorn, G. J. The Effects of Music in Advertising on Choice Behavior: A Classical Conditioning Approach. *Journal of Marketing*, 1982,46(1):94-101.

[3] Bierley, C., McSweeney, F. K. and Vannieuwkerk, R. Classical Conditioning of Preferences for Stimuli. *Journal of Consumer Research*, 1985,12(3):316-323.

[4] Stuart, E. W., Shimp, T. A. and Engle, R. W. Classical Conditioning of Consumer Attitudes: Four Experiments in an Advertising Context. *Journal of Consumer Research*, 1987, 14(3):334-339.

2. 营销中经典条件反射过程

关于经典条件反射的研究和营销案例，显示常用来作为营销中经典条件反射无条件刺激的对象包括音乐、模特、明星、风景、体育赛事等。营销实践中借助消费者对这些无条件刺激的积极感觉，通过广告等形式将产品或品牌与这些无条件刺激配对，从而提升消费者对品牌和产品的积极感觉，最终吸引消费者购买。其总体过程可以用图4-2来表示。

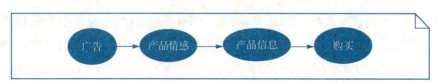

图4-2 营销中经典条件反射过程

3. 影响经典条件反射效果的因素

尽管上述一些研究验证了经典条件反射理论可以应用在营销实践和消费者感知与评价中，但简单地将某个消费者喜欢的人或事物与企业的产品或品牌配对，不一定产生条件反射，因为有很多因素影响条件反射的发生。

（1）无条件刺激的强度。一般认为无条件刺激的强度越大，条件反射作用就越大。例如，在广告中起用消费者非常熟悉的影视明星偶像，更容易引起消费者的注意和积极感知。但是如果起用普通代言人，除了特殊情况外，一般来说，引起消费者注意和积极感知的可能性会降低。

（2）条件刺激与无条件刺激配对出现的次数。为使条件刺激效果达到最大，条件刺激与无条件刺激需要多次配对呈现。尽管有实验通过一次条件刺激与无条件刺激配对可以发现经典条件反射现象的存在（Gorn, 1982）[1]，但也有学者发现产品与有吸引力的音乐及无吸引力的音乐只配对一次，都不能影响消费者对其的偏好（Kellaris & Cox, 1989）[2]。结论是配对次数越多越好（Stuart, Shimp & Engle, 1987）[3]。

（3）条件刺激与无条件刺激出现的顺序。如果条件刺激在先或条件刺激与无条件刺激同时出现，条件反射的效果被认为更好，这在以品牌为条件刺激的研究中得到证实（Stuart, Shimp & Engle, 1987）。

（4）条件刺激与无条件刺激的配对是否新颖、独特。如果一个大家喜欢的明星或音乐背景作为无条件刺激在很多不同的产品宣传中被使用，则条件反射的效果将打折扣。另外，如果作为条件刺激的品牌被众所周知，条件反射的有效性也将受到影响。从这一意义上说，经典条件反射原理可

---

[1] Gorn, G. J. The Effects of Music in Advertising on Choice Behavior: A Classical Conditioning Approach. *Journal of Marketing*, 1982,46(1):94-101.

[2] Kellaris, J. J. and Cox, A. D. The Effects of Background Music in Advertising: A Reassessment. *Journal of Consumer Research*, 1989, 16(1): 113-118.

[3] Stuart, E. W., Shimp, T. A. and Engle, R. W. Classical Conditioning of Consumer Attitudes: Four Experiments in an Advertising Context. *Journal of Consumer Research*, 1987, 14(3):334-339.

能更适合运用到新产品上。

（5）消费者在信息接收过程中的加工程度。经典条件反射被认为主要适用于低涉入的情况，当消费者对信息或传播中的事件涉入度很高并进行大量的信息加工时，条件反射效果会被削弱。

（6）条件刺激和无条件刺激在逻辑上是否有联结。二者有联结会产生更好的经典条件反射效果。营销实践中经常作为无条件刺激的包括有吸引力的音乐、美丽的风景、受欢迎的代言人，体育赛事等，企业在选择这些无条件刺激时，要考虑与自己的品牌或产品在逻辑上有某种内在联系。

> **经典和前沿研究 4-1**
>
> **体育赛事赞助的经典条件反射效果**
>
> 体育赛事赞助是一种普遍的企业营销行为，也是利用经典条件反射来塑造和提升品牌感知和评价的营销举措，其作用在很多研究中得到证实（Javalgi et al., 1994）[1]。比如，它能够强化品牌联想和公众感知（Gwinner & Eaton, 1999）[2]，能够帮助品牌实现差异化（Cornwell, Roy, et al., 2001）[3]，提升品牌的销售和市场份额（Apostolopoulou & Papadimitriou, 2004）[4]。
>
> 对奥运会的赞助，被认为是全球范围内最引人注目的体育赛事赞助。阿提法（Atefeh）及合作者的研究发现，规模更大的企业以及广告支出更多的企业更容易从奥运会的赞助中受益，具体体现为提升了品牌价值。奥运会的赞助分为全球奥运伙伴、国内奥运伙伴、国内奥运支持者等类型，研究发现参与全球奥运伙伴项目更能提升品牌价值，这一效果会随着时间推移而显现，而且夏季奥运会比冬季奥运会效果更好。
>
> 资料来源：Yazdanparast, A. and Bayar, O. Olympic Sponsorships and Brand Value: An Empirical Analysis. *Journal of Advertising*, 2021, 50(2): 139-159.

（二）经典条件反射理论的补充和发展

一些研究者通过研究和实验对经典条件反射理论做了一些补充和发展，有的研究者发现了引起经典条件反射的新情况。

1. 预示

从经典条件反射理论来看，条件刺激应该先于无条件刺激，即狗先听铃声，然后看到食物。但

---

[1] Javalgi, R. G., Traylor, M. B., Gross, A. C. and Lampman, E. Awareness of Sponsorship and Corporate Image: An Empirical Investigation. *Journal of Advertising*, 1994, 23(4):47–58.

[2] Gwinner, K. P. and Eaton, J. Building Brand Image Through Event Sponsorship: The Role of Image Transfer. *Journal of Advertising*, 1999, 28 (4):47–57.

[3] Cornwell, T. B., Pruitt, S. W. and Van Ness, R. A. The Value of Winning in motorsports: Sponsorship-linked Marketing. *Journal of Advertising Research*, 2001, 41 (1):17–31.

[4] Apostolopoulou, A. and Papadimitriou, D. Welcome Home: Motivations and Objectives of the 2004 Grand National Olympic Sponsors. *Sport Marketing Quarterly*, 2004,13 (4):180–192.

后来心理学家雷斯科拉(Rescorla)提出仅仅条件刺激先于无条件刺激是不够的,条件刺激必须能够预示无条件刺激的出现,即铃声预示食物,才能形成经典条件反射。[1]

2. 高层次条件反射

高层次条件反射即把已出现条件反射的条件刺激再作为无条件刺激来使用。如果带有中性反应的品牌名称、事物等通过反复与无条件刺激配对引起稳定的条件反射,这些品牌名称或事物就可以作为新的无条件刺激来起作用。比如品牌延伸就是利用这个原理来形成消费者对新延伸品类的积极评价。产品先作为无条件刺激,品牌是条件刺激,当这一条件反射形成后,消费者对品牌维持一种积极评价,此时品牌本身可以成为无条件刺激,而新延伸的产品类别就是条件刺激。

3. 累积反应

斯塔茨(Staats)和卡罗琳(Carolyn)的研究[2]发现,通过词汇反复累积的刺激也能引起经典条件反射。他们通过实验发现,给原来中性的人使用"漂亮""健康"等积极含义的形容词时,被试者对这个人的好感度会逐步提升。也就是说,词汇的含义也是可以作为一种无条件刺激的,这些无条件刺激反复与中性的条件刺激配对出现,就会引起或增加被试者对条件刺激的偏好反应或态度。

4. 刺激泛化

所谓刺激泛化(stimulus generalization),是指消费者对一些彼此之间差异不大的刺激会表现出同样的反应。换句话说,当消费者在某一刺激处境中做出某一反应后,一旦出现类似的刺激,就会做出同样或类似的反应。在营销上,我们可以看到许多刺激泛化的例子,比如连锁加盟、相似包装甚至是仿冒品。以包装策略为例,一些企业在某种产品获得成功后,当推出新产品时采用与成功产品类似的包装,以此使新产品能够更容易地被消费者接受。但是在广告的运用上,对于企业而言,刺激的泛化是一把"双刃剑",一方面可以利用它将购买者形成的关于本企业或品牌的一些好的情感和体验传递迁移到其他产品上,以此促进新产品被接受和采用;另一方面关于企业或产品的不好信息也会经由刺激泛化而波及其他产品,从而会对企业的营销活动产生严重的负面影响。

一项关于洗发水品牌的研究表明,消费者往往认为包装相似的洗发水具有类似的质量和效果。这种"背负式"(piggy-backing)策略(又叫"跟卖")对原有品牌具有双重作用:当仿制品的质量比原有品牌的质量差时,消费者会对原有品牌产生更积极和强烈的情感;而当二者质量相差不大时,消费者就会觉得他们付给原有品牌的额外价格不再物有所值。

经典条件反射的研究中一般以消费者对条件刺激的态度和偏好为因变量,也有研究认为经典条件反射还有不少其他方面的积极效果,包括会引起消费者对条件刺激的注意[3],会提升消费者对

---

[1] Rescorla, R. A. Pavlovian Conditioning and its Proper Control Procedure. *Psychological Review*, 1967, 74(1): 71-80.

[2] Staats, A. and Carolyn, K. S. Attitude Established by Classical Conditioning. *Journal of Abnormal and Social Psychology*, 1958, 66(1): 37-40.

[3] Janiszewski, C. and Wallop, L. Influence of Classical Conditioning Procedures on Subsequent Attention to the Conditioned Brand. *Journal of Consumer Research*, 1993,20(2):171-189.

条件刺激的隐性态度[1]等。

> **经典和前沿研究 4-2**
>
> **情感能力对经典条件反射的影响**
>
> 通过经典条件反射的机理对消费者产生影响本质上是一个情感的过程（Dempsey & Mitchell 2010）[2]，即消费者对无条件刺激的情感感知向条件刺激迁移和传递的过程（Hofmann et al. 2010）[3]。因此，消费者如何加工和体验情感就起到重要的作用。汉斯福德（Hasford）、基德韦尔（Kidwell）和哈迪斯蒂（Hardesty）从影响消费者如何加工和体验情感的能力，即情感能力（emotional ability）视角做了一项研究。情感能力是一个多维的能力概念，包括情感体验（emotional experiencing）和情感思考（emotional reasoning），前者是指个体体验情感的过程，是直觉的过程，属非有意识的情感反应；后者是指对情感的理解和调整的过程，有精细加工的特色，是有意识地认知的过程。他们把消费者通过经典条件反射形成的对条件刺激的态度分为隐性态度和显性态度两个维度。他们发现在经典条件反射中，情感体验能力高的消费者会有更高的对条件刺激的隐性态度，情感思考能力高的消费者会有更低的对条件刺激的显性态度，比如以消费者从没有见过的啤酒品牌作为条件刺激，通过与一些中性的无条件刺激作为控制组进行对比，发现有积极感知的无条件刺激能够提升高情感能力消费者对啤酒的隐性态度（通过情感错误归因步骤测量），降低情感思考能力高的消费者对啤酒的显性态度（通过量表测量）。由于情感能力与消费者的年龄（比如已有研究发现年龄越大情感能力越高）、性别（比如研究发现女性的情感能力高于男性）有紧密关系，此研究的发现可以指导企业在利用经典条件反射原理影响消费者时，预测消费者会如何受到影响。

（三）经典条件反射的消退

经典条件反射的消退是指无条件刺激不再激起条件反射。这种消失并不是简单地由于时间流逝引起的，而是由于以下一些具体的原因。

第一，因为消费者对形象代言人好感下降或消失，即形象代言人已经不是一个有效的无条件刺激。

第二，条件刺激与无条件刺激没有稳定的配对关系。比如可能是消费者在见到条件刺激时，没有见到无条件刺激。假设企业在广告中将产品与消费者喜爱的音乐配对出现，从而建立起两者

---

[1] Olson, M. A. and Fazio, R. H. Implicit Attitude Formation through Classical Conditioning. *Psychological Science*, 2010, 12(5):413−417.

[2] Dempsey, M. A. and Mitchell, A. A. The Influence of Implicit Attitudes on Choice When Consumers are Confronted with Conflicting Attribute Information. *Journal of Consumer Research*, 2010, 37 (4): 614−625.

[3] Hofmann, W., Houwer, J. D. and Perugini, M., et al. Evaluative Conditioning in Humans: A Meta-analysis, *Psychological Bulletin*. 2010, 136 (3): 390–421.

之间的联系,如果消费者经常在商店或其他场合见到产品,但并没有广告中的音乐相伴随,长此以往,广告的影响力将削弱。从这个意义上讲,经典条件反射对于较少被消费者在日常生活中遇到的产品,效果可能更好。同样,如果消费者经常遇到形象代言人,但没有看到他或她使用或提及所代言的产品,消退现象也会发生。这也提醒企业,在使用形象代言人时,要尽可能地要求他或她在各种公众场合展现公司的产品或品牌。很多企业会在与形象代言人的合作合同中会特别设置相关条款,比如会要求代言明星在公开场所不许使用或提及竞争对手产品。曾经有代言假发品牌的明星,因在社交场合戴了所代言公司竞争对手生产的假发,被所代言公司起诉,被索赔3 500万美元。

(四)经典条件反射作用的阻碍效果

虽然已经发现经典条件反射的存在,但一些研究者提出了经典条件反射作用的阻碍效果,即一些因素会阻碍经典条件反射形成的现象。虽然这些研究仍是以实验性或理论性的假设为依据,但有些研究有相当大的现实意义。麦克斯威尼和比尔利(McSweeney & Bierley, 1984)[1]通过实验研究提出了以下经典条件反射作用的6种阻碍效果,这对制作广告具有一定的启示。

1. 倒置效果

经典条件反射首先取决于条件刺激和无条件刺激的出现顺序,可分为先条件反射作用、后条件反射作用和同时条件反射作用三种。但大部分研究表明,条件刺激先出现于无条件刺激,才能产生有效的条件反射作用。所以,做广告时有必要先提示条件刺激,然后提示无条件刺激,这样会产生更好的效果,否则就会大大削弱广告的效果。这种削弱被称为倒置效果(backward conditioning)。

2. 过度阴影效果

两个能引起明显反应的条件刺激同时与一个无条件刺激结合,会阻碍所希望的条件刺激与无条件刺激之间的条件反射作用。这就是说,一个条件刺激掩盖了另一个条件刺激的条件反射作用。比如,在广告中以轻快的音乐来与饮料匹配,从而形成轻松惬意的饮料品牌形象。但在饮料品牌出现的同时,广告画面中还出现了让消费者印象深刻的女性形象,然后放轻快的音乐,那么广告中的饮料(条件刺激)与女性画面(条件刺激)同时与音乐(无条件刺激)匹配,导致音乐和产品之间的条件反射作用被显眼的女性画面所掩盖,从而降低了作为无条件刺激的音乐与条件刺激的联结,这被称为过度阴影效果(overshadowing)。

3. 阻塞效果

当营销人员试图利用一些已经与其他条件刺激产生紧密联结的无条件刺激时,往往无法产生应有的效果,这被称为阻塞效果(blocking)。比如美国西部牛仔(无条件刺激)被成功地用来与万宝路香烟产生稳定而又成功的联结,则其他品牌(条件刺激)就比较难以再与西部牛仔建立紧密联结。

4. 无条件刺激先暴露效果

利用过去没有匹配过而单独地被人们所非常熟悉的无条件刺激,无论哪一种类型的条件刺激,

---

[1] McSweeney, F. K. and Bierley, C. Recent Developments in Classical Conditioning. *Journal of Consumer Research*, 1984, 11(2):619−631.

都不能与其形成匹配关系，从而不能引起条件反射作用，这被称为无条件刺激先暴露效果（US-pre-exposure）。无条件刺激先暴露效果与阻碍效果的不同在于，这一无条件刺激以前没有与特定的条件刺激匹配过，而是人们很熟悉的无条件刺激，比如大海，其后来与特定的条件刺激匹配，则很难形成条件反射作用。

5. 潜在的抑制效果

这与前几种情况不同，不是无条件刺激暴露过多，而是条件刺激单独地暴露过多，从而被消费者广泛熟悉，这种情况也会引起条件反射作用的阻碍现象，称为潜在抑制效果（latent inhibition）。比如，如果一个品牌消费者都已经非常熟悉了，则通过代言人对其进行条件刺激的可能性就小了。研究（Shimp, Stuart & Engle, 1991）[1]发现，知名品牌可口可乐、中等知名度品牌皇冠可乐，以及没有任何知名度的虚拟品牌作为条件刺激，都与能带给消费者美感和积极情绪的瀑布等无条件刺激配对，虚拟品牌的条件反射作用最明显，而知名的可口可乐则不受影响，体现的也是这个道理。

6. 加西亚效果

加西亚效果是学者加西亚（Garcia）[2]在研究中发现的。他在实验中发现，如果无条件刺激1与条件刺激1、无条件刺激2与条件刺激2已经形成了较强的匹配关系，那么无条件刺激1与条件刺激2、无条件刺激2与条件刺激1就很难再形成匹配关系，从而不能引起条件反射作用，甚至产生逆反应。这种加西亚效果强调做广告前预先调查的重要性。也就是说，事先要注意和研究在广告中所要利用的音乐、模特、图、照片、色彩等对象能否与品牌之间形成经典的条件反射作用。

经典条件反射除了会消退，且有一些阻碍效果，在实际营销过程中，竞争对手也有可能会通过一定的策略破坏一个品牌与某无条件刺激建立起的经典条件反射。比如澳大利亚有一个激进组织BUGA UP，宗旨是反对不健康推广，曾经有一项计划阻碍了万宝路香烟在澳大利亚通过年度男士大赛来塑造男子汉形象。在这个大赛上，BUGA UP 提名了一个候选人，这个人因吸烟致残，需要通过气管切开术留在喉咙上的空来吸烟，BUGA UP 将这个人作为海报主角，海报被大量印刷和销售。这样的宣传，使得万宝路努力营造的男子汉形象被无情地嘲弄了。[3]

> **营销小故事 4—1**
>
> **杨国福麻辣烫顺"梗"营销**
>
> 张亮麻辣烫与杨国福麻辣烫是市场上比较知名的麻辣烫品牌，2020年市场上有"模特张亮喊你去吃杨国福"的"梗"。具体情况是张亮麻辣烫与较有知名度的模特张亮没有任何关

---

[1] Shimp, T. A., Stuart, E. W. and Engle, A. Program of Classical Conditioning Experiments Testing Variations in the Conditioned Stimulus and Context, *Journal of Consumer Research*. 1991, 18(1): 1−12.

[2] Garcia, J. and Koelling, R. A. Relation of Cue to Consequence in Avoidance Learning. *Psychonomic Science*, 1966, 4 (3): 123−124.

[3] [英]罗伯特·伊斯特、[新西兰]马尔科姆·赖特、[法]马克·范于埃勒著, 钟科译:《消费者行为学: 基于数据的营销决策》(第2版), 格致出版社2018年版。

系，只是恰好撞名而已，但消费者以为张亮麻辣烫是模特张亮开的店，由此一位网友在模特张亮微博下留言"希望管好你家张亮麻辣烫"。对此，模特张亮开玩笑回应称"那你去吃杨国福啊"。于是，张亮麻辣烫的对手杨国福麻辣烫瞅准时机，转发了张亮的评论，回应称："妈呀我来了我来了！谢谢亮哥 cue 我们！"并顺势想牵手模特张亮，请他为代言人。杨国福麻辣烫的这一行为，可以说是"蹭了热点"，但它其实背后还有一个作用，就是可以破坏消费者以为的"张亮麻辣烫是模特张亮开的店"的这一联结。

资料来源：https://baijiahao.baidu.com/s?id=1674890353878202003&wfr=spider&for=pc.

二、操作性条件反射理论

（一）基本原理

如前所述，经典条件反射过程中的学习实际上是关于条件刺激与无条件刺激之间关系的学习。该学习的主要任务是在一定条件下，建立两种刺激物之间的联系。但是，在大多数情况下，人们的行为不仅仅是被动的行为，也会为适应环境而能动地采取相应的行动。操作性条件反射理论解释的就是人们根据环境能动地采取行动的学习现象。

（二）操作性条件反射过程

操作性条件反射理论是由美国著名心理学家斯金纳（Skinner, C.）提出的。根据该理论，操作性条件作用是一个行为的结果改变另一行为发生频率的过程。斯金纳做了这样的实验：实验对象是一只已有 12 小时没有进食的老鼠，饥饿是诱发其行为的刺激。将这只处于饥饿状态的老鼠置于一个叫斯金纳箱的装置中，箱内有一个伸出的杠杆，如果按压杠杆，食物就会自动掉下来，而老鼠在箱中可自由活动和做出各种反应。起初，老鼠在箱内不安地乱跑，偶尔触到了杠杆，结果有食物落到箱中的食物盘内。经过多次重复，每次触动杠杆，必有食物落入盘内，最后，老鼠会主动触动杠杆来获取食物。食物作为触压杠杆这一反应的强化物，为刺激（饥饿）与反应（触动杠杆）之间的连结提供了条件。由于触压杠杆是获得奖赏即食物的一种手段或工具，因此这一类型的学习被称为操作性（或工具性）条件反射。

（三）操作性条件反射理论的基本思想

操作性条件反射理论的基本思想比较简单，归结到一点就是强化会加强刺激与反应之间的联结，学习是一种反应频率上的变化，而强化是增强反应频率的手段。

在实际消费中，如果一个消费者购买一件商品，并对使用后产生的结果感到满意或高兴，使得他有需求时就会再去购买这种商品。这样，消费者购买行为的结果直接影响其重复购买频率。如果对购买结果满意，重复购买的可能性就很大；如果对购买结果感到不满意，重复购买的可能性（频率）就小。操作性条件反射，可以体现为不同的类型。

1. 操作性条件反射作用的类型

第一种类型是正强化。个体在一定情况下采取操作性行为，如果这个行为产生的是积极的结果，即获得图 4-3 中的正面刺激物，那么个体就获得了肯定的奖赏；如果未来再出现类似情况，就可能导致重复行为，即产生正强化。也就是说，正强化作为操作性行为后的奖赏，增加了重复行为的可能性。

第二种类型是负强化。个体有时采取某行为是为了避免或消除负面刺激（如厌恶物或不好的结果等），如果采取某行为避免或消除了负面刺激，则后续再出现类似情境时，就可能导致重复行为，即产生负强化。与正强化一样，负强化可以促进某种反应和行为的发生，不同之处在于，正强化是"获得愉快的正面刺激"，负强化的结果是"消除或回避不愉快的负面刺激"。

第三种类型是惩罚。惩罚是一种减少重复行为可能性的操作性行为的结果。惩罚与负强化一般容易被混淆，其区别在于，惩罚是减少重复行为的可能性（因行为重复会带来负面刺激物，带来惩罚），而负强化是可以增加重复行为的可能性（因行为重复可避免负面刺激）。

第四种类型是削弱。削弱是指当个体实施操作性行为、想要获得正面刺激物，但正面刺激物并没有如期出现时，就会出现削弱现象。具体见图4-3。

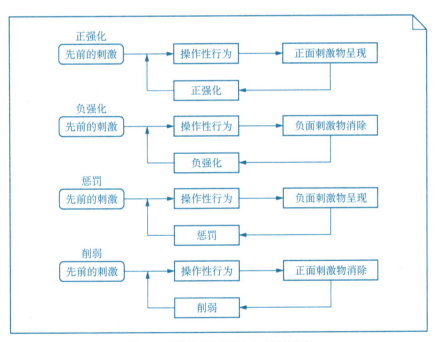

图 4-3　操作性条件反射作用的四种类型

2. 强化物的安排及其类型

刺激与反应之间的学习，在很大程度上取决于对强化物的安排（reinforcement schedule）。

金布尔（Kimble，1967）[1]发现，如果给予连续强化，即在每次正确操作性行为后就给予强化物，个体对这一正确操作性行为的学习速度很快；但当强化物不再呈现或中止强化时，正确反应的消退速度也很快，即行为者不再进行这一操作性行为。如果强化是间断性的或部分的，即不是对所

---

[1] Kimble, G. A. *Foundations of Conditioning and Learning*. New York: Appleton-Century-Crofts, 1967.

有正确操作性行为而只是对部分正确操作性行为予以强化时,虽然最初对正确反应的学习速度较慢,但强化物消失后,行为消退的速度也比较慢。

间断性或部分的强化安排有以下四种类型:

(1)固定间隔,是指不管行为本身,每隔一段固定的时间便出现强化物。比如商店举行周年庆,每隔一小时就有幸运消费者被免单。

(2)固定比率,是指不管时间本身,每隔固定的行为次数便出现强化物。

(3)变动间隔,是指强化物的出现时间是变动的。

(4)变动比率,是指在一定的变动次数后,便出现强化物。

变动间隔与变动比率看起来类似,但两者并不相同。变动间隔是指两次强化物之间的时间间隔并不固定;变动比率则是指两次强化物之间所出现的行为次数并不固定。

强化物的安排对市场营销活动的启示是,给予顾客奖券、奖品或其他促销物品,在短期内可以增加产品的销售,但当这些手段消失后,销售量可能会马上下降。因此,企业若想要与顾客保持长期的关系,还需要采取一些间断性的强化手段。

3. 操作性条件反射作用的营销应用

操作性条件反射作用原理还为企业的以下营销活动提供了理论支持。

基于正强化理论,企业可以:(1)通过发送样品、提供奖券、给予折扣,鼓励消费者试用产品;(2)对消费者购买行为给予奖励,如通过给消费者发放赠品等方式来强化刺激,或通过顾客忠诚计划等措施奖励忠诚的顾客;(3)进行用户访问,或在用户购买产品后通过信函或其他方式表示问候和关怀,或通过社交平台与顾客进行良好互动,沟通情感;(4)良好的购物环境,以使购物场所成为一种强化因素或强化力量;(5)在营销宣传中强调顾客群的不同凡响,强调产品的独特性,以此强化对消费者选择该产品的刺激。但应注意的是,这种强化不能过分,因为过分地强调或利用外在的强化因素,会负向影响消费者的重复购买。

间歇性的强化安排理论对企业营销也有重要意义。企业首先要认识到对于消费者行为的正向强化,间歇性手段可能会更好。其次,何时和如何采取间断性的强化手段,则需要对消费者需求、购买动机、购买频率等进行深入的分析。间歇性的强化手段对消费者来说是一种不确定性的强化,其科学的设计对消费者的吸引力有很多现实例子的印证,比如近两年很多消费者痴迷的"盲盒",就可以用间歇性强化理论来解释。

> **经典和前沿研究 4-3**
>
> **不确定性促进获取奖励的行为强化**
>
> 斯金纳在操作性条件反射实验过程中设置了食物掉下来的概率。一种设置是固定奖励,比如每隔1分钟会掉一个食物。一开始小老鼠会不停按拉杆,但在发现这个时间规律后,它就学会了每隔1分钟再按拉杆。第二种设置是随机奖励,小老鼠按拉杆获得食物的概率是不确定

的，在这种情况下，小老鼠并不知道哪次按拉杆能获得食物，于是它就会不停地按拉杆。

我们人类也会表现出与斯金纳实验中小老鼠类似的行为。比如游戏中设置的奖励机会，会吸引玩游戏的人不断地尝试游戏，试图抓住机会。在奖励结构中，不确定性可以吸引并保持游戏者参与的积极性。参与时间越长，他们使用不确定元素的次数越多，也愿意为更高回报承担更大风险。比如，越是不确定里面是啥东西，就越会反反复复地去抽盲盒。因此，人们很多时候更可能因为不确定的刺激而重复一项任务，而并非是为了那些已经确定的刺激，是不确定的刺激加强了消费者的重复决策。芝加哥大学的奚恺元（Christopher Hsee）教授及其合作者在研究中发现，当不确定性带来的不悦，转变成为确定性结果带来的满足感时，消费者的感觉便会变好，甚至比直接给想要的结果还要好。这是不确定的刺激能推动行为的重要原因。

不确定的奖励在实验室和真实环境下都能持续激励消费者。在其中一项实验中，中国香港的一个跑步俱乐部的被试被告知，他们可以通过在400米跑道上跑步、慢跑或快走获得积分，活动期为15天。被试者被随机分为两组，一组在每完成一圈后可以获得确定的5分积分奖励，而另一组在完成每圈后获得的积分是不确定的，是随机的3～5积分不等。在15天的实验结束后，参与者可以凭积分在一家咖啡馆兑换等额的礼品卡。研究结果正如假设，那些不确定获得多少积分的被试跑的圈数更多（具体数据是，在不确定的激励条件下，被试多跑了1.61英里）。

最近两年，"盲盒"在市场上很流行，这一现实的例子表明越是不确定里面是啥东西，越会激励消费者更高频率地去购买盲盒。

资料来源：Shen, L. Hsee, C. K. and Talloen, J. H. The Fun and Function of Uncertainty: Uncertain Incentives Reinforce Repetition Decisions. *Journal of Consumer Research*, 2019, 46(1): 69–81.

三、认知学习理论

经典条件反射理论和操作性条件反射理论均着眼于刺激与反应之间的联系，个体获得这种刺激-反应关系后，经反复练习和强化就会形成习惯，只要原来的或类似的刺激情境出现，习惯性反应就会自动出现，因此经典条件反射和操作性条件反射都属于行为学习理论。

最早对行为主义学习理论提出反对意见的是完形心理学家，其中以德国心理学家柯勒（Kohler）最为有名。柯勒通过观察黑猩猩在目标受阻的情境中的行为，发现黑猩猩在学习解决问题时并不需要经像行为学习理论中所提出的试错的过程，而是通过观察发现情境中各种条件之间的关系，然后才采取行动。柯勒称黑猩猩的这种学习为顿悟（insight）。在柯勒看来，顿悟是主体对目标和达到目标的手段之间关系的理解和学习，不需要依赖练习和经验，只要个体理解了整个情境中各个要素之间的相互关系，顿悟就会产生。[1]在柯勒的顿悟学习实验之后，美国心理学家托尔曼（Tolman）等人也以方位学习实验反驳了行为学习理论中关于刺激物与反应之间的联结理论，并

---

[1] Kohler, W. The Mentality of Apes. New York: Liveright publishing Corp., 1976.

在此基础上发展了认知学习理论。托尔曼从事的一项最为有名的研究是三路迷津实验[1]。该实验以小白鼠为实验对象，进行认识方位学习的实验。实验分为预备练习与正式实验两个阶段。在预备练习阶段，实验人员先让小白鼠熟悉整个环境，并确定它对从出发点到食物箱三条通道的偏好程度。结果发现，小白鼠选择第一条通道的偏好程度最高。在正式实验阶段，他们先在第一条通道处设阻，结果小白鼠迅速从第一条通道处退回，改走第二通道；随后，在第二通道阻塞时，小白鼠才改走路程最远且练习最少的第三条通道。实验时，以随机方式在第一条通道处设阻，以观察小白鼠的反应。结果发现，小白鼠能根据受阻情境随机应变，选择最佳的取食路径。托尔曼认为，小白鼠在迷津中经过到处游走后，掌握了整个迷津的认知地图，其随后的行为是根据认知地图和环境变化予以调整的，而不是根据过去的习惯来行事。这正如一个司机在发现塞车严重的情况下会舍弃平时习惯的最直接的路径，而改由没有塞车但相对曲折或相对远一点的路径一样。在托尔曼看来，个体的行为并不是由行为奖赏或强化所决定，而是由个体对目标的观察和期待所引导的。

除了上述的认知学习观点，还有其他一些观点，比如"场"的理论、图式理论等。这些理论虽然各有差异，但它们的共同特点就是强调心理活动，比如思维、联想、推理等在解决问题、适应环境中的作用。这些理论都认为，学习并不是在外界环境支配下所形成的刺激与反应之间的联结，而是主动地在头脑内部构造定型、形成认知结构的。另外，认知学习理论还认为，学习是新旧知识同化的过程，即学习者在学习过程中把新信息归入先前有关的认知结构中，或在吸收了新信息之后，使原有的认知结构发生了某种变化，而认知结构又在很大程度上支配着人的预期和行为。从这个意义上说，很多持认知学习观点的学者都认为，学习实际上是学习者头脑内部认知结构的变化过程。

消费者心理与行为也有很多是可以通过认知学习理论进行解释的，比如凯里（Carey）等人于1976年所做的关于运用正强化增加珠宝店销售量的实验[2]有力地说明了认知因素对消费者行为的决定性影响。在该实验中，研究人员将顾客分成三组：第一组顾客在购买产品后一段时间内收到感谢信息；第二组顾客除了收到同样的感谢信息外，还获得了给予20%优惠购买店内钻石的机会；第三组顾客则没有给予任何回馈。结果发现，虽然从年初到实验结束，该商店的累计销售量较上年同期下降了25%，但实验的这一个月销售量较上年同月增加了27%，而且增加的销售量全部来自受到强化刺激的两个实验组。尽管实验结束后的第一个月销售量有所下降，但在第二个月，销售量开始恢复并且保持实验前的增长水平。这意味着，通过正强化来增加销售量是成功的。研究人员发现，仅收到感谢电话的顾客组，实验期间销售量较上年同期增长70%；而既收到感谢信息同时又获得优惠机会的顾客组，销售量较上年同期增长了30%。第二组顾客收到的强化物就量上而言要大于第一组，而销售增长量反而比不上第一组。因此，一定存在着强化物以外的因素对促进消费者购物起作用。在本例中，这种强化物以外的因素就是消费者的认知评价。当顾客收到的仅仅是一个感谢电话或一封感谢信，可能会认为该珠宝店确实重视顾客、关心顾客；如果除此之外还收到购

---

[1] Tolman, E. C. Cognitive Maps in Rats and Men. *Psychological Review*, 1948, 55(4): 189–208.

[2] Carey, J. R., Clicque, S. H. and Leighton, B. A., et al. A Test of Positive Reinforcement of Customers. *Journal of Marketing*, 1976, 40(4):98–100.

买优惠券之类的促销传单，顾客则很可能认为珠宝店的行为完全是出于促销目的，这也就是为什么强化物在量上增加了但促销效果反而不如第一组那么好的原因。

四、观察学习理论

观察学习理论[1]主要由美国心理学家班杜拉（Bandura）倡导。该理论的一个最显著的特点是强调学习过程中社会条件的作用。当人们观察他人的行动并由此强化自身的行为时，观察学习就发生了。这种学习是替代性经验而不是直接经验的结果。班杜拉（1961）的实验室里发现，在看过一个成人榜样对一个大型塑料玩偶进行拳打脚踢之后的实验组儿童，比没有见过这种攻击榜样的控制组儿童表现出了更高频率的攻击性行为。后来的研究表明，即使榜样是一些电影中的卡通人物，儿童也会模仿电影中的榜样行为。

观察学习具有以下特点：

（1）观察学习并不必然具有外显的行为反应。

（2）观察学习并不依赖直接强化，在没有强化作用的情况下，观察学习同样可以发生。

（3）观察学习不同于简单模仿。简单模仿是指学习者对榜样行为的简单复制，而观察学习则是从他人的行为及其后果中获得信息，它可能包含模仿，也可能不包含模仿。例如，两辆汽车行驶在公路上，前一辆车不小心撞上了路桩，后一辆车急忙转弯，以避免与前一辆车碰撞。在这个例子中，后一辆车的司机的行为是观察学习的结果，但并不涉及任何模仿的因素。

观察学习较之于其他类型的学习具有很多优点。首先，通过对榜样行为的观察，可以避免试误学习情况下各种代价昂贵的错误。其次，观察有时是学习很多新行为的最好的甚至是唯一的手段。比如，通过观察别人如何使用自动取款机，观察者很快就能够自如地用自动取款机取款。最后，观察学习可以缩短行为学习的时间。

观察学习的过程一般包括以下步骤。

（1）有榜样或其示范行为出现。而所谓的"榜样"，并不一定是产品方面的专家，也不一定是名人（当然，是名人可能效果会更好），只要是消费者能够尊重和认同的角色即可。有时一个普通而典型的家庭妇女就可做榜样，这种榜样可能正因为平时与自身相似，才更容易使人产生相似的认同感。

（2）学习者的注意过程。要使观察学习有效，学习者应对榜样或示范的影响予以足够的注意，否则观察者就学不到多少东西。影响注意过程的因素有很多，比如示范活动的特点，示范行为应用的价值、榜样以及观察者的特点等。一般来说，熟悉的事物、具有影响力和吸引力的榜样，以及预期会具有较大奖惩后果的示范更容易引起注意。所以，企业所提供的示范行为必须有鲜明、生动、引人注目的特点，并且其线索应该清晰、一目了然。

（3）学习者的保持过程。这是模仿的前提，亦即学习者个体必要的记忆过程。保持主要以意

---

[1] Bandura, A., Ross, D. and Ross, S. A. Transmission of Aggression Through Imitation of Aggressive Models. *Journal of Abnormal and Social Psychology*, 1961, 63(3): 575−582.

象编码和语言编码两种表征系统来完成。如果人们只注意观察他人的示范行为，而不以意象编码或语言编码的形式保存记忆下来，日后就不能据此指导行动。

（4）行为的再现过程。它是指个体把以符号形式编码的示范信息转换为适当行动的过程。虽然学习者能够有效地将示范行为以符号形式保存，并能从认知角度正确地演习示范行为，但在再造示范行为时，仍有可能发生偏差。以学习打网球为例，即使掌握并且能够在头脑中模拟出教练或某个网球运动员示范的姿势与方法，但实际上场时，仍可能只是大致接近被观察者的行为，只有经过大量实践以后，才会打得和被观察的榜样一样好，甚至超过作为榜样的被观察者。

（5）学习者的动机过程。经由注意、保持和再造过程之后，示范行为基本上为观察者所掌握，但人们不一定表现出他们学到的所有东西。只有产生了积极的诱因之后，如示范行为预期能够导致有价值的结果，或经由观察所获得的行为能够提高行为满意感时，这些行为才会从潜伏状态转化为行动。例如，给儿童呈现不同的示范行为时，儿童会选择模仿那些能够获得奖赏的行为，而放弃那些不能获得奖赏或导致惩罚的行为。由此说明，对习得反应的动机状态，在很大程度上影响这些反应或行为的表现倾向。

观察学习原理在市场营销领域的应用主要体现在以下两方面。

（1）诱导消费者的反应。利用观察学习的原理可以诱导消费者（或潜在顾客）的反应。一方面通过代言人、意见领袖或使用者（榜样）说明使用产品的积极后果，演示使用该产品的方法，就可以引起消费者的注意，使他们模仿代言人使用该产品。在像小红书这样的社交平台上，很多消费者就是观察学习其他消费者或意见领袖的介绍或经验。或者消费者也可以通过对别人行为的观察熟悉产品的使用方法。这些都会影响消费者的重复购买行为或扩大口碑效果。

（2）可以引发情感行为。消费者的情感行为不仅可以通过行为学习过程来引起，还可通过对别人的观察来引发消费者的情感。比如，消费者可以观察别人所体验的、与特定事件相关的肯定的或否定的情感，从而影响自己的行为。比如一些广告会诉求产品或品牌带给代言人的情感状态，消费者观察到这种积极或消极的情感状态从而影响后续行为。比如宜家 2020 年推出的一支《为爱留好空间（说再见篇）》的广告，开场便是一张可爱又稚嫩的小女孩的脸庞，眼睛里还有着伤心的泪水，再配上安迪·鲍威的"*Goodbye Lonely Heart*"，整体的情感气氛渲染很到位。接下来的场景，就是小女孩所有的毛绒玩具都"复活"了，还悲伤地流着眼泪。直到小女孩抱着"大熊"，哭泣地说着"不要走"。原来是小女孩的玩具太多了，在家里已经摆不下了，所以，爸爸决定把这些玩具都送人了。小女孩的这种"断舍离"的情绪，对观察到广告的消费者来说很有共鸣。最后的镜头场景一换，宜家收纳产品的出现，瞬间把女儿不愿"断舍离"的问题给解决了。

本章小结

本章探讨了什么是消费者学习，以及消费者学习所体现的一些特征。之后介绍了三种代表性的学习理论，分别是行为学习理论、认知学习理论和观察学习理论。行为学习理论主张学习完全可由在外部观察到的行为来加以解释。这一观点重视的不是消费者的内在心理过程，而是真正观察得到的实际行为，其主张学习是源自刺激与反应之间的联结所导致的行为改变。行为学习这一观点中包括两个理论，一个是经典条件反射理论，另一个是操作性条件反射理论。认知学习理论认为学习主要是反映出消费者知识上的变化，也就是着重于探讨消费者如何学习信息的心理过程，这其中关注更多的是信息如何转化为长期记忆，并通过内在心理上的认知处理造成消费者内在与外在的改变。观察学习理论是指人们借由观察他人的行为以及该行为所导致的结果，而在自身方面所形成的行为变化过程。

思考题

1. 名词解释

   经典条件反射　操作性条件反射　刺激泛化　经典条件反射的消退
2. 消费者学习理论有哪三种基本的观点？
3. 影响经典条件反射效果的因素有哪些？
4. 经典条件反射的阻碍效果有哪些类型？
5. 如何用高层次条件反射理论来解释品牌延伸现象？
6. 操作性条件反射的类型有哪些？
7. 观察学习的过程包括哪几个步骤？
8. 如何通过某一学习理论来解释消费者的消费"盲盒"现象？

第五章 消费者记忆

> 开篇案例

肯德基的"怀旧杀"

1987年,肯德基从美国来到中国,在北京开设了第一家餐厅,产生了非常大的轰动效应。要想尝试美食的,都要排很长时间的队才能实现。一块2元5角的吮指原味鸡,一份8角的土豆泥成为当时的爆款。

2018年是肯德基进入中国的第31个年头,肯德基用"价格重回1987"这种特别的方式,邀请消费者重温当年的经典美味。活动期间,土豆泥只需8角,吮指原味鸡则是2元5角。

其实2018年并不是肯德基第一次以"1987年价格"作为周年庆营销卖点,在2017年肯德基30年之际,这一营销点就赚足了消费者眼球。从消费者的角度来看,仅这个价格就已经很有吸引力了,因此活动期间店内顾客爆满。除了用"低价"直接吸引消费者,肯德基还借机收集消费者与品牌间的故事,在微博启动"我有炸鸡你有故事吗"的互动话题,触发了消费者的集体怀旧风潮。此次营销策划让肯德基爬上热搜,活动不仅让其获得流量,还获得销量,实现了双丰收。从整个活动的结果来看,肯德基这波"回忆杀"营销无疑是成功的。

> "1987年，肯德基进入中国，那时候我们都是排着队去吃。""价格变回小时候，而我已经不是小时候那个我。""那个时候吃土豆泥总会用勺子刮得干干净净，所以今天去吃我也刮得超干净。""这吃的哪里还是炸鸡和土豆，分明是我们美好的童年啊！"不少网友都在肯德基社交平台上，聊起自己与肯德基之间的"青葱"往事。
>
> 怀旧营销可以与消费者产生积极的情感联系，因此是很多企业经常采用的营销策略。
>
> 资料来源：https://baijiahao.baidu.com/s?id=1606401084123236141&wfr=spider&for=pc.

记忆是人脑对经历过的事物的反映。凡是人们感知过的事物、体验过的情感以及练习过的动作，都可以印象的形式保留在人的头脑中，在必要的时候又可以把它们再现出来，这个过程就是记忆。人们对于每天所接触或经历过的事物，如看过的产品、广告、文字、图像等，不可能都记住，其中只有一部分被储存在自己的记忆之中。而且，记忆中的有些事情可能很快就被遗忘，另一些事情多年之后仍然历历在目，甚至可能终生难忘。因此，消费者的记忆也是选择的结果。记忆虽然总是指向过去，它出现在感觉、评价、情绪和情感反应以及人们的注意和理解之中，但它反过来也会影响新的情感反应和认知活动等。消费者购买产品时一般在很多竞争品牌中只考虑其中极少数的品牌，因此对企业来说，消费者是否记住企业的品牌是非常重要的。一般来说，在竞争激烈的环境中，企业品牌不仅要比竞争品牌先引起消费者的注意，而且要长期留在消费者记忆中才行。所以，有必要深入理解消费者记忆过程以及提取记忆内容的过程和规律。

第一节 消费者记忆的体系

消费者的记忆是怎样构成的？它是一个怎样的体系？对此有不同的模型，其中具有代表性的模型是多重记忆结构模型（multiple store model of memory）、信息处理程度模型（levels of processing model）和激活模型（activation model），而多重记忆结构模型被公认为最常用的模型。

从多重记忆结构模型来看，人们的记忆是由感觉记忆（sensory memory）、短时记忆（short-term memory）和长时记忆（long-term memory）构成的，并且这些记忆都有不同的功能。消费者的信息处理过程是从被展露的信息通过感觉器官流入开始的。被流入的信息储存在感觉器官的时间非常短（几分之一秒），如果对信息不注意，信息就会消失。继续注意的信息才能转移到短时记忆。在短时记忆阶段，如果能动地进行信息处理，从感觉器官流入的信息便会与长期记忆中提取的信息相结合，从而解释从外部流入的信息。在短时记忆阶段被处理的信息通过复述，转移到长时记忆，便长时间被储存起来，但不复述的信息就会被遗忘。多重记忆结构模型把人们的记忆场所分为短时记忆和长时记忆，但也有与此不同的记忆结构模型，即信息处理程度模型和激活模型。

信息处理程度模型和激活模型都没有把记忆场所分为短时记忆和长时记忆，主张只有一个记忆场所。从信息处理程度模型来看，人们只存在一个记忆场所，由于人们处理信息能力有限，因此会根据信息处理程度分配不同容量的记忆努力。比如对单纯的感觉分析这种处理程度低的信息，就分配少量的信息处理容量；但是对意义分析这种处理程度高的信息，就会分配大量的信息处理容量。处理能力越高而由此被分配的信息处理容量越多的信息，停留在记忆中的时间就越长。

从激活模型来看，在人们的记忆中也只有一个记忆场所，并且为了处理流入的信息，在记忆场所中的极小的一部分会被激活。这样的激活一般是短时的，如果没有为维持被流入信息而付出持续的努力，那么这个信息就会消失。

上述三个记忆结构模型并不是完全相反的模型。学者一般是按照多重记忆结构模型来区分和解释消费者的记忆体系。多重记忆结构模型把消费者的记忆体系分为感觉记忆、短时记忆和长时记忆，如图5-1所示。

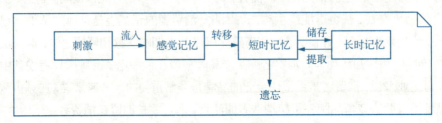

图 5-1　多重记忆结构模型

一、感觉记忆

感觉记忆又称瞬时记忆，是指个体凭视觉、听觉、味觉、嗅觉等感觉器官感应到刺激时所引起的极短暂记忆，它是记忆信息加工的第一个阶段。感觉记忆只留存在消费者的感官层面，如不加注意，转瞬就会消失。感觉记忆按感觉信息原有的形式进行储存，其反映的内容与外界刺激较为一致，即为外界刺激的简单复制，尚未经加工和处理。感觉记忆有以下特点：

（1）有鲜明的形象性。因为信息未做加工，按信息原来所具有的物理特征编码，并按信息被感知的先后顺序来记录，因此形象性较强。

（2）信息被记忆的时间极短。一般来说，进入感觉记忆的信息如果是图像信息，记忆时间不超过1秒钟；如果是声像信息，记忆时间不超过4秒钟。信息的短暂停留时间为感觉记忆保持高度的效能提供了基本条件。

（3）记忆容量相对较大。进入感官的信息计划可以全被记录，信息储存量较大，远远超过可以被利用的信息。

（4）感觉记忆是短时记忆的前提。如果信息引起消费者的注意，或被加工而保留下来，就会转化为短时记忆，以做进一步处理。感觉记忆的容量由感受器的解剖生理特点所决定，几乎所有进入感官的信息都能被记录，但只有受到特别的注意才能转入短时记忆，否则就会很快衰退而消失。

二、短时记忆

（一）短时记忆的含义与特征

短时记忆也称为操作记忆或工作记忆，指流入的信息在短时间内停留的记忆。例如，我们查到一个电话号码，立刻就能根据记忆去拨号，但事过之后，再问这个号码时，就记不起来了。此类记忆就是短时记忆。短时记忆中的信息保持时间在无复述的情况下一般只有5～20秒，最长也不超过60秒。短时记忆的特征如下：

（1）短时记忆与感觉记忆和长时记忆都有联系。感觉记忆中的信息如果被注意和处理，就会进入短时记忆，而且这些信息可以保持在一种随时被进一步处理的状态。也就是说，短时记忆中的信息可以自动而迅速地被提取，一旦需要新输入的信息予以解释，长时记忆中的信息就带入短时记忆。实际上，短时记忆是这样一种即时的信息处理状态，即从感觉记忆和长时记忆中获取的信息被带到一起同时处理。短时记忆中的信息经适当处理，一部分会转移到长时记忆系统，另一部分则会被遗忘。

（2）短时记忆的容量有限。短时记忆的容量也称为记忆广度，指信息短暂出现后被测试人员所能呈现的最大量。1956年，美国心理学家乔治·米勒（George Miller）[1]提出，短时记忆的容量大体上平均为7个信息块，范围为7±2。如果我们处理的信息量超过短时记忆所能处理的程度，就会出现信息超负荷（information overload）现象。短时记忆中的信息保持时间短又易受干扰，如有新的信息插入，即阻止了复述，原有信息就会很快消失，而且不再恢复。由此可见，未经复述的、超出容量的和受到干扰的信息容易被遗忘。

（3）短时记忆的信息可以以若干不同的形式来呈现。以橘子为例，我们用"橘子"这个词汇来代表它，就是一种话语加工模式，而如果我们以看到和品尝橘子的视觉、味觉来代表橘子，这就是意象加工（imagery processing）。在广告中，增加信息，有助于提高消费者的意象加工，因为更多的信息能帮助消费者生成更生动的形象。但营销者也要注意一点，就是消费者可能会根据企业提供的营销信息形成某种具体的意象，但当消费者实际接触产品的时候，发现实际情况不像想象的那样（如一些旅游项目），就会不满意。

（二）短时记忆对营销的启示

短时记忆尽管时间很短，但对企业也很重要，因为短时记忆中的信息经适当处理，一部分会转移到长时记忆系统，由此，企业需要提升消费者的短时记忆。可以考虑以下一些措施。

（1）把需要消费者记忆的信息控制在短时记忆的容量内。米勒认为总体上说，记忆的容量是7±2。进一步测试发现，总体上来说人们的颜色记忆容量是7.10，字母是6.35，几何图形是5.50，无意义音节是3.40。这表示如果是一个短时记忆的场景，企业要让消费者记住营销信息，必须在记忆容量范围内。比如高速公路旁的广告牌上的电话号码，使用没有规律的手机号，很显然是超过了消费者在高速行驶过来的情境中的短时记忆容量。

---

[1] Miller, G. A. The Magical Number Seven Plus or Minus Two: Some Limits on Our Capacity for Processing Information. *Psychological Review*, 1994, 101(2):343-352.

（2）把信息组块。所谓信息组块（information chunk），就是把整体信息分为多个子信息集块。例如，我们要记住15821009022这一电话号码时，可以把这一电话号码分为11个信息集块（1-5-8-2-1-0-0-9-0-2-2-）或3个信息集块（158-2100-9022）来记住。很显然，记住没有任何关系的数值构成的11个信息集块比记住3个信息集块要难。我们在生活中口头报一个手机号时经常以3个或4个数字为单位来停顿，就是基于这个原理。营销信息要让消费者短时记忆，也可以采取这一措施。

（3）重复。重复可以提升消费者的短时记忆，甚至把短时记忆变成消费者的长时记忆。

经典和前沿研究 5-1

谷歌效应对记忆的影响

一项实验中，实验对象被要求分别回答简单/困难两种问题（答案均为是/否），每次回答后进行斯楚普测试（通过颜色识别抑制习惯性行为），来测试人们在看到与电脑无关的词汇（如耐克、塔吉特）和与电脑有关的词汇（如谷歌、雅虎）时的反应时长。在简单问题模式下，人们对不同词汇的颜色反应时长差别不显著，但问及有难度的问题时，对电脑相关词汇的颜色反应时间更长，差别显著。这说明在面对有难度的问题时，人们脑海中对电脑相关词汇的字意记忆更深刻、更敏感。

另一项实验是将实验对象分成两组，让其分别通读40个琐碎的结论，之后再将看的信息录入电脑以加深记忆。一半的人被告知他们录入的信息会被保存，一半被告知这些信息将被删除；另外这两组中分别有一半人被明确要求要记忆这些信息。最后，实验对象被要求写出尽可能多的结论。结果显示，相比那些认为电脑会成为他们记忆工具的人（即录入的信息会被保存的一组），知道信息会被删除的实验对象回忆度最高。

还有一项实验是将实验对象分为3组，同样读写结论素材，一组被告知输入的信息被保存，一组被告知输入的信息被保存至"X文件夹"，一组被告知输入的信息被删除。之后对实验对象进行认知实验，让他们再看一遍30个结论（其中15个做了轻微改动），并回答这是不是他们此前看的信息，这些信息是否被保存或删除，保存在了什么文件夹。结果证明，相比被认为已保存的信息，那些被实验对象认定已经删除的信息，记忆度最高。

这个著名的研究得出的结论被称为"谷歌效应"。它表明，遇到难题时，人们会优先找媒介外脑帮忙，这已成本能；确认信息可以通过电子工具交互记忆获取后，人们倾向于不记忆，因此记忆效果显著下降。这可以解释为什么电子设备会伤害我们的记忆了吧？

资料来源：Sparrow, B., Liu, J. and Wegner, D. M. Google Effects on Memory: Cognitive Consequences of Having Information at Our Fingertips. *Science*. 2011, 333(6043):776-778.

三、长时记忆

长时记忆是指流入的信息保存 1 分钟以上，直至数年乃至终生的记忆。人们日常生活中随时表现出的动作、技能、语言、文字、态度、观念、知识等，都可能属于长时记忆的范畴。长时记忆系统被认为是语义和视听信息的永久储存所。各种事件、物体、处理规则、事物的属性、感觉方式、背景资料等，均可储存于长时记忆中。与短时记忆相比，长时记忆的容量是很大的，甚至被认为是无限的。但是实际上，在长时记忆信息中，一部分信息必要时才被提取。长时记忆到底能储存多少信息并不重要，重要的是人们在做出决策时到底能提取多少长时记忆内容。

长时记忆有两种类型，分别是自传体记忆和语义记忆。自传体记忆（autobiographical memory）是关于自身过去的知识、体验以及与之相关的情绪和感受的记忆。[1]这种记忆由于涉及自己的亲身体验，因此会伴随很多具体情节或细节。比如某次旅游的记忆，参加的生日宴会、婚礼、音乐会等的记忆，都属于这种类型。这种类型的长时记忆会有视觉形象，也可能包括声音、口味、嗅觉等具体的成分，非常丰富和生动。由于每个个体都有自己的独特经历，因此自传体记忆往往是有差异化和具有个人化特征的一种记忆。语义记忆（semantic memory）则不涉及具体的个人体验，是与具体情境相分离的，更多的是和一些抽象的概念相联系，比较稳定。比如提到猫这种动物，人们就会想到它是一种有毛、四条腿等特征的动物。

第二节　记忆的过程

记忆是一个复杂的心理过程，包括复述（rehearsal）、编码（encoding）、储存（storage）和提取（retrieval）四个环节。

一、复述

复述是指个体在内心对进入短时记忆的信息或刺激予以默诵或做进一步加工的努力。复述具有两大功能：一是保持短时记忆中的信息被激活，二是将短时记忆中的信息转移到长时记忆中。复述最初是指在短时记忆中对信息做机械重复，在记忆实验中通常是指语言重复。也就是说，个体被认为默默地背诵这些正在处理的信息。

从系列位置效果（serial position effect）理论来看，复述影响信息的保持程度。系列位置效果理论认为特定信息项目的保持程度取决于此信息项目所处的刺激目录的位置。在所提示的刺激目录中，前几个信息项目的保持程度较高，这种效果叫首因效果（primacy effect）；在所提示的刺激目录中，最后几个信息项目的保持程度也比较高，这种效果叫近因效果（recency effect）。

---

[1] Rubin, D.C. Autobiographical Memory. *American Cancer Society*, Cambridge: Cambridge University Press,1986.

二、编码

虽然复述直接影响短时记忆中的信息是否进入长时记忆,对记忆具有重要作用,但同样不容忽视的是信息的编码,因为后者在很大程度上决定着转换的时间以及信息在记忆中的存放位置。在复述过程中,消费者可以简单地对刺激物重复默记,以将刺激物与长时记忆中已经存在的信息建立联系。当消费者建立起了这种联系并对信息编码日益娴熟,存储速度就会加快。

编码过程可分为选择性编码过程和精细性编码过程。选择性编码过程也称为缩小性编码过程。例如,将 Every Good Boy Does Good 编码为"E、G、B、D、G"五个字母,就是选择性编码。编码的精细程度也影响信息的保持。在信息处理过程中,编码的精细程度越高,新的信息与原有信息之间就会形成更多的联结(linkage),从而也就越能提高消费者趋近信息的可能性。所以,引起视觉形象(visual imagery)的图像信息会比语言信息引起更多的记忆效果。图像信息作为信息组织化手段起作用,而信息的组织化又引起信息项目间的精细化,所以记忆效果好。根据这一解释,文字信息与图像相互吻合时,文字信息更具体化和形象化,从而更容易被记住。但是,如果消费者的涉入度高时,消费者就会更多地思考广告所传递的内容,更精细地处理广告产品信息,从而提高记忆效果。

三、储存

储存是指将已经编码的信息留存在记忆中,以备必要时检索之用。信息经过编码加工之后,在头脑中储存,这种储存虽然是有秩序、分层次的,但不能理解为像存放在保险柜里的文件一样一成不变。随着时间的推移和经验的影响,储存在头脑中的信息在质和量上均会发生变化。从质的方面看,储存在记忆中的内容会比原来识记的内容更简略、更概括,一些不太重要的细节会逐渐地消失,而主要内容及显著特征则会被保留下来;同时,原始记忆内容中的某些特点会变得更加生动、突出甚至发生一定的扭曲。

四、提取

提取是指将信息从长时记忆中抽取出来的过程。对于熟悉的事物,提取几乎是自动的和无意识的。例如,当被问及现在市面上都有哪些品牌的手机时,消费者可能会脱口而出,说出诸如"华为""苹果""小米"等。但对于有些事物或情境,如去年 8 月 13 日晚饭你在哪里吃的、吃的什么等问题,恐怕很难有消费者能够立刻回忆起来,往往需要经过复杂的搜寻过程,甚至借助于各种外部线索和辅助工具,才能完成回忆任务,甚至经过再多的努力也无法完成这一回忆任务。

提取和编码、储存等环节是相互作用、相互影响的。有时,记忆中的信息提取不出来,可能与编码有关。影响信息提取的因素有以下五个方面。

(1)提取的线索。如果消费者提取信息的线索直接与获得信息的情景有关,那么消费者一般来说就容易提取出信息,特别是消费者获得信息时的心情与提取信息时的心情类似时,就更容易提取出信息，这种提取信息的效果叫心情一致效果（mood-congruence effect）。[1]

（2）刺激的熟悉程度。在一般情况下，消费者对某一刺激越熟悉，就越容易回忆起该刺激。企业为使消费者熟悉自己的品牌，反复做广告，就是为了使消费者熟悉其品牌，从而容易从记忆中提取。但消费者并不一定提取所有熟悉的信息，而只是处理其中的部分信息。

（3）刺激的突出性（salience）。刺激越突出，就越会引起消费者的注意，所以刺激的突出性会影响信息的提取。当某一刺激比周围其他的刺激显得更加突出（如刺激具有突出的颜色或呈现动感等）的时候，不仅更容易被记住，也更容易被提取。

（4）刺激的代表性。从一些研究结果来看，消费者最喜欢的品牌，或者最能代表相关产品范畴的品牌，在长时记忆中最容易被提取。消费者具有把在产品范畴中最先进入市场的品牌视为代表性品牌的倾向。

（5）消费者特征也影响记忆内容的提取。消费者的特征主要体现在以下两个方面：首先是消费者的情绪。一般情况下持有积极情绪的消费者更容易回忆肯定的产品或服务信息，持有消极情绪的消费者更容易回忆否定的产品或服务信息。因为肯定的情绪有助于消费者更多地回忆肯定的信息，所以企业应该努力引发消费者肯定和积极的情绪。例如，利用音乐、幽默、良好的服务态度等营销方式来引发消费者的积极情绪。其次是消费者的专业性。具有专业知识的消费者会比缺乏专业知识的消费者更能广泛地形成关于产品的联想，因此在提取信息时，他们能更为广泛而迅速地回忆起产品品牌、产品属性和产品利益的更多内容。

提取可以分为两种类型，分别是外显记忆（explicit memory）提取和内隐记忆（implicit memory）提取。

（1）外显记忆提取。外显记忆是一种有意识的、需要努力才能使信息恢复的记忆，也就是说，通过外显记忆提取信息的时候，人们会有意识地尝试去记住曾经发生的某些事情。比如，当你回忆你去年生日时收到了哪些礼物时，就是通过外显记忆来追溯和提取信息的。外显记忆又包括再认（recognition）和回忆（recall）两种类型。再认是指经历过的事物再度出现时能够被确认，即我们能认出我们之前所看到过的东西，比如品牌名称或者广告等。品牌再认对店铺内购买的决策很重要，因为它有助于消费者认出自己熟悉或想要的品牌。回忆是指经历过的事物不再出现时仍能在头脑中重现，其涉及记忆中更广泛的联结的激活，反映了消费者从记忆中提取信息的能力，一般来说，能被回忆的信息就能被再认，而能被再认的信息则不一定能被回忆。其中，回忆中的自由回忆是指消费者在没有任何帮助的情况下从记忆中提取信息。

（2）内隐记忆提取。内隐记忆是指人们在没有任何意识的情况下想起一些事情。根据内隐记忆的原理，很多研究发现，环境中的一些线索可能会对消费者的偏好和选择产生影响。比如让消费者使用绿色或橘色的笔写下自己喜欢的一本书，之后给消费者一些产品进行选择，这些产品中有一部分是绿色包装的，也有的是橘色包装的，结果发现使用绿色笔的消费者更有可能选择绿色包装的

---

[1] Cameron, C. M. *Mood Congruence and Incongruence: Effects of Mood Manipulation and Personality*. PhD Dissertation, University of Cambridge, 1997.

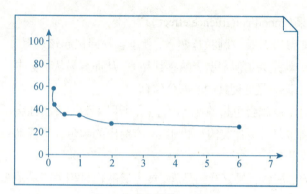

图 5-2 艾宾浩斯遗忘曲线

产品，而使用橘色笔的消费者更有可能选择橘色包装的产品。

提取的失败就是遗忘（forgetting）。赫尔曼·艾宾浩斯（Hermann Ebbinghaus）是德国著名的心理学家。他在 1885 年发表了记忆研究实验报告[1]后，记忆遗忘规律就成了心理学中被研究最多的领域之一。而艾宾浩斯则是发现记忆遗忘规律的第一人，他的实验得出了记忆遗忘的时间规律。艾宾浩斯的研究结果表明，遗忘在学习之后立即开始，遗忘的过程最初进展得很快，以后逐渐缓慢。艾宾浩斯还描绘出非常有名的揭示遗忘规律的曲线，如图 5-2 所示。

关于遗忘的原因，有以下几种解释。

（1）干扰抑制说。持这一观点的学者认为遗忘是因为其他刺激的干扰使记忆痕迹产生抑制的结果。一旦干扰被排除，抑制也就可以被解除，记忆也就得以恢复了。遗忘中的抑制有两种，即前摄抑制与倒摄抑制。先学习材料对识记和回忆后学习的材料的干扰作用被称为前摄抑制；而后学习材料对保持和回忆先学习的材料的干扰作用被称为倒摄抑制。1990 年穆勒（Muller）和皮尔泽克（Pilzecker）在研究中发现了倒摄抑制。他们研究发现，被试者在被要求记忆无意义音节后，休息6 分钟，则可以回忆起 50% 的音节，但如果在休息的过程中从事其他活动，则只能回忆起 26% 的音节[2]。

干扰抑制说在广告研究中也多次被学者们发现。比如伯克（Burke）和斯鲁尔（Srull）[3]在 1988年发现，竞争对手的广告，以及同一家公司的其他产品的广告同时在消费者面前展示，会对消费者对实验品牌广告信息的记忆产生抑制作用。而且他们发现，竞争对手产品的信息与实验中品牌的信息越接近，干扰抑制作用越强。

（2）痕迹衰退说。该理论认为遗忘是由于记忆痕迹得不到强化而逐渐减弱，以致最后消失了。持这一观点的学者认为，学习时的神经活动会在大脑中留下各种痕迹。如果学习后一直保持练习，已有的记忆痕迹将得到强化；而如果学习后长期不再练习，这些记忆痕迹将随着时间的流逝而衰退。痕迹衰退说强调的是生理机制对记忆的影响。

（3）压抑说。此理论可以解释动机性遗忘。弗洛伊德认为，人为避免某种感受（如痛苦感受）在记忆中再现，而将意识中的这些经验刻意压抑到潜意识中，无法在意识中提取。这提示我们，广告不宜使消费者产生痛苦的感受。

---

[1] Ebbinghaus, H. *Memory: A Contribution to Experimental Psychology*. New York: Dover. 1985.
[2] 叶奕乾、祝蓓里、谭和平主编：《心理学》（第 6 版），华东师范大学出版社 2016 年版。
[3] Burke, R. and Srull T. Competitive Interference and Consumer Memory for Advertising, *Journal of Consumer Research*, 1988,15(7):55-68.

（4）提取失败说。该理论认为储存在长时记忆中的信息是永远不会丢失的，我们之所以对一些事情想不起来，是因为在提取有关信息的时候没有找到适当的提取线索。

解释遗忘的原因众说纷纭，每种理论都能够说明遗忘的部分原因，在学习和应用中不能以一概全。在广告中，消费者对信息的遗忘主要是用干扰抑制说与痕迹消退说来解释。

人们不仅会遗忘信息，还有保留不正确回忆的倾向，这会导致记忆偏差。一般来说，记忆偏差包括遗漏、平均化（使回忆趋向标准化，而不报告极端情况），以及压缩（对时间的错误回忆等）[1]。

经典和前沿研究 5-2

消费者的故意无知记忆

关于记忆偏差，有一种心理现象叫"不道德健忘症"（unethical amnesia），是指随着时间的推移，人们对于不道德行为的记忆会比其他记忆模糊得多的现象。

有一个关于不道德健忘症的研究是这样的：参与者们被安排玩一系列抛硬币赢钱的游戏，并被要求自觉地保持诚实，但其实他们有机会说谎，且说谎可以使他们赢更多的钱。两周之后，实验人员请所有参与者回忆当天的游戏和晚饭。结果发现，大家对晚饭的记忆程度都是差不多的，但对于那些在游戏当中说过谎的人，对游戏的记忆却不太清晰了，并且说谎次数越多，对游戏的记忆就越模糊。可见，对于不道德的行为，人们的记忆力会变差，而对于道德无关的其他行为的记忆则不受影响。

还有研究发现，消费者不太记得住产品在道德属性上的瑕疵。研究中，产品的道德属性包括原材料（是否砍伐了珍贵林木、伤害了珍稀动物）以及生产过程（是否雇佣童工、是否污染环境等），而产品的非道德属性包括颜色、样式、价格等。在这项实验中，首先要求被试阅读6张不同品牌桌子的信息，这些桌子在3个属性上有差异，分别是原材料、质量和价格。其中，原材料是桌子的道德属性，实验中一组是来自濒危的雨林，另一组则是来自可持续生产木材的林场。研究人员给被试们一定的时间去记住并默写其中两张桌子的描述。20分钟后，被试们被要求第二次默写刚刚记忆的内容，这样参与者总共默写了两次，第一次是记忆的过程，第二次则是回忆的过程。

结果显示，在记忆过程中，被试对非道德属性的信息（质量和价格）记忆准确度并无差异；但对于木材来源这一道德属性，被试的记忆力显著不同——对可持续林场的记忆错误率为2%，而对濒危雨林的记忆错误率则高达11%。同样，在回忆的过程中，被试对价格和质量不同的桌子回忆准确率没有差异。而在道德属性上，相比来自可持续林场的桌子（错误率40%），被试正确回忆起来自濒危雨林的桌子的难度更大（错误率55%）。

---

[1] Singh, S.N. and Churchill, G.A. Jr. Response-bias-free Recognition Tests to Measure Advertising Effects. *Journal of Advertising Research*, 1987, 27(3): 23-36.

> 以上结论表明，无论是在被记忆还是被回忆的时候，人们似乎都更可能遗忘不道德的部分。为什么会出现这种现象呢？文章的解释：人的心里同时存在着两种自我，分别是"想要自我"(want self)和"应该自我"(should self)。"想要自我"强调的是当下的享乐，而"应该自我"专注于长远的目标。在"想要自我"和"应该自我"产生冲突时，前者往往能够居于上风。
>
> 在道德方面，"应该自我"起着监督人们做一个有道德的人的作用，而"想要自我"会负责消除当下的消极情绪。当人们由于面临道德决策而陷入负面情绪的时候——比如很想买一个产品，却得知这个产品在生产过程中雇佣了童工——该如何处理"避免负面情绪"的当下愿望和"做一个有道德的人"的长期理想之间的冲突呢？
>
> 面对这种冲突，"想要自我"会通过故意忘记这种方式来缓解两种自我的冲突，消除由道德困境产生的负面情绪，这就是"故意遗忘"现象存在的原因。人们之所以会使用"故意遗忘"策略，是因为大家认为，比起"不小心忘记"，明知故犯是更加恶劣的行为，也就是说，通过遗忘，消费者能保持完好的道德形象，回避良心的不安和冲突。
>
> 资料来源：Walker, R. R., Irwin, J. R. and Zane, D. M., et al. That's not How I Remember It: Willfully Ignorant Memory for Ethical Product Attribute Information. *Journal of Consumer Research*. 2018, 45(1):185–207.

第三节 消费者知识

一、消费者知识的类型

记忆的内容就是知识，有关消费生活的记忆内容就是消费者知识。可以说，消费者知识是消费者对产品或服务所持有的经验或信息的量。消费者知识可以分为程序知识(procedural knowledge)和叙述知识(declarative knowledge)。程序知识是处理这些资料的认知技能，而叙述知识是由事实来构成的资料。两者可以比喻为电脑程序，程序知识可以比喻成我们每天使用的电脑中的程序，而叙述知识可以比喻为利用程序来输入的各种资料。叙述知识又可以分为情境式知识和意义式知识。情境式知识是指有关特定情境和引起情境的条件的知识，也叫情境式记忆，如可以用"在刚刚过去的黄金周您到哪里去旅游了"或"您昨天晚饭吃了什么"等提问方式来了解消费者的情境式知识。意义式知识是抽象的知识，包括有关特定情境式的可知觉的性质或情境式的认知指示物(cognitive referents)。比如，可以用"您对这个黄金周去的旅游地如何看呢"等来了解消费者的意义式知识。

对消费者来说，产品的意义式知识更容易被回忆，这是因为意义式知识与情境式知识相比，是由精细的网络形成，具体来说：第一，产品的意义式知识是由产品的属性和利益构成的。例如，奔驰汽车安装了新的环保型装置，消费者知道了这一信息，那么这本身就是一种情境式知识。消费者能把这一情境式知识和汽车的安全功能、环保功能以及厂家为解决环保问题而做的努力（意义式知识）结合起来。第二，意义式知识是通过深层次的信息处理过程积累起来的。第三，意义式知识包括抽象的知识，所以与推论相关。消费者通过推论可以组织对具体情境的记忆痕迹。

二、消费者知识的特点

消费者知识的特点可以从以下三个维度上体现。

（1）广延性（dimensionality），是指在特定领域的知识中掌握有关属性或概念的数量程度。一般来说，消费者知识的广延性取决于消费者在相关领域里所积累的经验。例如，玩摄像技术较久的消费者可以从各个不同角度考虑和评价一款照相机。

（2）清晰性（articulation），是指从某一侧面（或领域）精细地辨别出各个对象之间的差异程度。例如，对玉石特别熟悉的消费者可以正确评价各种不同产地或类型的玉石之间的差异。

（3）抽象性（abstraction），是指在特定领域知识中掌握有关属性或概念的含义程度。消费者知识中重要的特性就是具体属性和抽象属性。例如，消费者了解玉石的色泽、透明度、翡翠含量等，是消费者知识的具体属性；消费者了解佩戴玉石首饰可以养生、提升气质等，是消费者知识的抽象属性。

三、消费者知识的结构

消费者知识的结构可以从知识的象征性表象和知识的组织化来解释。

（一）知识的象征性表象

知识的象征性表象是认知机制中最重要的特征之一。消费者所进行的认知性的操作并不是通过感觉器官所流入的刺激来进行的，而是根据象征性的符号来进行的。比如消费者到图书馆查图书目录的时候，一般首先是查图书的分类号码。与此类似，基于象征性符号的知识的内部表象是理解消费者信息处理的关键。也就是说，掌握消费者如何解释、储存、提取从外部流入的营销刺激，有利于预测消费者的行为。从认知心理学角度来看，知识的象征性表象的具体内容包括命题性表象（propositional representation）和相似性表象（analogical representation）。

1. 知识的命题性表象

在长时记忆里储存的信息的表象格式（representation format）从概念的角度表现为抽象的特殊命题的方式。命题是对于信息内容之间关系的主张。所有的复合性命题都可以转换为判断真假的本源性命题。本源性命题（primitive proposition）是一个独立的主张，是知识的最小单位。它包括信息内容的主张和主张之间的关系。例如，"家长给儿子买了一个华为手机"，这一复合性命题可以分为几个本源性命题，即"家长买了华为手机""家长给儿子一个手机""市场上有华为手机"等。理解命题性表象，就可以比较容易地解释各种不同形态的信息。

2. 知识的相似性表象

由于感觉方式不同，信息的表象格式也不同。佩维奥（Paivio）提出，表象以及信息处理系统是由与语言性信息或情境式相关的语言系统和与图像信息相关的非语言系统构成的，这种理论叫二重编码理论（dual coding theory）。语言性刺激和非语言性刺激都通过感觉系统，但是感觉方式不同，引起反应的信息处理渠道也不同。语言性刺激通过感觉系统进入语言系统的信息处理过程，非语言性刺激通过感觉系统进入非语言系统的信息处理过程，但是语言系统和非语言系统是相互联结的。[1]

（二）知识的组织化

消费者知识在长时记忆里是如何被组织的呢？虽然有不少知识组织化模型，但在消费者行为研究中被广泛引用的模型则是人的联想（human associative memory，HAM）模型。根据联想模型理论，所有的知识都是由一系列的节点（node）和联结（linkage）构成的，各个事实（节点）是由联结形成联合网络的。

在这里，事实是指消费者能想出来的所有构思、概念、形象、心情以及神经运动，这些事实在知识结构中表现为个别的节点。也就是说，节点包括过去的情境式的知识、情感反应、心情与情绪以及对特定品牌的具体知识和一般形象性的知识等。根据信息的抽象化程度可以形成抽象的信息块即节点。例如，摩托车的材质、设计、性能等是以质量这一更抽象的信息块来形成抽象的信息块即节点的，刹车、加速、驾驶操作等是以抽象化程度低的信息块来形成节点的。联结的网络依据事实的联结向更复杂的知识单位扩散。例如，联结把显示"沃尔沃"这一品牌的节点联结到安全性、舒适感等反映汽车特点的节点。这样，联结两个节点的联结就反映出命题或信念。当然有些消费者相信"沃尔沃是安全的车"，但对沃尔沃的舒适性持怀疑态度。所以，由于事实间的连结强度不同，联结（信念）也不同。

长时记忆中的词句和形象与知识网络中的其他词句和形象相联系。每一个长时记忆中的词句或形象被称为一个节点。例如，一位消费者也许会将"麦当劳"（一个节点）与诸如快捷服务、适合家庭、良好食品、清洁的环境和汉堡包之类的其他节点相联系。这些节点代表了在消费者头脑中建立的有关麦当劳的信念。由这些有关"麦当劳"的信念所组成的信念集合，就构成了一个"纲要"。在营销学术语中，这个纲要实际上就是消费者心目中的"麦当劳"公司或品牌形象。它之所以被称为一个"纲要"，是因为当"麦当劳"这个名词被一则广告、一个店面或一次交谈在记忆中激活后，一系列相关的节点也会被随之扩散激活。

一个企业在消费者长时记忆方面有两个重要目标：第一，它要建立品牌与其他积极信念（节点）之间的联系；第二，一旦联系建立，它就要在适当的时机激活这些联系。积极的信念与各节点之间的联系是通过消费者学习建立起来的。在记忆中建立联系最重要的因素是消费者对产品的体验，但是广告对于长时间保持联系起到了积极的作用。

品牌联想是一个与品牌相关的重要的概念，是消费者的一种重要的联想，是消费者关于品牌知识的组织化，我们可以从多个维度对品牌联想进行描述。

（1）联想的类型。消费者可以有多种类型的联想，比如对苹果的联想可以包括苹果的属性（颜色、形状、口味、营养等）、吃苹果的好处、吃苹果的时机、吃苹果的人、吃苹果的方式等。

（2）喜好度。我们也可以根据喜好度来对联想进行描述，具体体现为喜好的方向、强度。

---

[1] Paivio, A. Intelligence, Dual Coding Theory, and the Brain. *Intelligence*, 2014, 47(11):141-158.

（3）独特性。独特性是指各种联想与其他概念相关的程度，尤其是与消费者对竞争对手的品牌联想之间的区别。

（4）显著性。联想的显著性是指其便于想起的程度。

（5）抽象程度。联想的抽象程度或具体程度也各不相同。

在同一分类范畴中的对象都共享相似的特征，这些特征不同于其他范畴中的对象所共享的特征。作为消费者，在某一范畴中，你可以根据你所认为的范畴成员在多大程度上能代表其所属范畴而对它们进行排序。范畴原型（prototype）被人们认为是最有代表性的范畴成员。

有一些因素会影响消费者是否将某事物看作某范畴的原型：

（1）共享的联想：原型与其所属范畴中的其他成员所共享的联想最多，而与别的范畴中的成员所共享的联想最少。

（2）某对象作为范畴成员被提及的频率。比如，淘宝是典型的互联网零售平台，因为消费者在有网上购买需求时经常会想到它、用到它。

原型是消费者用以对新品牌进行归类的主要参照点。因此，通过将品牌定位成与原型相似或与原型不同，新品牌就能建立自己的形象。当企业的目标是迎合广泛的消费者细分群体时，将品牌定位成与原型相似比较合适。由于原型是对该产品范畴的最好界定，并受人喜爱，如果新品牌的定位与其相似，就能吸引同样的消费者细分群体，因为消费者会对与原型相似的产品有积极的反应。比较式广告可能是令某一品牌看起来与原型品牌相似的一种有用方式。如果某个互联网零售平台的挑战品牌进入市场，并直接将其与淘宝进行对比，那么该挑战品牌就可能会被认为与淘宝这个原型品牌十分相似。

第四节 广告中提高消费者记忆的方法

一、广告记忆效果的测量

广告信息是重要的营销信息，营销者希望广告信息能够被消费者记住，这样在消费者购买决策时，这些信息就可以对消费者产生影响。然而有数据表明，不到40%的电视观众将商业广告与相应的产品进行联系，甚至只有7%的电视观众能够回忆起最近看过的电视商业广告中出现的产品或公司名称。[1][2]网络营销中的广告信息也同样面临需要提高消费者广告记忆效果的问题。外显记忆包括再认和回忆两种类型，在实践中，对广告记忆效果的测量，也一般用这两种方法。在一个典型的再认的测试中，让被测试者一次看一则广告，然后询问他们以前是否看过该广告。而在典

---

[1] Schlosser, A. E. Learning Through Virtual Product Experience: The Role of Imagery on True Versus false memories. *Journal of Consumer Research*, 2006, 33(3):377−383.

[2] ［美］迈克尔·所罗门著，杨晓燕等译：《消费者行为学》（第12版），中国人民大学出版社2018年版。

型的回忆测试中,是在没有任何提示信息的情况下,请被测试者回答他们能想起来的品牌或产品。由于再认的过程更为简单,并且对消费者来说,更容易获取回忆线索,因此再认测试的分值一般高于回忆测试的分值。

二、广告提高消费者记忆的方法

记忆原理在广告中的运用是多方面的,无论是在媒体形式、发布时间与地点,还是在广告文案、图画设计等方面,都有一个增强记忆的问题。那么如何增强对广告的记忆,尤其是长时记忆呢?可以从以下几个方面加以考虑。

(一)从广告本身视角考虑

1. 广告的内容要形象、有意义

遗忘规律表明,如果用有意义的材料作为识记对象,记忆的百分比相对无意义材料要高得多。因此,广告中各种信息元素都要力求形象生动、有意义、易于理解,具体可以采用一些比喻、象征、制造情节、故事等方法。

2. 广告内容要简洁、组织化

心理学研究表明,学习材料越多,遗忘的速度越快。比如,研究发现识记 5 个材料的记忆率为 100%,10 个材料的记忆率为 70%,100 个材料的记忆率为 25%。并且,短时记忆的容量十分有限,只有 7±2 个组块单位。

因此,广告中所传递的信息只有简短、易懂才能便于记忆。所以,在广告创作中应注意以下几个问题:第一,广告内容应简洁,广告信息不可过多;第二,广告信息要组织化。组块也是一种很好的模式。比如首字母缩写也是一种组块模式,KFC 与 H&M 等品牌名称就是组块在营销情境中的应用。

3. 广告形式应新颖独特

根据是否有预定的目的和任务,可以把记忆分为有意记忆和无意记忆两种。有意记忆是指人们有目的、有意识地记住有关信息。无意记忆是指人们并没有明确的记忆任务,自然而然地就记住了所经历的信息。人们对广告信息的记忆在大多数情况下是一种无意记忆的结果,除非消费者为了某种需要,自觉主动地搜集广告信息,并努力记住这些信息的内容。新颖独特的广告信息会增强无意记忆的效果,并且不容易受其他信息的干扰,提取也比较方便,容易回忆起来。

莱斯托夫效应(Restoff effect)从一个侧面反映了广告的独特性、新颖性对记忆和遗忘的影响。所谓莱斯托夫效应,是指在一系列类似或具有同质性的学习项目中,最具有独特性的项目最易被记住。这一效应在 1933 年就被德国精神病学家、儿科医生莱斯托夫所证实,他在研究中发现,对被测试者提供一系列相似的记忆测试项,只有当某一项显得特别、与众不同的时候,才会更容易被记住。[1]对于广告主来说,要使广告内容被消费者记住并长期保留,广告主题、情境、图像等应当具有

---

[1] Von Restorff, H. Über die Wirkung von Bereichsbildungen im Spurenfeld (On the Effect of Spheres Formations in the Trace Field). *Psychologische Forschung*, 1933, 18: 299-342.

独特性或显著性，否则，广告内容可能很快被遗忘。广告中经常运用对比、新颖性、新奇性、色彩变化等表现手法，目的就是为了突出宣传材料的显著性。因此，采用创意新颖独特的广告形式是提高广告记忆的一个有力手段。

4. 善用语言特点加强消费者记忆

在短时记忆中，对语言文字材料主要是以听觉形式来进行编码的，在长时记忆中主要是以语义的形式来进行编码的。在广告创作中，为了使广告信息更容易为消费者记住，可以考虑采用下列手段：(1) 利用谐音规律；(2) 利用语言材料的结构特点；(3) 利用语言的节奏、韵律；(4) 利用特殊的标志符号。

5. 运用多种感觉器官同时起作用来增强消费者的记忆效果

研究表明，每种感觉器官的分析器都有专门的神经通道，多种分析器协同活动，可以使同一内容在大脑皮层上建立多种通道的联系，从而大大提高识记效果。为了帮助消费者更好地记住广告内容，应尽量考虑广告载体是否能更好地调动消费者的多种感觉通道，多种感官同时作用，可以加深印象。这也是为什么当今电子媒体比印刷媒体更受广告主和广告商青睐的根本原因。再如，现场展示会、博览会不但可让消费者看，还可以说给消费者听，同时消费者可以触摸，如果是食品，可以现场品尝，因此，这种展示会能给消费者留下深刻的记忆痕迹，起到很好的宣传效果。

研究还表明，当图片、品牌、标题与商品信息同时出现时，能有效增强记忆的抽取，加入了声音效果后，可增加消费者的想象，引起有利的态度并增进对广告及品牌的辨识与回忆。还有研究者针对品牌记忆，将信息呈现方式大致分为视觉与听觉两种，并对以中文与英文为母语的消费者进行文化差异对于品牌记忆影响的研究[1][2]。研究发现，中文为母语者以视觉记忆为主，英文为母语者以听觉记忆为主。故建议中文品牌较适合使用视觉品牌策略，而英文品牌则适合听觉品牌策略。嗅觉对广告的记忆效果也有重要的影响，研究发现高唤起水平的声音和气味的一致能提高产品记忆[3]，空间中的气味能够提升对熟悉和不熟悉品牌的回忆和再认水平[4]。

6. 合理地重复广告

现代认知心理学关于记忆系统的研究表明，外界信息要进入人的长时记忆，最重要的条件就是重复。所以，要提高人们对广告信息的记忆效果，最重要的手段就是将广告信息不断地重复。

重复能通过增加记忆中信息的可达性或加强概念间的联想来促进学习和记忆。很显然，接触某种信息或从事某种行为的次数越多，人们学会和记住它的可能性越大。重复的效果与信息的重要性和所给予的强化直接相关。换句话说，如果所学的内容很重要或者有大量强化相伴随，重复就

---

[1] Tavassoli, N. and Han, J. K. Auditory and Visual Brand Identifiers in Chinese and English. *Journal of International Marketing*, 2002, 10(2): 13−28.

[2] Schmitt, B. H., Pan, Y. and Tavassoli, N. T. Language and Consumer Memory: The Impact of Linguistic Differences Between Chinese and English. *Journal of Consumer Research*, 1994, 21(3):419−431.

[3] Rit, M. P., Croijmans, I. and Speed, L. J. High-tempo and Stinky: High Arousal Sound–odor Congruence Affects Product Memory. *Multisensory Research*, 2019, 32(4−5):1−20.

[4] Ratneshwar, M. M. Does it Make Sense to Use Scents to Enhance Brand Memory? *Journal of Marketing Research*, 2003, 40(1):10−25.

可以少些。由于许多广告内容在当前对消费者并不是很重要，也不能提供直接的激励与强化，重复就成为许多产品促销的关键，如经典条件反射必须依赖重复。图 5-3 是基于对 16 500 名被访者的研究得出的结果，显示在 48 周时间内，不同程度的广告重复对于初始认知率（高认知率品牌的认知率约为 65%，低认知率品牌的认知率约为 25%）不同的品牌的影响。有三个方面特别引人注目：第一，最初的接触或展露影响力最大；第二，高频率的重复（1 周 1 次）比低频率的重复（每 2 周或每 4 周 1 次）的效果好，而且时间越长，优势越大；第三，相对来说，认知率低的品牌从广告重复中获利更大，即知名度提高幅度更大。

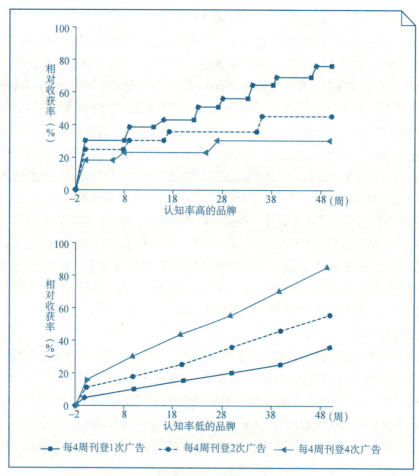

图 5-3　重复对高认知率和低认知率品牌的影响

资料来源：[美]戴维·L.马瑟斯博、德尔·L.霍金斯等著，陈荣、许销冰译，《消费者行为学》（第 13 版），机械工业出版社 2018 年版，第 226 页。

除了重复的次数之外，重复的时机也会影响消费者的记忆。图 5-4 显示了重复的时机与消费者对产品回忆之间的关系。图中的横轴代表时间，是以周为单位，纵轴表示的是回忆的百分比。曲线 A 表示消费者在 15 周的时间里每周都有一次接触某则广告而形成的广告信息的回忆率。而曲线 B 也是同样有 13 次接触该广告的机会，但不是每周 1 次，而是每 4 周 1 次。从图 5-4 中可以看出，A 曲线消费者的回忆率一开始增长很快，但在第 15 周达到顶峰后，由于不再接触该广告信息，所以对该广告信息的遗忘发生得很快，到年末，其广告信息的回忆率几乎为零。但是第二组消费者的回忆曲线呈现"之"字形，在两次观看广告的时间里有所下降，但从全年来看是呈现上升趋势的。

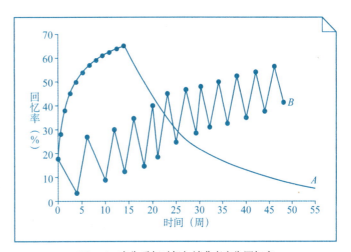

图 5-4　广告重复时机与消费者广告回忆率

资料来源：[美] 戴维·L. 马瑟斯博、德尔·I. 霍金斯等著，陈荣、许销冰译，《消费者行为学》（第 13 版），机械工业出版社 2018 年版，第 227 页。

然而，营销者应该注意重复的度。太多的重复会导致消费者拒绝接收该信息，对其做出负面评价或者对其熟视无睹，这种效应称为广告疲劳（advertising wearout）。如图 5-5 所示，广告的重复有正向影响，但也伴随着一定的负面影响，其净效果在某一点上就会接近 0，之后可能就是负面的。要避免这种情况出现，企业可以实施的策略就是在维持共同的广告主题的基础上，在广告的表现形式等方面做一定的变化。

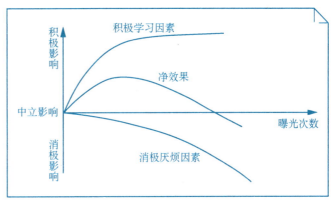

图 5-5　广告重复的双重效应

7. 了解并利用广告的编排位置的影响规律

心理学研究表明，学习材料安置顺序在很大程度上影响着人们的记忆。材料的开头和结尾更易被记住，而中间部分更难被记住。最先呈现的材料较易记忆，称为首因效应；最后呈现的材料易记忆，称为近因效应。这可以用前摄抑制与倒摄抑制来解释。开头部分和结尾部分分别只受倒摄抑制和前摄抑制的单一作用，而中间部分要受前摄抑制与后摄抑制的双重作用，遗忘的可能性加大。

因此，广告中应把最重要的信息放在开头和结尾。如果一则广告能够首尾呼应地突出同一重点信息，则更容易使消费者记住有效的信息。

广告的编排位置还包括把广告安放在什么媒体的什么时间或空间，如果两则类似的广告前后在消费者面前展露的时间间隔很近，则相互的干扰最大。学习材料越相似，越容易产生抑制作用；

如果材料完全不同,则抑制效果最小。因此,内容相似的广告应尽量避免时间与空间位置的接近,并且广告应避免雷同与模仿,以免消费者误解,造成记忆混乱。

在同一时段或相近的版面上刊播同一类产品的广告,也不利于记忆。另外还要考虑广告安排的空间和时间,尤其是在大众传媒上登载的广告,安置在什么栏目(节目)前或后,都会影响消费者的记忆。假如广告被安置在一个易引起消费者产生恐怖情绪的栏目(节目)后播出,则会由于消费者被激起的情绪而影响对广告的看法和记忆的效果。

营销小故事 5-1

广告媒介与记忆效果

凯度发布的《2021 年中国城市居民广告关注度研究》,从多个指标来体现不同广告媒介的效果,其中包括消费者的记忆。调研来自四个一线城市和十个二线城市,调研包括七种媒介广告类型:电视广告、传统广告、交通类广告、互联网广告、电梯广告、传统户外广告和电影院广告。涉及的指标及结果如下:

(1)广告日到达率(指一天中接触到该媒体广告的受众占总体受众的比例)。就该指标来看,互联网广告(95%)、电梯广告(79%)和电视广告(51%)位居前三。

(2)广告接触时长。消费者日均广告接触总时长为 25 分钟,而这三者合计占了将近 80% 的"眼球份额"。调查发现,当处在封闭环境中时,消费者对广告的关注度远超处在其他环境中的媒介。由此,电影院广告(64%)和电梯广告(45%)的关注度因封闭环境的"先天优势"远超过其他媒体。

(3)受手机干扰的大小。现在人们越来越离不开手机,手机也由此成为干扰其他媒介影响力的因素。因此,受手机干扰度越小的媒体广告受关注程度就越高。调查显示"电梯海报广告"和"电梯电视/智能屏广告"受手机干扰较低,而电影院广告则受干扰最低,只有 21% 的消费者在观看电影时会用手机做其他事情。

(4)广告记忆效果。电梯媒体、社交媒体以及短视频媒体上的广告在让消费者记住品牌名字方面有优势,其中电梯广告以 3.29 的人均广告记忆数取得头筹。

资料来源:https://baijiahao.baidu.com/s?id=1700713969701542235&wfr=spider&for=pc。

(二)从消费者方面考虑

1. 增进消费者的情绪记忆

美国学者斯鲁尔等[1]通过将被试者置于过去的某些经历中,激起了三种情绪状态,即积极的情绪、消极的情绪和中性的情绪。然后,向被试者呈现一则关于马自达跑车的印刷广告,并要求被试

---

[1] Srull, T. K. and Wyer, R. S. Jr., eds. *Content and Process Specificity in the Effects of Prior Experiences*. New Jersey: Erlbaum, 1990, 61–88.

者在阅读该广告时形成对该跑车的整体印象。48小时后，这些被试者被要求根据回忆对这款跑车做出评价。结果发现，阅读广告时处于积极情绪状态的被试者对该跑车的评价最高，其次是处于中性情绪状态的被试者，而处于消极情绪状态的被试者对该跑车的评价最低。由此说明，消费者收看广告时的情绪状态对广告的评价有直接影响。戈德伯格（Goldberg）和戈恩（Gorn）所做的一项实验中[1]，一些被试者看喜剧类电视片，另一些被试者看悲剧类电视片，两个电视片中均插播同一内容的广告。结果发现，看喜剧片的被试者较看悲剧片的被试者能更多地回忆起广告的内容。这一结果的一种可能解释是，积极的情绪状态会使消费者从记忆中提取出更为广泛和更加完整的知识。消费者情绪越好，越有助于记忆。心情愉快之时习得的材料，保持时间更长，而焦虑、沮丧、紧张时所学习的内容则更容易遗忘。

因此，在媒体，尤其是电视节目中间插播广告时应注意广告前后节目的性质，有意识地增加广告情境的感染力。此外，广告本身的感染力也有助于增进消费者的情绪记忆。广告心理学研究发现，有时使用否定的感染力比使用肯定的感染力效果更佳，消费者往往会记住"如果不使用某某产品就会产生不利后果"的那些宣传广告。

其实关于积极情绪与记忆的关系，不仅体现在对某对象的长时记忆中，还体现在积极情绪对人的记忆力的整体长期影响上。通过对中老年人为期九年的纵向数据的分析发现，记忆力会随着年龄的增长而下降；随着年龄的增长，积极情绪的影响增强；相比积极情绪程度较高的人，积极情绪较低的个体记忆力下降更快。[2]

2. 关注消费者的专业性

消费者如果在某方面有较强的专业知识，则会更有助于其在记忆中形成更加复杂和具体的概念框架，因此消费者的专业知识水平会影响其记忆的网络联结，而复杂的网络联结可以提高记忆效果。这能够解释为什么消费专家比新手能记住更多的品牌信息和产品信息。由此企业在提升消费者长时记忆时应关注消费者的专业知识水平。

3. 消费者的涉入度

消费者对产品的涉入程度是影响广告记忆效果的重要变量。蔡奇科夫斯基等对于产品涉入度的定义是，由于个人固有的需求、价值观及兴趣不同，而对某项事物所感觉到的相关程度，它取决于消费者的个人因素、产品因素及情境因素等[3]。消费者的涉入度越高，越有可能对广告信息进行精细加工，因此越有助于消费者对广告的记忆。

4. 消费者的场景状态

有一种回忆被称为状态依存性提取（state-dependent retrieval），它是指回忆时的状态与获得信息时的状态相同，更有助于消费者回忆出广告信息。因此，如果看到广告时，消费者的情绪、唤起

---

[1] Goldberg, M. E. and Gorn, G. J. Happy and Sad TV Programs: How They Affect Reactions to Commercials. *Journal of Consumer Research*, 1987, 14(3):387−403.

[2] Hittner, E. F., Stephens, J. E. and Turiano, N. A., et al. Positive Affect is Associated with Less Memory Decline: Evidence from a 9-year Longitudinal Study. *Psychological Science*, 2020, 31(11): 1386−1395.

[3] Zaichkowsky, J. L. Conceptualizing Involvement. *Journal of Advertising*, 1986, 15(2):4−34.

水平或其他场景状态与购物环境相似，则其更有可能回忆起广告。[1]

(三) 从竞争对手方面考虑

随着相同类别产品竞争广告数量的增多，广告之间的相似性也在增加，竞争性广告的干扰也会增加。

(1) 要避免竞争性广告，该策略是指避免使你的广告与竞争者的广告在同一个系列中出现。[2] 有些公司会支付一定的溢价来确保这种排他性。

(2) 要减少与竞争广告的相似性。研究发现降低与竞争对手广告的相似性，提升广告的独特性不论是在高的竞争环境下还是低的竞争环境下都能够提高消费者对广告的记忆水平。[3] 相似性可以体现在广告主张方面、情感正负方面以及诸如背景音乐或图片等制作方面。

(四) 从信息传播媒介方面考虑

营销者通常会思考某种信息传播平台或方式是否比其他方式更能提高消费者的记忆，比如更为具体的问题是，在现有的数字营销背景下，企业在互联网平台或社区上投入的广告是否以及如何比传统的电视广告等能更好地提升消费者对产品或品牌的再认或回忆。一些研究表明，消费者往往会记不住甚至忽略互联网广告；也有一些研究结果表明，互联网广告确实比传统的媒体广告更能有效地促进消费者对品牌的记忆；还有研究认为互联网的广告与传统媒体如电视广告的记忆效果可以互相促进。目前还没有一致的结论，这是一个重要的实践问题，也是研究者需要进一步探索的问题。

第五节 怀旧营销

怀旧是一种情感，是一种以过去为导向的积极情感。[4]怀旧营销是指基于消费者对过去有代表性的经历、情感的记忆而实施的一些营销策略，是一种情感营销。

消费者的怀旧可以分为集体怀旧(collective nostalgia)和个体怀旧(personal nostalgia)。集体怀旧是一种对过去的事件和经历的群体性的情感，比如一个组织、一代人、一个群体对曾经一起分享、构建和传承的事物的共同回忆。这种集体怀旧需要一些载体或道具，比如纪念馆、纪念碑。更

---

[1] Blair, M. H., Kuse, A. R. and Furse, D. H., et al. Advertising in a New Competitive Environment: Persuading Customers to Buy. *Business Horizons*, 1987, 30(6):20-26.
[2] Burke, R. R. and Srull, T. K. Competitive Interference and Consumer Memory for Advertising. *Journal of Consumer Research*, 1988, 15(1):55-68.
[3] Takeuchi, R. Advertising Distinctiveness and Consumer Memory in Competitive Ad Environments. *Asia Marketing Journal*, 2015, 17(2):1-13.
[4] Hepper, E. G., Ritchie, T. D. and Sedikides, C., et al. Odyssey's End: Lay Conceptions of Nostalgia Reflect its Original Homeric Meaning. *Emotion*, 2012, 12(1):102-119.

为广泛的集体怀旧是社会性怀旧,包括一代人曾经参与的流行风潮、参与过的劳动、居住过的地方等。集体怀旧是岁月中流淌的情感,是大家过去心思的凝聚,会提升人们对集体的支持度。[1]

与集体怀旧相对应的是个体怀旧,是指个人的独特记忆。目前,市场被不断细分,个性化定制成为消费的新宠,这样可以产生"专属回忆"。比如美国有家公司,可以把消费者想保存的东西存放在能抵抗地震和灾害的保险柜中。除了保存回忆,也可以帮助顾客创造回忆,比如搜集在顾客生日或重要纪念日当天发行的报刊,顾客出生时所在地样貌的照片、视频,帮助记录婴儿的第一声啼哭,记录浪漫的约会和婚礼等。

由于人们在回忆往事时,会戴着"玫瑰色的眼镜"(rose-tinted glasses),倾向于去记住那些美好的经历,从而产生一种"怀旧偏好",因此怀旧情感能对消费者产生很多方面的积极意义,比如能提升消费者自尊[2]、增加消费者社会连结感[3]、提升生活的意义感[4]、提升趋近动机等[5],并能使消费者放弃眼前的小利益,耐心等待未来的更大利益。由于怀旧有这么多的积极意义,同时,由于情感营销在激烈的市场竞争中起到越来越重要的作用,因此,作为情感营销的怀旧营销越来越多地出现在企业的营销策略中,不管是激发消费者的集体怀旧情感还是个体怀旧情感,都能够促进消费者与品牌共鸣,尤其是对一些复兴品牌[6]。怀旧营销的实施需要注意以下一些问题。

(1)找准"核心回忆点"。一般来说,连接产品、品牌与消费者的核心是一个具有集体回忆的情境、物品或思想,这些可以称为"核心回忆点"。比如根据福特公司的一项调查显示,1/5的司机表示从传统燃油车换开新能源汽车后,最怀念的就是汽油味。由此福特公司于2021年推出一款名为Mach-Eau的汽油味香水,引起很多消费者的兴趣。回忆能引发人们的共鸣,但不同的"核心回忆点"所产生的认同与共鸣的强度和效果却大为不同。因此,这个点要找得巧、找得准,过于平淡或错位的点很难唤起更多人的共鸣。比如2021年上映的动漫电影《阿童木》是一个很好的怀旧题材的电影,但由于电影改编的原因,与消费者记忆中的阿童木差异太大,激发怀旧情感的效果没有实现,电影票房惨淡。

(2)在多个营销工具和层面上系统推进。比如要有怀旧的产品、进行怀旧的广告宣传等。例如,佐丹奴把当年中学英文课本中的男女主角——李雷与韩梅梅——印在T恤上出售给那些拥有集体回忆的"80后"就是一种怀旧营销,其推出产品的同时,加强以激发怀旧情感为目的的多层面

---

[1] Wildschut, T., Bruder, M. and Robertson, S., et al. Collective Nostalgia: A Grouplevel Emotion That Confers Unique Benefits on the Group. *Journal of Personality and Social Psychology*, 2014, 107(5): 844−863.

[2] Hepper, E. G., Ritchie, T. D. and Sedikides, C., et al. Odyssey's End: Lay Conceptions of Nostalgia Reflect its Original Homeric Meaning. *Emotion*, 2012, 12(1): 102−119.

[3] Zhou, X., Wildschut, T. and Sedikides, C., et al. Nostalgia: The Gift that Keeps on Giving. *Journal of Consumer Research*, 2012, 39(1): 39−50.

[4] Van Tilburg, W. A. P., Igou, E. R. and Sedikides, C. In search of Meaningfulness: Nostalgia as an Antidote to Boredom. *Emotion*, 2013, 13(3): 450−461.

[5] Stephan, E., Wildschut, T. and Sedikides, C., et al. The mnemonic Mover: Nostalgia Regulates Avoidance and Approach Motivation. *Emotion*, 2014, 4(3), 545−561.

[6] Brown, S., Kozinets, R. V. and Sherry J. Teaching Old Brands New Tricks: Retro Branding and the Revival of Brand Meaning. *Journal of Marketing*, 2003, 67(3):19−33.

的宣传，同时配合限量发行等营销措施。从产品的角度说，怀旧营销更适用于感性商品领域和礼品、服装、餐饮等。当然，也有单纯的怀旧广告，产品并没有怀旧特色。比如某地产公司的一则售房平面广告，主体画面是一栋别墅，下方写着一段广告词："此情此景让我忆起了童年，坐在树下听父亲讲故事……今天，我已长大，看着已经驼背的父亲与同我当年一样大的儿子，我多么希望这样的回忆能再现并把它传承下去……"广告旨在引起30～45岁感性的中产阶层人士的情感共鸣，效果也是非常明显。尽管市场上存在比如单纯怀旧广告等单一的怀旧营销要素，但多种营销措施系统推进更有助于提升消费者的共鸣和融入感。

（3）与当今的市场现实相结合。营销中的记忆元素要适当，不可过度或死板地对回忆进行模仿，因为我们要创造的毕竟是适合当下市场环境的商品，因此要适应当今的消费者、当今的技术、当下的其他场景要素。例如，加入回忆元素的服饰——复古装，虽然是以多年前的服饰元素为基础，但同时应加入大量符合当代审美需求与生活习惯的时尚元素，让复古装成为拥有回忆的流行趋势。

（4）考虑品牌的特征。尽管怀旧营销通过打"感情牌"能够产生一些积极的营销效果，但也有研究发现不是所有的品牌进行怀旧营销都能产生积极的效果。比如有研究发现，对于能力型品牌，怀旧广告的口碑传播效果要高于非怀旧广告；对于温暖型品牌，怀旧广告的口碑传播效果要低于非怀旧广告。[1]所谓能力型品牌是指体现信心、有效性、智力、效能和竞争力的品牌，而所谓温暖型品牌是指体现善良、真诚、乐于助人和值得信赖等特征的品牌。这表明企业要实施怀旧营销，需要了解消费者心中对品牌的形象感知。

本章小结

记忆是人脑对于过去经历的事物的反应。消费者记忆可以分为感觉记忆、短时记忆和长时记忆。感觉记忆又称瞬时记忆，是指个体凭视觉、听觉、味觉、嗅觉等感觉器官感应到刺激时所引起的极短暂记忆。短时记忆也称操作记忆或工作记忆，指流入的信息在短时间内停留的记忆，一般不会超过60秒。长时记忆是指记忆信息保持1分钟以上，直至数年乃至终生的记忆。长时记忆系统被认为是语义和视听信息的永久储存所。与短时记忆相比，长时记忆的容量很大，甚至被认为是无限的。长时记忆有两种类型，分别是自传体记忆和语义记忆。记忆是一个复杂的心理过程，包括复述、编码、储存和提取等环节。提取的失败就是遗忘。关于消费者遗忘有四种解释：干扰抑制说、痕迹衰退说、压抑说和提取失败说。

记忆的内容就是知识，有关消费生活的记忆内容就是消费者知识。可以说，消费者知识是消费者对产品或服务所持有的经验或信息的量。消费者知识可以分为程序知识和叙述知识。

---

[1] 廖以臣、许传哲、龚璇，"网络环境下广告怀旧有助于品牌的口碑传播吗？基于情感双维度视角"，《心理学报》，2019，51(8):945-957.

企业要根据消费者记忆方面的规律来提高消费者对营销信息的记忆。这些措施主要包括从广告本身视角考虑，从消费者方面考虑，从竞争对手方面考虑，以及从信息传播媒介方面考虑的多项措施。

怀旧营销是与记忆相关的一种重要的情感营销方式，成功的怀旧营销要找准"核心回忆点"，要在多个营销工具和层面上系统推进，要与当今的市场现实相结合，还需要考虑品牌的特征。

思考题

1. 名词解释

   感觉记忆　短时记忆　长时记忆　自传体记忆　复述　外显记忆提取　内隐记忆　原型　莱斯托夫效应　状态依存性提取　怀旧　怀旧营销
2. 什么是消费者记忆？消费者记忆分为哪些类型？
3. 消费者记忆过程是怎样的？
4. 什么是消费者遗忘？为什么会存在消费者遗忘？
5. 如何提高消费者对广告信息的记忆率？
6. 为什么很多企业实施怀旧营销？怀旧营销的实施需要注意哪些问题？

第六章 消费者态度

> 开篇案例

虚拟代言人

艾媒咨询公司发布的《2021中国虚拟偶像行业发展及网民调查研究报告》显示,2020年中国虚拟偶像核心产业规模为34.6亿元,预计2021年将达到62.2亿元。很多企业都推出虚拟代言人,麦当劳的虚拟代言人是"开心姐姐",屈臣氏推出虚拟代言人"屈晨曦",欧莱雅推出了首位虚拟代言人"M姐",天猫将代言人易烊千玺的个人虚拟形象"千喵"确立为虚拟代言人……

中国网友更熟悉的虚拟偶像洛天依也代言过浦发银行、百雀羚、美年达、必胜客、肯德基等。洛天依是以Yamaha公司的Vocaloid 3语音合成引擎为基础制作的全世界第一款Vocaloid中文声库和虚拟形象。2012年3月22日,洛天依的形象设计首次公布,同年7月12日,第八届中国国际动漫游戏博览会正式推出洛天依的声库。2020年5月,洛天依亮相淘宝直播间,为其代言的品牌带货,直播在线观看人数竟然高达270万,近200万人打赏互动。有分析人士评论说:"如此高的流量,几乎可以比得上任何一个头部KOL的直播带货能力了。"2021年春节,在14亿人观看的春节晚会上,第一次出现了洛天依这位虚拟歌手。2022年2月2日,在北京

> 奥林匹克文化节开幕式上，出道十年的虚拟数字歌手洛天依身着旗袍登上舞台，用一曲"Time to shine"与婀娜的舞姿，惊艳了全球观众。社交网络为虚拟人的走红提供了基础场景，但虚拟代言人要获得持续的消费者关注，并对消费者产生持续的影响，对运营公司提出了一些挑战。很多公司开始尝试更多更新的营销方式，除图文及视频传播外，虚拟代言人正在向更立体、更接近消费者的方向发展。
>
> 资料来源：https://qianbidao.com/p/38844.html.

第一节 消费者态度概述

对于某种商品或服务，消费者是喜欢还是不喜欢，认为它好还是不好，会影响消费者对这个产品是积极购买还是予以回避。这就是消费者态度所起的作用。营销人员不仅要理解消费者是什么态度，还要理解消费者为什么会有这种态度，以及如何改变这种态度。

一、态度的内涵

态度是人们对某一人、事物、问题或现象等的好恶程度的一种总体性评价。在消费者行为领域，态度被认为是20世纪70年代最火爆的一种理论。

二、态度的功能

丹尼尔·凯茨（Daniel Katz）提出态度有以下四种功能，也是态度用来驱动行为的机理。[1]

（一）效用功能

效用功能（utilitarian function）是指态度能使人更好地适应环境和趋利避害。比如在信息不对称或风险较高的环境下，消费者经过体验对某一品牌形成积极的态度，这种态度可能会引导消费者形成对品牌的忠诚度，从而降低决策风险，保护好自己的利益。

（二）价值表现功能

消费者的态度可以从一定程度上反映他们的价值观，这就是态度的价值表现功能（value-expressive function）。一个消费者对一个产品的态度，不仅取决于产品本身的功能，还取决于产品代表了消费者是哪一种类型的人。比如服装、汽车等具有象征意义的产品，既能体现消费者的生活方式，也是消费者价值观的符号化。因为，当你看到一个人穿什么衣服、开什么车，就大致掌握了其生活方式和个性。消费者一般对表达和符合自我价值观念的品牌和产品会产生积极的态度。

---

[1] Katz, D. Special Issue: Attitude Change: The Functional Approach to the Study of Attitudes. *Public Opinion Quarterly*, 1960, 24(2):163-204.

(三) 自我防御功能 (ego-defensive function)

消费者可以通过态度来保护自我和自我形象，不管是外来的威胁还是内心的感受，都可以通过消费者形成对某些事物的态度而起到保护作用，比如雀巢速溶咖啡上市遭到美国家庭主妇抵制的经典例子，就是因为速溶咖啡的特征和诉求威胁到她们认为自己是能干的家庭主妇的形象，导致她们对雀巢速溶咖啡没有形成积极态度。

(四) 知识功能

知识功能是指形成某种态度，有利于对事物的认识和理解。实际上，态度可以作为帮助人们了解和理解世界的一种标准和参照。比如消费者如果形成了对电话广告的负面态度，则在接到这样的电话时，就不会仔细听，而是根据以往形成的负面态度挂掉电话，甚至是把来电号码设为"黑名单"。态度可以说是市场中有关产品信息的储存库。态度的知识功能可以简化对信息的加工。比如消费者对某一品牌形成较好的态度，则在购买比较时就可以减少对很多具体细节信息的加工。

三、态度的特征

(一) 态度的确定性 (certainty)

态度的确定性水平是体现态度特征的一个维度，在一些情况下，消费者的态度非常强烈，而且其对态度的正确性信心十足，因此态度的确定性水平就高；而有些情况下，其态度可能不是很确定，由此态度的确定性水平较低。

(二) 态度的矛盾性 (ambivalence)

矛盾态度是指对某对象同时存在积极和消极评价与情感体验的心理状态。[1]当消费者对事物，比如一个品牌的某些方面有强烈的正面评价，而对另外一些方面又有强烈的负面评价时，就会出现矛盾的态度。矛盾态度或者说是态度的矛盾性现象的存在，表明态度并非简单的单一积极评价或消极评价，而是二元的。一般来说，当消费者的态度出现矛盾时，往往受他人的影响会更大一些。

(三) 态度的可达性 (accessibility)

态度的可达性是指从记忆中提取态度的容易程度。态度的可达性能体现态度的活跃程度。

(四) 态度的抵抗性 (resistance)

消费者一旦形成了对品牌的态度，特别是形成了忠诚度时，就会坚持这种态度，当态度对象具有某些负面消息时，消费者可能会在一定程度上抵制这些负面信息，维持原有的态度，这体现了态度的抵抗性。

---

[1] Conner, M. and Sparks, P. Ambivalence and Attitudes. *European Review of Social Psychology*, 2002,12(1): 37-70.

第二节 | 消费者态度的模型与测量

一般认为，消费者的态度是在对有关态度对象（包括产品和品牌）的信息和知识进行整合的过程中形成的。在信息整合过程中，消费者会将某个产品或品牌的各个属性的知识联系和组合起来，以形成对该产品或品牌的综合态度。因此，研究人员可以在测量消费者对某个产品的各个具体属性的评价和反映的基础上，判断消费者对该产品的总体态度。基于这一思路所建立的测量消费者态度的模型，就是多元属性态度模型（multiattribute attitude model），它集中考察的是消费者对产品的多个重要属性的信念。其中，菲什宾（Fishbein）模型在营销和消费者行为领域影响最大。

信念是指消费者所持有的关于客体属性的看法，是对客体的认知。信念有三种类型，分别是描述性信念、推论性信念和信息性信念。

第一，描述性信念（descriptive belief），是指以直接的体验或经验为依据形成的对客体和属性之间的联想判断。如宝马车驾驶体验极好的信念可能是一些消费者在直接驾驶后得出的体验。描述性信念构成消费者对现实市场的基础性认知。在描述性信念基础上形成的态度很难改变，并且与行为的关系非常密切。

第二，推论性信念（inferential belief），是在对客体和属性之间的关系推论的基础上形成的。比如消费者具有瑞士手表都是好手表的认知，如果某品牌的手表是产自瑞士的，消费者由此会形成该品牌的手表也是好手表的信念。一般来说，影响消费者产生这些推论性信念的因素主要包括市场营销刺激因素，以及消费者自身的经验和知识，或是其他消费者或专家的评论。

第三，信息性信念（informational belief），是消费者在获得外部信息源所提供的信息的基础上形成的。广告信息以及企业的其他营销信息展露于消费者面前，被消费者接受后，就能形成信息性信念。

一、菲什宾模型
（一）菲什宾模型[1]概述

菲什宾的主要观点是，预测或决定消费者对某一对象的态度，取决于对该对象的多个属性的评价。其公式如下：

$$A_o = \sum_{i=1}^{n} b_i e_i$$

上式中，假设消费者评价的对象是一个产品，则 A_o 表示消费者对产品的态度，b_i 表示对产品属性 i 的信念强度，e_i 表示产品属性 i 的重要程度，n 表示属性的数量。

该模型涉及以下几个核心要素：

---

[1] Fishbein, M. An Investigation of the Relationship Between Beliefs About an Object and the Attitude Toward that Object, *Human Relations*, 1963, 16(3): 233-240.

1. 属性（attribute）（模型中的 i）

属性是消费者评价产品时的一些具体方面与指标，比如油耗经常是消费者对汽车进行评价时关注的一个属性。

2. 信念（belief）

信念是指消费者所持有的关于产品属性的看法。它有两层含义：第一，信念是信念对象（如产品）与属性特征之间的联结关系；第二，信念是一种主观判断。

3. 信念强度（belief strength）（模型中的 b_i）

信念强度是指消费者相信产品具有某种重要属性特征的可能性，比如相信某汽车具有油耗低特征的可能性。

4. 信念评价（belief evaluation）（模型中的 e_i）

信念评价反映的是消费者怎样看待某种属性，即在产品的评价中某种属性的重要性程度。

（二）基于菲什宾模型对消费者态度的测量

菲什宾认为，评价一个态度对象时关注的属性的数量不应超过 7 个或 9 个，这是由消费者认知能力的局限性决定的。如果消费者对与自己相关度不大的产品了解不多，他们的产品态度就会建立在极少数属性的基础上，也许只涉及一两个重要属性；反之，消费者对与自我高度相关的产品或品牌形成态度时，则一般会基于较多的属性。

1. 信念强度的测量

信念强度可以通过让消费者对态度对象在所评价的每一个属性上的表现来打分的方式进行测量。

2. 信念评价的测量

每一个属性都有与之对应的信念评价。研究人员常常通过让被调查者对所评价的属性在对产品评价过程中的重要性程度进行打分的方式来测量。

（三）菲什宾模型在营销决策中的应用

菲什宾模型既可以用于测量消费者对品牌的态度，也可以用来测量消费者对竞争者品牌的态度，还可以用来进行态度跟踪，以及时发现消费者态度的变化。那么，应用菲什宾模型测量和跟踪消费者的态度对于营销决策来说具体会有哪些作用呢？

1. 增加新属性

增加一种新属性，从而使消费者的态度更加积极。当消费者对一个品牌的态度相对于对品牌的竞争对手来说差一些，比如消费者认为一个品牌比竞争对手质量更差，或价格更高时，增加新属性策略是一种有效的策略。还有一点要注意，在复杂性低的产品上增加新属性，对提高消费者的积极信念和态度有更好的作用。增加新属性的目的是品牌通过在新属性上的优势，提升消费者对品牌的态度。高德地图在原有的产品属性的基础上，2021 年在全国范围内推出"加油不下车"防疫加油服务。用户打开高德地图 App，搜索"加油站"，可直接导航到"高德优惠加油站"。加完油后，在 App 上输入加油金额和油枪号即可完成线上支付，实现线下加油，线上付款。为了鼓励用户使用加油线上支付方式，高德地图还分时段发放最高 200 元减 25 元的防疫加油补贴。通过原有导航业务，增加"搜索加油站，线下加油，线上付款"的便利属性，提升了消费者对高德地图的态度和使用意向。

2. 改变属性的重要性

营销人员可以改变消费者对该类产品某一属性重要性的感知。比如原有市场上燕窝类产品，包括普通干燕窝和加工好的即食燕窝，近几年网红燕窝品牌"小仙炖"，进一步强化消费者对燕窝产品"新鲜即食"属性的重要性感知，提出"下单鲜炖，每周冷鲜配送，15天保质期"的诉求，很多消费者由此更关注新鲜即食的属性，形成对小仙炖的积极态度和购买意向。

3. 充分利用和强化相对优势

如果一个品牌在某个属性上有优势，而且消费者在评价和决策中对这个属性的重要性感知也较高，那么企业应该充分利用这一优势，对这一优势进行强化和宣传。

（四）属性的确定方法

应如何预先选取和确定这些会在菲什宾模型中测量的属性呢？一般来说，可以用以下一些方法。

1. 直接询问法

直接询问法是为识别属性而广泛采用的方法，是指直接询问消费者在产品或品牌评价过程中主要使用哪些产品属性，消费者在知道评价标准的前提下给予回答。

2. 间接询问法

如果消费者不知道评价标准或者歪曲应答时，可以利用间接询问的方法来测定消费者的评价标准。例如："您认为您周围的人购买汽车时主要考虑哪些属性？"这种询问方法是一种投射法。

3. 等级量表法

这种方法是向消费者提出几种评价标准，然后让消费者根据重要程度编排顺序，这种方法也叫作序列量表法（ordinal scale）。常用的方法还有给出1个属性，让消费者根据这个属性的重要性程度打分。比如用1-7量表，1代表一点不重要，7代表非常重要。

4. 联合分析法

联合分析法是通过假定产品具有某些特征，对现实产品进行模拟，然后让消费者根据自己的喜好对这些虚拟产品进行评价，并采用数理统计方法将这些特性与特征水平的效用分离，从而对每一特征以及特征水平的重要程度做出量化评价的方法。联合分析法假定分析的对象（如品牌、产品、商店等）是由一系列的基本特征（如质量、方便程度、价格）以及产品的专有特征（如电脑的CPU速度、硬盘容量等）组成的，消费者的抉择过程被假设为理性决策，不考虑情感因素。

营销小故事 6-1

王饱饱健康、好吃、高颜值的麦片

王饱饱2018年5月品牌成立上线，自2019年9月以来一直是天猫麦片类目品牌第一。品牌以年轻消费者群体为目标对象，上市前的调研显示市场主流麦片是以桂格、雀巢等为代表

的西式冲泡燕麦，低脂高纤维但在年轻人群中接受度较低；另一类新式麦片则是以卡乐比为代表的膨化麦片，口感松脆，但因膨化和添加剂等原因在近几年被认为不够健康。调研的结果显示年轻人普遍知道麦片并且对其的认知是健康，但少有年轻人去吃，因为它"不好吃""是老年人吃的东西"，如果有更健康、好吃并且没那么"土"的产品，他们就很乐意去尝试和购买。

由此，健康、好吃、高颜值的麦片是王饱饱要塑造的消费者态度，也是其要强化的品牌和产品属性。王饱饱用低温烘焙工艺保证燕麦片的膳食纤维不被破坏的同时改善了口感，用了更符合现代人健康诉求的的甜菊糖苷和低聚果糖；加入果干、酸奶干等配料丰富产品的口感和观感。为了满足消费者所期待的下一口的"不一样的感觉"，王饱饱特意配置了大小不一的精美果干，来确保每一勺的口感不一致。传统混合麦片里的果干由于颗粒小，可以与麦片预混后一次性进行封装；而王饱饱的果干大小不均，各物料分开装投，进一步强化了果干的口感和美感效应。

在产品宣传上，王饱饱也仅仅围绕着"健康、好吃、高颜值的麦片"的态度形象，借用了化妆品行业流行的"成分党""美妆教程"等营销方案来与目标用户沟通：强调低温烘焙技术所带来的更低热量、更高营养属性凸显产品的价值点；另一方面用精美的图片或视频展示产品，引导创新吃法，比如直接干吃、"酸奶＋王饱饱"的搭配等。王饱饱重新定义了麦片这个品类，依靠消费者态度形象的塑造，对核心属性的强化激发和满足了年轻消费者的需求。

资料来源：https://www.163.com/dy/article/FOH4J46V0519H0JE.html。

二、扩展后的菲什宾模型

扩展后的菲什宾模型又称合理行为理论（theory of reasoned action）或行为意向模型（the behavioral intention model）。菲什宾意识到，消费者对客体的态度不一定与他们的具体行为有强烈的或系统的关系。确切地说，消费者是否采取某种具体行为，取决于其采取此行为的目的。因此，菲什宾扩展了他的多元属性态度模型，将消费者的信念、态度和行为联系起来。这个模型的主要论点在于，一个人对于行为的主观规范与态度会影响行为意图，而行为意图则是行为的前奏。扩展后的菲什宾模型关注是否采取某行为的态度，而菲什宾模型所探讨的态度则是针对产品或品牌的态度，这也是这两种理论之间的重要差异。这个差异的基本观点是，了解一个人对购买或使用产品的态度和感受，要比仅仅了解这个人对产品本身的评价（即菲什宾模型的关注点）更为有效。[1]

扩展后的菲什宾模型有四个显著特点：

（1）态度本身并不直接用来预测行为，而只用来预测行为意向，行为则被看作特定购买意向的结果，因此在该模型中用行为意向来替代行为本身；

（2）该模型增加了主观规范（subjective norm）这一决定消费者行为意向的变量；

（3）该模型把消费者对一个对象（产品、品牌或广告等营销刺激）的态度与对行为的态度做

---

[1] Sheppard, B. H., Hartwick, J. and Warshaw, P. R., et al. The Theory of Reasoned Past Action: A Meta-Analysis of Past Research with Recommendations for Modifications and Future Research. *Journal of Consumer Research*, 1988, 15(3): 325–343.

了区分；

（4）该模型假设消费者是系统地利用和处理各种信息的，所以消费者为达到购买行为的目的就会合理地利用信息。

总之，根据扩展后的菲什宾模型，消费者比较复杂而自主性的行为取决于其行为意向；而这一行为意向是可以通过行为态度（act）和与该行为相关的主观规范来预测的。扩展后的菲什宾模型可以用图6-1来解释。

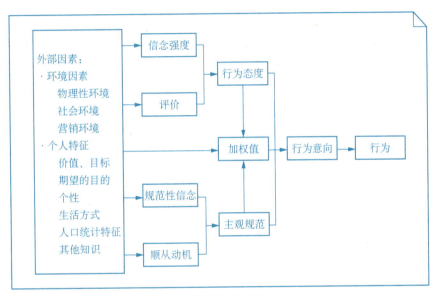

图6-1 扩展后的菲什宾模型

该理论可以用以下公式表示：

$$B \sim BI = Act(W_1) + SN(W_2)$$

上式中，B 为一个具体行为，BI 为消费者的行为意向，Act 为消费者对采取此行为的态度，SN 为其他人是否希望消费者采取此行为的主观规范，W_1、W_2 分别为 Act 和 SN 影响 BI 的权重。

下面分别讨论该模型的构成要素。在扩展后的菲什宾模型中，"行为"（B）具有特定的含义，是指在特定的情景和时间条件下所发生的具体行为，并且有明确、具体的目标指向（如去某个饭店、购买某个品牌的服装等）。营销人员根据此模型预测消费者的行为时，必须首先定义具体的行为，因为其他指标都需要根据它的定义来测量。"行为意向"（BI）可以看作消费者采取某一具体行为以达到某种目的的愿望和倾向。行为意向经过一次选择或决策过程而产生，在这个过程中有关 Act 和 SN 的信念将被整合。行为意向在强度上有所不同，这可以通过让消费者对他们将采取的各种行为的可能性进行打分的方式进行测量。

主观规范反映了消费者对他人希望自己做什么或不做什么的认知和态度，即消费者认为其行为是否会得到其他人支持的一种感知。它取决于"他人期望我做什么"的规范性信念（normative belief，NB）和满足他人期望的顺从动机（motivation to comply，MC）两个变量，即

$$SN=\sum_{j=1}^{n}NB_jMC_j$$

上式中，SN 表示主观规范，NB_j 表示规范性信念，MC_j 表示顺从动机，n 表示规范性信念的数量。

主观规范同消费者的行为态度一起，共同决定着消费者的行为意向。

扩展后的菲什宾模型认为，行为态度和主观规范是结合在一起影响行为意向的，并且它们各自的影响大小依具体环境的不同而变化。换言之，在不同情形下，行为态度的影响权重（W_1）和主观规范的影响权重（W_2）可能会有差异。有些行为主要受主观规范的影响，比如为应聘工作购买了一套西装的行为意向，受主观规范的影响更大一些。对于另外一些行为，主观规范的影响可能很小，行为意向主要由消费者的行为态度所决定。

扩展后的菲什宾模型在营销实践中具有重要的应用价值。该理论表明，营销人员需要分别了解消费者针对客体的态度和针对行为的态度是什么状态，要采取不同的策略去分别提升这两种态度，同时要明白，按照扩展后的菲什宾模型，行为态度与具体的行为意向有着更强的相关关系。

营销人员还需要能够辨别在具体环境条件下，对行为意向起主导作用的是消费者的行为态度还是他们的主观规范。如果导致一个行为（购买、搜寻信息等）的主要原因是主观规范，那么营销人员就需要在沟通中强调相关的社会标准或准则来支持和强化消费者的这种行为。例如，可以通过在广告中描述某种社会环境和对其成员的影响来达到这一营销目的。另外，如果行为意向主要受行为态度的影响，那么企业营销努力的方向就应是为消费者创造一个有关特定行为所产生积极结果的显著信念的集合，这可以通过在广告中描述产品的使用结果来达到目的。值得注意的是，虽然扩展后的菲什宾模型目前仍然是预测消费者购买行为的很好的办法，但是基于意向测量的行为预测有时并不十分准确。

此外，有些行为本身也不能依据信念、态度和意向进行准确预测。这包括以下几种情况。第一，非自愿的行为。第二，当可选择的替代品非常接近，消费者对其中的几个都有积极态度时，预测购买行为也会很困难。这时，消费者的最终选择受随机环境因素的影响很大。第三，消费者了解甚少或与自我关系不大的一些行为。在这种情况下，消费者还没有建立能形成态度和意向的足够的信念，因此在回答研究人员的问题时表明的意向可能仅仅是出于应付，是不稳定的，这就导致研究对实际行为的预测能力很弱。因此，在采用意向测度方法预测消费者的未来行为时，营销人员应首先确定消费者是否对这些行为已经形成了一定的信念、态度和行为意向。[1]

整体上说，扩展后的菲什宾模型相比菲什宾模型在预测行为方面更为有效。

三、消费者态度的 ABC 模型

这一模型认为，态度由认知要素（cognitive component）、情感要素（affective component）和行为意向要素（behavior component）构成，即 ABC 模型。

---

[1]［美］迈克尔·所罗门著，杨晓燕等译：《消费者行为学》（第12版），中国人民大学出版社2018年版。

（一）认知要素

认知要素包括对态度对象的解释以及由此所产生的知识、信念和意义。对消费者来说，有关产品属性、使用结果和价值的认知等是特别重要的。因此，消费者要对某种产品或服务产生态度，就必须获得最低限度的信息。由于消费者每天都处在各种商业信息的包围之中，接触数以千计的品牌和各式各样的广告，但不可能全部注意，更不可能全部记住，所以态度中的认知要素或者信息从来都是不完全的，也可能是并不正确的，或两者兼而有之。

（二）情感要素

情感要素是指消费者对态度对象所产生的情感体验。它表现为消费者对有关商品质量、品牌、信誉等产生的喜欢或不喜欢、欣赏或反感等情感反应。这种情感体验一方面依赖于消费者建立在认知基础上的评价，另一方面也依赖于消费者对产品或服务的直接体验。如果产品或服务与消费者的价值观一致，消费者就会给予积极的评价，并因此喜欢上它；反之，消费者则不会喜欢。如果消费者在接触某种产品或服务时的体验是令人满意和愉快的，则可能对这种产品或服务产生好感；但如果体验令人失望和不愉快，甚至是痛苦的，则对这种产品不会有好感。如果说认知以消费者的理性为前提，那么情感就带有非理性倾向，它往往更多地受消费者生理本能和个性、气质等心理因素的影响。情感对于消费者态度的形成具有特殊作用。在态度的基本倾向已定的情况下，情感会决定消费者态度的持久性和强度，并伴随消费者购买活动的整个过程。

当消费者对信息产生情感涉入时，他们倾向于从总体水平而不是分析式地对信息进行加工，这一过程被称为情感反应（affective response）。在很多情况下，情感反应比认知反应对消费者关于产品和品牌的态度有更大的影响。

转换型广告是一种提高消费者对产品或品牌的情感性涉入的广告。[1]它将消费者对产品的使用体验与其自身独特的心理特征联系起来。这类广告将产品的使用体验与一些正面的情感联系起来，形成消费者更丰富的体验，从而增加了消费者的情感性涉入。比如，可口可乐把产品与快乐、活力、放松的生活体验结合起来。戏剧性广告也是增加广告情感涉入的一种模式，其通过广告文案的故事性、戏剧性情节提高消费者的情感性涉入，以及通过移情等心理来影响消费者的态度[2]，比如微电影、短视频等都可以算是戏剧性广告。

（三）行为意向要素

行为意向是指消费者对态度对象意欲采取行为的倾向。在消费者研究中，行为意向要素通常是指消费者的购买意向。决定消费者购买意向的因素很多，除了营销因素，消费者个体因素还包括态度对象与个体目的的关联性、自我价值观念以及其他的整体性的态度。如果某种购买行为与消费者所欲达到的重要目标密切相关，则他们有可能实施该项购买行动；如果态度所基于的价值观念处于消费者价值体系的中心位置，即这种价值观念属于一种核心价值观（而不是次要价值观），则

---

[1] Cutler, B. D., Thomas, E. G. and Rao, S. R. Informational/Transformational Advertising. *Journal of International Consumer Marketing*, 2000, 12(3):69-83.

[2] Escalas, J. E. and Barbara, B.S. Sympathy and Empathy: Emotional Responses to Advertising Dramas. *Journal of Consumer Research*, 2003, 29(4):566-578.

他们越可能付诸行动；如果意向与认知不一致，情感要素（特别是情绪和情感）将起主导作用。因为认知、情感、行为意向三要素之间的关联性不一样，情感与行为意向的关联性高于认知与行为意向、情感与认知之间的关联性。消费者常常表现出明明知道该怎样做，却不这样做；或者明明知道某人不错，有可取之处，但仍是无法喜欢他或她。

一般来说，消费者态度的三要素之间要协调一致，即对某种产品或服务形成良好的态度，就意味着消费者通过获得足够而准确的相关信息，对产品或品牌进行评价后，觉得产品不错，从而对产品有喜欢的情感，而这种觉得产品好同时又喜欢的感觉，会使消费者愿意去购买和使用该产品。

消费者态度的三种成分都可以通过问卷的形式进行测量，如表 6-1、表 6-2 和表 6-3 所示。

表 6-1　认知成分的测量

您认为"百事可乐"的甜度：
太高 _____ 太低
您认为"百事可乐"的含气量：
太多 _____ 太少
您认为"百事可乐"的价格：
很贵 _____ 很便宜
您认为"百事可乐"的包装设计：
很有质感 _____ 很粗俗

表 6-2　情感成分的测量

"百事可乐"令我觉得：
愉快 _____ 不愉快
欢乐的 _____ 忧郁的
有趣的 _____ 单调的
优雅的 _____ 庸俗的
有品位的 _____ 没有品位

表 6-3　行为成分的测量

当您下次要购买碳酸类饮料时，购买"百事可乐"的可能性为：
_____ 我一定会购买
_____ 我可能会购买
_____ 我不确定是否会购买
_____ 我可能不会购买
_____ 我一定不会购买
您在未来一个月内购买"百事可乐"的可能性为：
_____ 很可能
_____ 可能
_____ 不知道
_____ 不可能
_____ 很不可能

态度的情感成分和认知成分，可以结合消费者的涉入度来分析，从而形成有价值的营销工具，比如FCB方格。

FCB方格是1980年博达大桥广告公司（Foote Cone & Belding）开发的一个被广泛用来描述消费者特征的工具。FCB方格根据购买者"高涉入度–低涉入度"和"认知–情感"两个维度形成了四个方格，每一方格内分布的产品，其购买者有着不同的行为特征。

（1）象限一：高涉入/认知型。这一象限是指投资较大、风险高的商品（如房产、大型家具等），消费者对此类商品极为重视，并且在购买决策中需要参考诸如价格、功能、实用性等大量信息。FCB方格模型指出，为这类商品所做的广告可遵循信息策略（informative strategy），即沟通传播中尽可能提供详细而精确的信息和示范。

（2）象限二：高涉入/情感型。这类商品与个人自尊（self-esteem）有着密切联系，同样得到消费者的重视，但在进行购买决策时消费者往往注重整体心理感受或自我表现，而不是细节信息。如珠宝首饰、高端的时尚服饰等便落在这一象限内。针对这一象限的特点，FCB方格模型建议运用情感策略（affective strategy）设计该类商品传播信息。

（3）象限三：低涉入/认知型。这类商品包括大多数食品、日用品等，尽管相关产品信息在购买决策中起作用，但该类商品带来的风险小，因而消费者无须对信息进行深度加工。品牌忠诚对这类商品的重复购买起着重要作用。因此，营销重点在于如何提醒消费者，使之形成习惯性消费，即习惯形成策略（habit formation strategy）。

（4）象限四：低涉入/情感型。这主要是指那些满足个人嗜好（taste）的商品，如香烟、饮料、零食等。这类商品往往不涉及功能等认知方面属性的差异，更多的是一种自我体验、自我满足。因此，设计该类商品的传播信息时可运用自我满足策略（self-satisfaction strategy）。

值得一提的是，这一模型在广告研究领域的影响比较大。并且，后续有研究者用白、红、蓝、黄四种颜色分别标识FCB方格模型中的四个象限，于是象限一、二、三、四中的商品也依次被称为白色产品、红色产品、蓝色产品和黄色产品，模型也改名为产品颜色矩阵（product color matrix，PCM）。

四、消费者态度与行为的关系

（一）消费者态度与行为的差距

在产品的态度与采取购买该产品的实际行为之间，往往存在一定的差距。换言之，在一些情况下，对一个消费者态度的了解并不能很好地预测其行为。甚至有些研究认为：人们对某物所表现出来的态度，与其实际行动间很少有必然的联系（或只有十分微弱的联系）。这种态度与行为间的不一致，使营销者怀疑态度的预测能力。

（二）消费者态度与行为产生差距的原因

1. 购买动机

即使消费者对某一产品或品牌持有积极的态度，但如果缺乏动机，消费者也不一定会采取购买行动。

2. 购买能力

消费者可能对某产品或品牌特别推崇,但由于经济条件所限,只能选择价格低一些的替代品。

3. 情境因素

尽管消费者对某件产品的积极态度可能已经很强烈,但其实际购买行为仍将受到很多情境因素的制约。比如缺货这一情境,就会导致消费者的积极态度和行为意向不能转化为实际的购买行为。

4. 时滞问题

一般来说,态度的测量与所要预测的行为之间间隔越长,两者之间的关联性就越弱。这要求营销人员通过重复营销信息来经常性激活消费者对品牌或产品的态度。因为时滞越长,消费者的态度和偏好发生变化,或者出现其他意外情况的可能性就越多;而且,只有当态度对象在消费者眼前出现,或者以其他方式激活了记忆中的态度时,态度才发生作用。

5. 社会压力

他人的态度和反应也会影响消费者的态度向行为转化,这在扩展后的菲什宾模型中已充分体现。

6. 态度的可达性

态度的可达性是指态度从记忆中被提取的容易程度。如果态度的可达性较强,那么态度与行为的关系就很密切;相反,如果态度不容易被想起,态度对行为就不会产生影响。一般来说,消费者自身的体验和经验通常会提高态度的可达性。营销者的广告也能够提高搜寻属性(如价格、成分等)的态度的可达性,尤其是多次重复的广告[1]。一般来说,当对于某一产品类别,询问消费者对什么品牌有购买意向时,消费者会选择持有正面态度并且态度的可达性较好的品牌。

7. 态度的确定性

确定性水平高的态度对行为的影响更强。一般来说,当消费者对品牌的态度是根据大量信息或可信性较强的信息形成的时候,消费者对态度的确定性会更强。此时,态度对行为的预测能力就更强。

8. 情绪性依附

情绪性依附是指消费者感知到的自己与品牌或产品之间的情感联系。一般来说,消费者对某一品牌的情绪性依附越强,其对品牌的态度转化为实际的购买行为的可能性越强。消费者对品牌的忠诚度就是一种情绪性依附。这种情绪性依附不仅能使其愿意重复购买某一品牌,还能使其愿意向其他消费者推荐该品牌。

---

[1] Robert, E. S. and William, R. S. Attitude-behavior Consistency:The Impact of Product Trial Versus Advertising. *Journal of Consumer Research*, 1983,20(3): 257-267.

第三节 消费者态度的形成

消费者态度的形成可以依据多个不同的理论来解释，主要包括以下几种理论。

一、平衡理论

平衡理论（balance theory）由海德（Heider）于 1958 年提出[1]，考察的是构成态度的三维关系（如图 6-2 所示）。这个态度涉及三个要素：某人、某个态度对象、与该态度对象有关联的其他事物。消费者对某个态度对象及其相关联事物的看法既可能是肯定的，也可能是否定的。三个要素之间以两种方式发生联系：一种是归属关系，即一个要素归属于另一个要素；另一种是情感关系，即两个要素发生联系是因为其中一个要素对另一个要素有偏爱或厌恶的情感。该理论强调，人们将试图保持三维关系的和谐或平衡，如果出现不平衡，就会产生紧张状态，一直到人们改变看法并重新恢复平衡为止。

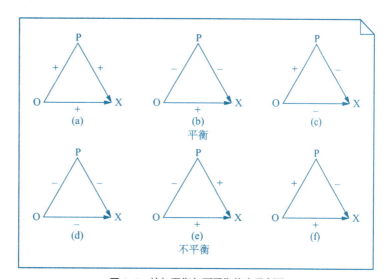

图 6-2　认知平衡与不平衡状态示意图

实际上，该理论并未考虑三维关系的强度。但是平衡理论提醒我们，当各种相关的看法之间达到平衡或一致时，态度最稳定；而当出现不平衡时，态度就可能发生变化。平衡理论也解释了为什么人们喜欢与那些能得到肯定评价的事物发生联系。

平衡理论对于名人广告和品牌延伸的决策是很有用的。当三维关系尚未完全确立时，比如，当企业推出一种新产品或者消费者对某个品牌还未形成明确态度时，企业可以聘请消费者喜欢的名人代言该产品，来帮助消费者建立与产品之间正面的情感联系。品牌延伸的用意也在于将消费者对知名品牌的积极情感，通过三维关系传递到被延伸的产品上。但是，不管是名人广告还是品牌延伸，都需要满足两个基本条件：第一，目标消费者已发展出对名人或知名品牌积极的情感联系；第二，所宣传或延伸的产品与名人或母品牌具有密切联系或归属关系。

在品牌延伸中，还必须注意防止因为新产品的失败而给母品牌形象造成损害。如果消费者不

---

[1] Heider, F. *The Psychology of Interpersonal Relations*. New York: Wiley, 1958.

认同和不喜爱新产品，即消费者对新产品建立的是一种消极的情感联系，为求得平衡，消费者对母品牌的积极情感联系就有可能由好变坏。此外，当高端定位的品牌被延伸到低端产品时，由于品牌的大众化，该品牌对于高端市场的顾客而言，它的象征价值和个性会逐渐丧失或被破坏，高端顾客对品牌的评价也可能因此而恶化。

二、自我知觉理论

自我知觉理论（self-perception theory）是比姆（Bem）1967年提出的一个理论[1]，是指人们借由观察或审视自己的行为，来判断自己到底持什么态度，就像观察他人的行为来判断其所持有的态度一样。这种理论仍然强调一致性，假设所做的选择是独立的，消费者根据购买或消费行为推断自己对对象的态度。这样的话，某消费者可能会说，这种态度形成与低水平的涉入有关，因为它涉及的是这样一种情形，即消费者在最初采取某种购买行为时并不具有强烈的内在态度。事后，态度的认知和情感要素才得以统一。这就是说，习惯性的购买行为可能会在事后产生积极的态度——既然我决定买下它，想必我是喜欢它的。这就给营销人员一种启示，通过劝说消费者试用并养成购买习惯来培养其积极、稳定的态度，这对于那些具有低涉入水平的商品来说，不仅是可能的，而且是有效的。

自我知觉理论可以解释一种叫作"踏脚进门技巧"（foot-in-door technique）的推销技术。该技术产生于挨家挨户的上门推销活动。推销员在敲开门后，赶紧把脚踏进门去，以免顾客"呼"地一下把门关上。一个好的推销员知道，只要他能说服顾客把门打开并开始交谈，消费者也许就会买点什么。因为顾客既然允许推销员进门，并且愿意交谈，就表明顾客对推销员及其推销的产品或许已有了一定的兴趣和相对积极的态度。此外，在劝导人们回答调查问卷或捐钱给慈善机构时，这种技巧也特别有效，其成败在于相关人员能否抓住机会"得寸进尺"。[2]

自我知觉理论激发了一些学者从事"过度辩解效果"（over justification effects）的研究。有学者（Nisbett R. E. and Valins, S. 1972）[3]认为，如果给予个体过度的理由来从事某项行为，会导致他由此推断其行为并不是内在态度而是外在的激励或外部原因所致。也就是说，外部激励作为一种过度理由，会削弱人们对内在吸引的判断。例如，当很有吸引力的产品不停地打折或促销时，长此以往，消费者会把购买的原因归结于外部的促销，而慢慢降低对产品本身的评价。

三、社会判断理论

社会判断理论（social judgement theory）[4]假设人们对有关态度对象的信息会加以同化，即以

---

[1] Bem, D. J. Self-Perception Theory. in *Advances in Experimental Social Psychology*, Berkowitz, L., eds. Utah: Academic Press, 1972, 6, 1–62.
[2] Freedman, J. L. and Fraser, S. C. Compliance without Pressure: The Foot-in-the-door Technique. *Journal of Personality and Social Psychology*, 1966, 4(2):195–202.
[3] Nisbett, R. E. and Valins, S. Perceiving the Causes of One's Own Behavior. in *Attribution: Perceiving the Causes of Behavior*, Jones, E. E. and Kanouse, D.E., eds. New Jersey: Erlbaum, 1987, 63–78.
[4] Meyers-Levy, J. and Brian, S. A Two-factor Explanation of Assimilation and Contrast Effects. *Journal of Marketing Research*, 1993, 30(3): 359–368.

已有的态度作为参照标准，将新信息进行归类和处理。根据这一理论，人们的现有态度会对新态度的形成产生影响和制约。我们在对态度对象形成判断时，也会采用一套主观的标准（可以称为态度标准）。

社会判断理论又被称为同化对比理论（assimilation and contrast theory）。该理论强调，某个刺激或信息是否被接受，总是因人而异。人们根据态度标准会形成一系列的接受域和否定域。符合现有态度标准，即落在接受域内的观念和事物就会得到承认；否则，就会被否定或拒绝。如果落在接受域内的信息本身并不完全一致，那么人们就会对其进行协调或调整，使之趋于一致与和谐，这个过程就称为同化过程。另外，落在否定域内的信息可能遭受比客观的不一致性更强烈的排斥，这就产生了对比作用。人们对某个态度对象的偏好越强烈，他们的接受域就越小。在这种情况下，消费者能够接受的事物就越少，而且会排斥哪怕是与主观规范只有细微偏差的事物。这就解释了为什么一些企业很难改变消费者对自己业已形成的根深蒂固的看法，或者忠诚的消费者很少对竞争者品牌或新品牌有积极性和兴趣的原因。

一般来说，每个人的接受域和否定域会有很大的差异。很多因素会影响这一点。其中一个因素就是这个人对态度的执着程度。一个人对某一态度的执着程度越高，则该态度的接受域越小，也就是说，他所能容忍的意见差异性越小；反之，如果他对某一态度的执着程度较低，则该态度的接受域就越大，也就是说，他能接受的意见差异性越大。一般来说，一个人的接受域越小，他发生态度变化的可能性越小。

四、消费者说服的精细加工可能性模型

根据精细加工可能性模型（elaboration likelihood model，ELM）[1]，形成或影响一个人的态度有两种途径——中心路径（central routes）和边缘路径（peripheral routes），而决定采取哪一种路径，取决于一个人的涉入程度（involvement）（如图6-3所示）。

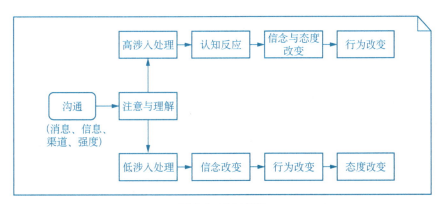

图 6-3　ELM 模型

资料来源：Eric, A., Linda, P. and George, Z. *Consumers*. New York: McGrawHill Companies, 2002.

---

[1] Petty, R. E., John, T. C. and David, S. Central and Peripheral Routes to Advertising Effectiveness: The Moderating Role of Involvement. *Journal of Consumer Research*, 1983, 10(2):135-146.

当处于高涉入度时，消费者会仔细评估产品的特性与优缺点，也就是说，此时消费者对产品的评价主要是深入思考与认知处理的结果，消费者根据信息的论证来形成态度。当态度改变主要来自中央路径时，这样的态度一般比较持久，也比较能够导致行为的产生。

在低涉入度情况下，消费者对营销信息处在低加工努力状态，会根据简单信息形成简单推断（simple inference）。这种简单推断可能来自消费者根据品牌名称、来源国、价格、销售渠道、色彩等的表面化分析。此外，消费者还会根据对代言人的感知形成简单推断。

在低加工努力情况下，简单的信息更有效，因为消费者不会去加工大量信息。因此，营销人员不应采用详细信息来说服消费者，因为这样会使消费者感到信息过量，而应该提供只包含一到两个关键词的简单信息，来告诉消费者为什么自己的产品更值得消费者购买。

在消费者低加工努力的情况下，如何提高消费者的涉入度？一种常见的情境涉入策略就是消费者的自我参照（self reference），即让广告信息与消费者的自我形象联系起来。营销人员可以通过一些具体措施来提高消费者自我参照的水平。例如，可以直接引导消费者运用自我参照（想一想你上一次旅游是在什么时候）；在沟通传播中使用"你"这样的称呼；采用反问句（比如，难道你不想旅游来享受一下吗）；显示消费者容易联系起来的视觉情境。

营销人员还可以通过其他方式来提高消费者的情境涉入程度。例如，在线广告中，营销人员可以利用虚拟人物来引发消费者更大的兴趣，并使消费者进入网站体验。另外，吸引消费者参与也是很好的方式。例如，乐高积木公司在网站上设计虚拟游戏，邀请消费者用虚拟的乐高积木来创建虚拟的动物和城市，这些活动能显示产品的功能，引发参与者的兴趣和涉入度。

关于精细加工可能性模型，要注意的是，不管是什么情境，中心路径与边缘路径都可能同时存在，所不同的是哪一种路径更为强势，具有主导作用。

第四节 | 影响和改变消费者的态度

一、消费者对广告的态度如何影响其对品牌的态度

已有研究认为，消费者对广告的态度会影响其对品牌的态度。也就是说，如果消费者喜欢某一品牌的广告，这种对广告的喜欢会延伸至品牌。所以，创造让消费者喜欢的广告对营销者来说是很重要的。

当然广告态度对品牌和产品态度的影响，还取决于一些因素，包括消费者是否对品牌已形成明确强烈的态度、消费者的涉入度等。对于消费者是否已对产品和品牌形成了强烈的态度这一因素，如果对一些知名品牌，消费者已经形成了明确的态度，他们就不会因为喜欢这些品牌的广告而提高对这些品牌的喜欢。但是对于新品牌或消费者熟悉度还不高的品牌来说，消费者对广告的喜欢会明显地影响到他们对品牌的喜欢。但研究表明，广告态度对品牌态度的效应会随着时间而消逝。

消费者对广告的态度是否会影响其对品牌的态度，还有一个重要的影响因素就是消费者的涉入度。根据精细加工可能性模型，在高涉入度时，消费者主要是会加工与产品有关的详细信息，因此其对广告的态度一般不会影响其对品牌的态度；而当消费者是低涉入时，由于其对品牌和产品的态度主要受外围线索影响，因此其对广告的态度会影响其对品牌的态度。

二、信息源与消费者态度的改变

（一）信息源对消费者态度的影响

信息源就是信息的传递者，企业可以选择名人、专家、"典型"的消费者、企业家、企业员工、虚拟形象等作为信息源和形象代言人。研究发现，同一广告信息，经由不同的形象代言人说出，对消费者的态度会产生不同的影响。一般来说，信息源的作用大小依赖于他（她）在专业知识、可靠性和魅力三个方面所具有的特质。

1. 信息源的专业知识

信息源需要具备支持广告论点的专业知识（expertise）。医生、科学家、教授等专业人员，在各自的专业领域所发表的评价或言论对消费者的态度都有重要影响。如果消费者认为形象代言人所从事的专业与其推荐的产品有关，其说服力就会增加。

2. 信息源的可靠性

可靠性（reliability）是指信息源在接收者的心目中具有何种程度的客观性和诚实性。[1]已有研究显示，当消费者的初始态度比较消极时，当新信息与消费者原有的信念差异较大时，当营销者传播的信息比较复杂或难以理解时，或当产品与代言人之间的匹配性很好时，可靠的信息源对消费者接受信息有更加重要的作用。但是，当消费者自己有较强的能力从信息本身得出结论时，可靠的信息源的影响作用就会减小。另外，当一个信息源代言多个产品或品牌时，消费者对于信息源可信性的感知会降低。

3. 信息源的吸引力

信息源的吸引力（source attractiveness）是指信息源对目标群体所产生的吸引作用。形象代言人的吸引力源自其外表、个性、社会地位以及其与信息接收者的相似之处。

形象代言人的外表或形体魅力，能够吸引消费者的注意并引起好感，由此会增强对消费者态度的说服效果。邱肯（Chaiken）的研究[2]发现，在改变人们的信念方面，外表富有魅力的信息源更容易获得成功。此外，人们更倾向于对外表有魅力的信息源形成好印象。在广告代言人文献中，大部分研究证明，越是有吸引力的形象代言人，所宣传的产品越是能够获得好的评价和积极的反应。为什么富有吸引力的代言人有助于改变人们的态度呢？一种解释是，依据"光环效应"（halo effect）的原理，即当人们看到某人在某个方面很优秀时，便会想象这个人在其他方面也会很出色。光环

---

[1] Ratneshwar, S. and Shelly, C. Comprehension's Role in Persuasion: The Case of its Moderating Effect on the Persuasive Impact of Source Cues. *Journal of Consumer Research*, 1991,18(1):52−62.

[2] Chaiken, S. Communicator Attractiveness and Persuasion. *Journal of Personality and Social Psychology*, 1979, 37(8):1387−1397.

效应也可以用"一致性原则"进行解释。也就是说，人们一般倾向于把对一个人的全部评价统一起来，从而形成一种"美则优"的思维定式。[1]另一种解释是，形体魅力的作用在于它能使代言人起到榜样的作用，吸引消费者注意相关的营销刺激，并对信息进行接收和相应的处理。

不过也有研究发现，虽然漂亮的模特更容易引起消费者的注意，但在引导观众认真理解广告中的信息时所起到的作用可能并不大。相反，消费者可能因为欣赏广告中漂亮或英俊的代言人形象（并由此产生好心情）而忽视了对广告信息的关注和理解。此外，要使形象代言人吸引力在广告中发挥作用，还必须与其他因素结合起来。例如，当产品（如香水、洗发水、护肤品、珠宝等）与消费者的外表魅力有关时，有魅力的代言人才会更有说服效果；否则，如果广告宣传的是与性感或魅力无关的产品，其效果就会受到限制。这表明起用外表漂亮、性感的代言人做广告，并非在任何情况下都合适。

以上三种特质也可以协同促进消费者的态度，比如可靠性与专业知识可以共同影响消费者的感知，一些独立的第三方担保代言就同时具备这两者。比如，佳洁士牙膏的成功很大一部分来源于美国牙科协会的认可和推荐，美国心脏协会对桂格燕麦的推荐也是类似的例子。

信息源的作用还取决于其与目标消费者、产品或品牌形象的匹配。如图6-4所示，只有三个成分相互很好地匹配时，才能有效影响消费者态度[2]。实践中一些失败的例子，因为三者之间没有很好的匹配，导致消费者不能形成对产品和品牌的积极态度。比如，国际球星罗纳尔多、卡卡都代言过金嗓子喉宝，球星的形象与金嗓子喉宝的产品被认为不匹配；再如，定位于为年轻女性开发彩妆产品的互联网品牌完美日记，在选择某中年女明星做代言人时，很多消费者认为品牌形象与代言人不匹配。

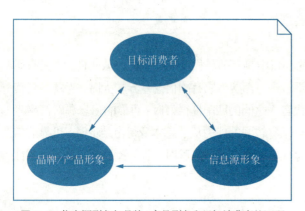

图6-4　信息源形象与品牌/产品形象和目标消费者的匹配

（二）不同类型形象代言人对消费者态度的影响

作为信息源的形象代言人，有多种不同的类型，这些类型都有其各自的特征和优劣势。

1. 以名人作为形象代言人

知名人士经常被选作形象代言人。知名人士的魅力可能源自其外表，也可能源自其品质，如专业成就、气质、社会地位等。知名人士作为代言人如果运用得当，就会产生非常明显的说服效果。名人作为代言人能够产生的具体的积极效果主要体现在以下三个方面。

（1）能够提升品牌或产品的知名度。名人通常具有吸引消费者注意力的优势，当其代言产品

---

[1] ［美］迈克尔·所罗门著，杨晓燕等译：《消费者行为学》（第12版），中国人民大学出版社2018年版。
[2] Till, B. D. and Busler, M. The Match-up Hypothesis: Physical Attractiveness, Expertise, and the Role of Fit on Brand Attitude, Purchase Intent and Brand Beliefs. *The Journal of Advertising*, 2000, 29(3):1–13.

时，自然提升了消费者对其代言产品的关注。

（2）能够提升消费者对品牌和产品的态度。名人一般有粉丝，这些粉丝对名人有积极的态度。根据经典条件反射理论，这些粉丝可以将对名人的喜爱迁移到对其代言产品和品牌的喜爱。

（3）帮助企业实现与竞争对手的区隔。以名人做代言人的另一个重要价值在于它是一种把自己的产品或品牌从同类产品或竞争品牌中区别开来的有效办法。当产品需要进入刺激辨别阶段（新产品投入市场一段时间以后，消费者仍不能区别这种新产品与它的竞争产品），甚至是产品已经进入生命周期成熟阶段的时候，往往需要通过名人广告来丰富消费者的产品认知，并以此建立或进一步强化品牌的独特形象和个性。

但是，以名人做代言人也存在较大的风险的。主要体现在：

（1）同一个名人不能在同一时期做太多广告。因为名人如果代言项目太多，消费者就很难将其代言的某个具体产品或品牌与该名人建立紧密的联结，这些不同的被代言品牌之间有竞争和稀释关系。

（2）所选择的名人并不受目标群体欢迎，尽管他（她）可能是其他群体喜爱的名人。

（3）消费者不相信名人与产品或品牌之间有关系。可靠性是代言人对消费者产生影响的重要方面，当消费者不认为某代言人与代言的品牌之间有关系时，代言人向消费者推荐产品或品牌的信息就失去了可靠性。比如有一些低端的化妆品请明星代言，消费者会质疑明星是否会用这种低端的化妆品。

（4）名人在做代言人期间的声誉和形象出现问题。这一点往往给企业带来很大的风险，需要企业及时处理由此产生的危机。减少这类风险的一种办法是放弃名人代言，还有就是在与名人的合同中规定道德条款，约束名人在担任形象代言人期间的个人言论和行为。

经典和前沿研究 6-1

代言人丑闻与企业响应

近年来，代言人丑闻出现的频率似乎越来越高，很多品牌深受其害。当这种意外状况发生时，公司的管理者都面临着一个问题：如何才能减少损失？一项研究发现，受影响的公司多数时候既不发表声明也不采取行动，这样会导致损失；积极处理这种状况的公司不仅能止损，甚至还能从中获益。研究选取了1988年至2016年间代言人在合同期内出现负面新闻的情况，一共有128个事件，涉及230家在美国的上市公司，涉及的代言人中59%是运动员，24%是电视和广播相关人士，17%是音乐人，从性别上看，70%是男性。

基础数据显示，在出现代言人丑闻后，59%的公司并未采取任何措施，20%宣布保持现状，21%暂停或结束与当事人的合作关系。不同的公司对同一丑闻事件做出的回应也经常有差异，比如游泳运动员迈克尔·菲尔普斯（Michael Phelps）吸大麻的照片曝光后，Visa公司公开表示支持，家乐氏（Kellogg）公司没有续签合同，其他一些公司则未做出表示。

> 有四个因素可能影响公众对名人丑闻的反应。其一，名人是否真的做了错事？比如，比起电脑被黑、裸照流出的人，家暴的人显然更应当受到谴责。其二，丑闻是与当事名人的职业直接相关（如运动员使用兴奋剂提升成绩）还是没有关系（如婚外情）？第三，当事名人的职业与代言产品是紧密联系（如音乐人代言吉他品牌），还是关系不大（如演员代言酒）？第四，当事名人是否有公开致歉？
>
> 研究考查了每个事件中相关公司的回应方式（如果有回应）、回应速度，以及是否与代言人继续合作，分析了当事名人的不当行为是否与职业相关、是否道歉，以及当事人职业与代言品牌的关联。为评估每一桩丑闻对公司财务产生的影响，研究者分析了丑闻曝光后20个交易日的股价变化。
>
> 结果是：在所有事件中，做出回应的公司相对保持沉默的公司，股价都有增长，且消息曝光三天内采取行动效果更好。这是因为迅速回应降低了不确定性，而不确定性会对股价产生负面影响。公司是否与当事人继续合作的影响要小于是否回应该事件。
>
> 公司回应代言人丑闻时，应参考以上四个要素。如果代言人的不当行为与职业紧密相关，且职业与品牌关系不大，那么公司终止合作比较好。比如2009年泰格·伍兹（Tiger Woods）被曝婚外情的丑闻爆发后，AT&T和埃森哲迅速停止了与其合作。这种做法是正确的，因为这两家公司的业务与高尔夫无关，要换用别的代言人很简单。而耐克如果换掉泰格·伍兹，就可能蒙受重大损失，因为他对耐克销售高尔夫装备及服饰非常重要，所以耐克留下了他。放弃不道歉的代言人比放弃表示要痛改前非的代言人能降低公司损失。
>
> 这项研究对名人和公司都有实践意义，对名人来说，应当迅速真诚地道歉；对公司来说，要设法回应，且最好在事件发生后三天内做出回应。
>
> 资料来源：Stefan, J. H. and Sascha, R. Managing Negative Celebrity Endorser Publicity: How Announcements of Firm (Non)responses Affect Stock Returns. *Management Science*. 2020, 66(3): 1473-1495.

2. 以"典型"消费者作为形象代言人

所谓典型消费者，就是指普通消费者中的典型，这一信息源的魅力来自其与目标消费者之间的相似性。一般来说，人们一般更喜欢和自己相似的人接触与相处，从而更容易受其影响。如果形象代言人给人的印象就像邻居（邻家男孩、女孩或大婶）一样普通、亲切，便很容易赢得消费者的信任和好感。特别是在推荐食品、饮料、家用洗涤剂、普通化妆品时，"典型消费者"是很能打动人心的一种形象代言人。

3. 企业家代言人

企业家为自己企业的产品、品牌代言的情况在市场上也经常出现。用企业家代言会产生一定的优势。比如有些消费者会觉得企业家代言自己的产品，更有利于展示企业的形象。另外，由于明星代言成本越来越高，而且一些明星还会发生负面事件，由此影响到企业或其品牌，那么用企业家代言就可以消除这方面的问题。还有一点，企业家的个人品牌往往与企业的成长和企业的品牌有着天然的联系，企业的成功往往就是企业家的成功，企业家的成功反过来又能帮助扩大企业的影响力，企业家形象与企业品牌形象密不可分。不论是企业自身还是社会外界宣传一个企业时往往要宣传企业家，企业家形象本身就是企业品牌的一个符号或缩影，企业家代言最自然、最有说服力。董明珠对于格力、任正非对于华为、张瑞敏对于海尔、雷军对于小米，无不是企业最好的形象代言人。企业家代言自己的品牌或产品，有的是正式的广告形式，比如董明珠代言格力的电视广告，但更多的是企业家作为公众人物天然地代表着企业的形象，其言行举止对品牌和产品会产生影响。

4. 角色代言人

角色代言人也是一种重要的企业代言现象，是指企业通过设计一定的卡通形象或其他形象来为企业代言。[1]卡通形象代言人代表的是品牌的形象和个性，实现品牌与消费者的有效沟通。其职能包括在各种媒介宣传，传播品牌信息，扩大品牌知名度、认知度等；参与公关及促销，与消费者近距离地"沟通"信息，并促成购买行为的发生，建立起品牌的美誉度与忠诚度。

其实，卡通代言人早在几百年前就出现了。恒美环球广告公司早在1898年就推出了轮胎代言人米其林男子。近几十年，全球又相继诞生出很多经典的卡通代言人，如迪士尼的米老鼠和唐老鸭、麦当劳叔叔、肯德基上校等。迈入21世纪，各种卡通代言人更是层出不穷，中国企业前些年也推出了一些卡通代言人，如动感地带M仔、海尔兄弟等。近几年虚拟代言人现象非常盛行，就如在本章开篇案例中介绍的，很多企业设计了自己的虚拟代言人。比如2020年，天猫将代言人易烊千玺的个人虚拟形象"千喵"确立为天猫虚拟代言人；2020年欧莱雅推出了首位虚拟代言人"M姐"；2021年麦当劳便在国内推出品牌虚拟形象"开心姐姐"等。除了企业自己的虚拟人，还有被称为国内第一虚拟歌姬的洛天依，合作品牌超30家，包括长安汽车、欧舒丹、护舒宝等，品类不仅有快消、洗护这类低客单价产品，还包括时尚、汽车、美妆等。艾媒咨询发布的《2021中国虚拟偶像行业发展及网民调查研究报告》显示，2021年预计中国虚拟偶像核心产业规模达62.2亿元，带动产业规模1 074.9亿元。[2]

虚拟代言人的盛行，主要是基于以下原因：

（1）虚拟代言人符合当今计算机、互联网、数字等主导的时代背景；

（2）虚拟代言人的外在形象和内里人格都可以定制，可以更符合品牌和产品，以及目标消费者的特性；

（3）能够规避许多真人明星的风险，不用担心他们会做错事、出丑闻或合作不愉快；

（4）使用虚拟代言人的成本可能比使用名人更低，其可以不受时空限制为企业代言。

但虚拟代言人现象目前还存在一些问题，体现在：第一，需要每一位虚拟代言人有各自明显的定位、性格标签，形成自己的流量和商业化价值；第二，虚拟代言人需突破虚拟世界的局限，与现实进行更为持久真实的对话和情感互动，与消费者形成共鸣；第三，技术、运营等方面投入成本过高是虚拟代言人需面对的一个问题。

---

[1] Judith, A. G. and Scot, B. The Role of Spokescharacters as Advertisement and Package Cues in Integrated Marketing Communications. *Journal of Marketing*, 2005, 69(4):118-132.

[2] https://www.sohu.com/a/475143599_533924.

除了以上的代言人类型，还有企业员工、专家等代言人类型。总之，企业可以选择名人、企业家、"典型消费者"、虚拟代言人等各种不同的信息源作为自己的形象代言人。企业应根据其产品的性质和特点以及目标消费者的特征，选择适合自己的形象代言人。比如，从产品特点来看，专家型代言人对影响消费者对实用产品（如吸尘器、治疗顽固性疾病的药品）的态度会非常有效；名人做珠宝、家具之类社会风险较高的产品的代言人，效果会更好；从消费者的特点来看，有些消费者对社会的认同和对他人的看法非常重视和敏感，他们将更容易受到富有魅力的形象代言人（如名人）的影响；另一些消费者可能具有较强的自我中心主义，他们更容易被专家型的形象代言人说服。

三、营销信息诉求与消费者态度的改变

营销者通常可以采取理性诉求、情感诉求、幽默诉求、恐惧诉求等诉求方式来影响和改变消费者的态度。

（一）理性诉求

理性诉求指的是广告诉求定位于消费者的理智动机，通过真实、准确、公正地传达企业、产品、服务的客观情况，使消费者经过概念、判断、推理等思维过程，理智地做出决定。展示产品的质量、经济性、性能、可靠性或其他使用结果的广告都属于理性诉求的例子。

一般来说，理性诉求主要适用于以下情境：第一，当目标消费者对产品了解不多、基本信念尚未建立时。第二，当消费者对该类产品的涉入程度较高时，决策时更为理性时。

理性诉求的具体方式主要包括四种：

（1）阐述事实。当广告的诉求重点在于传达产品的特性、功能或消费者的购买利益时，阐述最重要的事实并做出明确的利益承诺是常用的理性诉求方法。

（2）解释说明。在传达产品特性时，广告还可以对产品如何具备某种特性做详尽的说明，对产品的功能和效果进行直观的演示，从而加深目标消费者对产品的了解。在具体的广告中可采用解释成因、提出问题、解答疑问、直观示范等方法对产品加以解释说明。

（3）进行比较。把本产品或服务与竞争品牌做比较，是理性诉求常用的方法。通过比较，可以凸显本产品的优势，或者降低消费者对比较品牌的偏好等级。

（4）观念说服。当广告旨在向消费者传达消费观念、产品选择观念、企业的理念时，往往采用理性的观念说服形式。常见的观念说服形式有两种：正面立论和批驳过时、错误的观念。

总之，当营销者希望通过增加消费者的认知，来影响和改变消费者的态度时，理性诉求是一个好的选择。

（二）情感诉求

情感诉求是指通过极富人情味的广告诉求方式，激发消费者的情绪、情感，满足消费者的心理需求，进而使之萌发购买动机，产生购买行为。

情感诉求的特点主要包括以下三点。第一，情感诉求目标是触动消费者的内心世界，使其产生或唤起某种特殊的情感。第二，富有人情味。情感诉求文案中叙述的故事，广告画面中的人物、展现的情节，通常应使许多消费者有切身的体验，需要人情味极浓。第三，注重渲染气氛。通过优

美的语言、生动感人的情节、丰富多彩的画面一起构筑浓烈的气氛，气氛越浓厚、越真切，就越能激发消费者的情感。

当然，情感诉求也不是在所有的情境下都有效，一般来说，有以下因素影响情感诉求的效果：

（1）消费者的涉入度。当消费者存在认知的需要（消费者还未形成有效的认知），或其产品涉入度较高时，情感诉求的效果就会受到限制。这里可以从两方面来解释：一方面是涉入度高时，消费者更需要足够的信息进行理性评估，对情感的需求较低；另一方面是因为情感诉求可能会限制消费者加工与产品相关的信息的数量，因为情感诉求会导致消费者过多地思考对产品的感受而不是产品的特征，这样会抑制消费者对产品利益的认知。

（2）产品的类型。相对于功能型消费，在享乐型或象征型消费情境中，情感诉求可能会更有效。

（3）产品或品牌的特征。当所诉求的产品上市已有一段时间、消费者已有一定的熟悉度时，情感诉求能够更有效地影响消费者；而对于刚上市的产品来说，强论证是更好的广告形式。

（4）文化因素的影响。文化差异也会影响情感诉求的效果。已有研究发现，激发消费者关注自我反应的信息在个体主义的文化中会产生更加有利的态度，而移情性（empathetic）信息则在群体导向的文化中会产生对态度的更好影响。

（三）幽默诉求

幽默诉求是指通过搞笑、幽默、诙谐等方式来表达的广告。一般来说，幽默广告能够产生以下的一些优势：第一，有幽默感的广告能引起观众的注意；第二，幽默广告能够提高消费者对广告和品牌的喜欢程度；第三，幽默广告能够提高消费者的记忆水平。[1]

尽管有这些优势，但幽默诉求广告的效果要受很多因素的影响：

（1）消费者的涉入度影响幽默广告的效果，在低涉入度情境下，更适合采用幽默诉求的方式。

（2）幽默要与产品或品牌有联系，才能产生较好的效果。

（3）幽默要考虑目标群体的特征，因为幽默的含义随着个人、文化和情境的不同而不同。

（4）重复展露对幽默诉求的效果也有影响。幽默诉求容易比其他类型的诉求更快地变得"过时"，因为消费者会对一次次反复看到同一则笑料感到厌烦。

（四）恐惧诉求

恐惧诉求是指通过强调从事或不从事某项行为的后果来引发恐惧或焦虑的诉求方式。[2]在日常生活中，消费者经常接触到的恐惧诉求包括头皮屑带来的烦恼、蛀牙带来的严重后果、脚气患者的烦躁表情、难闻的口气所带来的社交尴尬、保险广告中以车祸为背景的诉求等。恐惧诉求是通过唤起消费者的恐惧，激励消费者对广告中的相关信息进行思考，从而影响消费者的行为。

恐惧诉求有利于提高消费者的注意度，还会影响消费者的态度。关于如何提高恐惧诉求的效果，有以下建议：

---

[1] Cline, T. W., Mosers, B. A. and Kellaris, J.J. When Does Humor Enhance or Inhibit Ad Responses? The Moderating Role of the Need for Humor, *Journal of Advertising*, 2003, 32(3): 31-45.

[2] Dillard, J. P. and Anderson, J. W. The Role of Fear in Persuasion. *Psychology and Marketing*, 2004, 21(11):909-926.

(1)适中的恐惧水平效果更好。研究发现,恐惧感的强弱与态度转变之间的关系并不是固定不变的。恐惧的增加并不一定导致态度转变的加大;实际上二者之间的关系表现为一个倒U形的曲线,如果威胁过大,作为一种求得心理平衡的方法,消费者将否定其存在的可能性。适中的恐惧比过低的恐惧诉求和过高的恐惧诉求效果都要好。[1]

(2)恐惧诉求如果能提供可靠的信息来源,会对效果有促进作用;如果发现信息源不可靠,消费者就不会完全相信这条信息,从而影响恐惧诉求的效果。

(3)恐惧诉求不仅要有恐惧信息,还必须告诉人们该怎么办。有实验让学生们阅读关于破伤风危害的宣传册。其中有些册子中有感染破伤风后的实例图片,有的没有。此外,有的学生被告知注射破伤风疫苗的具体途径,有的则对此没有说明;有的学生只接受了怎样注射破伤风疫苗的建议,并不知道破伤风的可怕后果。结果发现,只有既知道破伤风的可怕后果又被告之具体建议的学生才会主动去打破伤风疫苗。这是因为如果只诉求恐惧而不给解决方案,消费者会因为无法解决问题而对威胁视而不见。

(五)价值表现诉求

价值表现诉求是为产品或品牌建立一种个性,或为产品使用者创造一种形象的一种诉求方式。这种诉求方式主要适用于表现价值、形象或身份的产品,比如香水,而不适用于功能性产品。[2]

四、信息结构与消费者态度的改变

关于信息结构对消费者态度的影响,主要体现在双面信息和单面信息的影响,以及强论证与弱论证的影响。

(一)单面信息与双面信息

在说服过程中,是仅仅陈述产品的优点或购买理由好,还是既指出产品的优点或购买理由又指出产品的某些不足好呢?前者被称为单面信息(one sided message)或支持性信息(supportive argument),后者则被称为双面信息(two-sided message)。尽管在日常生活中我们见到的大多数广告采用单面信息的形式,然而在有些情况下,双面信息也是非常有效的。关于双面信息在什么情况下有效,以及双面信息到底为什么会有效,已有研究给出的解释是:双面信息能使信息更加可靠,并减少消费者的反驳,从而影响消费者态度。因为当消费者在广告信息中看到负面信息时,会感觉这家公司很诚实。当然,双面信息对消费者影响的效果取决于如何展露负面信息、展露什么样的负面信息,以及负面信息与正面信息之间的相互作用。[3]

双面信息在满足以下条件时会产生更好的作用:第一,消费者对产品或品牌一开始有一定的

---

[1] Keller, A. P. and Block, L.G. Increasing the Persuasiveness of Fear Appeals: The Effect of Arousal and Elaboration. *Journal of Consumer Research*, 1996, 22(4): 448–459.

[2] Sirgy, J. Value-expressive Versus Utilitarian Advertising Appeals: When and Why to Use Which Appeal. *Journal of Advertising*, 1991, 20(3):23–33.

[3] Crowley, A. E. and Hoyer, W. D. An Integrative Framework for Understanding Two-sided Persuasion. *Journal of Consumer Research*, 1994, 20(4):561–574.

负面信念时；第二，当消费者接受来自竞争对手的反面信息展露时。因此，使用双面信息对营销者来说并不总是一个合理的策略，一般来说，只有当负面信息是一个对消费者来说并不十分重要的属性时，双面信息才能对品牌态度产生正面影响。

（二）强论证与弱论证

信息论证的质量是指信息是用强论证还是弱论证的方式展现。强论证（strong argument）能以让消费者信服的方式展现某产品的优点和吸引人的特征。研究发现，当消费者关注产品使用的过程，而不是产品使用的结果时，强论证方式对于消费者的行为意向有更强的影响，这对于从较低涉入度到中等涉入度的产品来说表现得尤为突出。而对于高涉入度的产品和购买来说，强论证的方式与隐性结论相结合的方式则能够提高消费者的品牌态度和购买意向。此外，当消费者的认知资源充足，而且愿意投入足够的认知资源对信息进行加工时，强论证的方式对他们的影响会更大。

与强论证相比，如果信息较弱，则消费者可能不会认为信息能够为他们提供可靠的购买理由。当然并不是所有的信息都需要用强论证的方式表达，研究结论认为，应当根据消费者愿意为该信息加工所投入的认知资源的多少决定，太复杂或太简单的信息往往对消费者的说服能力都较差。

五、信息形式与消费者态度的改变

信息传播者必须为信息设计具有吸引力的表达形式。例如，在印刷广告中，营销传播者需要决定广告的标题、文稿、插图和色彩等。与信息形式相关的一项基本的决策是对文字和图像这两种符号的选择和设计。

文字和图像的表达各有优劣势，图像的刺激可以产生巨大的冲击力，尤其是当传播者希望引起接收者感性的反应时，生动的、富有创意的图像或画面能发挥很好的效果，图像信息的消费者记忆效果也更好；而文字信息的优势在于更能传递实质性内容，通常表达更为清晰准确，但更容易被遗忘，需要更多的重复展露。

文字和图像哪种形式更好取决于一些因素。比如研究发现消费者的涉入度会产生影响，当消费者的涉入程度较高，他们才会更多地注意和阅读文字材料，此时文字信息的效果更好。另外，消费者的目的也会产生影响，文字形式有助于影响消费者对产品效用、功能方面的评价，而图像形式则在审美评价方面具有较大的影响。因此，如果消费者的目的是判断产品功能，则文字信息更适合；而如果是审美，则图像形式更好。文字信息与图像信息也可以相互影响，比如当文字表述与图像结合在一起，特别是当图像与文字表述相吻合时（即画面中的广告语言与图像紧密联系），文字表述将更加有效。

表情符号（emoji）作为一种网络语言，近几年也出现在企业的营销信息传播中。它是一种用图片表达的，可以在一定程度上代表文字语言的符号。在营销传播场景中，表情符号近几年盛行于消费者的网络口碑、企业与消费者之间的直接互动，以及企业的广告信息中等，被认为是一种流行的社交语言，尤其是在与年轻消费者的沟通中，在非正式的场合中。

实践中的普遍应用似乎表明表情符号总是在营销沟通中产生积极的影响。但实际上也有被消费者反对的案例，比如高盛投资银行（Goldman Sachs）在2015年公司报告中使用表情符号被消费者批评[1]。这显示表情符号这种信息表达方式有它的适应条件。有研究从温暖和能力两个维度对表情符号进行研究，发现企业的客服人员在与消费者的沟通过程中使用表情符号，能提升温暖感知，但会降低能力感知。对于集体（communal）导向的消费者来说，由于其更关注关系情感等，沟通中使用表情符号会更大程度地提升温暖感知，并由此提升服务满意度；但对交换（exchange）导向的消费者来说，沟通中使用表情符号会使其更大程度地感知到低能力，从而降低对服务的满意度[2]。集体导向是指关注他人的导向，而交换导向是指关注自我利益的导向。由此可见，消费者的特征会影响表情符号使用的效果。

另有研究关注了企业在广告中使用表情符号，发现表情符号能够使消费者产生积极情感，从而提升对产品的购买意向，但这种效果仅限于享乐型产品，对于功能型产品来说，是否使用表情符号并不影响消费者的积极情感[3]。

> **经典和前沿研究 6-2**
>
> **社交媒体上的文字和图片**
>
> 有研究搜集了推特（Twitter）和照片墙（Instagram）两个社交平台上有关航空公司和SUV在社交媒体上帖子的信息，分析了帖子中图片的展示方式、图片内容特征、图片和情境匹配特征与用户点赞和转发行为之间的关系，得到了一些有意义的结论。
>
> 研究发现图片能产生三种影响：
>
> 一是纯粹存在效应，是指单纯因为增加了图片使得帖子在用户参与上产生影响。图片作为对文字内容的补充，只要它存在，就可能对用户体验和参与造成影响。
>
> 二是图像特征效应，是指图片本身具有的内容特征对帖子在用户参与度上的影响。
>
> 三是图文契合效应，是指文本与图片的相关性对社交媒体用户参与度的影响。
>
> 最终的研究结论为：
>
> 第一，在推特的两个产品类别中，纯粹存在效应对两种类型的用户参与都有显著积极影响。如果在推特中加入一张即时可见的图片，与航空旅行相关的推文的转发量会增加119.15%，点赞量会增加87.26%。对于与SUV相关的推文，单纯存在效应会增加213.12%转发量和151.56%点赞量。然而，对航空公司推文的分析也揭示了图片链接的负面影响：与没有图片的推文相比，带有图片超链接的推文的转发量少了78.18%，点赞量少了66.2%。研究者认为这是因为读者没有耐心通过额外的步骤打开超链接图像。

---

[1] Hof, R. D. *Picture This: Marketers Let Emojis Do the Talking*, http://www.nytimes.com/2016/03/07/business/media/picture-this-marketers-let-emojis-do-the-talking.html?_r=1#.

[2] Li, X. S., Chan, K. W. and Kim, S. Service with Emoticons: How Customers Interpret Employee Use of Emoticons in Online Service Encounters. *Journal of Consumer Research*, 2019, 45(5):973-987.

[3] Das, G., Wiener, H. J. D. and Kareklas, I. To Emoji or Not to Emoji? Examining the Influence of Emoji on Consumer Reactions to Advertising. *Journal of Business Research*, 2019, 96(c):147-156.

第二，高质量和专业拍摄的照片在两个平台上都能带来更高的参与度。在推特上，人脸照片往往能吸引更多的注意力，吸引更高的用户参与度，而在照片墙上则不然。在这两个平台上，图片的色彩会影响用户的参与度。然而，它的效果在很大程度上取决于产品类别：色彩丰富的图片会提高与航空旅行相关的社交媒体帖子的参与度，而色彩不那么丰富的图片往往会吸引更多与汽车相关的帖子的分享。

第三，在社交媒体上发布的图片和文本内容之间的契合度增加了人们对推特上与航空公司相关的帖子的喜爱，但在照片墙上却没有。

资料来源：Li, Y. and Xie, Y. Is a Picture Worth a Thousand Words? An Empirical Study of Image Content and Social Media Engagement. *Journal of Marketing Research*, 2020, 57(1): 1-19.

第五节 | 消费者态度的其他理论

一、说服知识模型

说服知识模型（persuasion knowledge model）是指对于消费者的说服必须考虑消费者所具有的相关知识。说服知识模型认为，消费者会发展出关于说服的知识，然后用此知识来回应他们所面对的说服。这里所说的说服知识是指消费者对于说服的看法，以及他们对于营销人员的动机、策略和手法的一些信念，也包括各种反应方式及其效果的评估。消费者会根据他们的说服知识来解读营销信息并做出判断和决策。研究证实，当消费者相关的说服知识较为丰富时，厂商的说服往往较不容易成功。这种效果会发生在消费者看广告、逛商店以及和现场销售人员的互动方面。例如，研究发现，电视广告若使用引人注意的手法与技巧，则容易引起目标消费者对广告表现意图的推论，并对该广告在态度上有负面影响。[1]另外，当消费者产品知识很丰富时，会更有意向去处理广告信息，同时他们对内容丰富的广告信息也会产生较好的态度。还有研究发现，当消费者对企业的定价技巧具有较高的知识时，相对于具有低说服知识的消费者来说，更不可能受到企业定价技巧的影响。[2]消费者说服知识理论的基本营销含义，是告诉企业想要使用相关的方法和信息对消费者进行说服，从而影响消费者的态度与决策时，就应该注意消费者的说服知识水平。

---

[1] Campbell, M. C. When Attention Getting Advertising Tactics Elicit Consumer Inference of Manipulative Intent: The Importance of Balancing Benefits and Investment. *Journal of Consumer Psychology*, 1995, 4(3):225-254.

[2] Hardest, D. M., William, O. B. and Carlson, J. P. Persuasion Knowledge and Consumer Reaction to Price Tactics. *Journal of Retailing*, 2008, 83(2):199-210.

二、消费者态度拒绝改变

某一品牌的忠实消费者与其所钟爱品牌之间会有高度关联的关系。其品牌态度不仅正面积极，而且非常坚定。当品牌受到竞争者或媒体的抨击时，该品牌的忠实消费者会通过多种途径来避免态度改变，具体的方式包括[1]：

（1）怀疑。当消费者喜爱的品牌遭受攻击时，首先消费者会采取怀疑的态度，一般采用抗辩的方式，寻找攻击者或攻击信息本身的弱点或漏洞。

（2）忽略。当无法怀疑时，忠诚的顾客还会通过忽略的方式，降低负面信息对自己的影响。他们可能会下意识地降低该品牌受攻击属性的重要性来保护对品牌的态度。

（3）遏制。如果攻击不容置疑，则忠诚的顾客还会通过遏制的方式降低攻击信息的影响。

因此，忠诚的消费者是其喜爱品牌的积极护卫者。

三、双重态度理论

20世纪90年代中期，美国心理学家格林沃尔德（Greenwald）和班纳吉（Banaji）在分析了大量研究文献的基础上提出了内隐性社会认知（implicit social cognition）理论，即过去经验的痕迹虽然不能被个体意识到或自我报告，但是这种先前经验对个体当前的某些行为仍然会产生潜在的影响[2]。这一理论强调了无意识在社会认知中的作用，与内隐态度（implicit attitudes）紧密联系。内隐态度是过去经验和已有态度积淀下来的一种无意识痕迹潜在地影响个体对社会客体对象的情感倾向、认识和行为反应。在此基础上，威尔逊（Wilson）和林赛（Lindsey）等人提出了双重态度模型理论（dual attitudes model），认为人们对于同一态度客体能同时存在两种不同的评价：一种是能被人们所意识到、所承认的外显态度，另一种则是无意识的、自动激活的内隐态度。[3]

双重态度模型理论引发了人们对传统研究成果的反思，也为社会心理学研究提供了一个新的研究方向。当态度发生改变时，人们由旧的态度 A_1 改变到新的态度 A_2，但是旧的态度 A_1 可能仍然留存于人们的记忆中，以内隐态度的形式，潜在地影响着人们的认识和行为。

威尔逊和林赛提出了以下具体观点：

（1）相同态度客体的外显态度与内隐态度能共存于人的记忆中。

（2）出现双重态度时，内隐态度是被自动激活的，而外显态度则需要较多的心理能量和动机从记忆中去检索。当人们检索到外显态度，且它的强度能超越和压制内隐态度，人们才会报告外显态度；当人们没有能力和动机去检索外显态度时，他们将只报告内隐态度。

（3）即使外显态度被人们从记忆中检索出来，内隐态度还会影响人们那些无法有意识控制的行为反应（如一些非言语行为）和那些人们不试图去努力控制的行为反应。

---

[1] Ahluwalia, R. How Prevalent is the Negativity Effect in Consumer Environments? *Journal of Consumer Research*, 2002, 29 (9):270-279.

[2] Greenwald, A. G. and Banaji, M. R. Implicit Social Cognition: Attitudes, Self-esteem, and Stereotypes. *Psychological Review*, 1995, 102(1): 4-27.

[3] Wilson, T. D., Lindsey, S. and Schooler, T. Y. A Model of Dual Attitudes. *Psychological Review*, 2000, 107(1): 101-126.

（4）外显态度相对易于改变，内隐态度的改变则较难，那些态度改变技术通常改变的只是人的外显态度，而非内隐态度。

（5）双重态度与人们的矛盾心理是有明显区别的，在面临一种有冲突的主观情景时，有双重态度的人通常报告的是一种更易获取的态度。根据双重态度模型，在限定反应时间的情况下，人们将没有机会检索他们的外显态度，而报告内隐态度。在这种情况下，人们能完全意识到他们的内隐态度，并且内隐态度也会影响人们在外显态度测量上的反应。在有较长反应时间的情况下，人们将会从记忆中检索出外显态度，并将超越内隐态度而决定人们在外显态度测量上的反应。威尔逊和林赛等人研究发现，人们在有时间限制的条件下（即在3秒钟时间限制内报告他们的态度），某些原来有效的态度改变技术并没有导致态度的改变。这一点可以看作对双重态度的支持，即使一种新态度已经被构建并被迅速获取，但是先前的习惯化态度仍然存在，一旦人们面临认知压力时，这种习惯化的态度就会成为默认的反应；而当人们没有认知压力时，这种最近被构建的态度才能够被提取并相对容易地被报告。

相对于外显态度一般用量表进行测量，内隐态度的测量比较复杂，可以用一些间接的投影技术，或借用专门的内隐态度测量软件。

四、睡眠者效应

睡眠者效应（sleeper effect，SE）是指在态度改变过程中，劝说效果随着时间的推移不降反增的现象。[1]

最早报告这一现象的是彼得森（Peterson）和瑟通（Thurstone）。他们让来自不同地区的初中生、高中生观看电影，试图通过这些电影改变学生对一些社会问题的态度。与这些电影相对应的态度测验在电影播放完后立即进行了一次，在随后的2～19个月内也有测试。研究发现，学生们对其中一部电影《一门四子》（Four Sons）中的人物在6个月后的再次调查中比刚看完电影时更加喜欢。后来，霍夫兰（Hovland）等在研究电影《不列颠之战》（The Battle of Britain）对态度改变的即时影响和延迟影响时发现，9周后电影对态度的影响比5天后的影响大，态度改变的效果随着时间的推移不是降低而是提高了。于是霍夫兰等创造了一个新概念"睡眠者效应"来描述这一现象。

睡眠者效应是对态度改变的时间效应的一种现象描述，其中涉及的几个基本概念可以概括为：两种信息、三个测试。两种信息是指劝说信息（message）和折扣线索（discounting cue）。其中，劝说信息是指试图改变受影响者对某一对象的态度的信息；而折扣线索是指可明显地暂时抑制劝说信息说服效果的信息，它可以是有关信息源的信息，也可以是直接对劝说信息进行批驳的新信息。三个测试是指在睡眠者效应的检测中，可能会在三个时刻对劝说信息的劝说效果进行测查，其中包括：前测（pre-measure），在给予被试处理之前（t_0时刻），对被试进行的态度测查；后测（post-measure），在给予被试处理之后（t_1时刻）立即进行的测试；延迟测试（delayed-measure），在给予被

---

[1] Hovland, C. I. and Weiss, W. The Influence of Source Credibility on Communication Effectiveness. *Public Opinion Quarterly*, 1951, 15(4):635−650.

试处理后相当长一段时间后（t_2时刻）进行的态度测试。

霍夫兰等的睡眠者效应在20世纪五六十年代很有学术影响力，直到20世纪70年代才有人提出质疑。吉利格（Gillig）和格林沃尔德（Greenwald）[1]连续做了7个实验，没有一个成功观测到睡眠者效应。于是，他们得出结论，要么睡眠者效应不存在，要么他们的实验不足以获得睡眠者效应。为了确证睡眠者效应是否存在，格鲁德（Gruder）[2]及其合作者进行了一系列的理论和实证研究。他们认为，睡眠者效应并不是普遍存在的，它的产生需要满足一定的条件：第一，信息本身必须是具有劝服力的，能显著地影响态度；第二，折扣线索的作用必须足够强，能显著地抑制劝说信息对态度的作用；第三，延迟测试的时间必须足够长，使劝说信息和折扣线索能够在延迟测试之前完成分离；第四，劝说信息与折扣线索的分离必须足够快，应该在遗忘发生之前完成。

在消费者行为研究中得出的结论是，越是不可靠的信息源提供的信息越可能产生睡眠者效应。比如广告说服消费者买东西，消费者会怀疑广告中所说的产品的优点，但随着时间的推移，信息的要点会保留在大脑中，从而可能产生睡眠者效应。

本章小结

态度是表达人们对某一人、事物、问题或现象等的好恶程度的一种总体性评价。在消费者行为领域，态度是20世纪70年代最火爆的一种理论。态度有四种主要功能，分别是效应功能、价值表现功能、自我防御功能和知识功能。关于消费者态度的理论模型，主要有菲什宾模型、扩展后的菲什宾模型和消费者态度的ABC模型。ABC模型认为态度是由认知要素、情感要素和意向要素构成的。消费者态度的形成可以依据多个不同的理论来解释，主要包括平衡理论、自我知觉理论、社会判断理论和消费者说服的ELM模型等理论。消费者态度可以测量。测量的方法包括使用菲什宾模型，也可以使用消费者态度的ABC模型分别测量认知要素、情感要素和意向要素。企业可以通过一定的方式来改变消费者态度朝着对企业有利的方向发展，因为很多营销要素会对消费者态度产生影响，包括消费者对广告的态度会影响其对品牌的态度，信息源、营销信息诉求方式、信息结构、信息形式等会影响消费者态度的改变。

---

[1] Gillig, P. M. and Greenwald, A. G. Is It Time to Lay the Sleeper Effect to Rest? *Journal of Personality and Social Psychology*, 1974, 29(1):132−139.

[2] Gruder, C. L., Cook, T. D. and Hennigan, K. M., et al. Empirical Tests of the Absolute Sleeper Effect Predicted from the Discounting Cue Hypothesis. *Journal of Personality and Social Psychology*, 1978, 36(10):1061−1074.

思考题

1. 名词解释

    态度　矛盾态度　态度的可达性　信念　内隐态度　睡眠者效应
2. 态度有哪些功能？
3. 简述菲什宾模型。
4. 简述扩展后的菲什宾模型。
5. 简述消费者态度的 ABC 模型。
6. 什么是消费者说服的 ELM 模型？
7. 信息诉求方式有哪些类型？
8. 信息结构如何影响和改变消费者态度？
9. 消费者态度与行为差距产生的原因是什么？
10. 虚拟代言人盛行的原因及面对的问题是什么？
11. 理性诉求的具体方式主要包括哪四种？
12. 影响情感诉求效果的因素是什么？
13. 幽默广告的效果影响因素是什么？
14. 如何提高恐惧诉求的效果？

第七章 消费者情绪

> 开篇案例

名创优品的"情绪管理局"

2020年底,名创优品开了一家"情绪管理局",代言人张子枫作为"情绪管理局主理人",用一个神奇的万花筒可以发现到店顾客的情绪问题,然后对症下药,帮助他们用"情绪解药"来治愈内心。为此,名创优品拍摄了情绪治愈微电影,围绕三个客人所得的三种"情绪病"展开。

第一个客人是由于工作上的压力得了"职场失笑症"的张琳,需要的情绪解药是毛茸茸的温暖。张子枫把一个毛茸茸的抱枕推荐给了张琳。拿到抱枕的张琳,回忆起高中时期的故事,那时的她和室友打打闹闹,充满了自信。回忆起这些,张琳也露出了灿烂的笑容。第二位客人,是一位有"中年忘哭症"的男士家豪。作为一家之主,在外辛勤工作,回家也要装作很坚强,将所有的压力独自承担。他需要的情绪解药是未知的惊喜。张子枫向家豪推荐了盲盒,让他摇一摇,感受未知的惊喜。第三位到店里的客人,是一位爱吃辣的四川女孩淇淇。由于男友不爱吃辣,吃火锅的时候只能陪男友吃番茄锅。甚至看着名创优品里的各种辣味美食,她也在犹豫要不要买。在张子枫看来，淇淇是得了"爱情憋闷症"，在爱情中太考虑对方的感受。张子枫开出的情绪解药是"熟悉的味道"。她把店里的各种辣火锅都推荐给了淇淇，淇淇则由此想到了最初和男友谈恋爱时，两个人隔着栏杆吃火锅的甜蜜情景。淇淇决定不再迁就，尽情地买了自己爱吃的各种辣味美食，还让男友立刻马上来接自己，找回最初被宠着的感觉。

微电影中名创优品赋予了抱枕、盲盒、辣火锅三种商品以情感功能，让它们作为"情绪解药"出现，来治愈每一位有情绪症状的顾客，帮他们疗愈内心。名创优品赋予商品情感功能，并没有自说自话，而是将它们与顾客的情绪状况和美好记忆联系起来。有了这些美好故事的"加持"，消费者与品牌情感共振的效应会被放大，内心的治愈体验和商品的情感功能会相互辉映，打造更为牢固的情感沟通点，增强消费者对名创优品的情感认同。

资料来源：https://www.cmovip.com/detail/7260.html。

第一节 消费者情绪概述

2015年6月20日，软银Pepper机器人启动量产，面向普通消费者发售1 000台，一分钟后便宣告售罄。企业宣称"我们赋予了这个机器人情感，这是人类有史以来的第一次"。Pepper高约121厘米，重约28千克，身上配备有10.1英寸触控屏幕。机器人头部装有一个麦克风、两个摄像头和一个3D传感器，对人的表情、声调到喜悦及愤怒等情绪均可识别，并且可根据人类情绪做出反应，所以被称为全球首个具备感情的机器人。

情绪是个复杂的概念，但在当今的市场环境下，也是一个极其重要的概念，在市场营销中的作用越来越突出。很多企业都在积极创造和传递给消费者积极的情绪。比如，可口可乐全球品牌理念是"可口可乐提供了连系你我的快乐能量"，其呈现给消费者的不仅是一罐碳酸饮料，也是一个可以触动消费者心灵并激发消费者快乐感觉的有温度、有情感的品牌。

一、情绪的含义

学术界对情绪有各种各样的定义。凯尔特纳和盐田（Keltner & Shiota, 2003）[1]在很多已有概念界定的基础上，对情绪做了一个总结性的界定：情绪是一个普遍的、对外部刺激的功能型反应，是消费者生理的、主观体验的，以及行为上对外部环境的反应。这一界定表明生理唤醒、主观体验和外部行为反应是情绪的三个组成部分，三者同时被激活、同时存在，就能构成完整的情绪体验。对这个概念的具体理解，可以结合以下情绪的特征。

---

[1] Dacher, K. and Michelle, N. S. New Displays and New Emotions: A Commentary on Rozin and Cohen. *Emotion*, 2003, 3(1): 86-91.

二、情绪的特征

情绪一般会体现出一些共性的特征,包括:

第一,情绪通常是由环境中的事件引发的。有的情绪恰好是目前所处环境中的事件引发的,而有的情绪可能是其他环境中的事件引发的,迁移到目前的环境中。

第二,情绪经常伴随着生理变化和反应,情绪唤醒强度越大,生理上的变化和反应越大,体现为瞳孔放大、呼吸加速、心率和血压增高、流汗增加等。

第三,情绪包含主观体验。当提到情绪时,往往指某种具体情感成分,比如喜悦、悲伤、恐惧等,这些主观的体验和感觉正是情绪的核心。

第四,情绪经常与某些行为相伴或相联系。比如开心时会开怀大笑,悲伤会引起哭泣行为,恐惧会引起回避反应等。[1][2]

第五,情绪具有传染的特征。一个人的情绪可能感染到周围的其他人。比如有研究发现,一个人开心,其配偶开心的概率会提高,和其在一起的兄弟姐妹开心的概率也会提高[3]。一线服务人员从事的是情绪劳动,要通过自己的积极情绪感染消费者,从而使消费者也处在积极的情绪状态中。一般来说,积极情绪会产生正面的传染与影响,但是在有些情境下,积极情绪可能会有反作用,比如罗克拉格(Rocklage, 2020)[4]的研究发现,对评价者来说,其前面文字中的情感表达越强烈,在后面的的打分(星)评价中给的分值越高。而对读者来说,相对于享乐型产品,他们并不希望评论者对功能型产品的评论中有太强烈的情绪。因为在功能型产品中的强烈情绪表达会被读者认为是奇怪和令人惊讶的,而且对功能型产品评价中较高的情绪表达会让读者对评论不信任,从而降低感知的评论有用性,并降低对产品的好感度。

经典和前沿研究 7-1

主播与观看者情绪的互相影响

直播为内容创作者们提供了一个与其消费者实时互动的平台,已得到越来越多的企业和消费者的关注,有着巨大的市场潜力。有学者研究了消费者和主播情绪在直播情境下对消费者参与的影响,研究数据来自一家2016年在中国创办的直播平台。研究者随机抽取了该平台2018年1月到2月间的两周时间内晚上8点到10点开播的1 450场直播。每场直播数据包含直播视频内容,以及直播的观看人数、打赏金额、聊天内容、点赞数等数据。研究有以下发现:

---

[1] [奥]托马斯·富诗德、[德]伯恩哈德·斯沃伯得、张红霞著、孙晓池译:《消费者行为学:关注个体与组织的购买行为》(第5版),北京大学出版社2020年版。

[2] [美]迈克尔·所罗门著,杨晓燕等译:《消费者行为学》(第12版),中国人民大学出版社2018年版。

[3] Fowler, J. H. and Christakis, N. Dynamic Spread of Happiness in a Large Social Network: Longitudinal Analysis Over 20 Years in the Framingham Heart Study. *British Medical Journal*, 2009, 338(7685):23-27.

[4] Rocklage, M. D. and Fazio, R. H. The Enhancing Versus Backfiring Effects of Positive Emotion in Consumer Reviews. *Journal of Marketing Research*, 2020,57 (2):332-352.

第一，主播与观看者之间会产生情感共鸣，在情绪上相互影响。主播的积极情绪会激发观看者的积极情绪，而观看者的积极情绪也会进一步增强主播的积极情绪。第二，主播的快乐水平升高会增强观看者的参与行为，体现为观看者的打赏、聊天、点赞等行为都会更积极。第三，观看者自身的积极情绪会对其参与行为有正向影响，也体现为打赏、聊天等。研究发现情绪的作用在直播开始时效应不显著，而是在直播进行一段时间后才会发挥作用。第四，情绪对直播的影响存在显著的主播异质性，经验丰富、曾受到较多打赏，且在过去直播中较受欢迎的主播能够通过积极情绪获得更多的打赏。

资料来源：Lin, Y., Yao, D. and Chen, X. Happiness Begets Money: Emotion and Engagement in Live Streaming, *Journal of Marketing Research*, 2021, 58(3):417–438.

三、情绪的评价属性

情绪的评价属性是指可以从哪些维度上对情绪进行评价和分类。对此，学者们有多个不同的观点。

（一）愉悦度和强度两维度观点（Russell, 1980）[1]

这一观点认为愉悦度代表的是个体情绪状态的正负特性，即情感的积极或消极程度、喜欢或不喜欢程度；强度表示个体的神经生理激活水平。通过这两个维度，每种情绪都可以在坐标中找到自己的位置，从而可以对各种情绪进行区分，如图7-1所示。

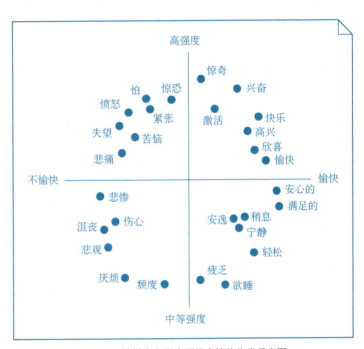

图7-1 愉悦度和强度两维度情绪分类示意图

（二）PAD观点（Mehrabian & Russell, 1974）[2]

这一观点认为情绪的评价属性包括愉悦（pleasure, P）、唤醒（arousal, A）、支配（dominant, D）。愉悦和唤醒的含义与罗素之前（Russell, 1980）的两个维度一致。支配表示个体对情境和他人的控制状态，是个体对情绪状态的主观控制程度，用以区分情绪状态是由个体主观发出还是受客观环境影响而产生的。利用P、A、D三个属性可有效地解释人们的情绪。比如，利用这三个属性

---

[1] Russell, J. A. A Circumplex Model of Affect. *Journal of Personality and Social Psychology*, 1980, 39(6):1161–1178.
[2] Mehrabian, A. and Russell, J. A. *An Approach to Environmental Psychology*. Cambridge: The MIT Press, 1974.

可解释其他42种具体情绪量表中的绝大部分变异，而且这三个属性并不限于描述情感的主观体验，其与情绪的外部表现、生理唤醒也具有较好的映射关系。

（三）认知评价理论的观点（Craig & Phoebe，1985）[1]

这一观点认为情绪的评价属性包括愉悦性（pleasantness）、注意（attention）、确定性（certainty）、预期努力程度（anticipated effort）、控制性（control）和责任（responsibility）。愉悦性体现情绪的消极与积极方向。注意是指情绪是否是容易被注意到，比如通过面部表情能够体现出的情绪则注意会高。确定性是指引发情绪的状态是否明确，比如恐惧是一种确定性很低的负面情绪。预期努力程度是指情绪状态是紧张的还是放松的。控制性是指引发情绪的因素是外部环境控制的还是人们自我控制的，比如伤心是一种主要因为外部环境或事件引发的负面情绪。责任是指引发情绪的责任主体是个体自身还是其他人。

如果用这六个属性描述和刻画伤心这种情绪：它是不愉悦的，是外部环境控制的，是确定性中等水平的，是倾向于他人负责的，是中等偏低注意的，是中等偏高努力的。用这六种属性也可以对不同的情绪进行比较，比如自豪和惊喜都是愉悦的情绪，惊喜是确定性低的、不可预期的、他人引起的，而自豪是自己引起的，自己负责的。

各种情绪在评价属性上的表现不同，其对消费者的影响往往就不同。尤其是两种情绪在某一个属性上有非常大的差异时，则这个属性往往会使得两种情绪对消费者行为产生不同的影响。

四、情绪测量

（一）生理指标的测量法

具体包括测量皮肤肌电反应、唾液分泌、瞳孔大小、呼吸、血压、脑电波、声音频率和心率等生理指标。比如戴星格（Dysinger，1931）曾用引起愉快感受的词（如亲爱的、休假）、引起不愉快感受的词（如呕吐、自杀）和无关的词（如筐子、作用）作为表情刺激进行试验，发现与无关的刺激词汇相比，愉快和不愉快的词汇都能引起皮肤肌电反应提高，而不愉快刺激引起的皮肤肌电反应更为明显。

（二）语言方式的测量法

这是指通过量表的方式进行情绪测量。一般通过语义测量法，如"愉快 1 2 3 4 5 6 7 不愉快""兴奋 1 2 3 4 5 6 7 无聊""有趣 1 2 3 4 5 6 7 无趣"等。在消费者行为研究中，有一些经典量表来测量消费者的情绪，比如消费者情绪集量表（The Consumption Emotions Set）[2]，以及消费者正负向情感量表（positive affect negative affect scale，PANAS）[3]。

---

[1] Craig, A. S. and Phoebe, C. E. Patterns of Cognitive Appraisal in Emotion. *Journal of Personality and Social Psychology*, 1985, 48(4):813-838.

[2] Richins, M. L. Measuring Emotions in the Consumption Experience. *Journal of Consumer Research*, 1997, 24(2):127-146.

[3] Watson, D., Clark, L. A. and Tellegen, A. Development and Validation of Brief Measures of Positive and Negative Affect: The PANAS Scales. *Journal of Personality and Social Psychology*, 1988, 54(6):1063-1070.

（三）人脸表情的测量法

情绪测量可以通过面部电图（electromyogram）来实现，使用连接在面部的很小的电极来测量面部肌肉的收缩与放大情况，来分析情绪反应的愉悦度和强度。

人脸自动识别系统是一种对人的面部表情进行分析的方法。早在1971年，埃克曼和弗里森（Ekman & Friesen）研究了人类的6种基本表情（即高兴、悲伤、惊讶、恐惧、愤怒、厌恶）[1]，之后系统地建立了人脸表情图象库和面部活动编码系统，细致地描述了每一种表情所对应的面部变化，包括眉毛、眼睛、眼睑、嘴唇等动作元素（action units）是如何变化的，共有46种可区分的动作元素，这些动作元素可以体现出最小的，但仍可区分的面部表情单位。

（四）脑电测量法

人的大脑由数以万计的神经元组成的，神经元之间的活动产生的电信号，即为脑电波。为了检测脑电波，通常将电极放置在人的头皮上，按照时间顺序记录大脑神经元运动而产生的电位。通过对脑电波的分析，可以识别人的情绪。比如有研究者（Schmidt etc., 2001）[2]通过音乐刺激被试者4种不同的情绪：开心、愉悦、悲伤、害怕。结果发现，当听到积极情绪的乐曲时，大脑前侧的左半部分会产生比较强烈的脑电活动，而在听见消极情绪的音乐时，大脑前侧的右半部分会产生比较强烈的脑电活动。由此可见，大脑前侧与情绪之间的关联性很大，并且，不同的情绪对于左右脑的刺激也是不同的。

（五）文本分析法

文本情感分析是依据计算机等先进技术对消费者在网络评论、社交媒体上的语言进行情绪极性的提取、分析、处理、归纳，对文本的情感倾向性做出判断的一种技术。相较于前面几种方法，文本情感分析是对二手数据的分析，但在网络和社交媒体背景下，这是企业了解消费者消费感受以及对品牌评价的重要方式。

经典和前沿研究 7-2

情绪预测

人们经常猜测未来发生的事件会带给自己怎样的感受，这被称为情绪预测（affective forecasting）。以往研究发现，人们将努力和资源引向那些可能会获得积极情绪的事件上，并规避消极和负面情绪。预测的情绪反应越强烈，人们就会越努力地实现或避免该事件的发生。

但是情绪预测有一定程度的不准确性。已有研究表明，人们在预测情绪强度方面较差，总是会高估自己对各种事件的积极情绪或消极情绪的反应强度。这种夸大未来情绪反应（包括

---

[1] Ekman, P. and Friesen, W. V. Constants Across Cultures in the Face and Emotion. *Journal of Personality and Social Psychology*, 1971, 17(2): 124−129.

[2] Schmidt, L. A. and Trainor, L. J. Frontal Brain Electrical Activity (EEG) Distinguishes Valence and Intensity of Musical Emotions. *Cognition and Emotion*, 2001, 15(4): 487−500.

情绪强度及持续时间)的现象被称为"影响偏差"(impact bias)。

有研究(Heather et al., 2019)把情绪预测分为情绪强度预测、情绪反应频率预测和整体情绪三个维度。其中一个实验研究大学生期中考试成绩出来后的情绪预测,问被试者希望在即将到来的期中考试中获得什么分数→请预测如果得到的分数比预期高/低/相等的情绪→在知道成绩的两天后,你的整体情绪会受到多大的影响?(测量事件对整体情绪的影响,1=完全没有受到影响,9=受到了极大的影响)→在知道成绩的两天后,你对拿到这个成绩有何感想?(测量情绪强度,1=极度不快乐,9=极度快乐)→假设现在是你知道成绩的两天后,你得到的分数比预期高,那么昨天,你对得到一个比预期高/低/相等的分数有何感想?(测量情绪频率,1=极度不快乐,9=极度快乐)→在真实成绩出来两天后,报告真实感受。

研究发现,当人们预测对未来事件的情绪强度时,表现出较少的偏差;当人们预测对未来事件的情绪反应频率时,表现出较大的高估倾向。当人们预测该事件会对整体情绪产生多大的影响时,会产生更大的偏差。

资料来源:Lench, H. C., Levine, L. J. and Perez, K., et al. When and Why People Misestimate Future Feelings: Identifying Strengths and Weaknesses in Affective Forecasting. *Journal of Personality and Social Psychology*, 2019, 116(5): 724−742.

五、情绪的功能

(一)动机功能

积极的情绪对行为有促进作用,消极的情绪对行为有抑制作用。比如,人们积极地去做某事,可能是因为该事情能够带给消费者愉悦和快乐等积极情绪;而人们不愿意去做某事,可能是因为这件事会带来恐惧、痛苦等负面情绪。因此,对企业营销来说,如果产品或体验能够激发消费者的积极情绪;则可以激励消费者的偏好和购买等行为。

(二)信号功能

情绪的信号功能体现为人们能够将自己的愿望、要求、观点、态度通过情绪表达的方式传递给别人,它是非语言沟通的重要组成部分,在人际沟通中具有信号意义。特别是在语言表达不清楚时,体现情绪的表情往往具有很好的补充信号作用,人们可以通过表情准确而微妙地表达自己的思想感情,也可以通过表情去辨认对方的态度和内心世界。研究发现,体现情绪的表情对婴幼儿的影响比语言沟通更早,比如在婴儿不会说话之前,主要是靠表情来交流。体现情绪的表情很多时候比语言更加生动,有表现力。比如笑容是一种可以表达情绪的表情,开朗的大笑会被认为温暖、友善,而轻微的笑则会被认为传递着有能力的信号。

(三)组织功能

情绪的组织功能主要体现在以下几个方面:第一,情绪能够支配人们对待他人的行为。研究发现,当消费者处于积极的情绪状态时,更有可能去做一些亲社会的行为[1];而当人们处在消极、悲观等负面情绪时,会对别人不关心,甚至产生攻击性行为。第二,情绪会影响信息加工。比如情绪强度会产生影响,在中等、过高、过低三种强度的情绪下,中等强度的情绪被认为可以有效地提高人们认知加工的效果,过高强度的情绪会干扰甚至阻断认知加工进程,而过低强度的情绪则对认知加工不产生影响。[2]第三,情绪会影响人们的注意力分配。比如研究发现,能激发恐惧情绪的图片与不能激发恐惧情绪的图片相比,能被人们更加快速地识别出来。[3]

(四)健康功能

人们的情绪状态会直接影响身心健康。积极的情绪有助于促进健康,而消极情绪则对身心健康有负面影响。研究发现,不仅真实体验的情绪对健康有影响,假装的情绪也会影响一些身体健康指标。比如当人们装出愤怒、惊讶、厌恶、忧伤、恐惧等负面情绪时,心跳和皮肤温度等都会随之变化。

第二节 情绪对消费者的影响

一、基本情绪和消费者行为

情绪可以被分类为与生俱来的基本情绪和后天学习到的复杂情绪。其中基本情绪又叫原始情绪,每一种基本情绪都有其独立的神经生理机制、内部体验和外部表现。关于基本情绪包括哪些类型有各种不同的说法。比如《荀子·正名篇》中的"六情说"认为基本情绪有:好、恶、喜、怒、哀、乐。《礼记·礼运》中提出"七情说",包括喜、怒、哀、惧、爱、恶、欲。西方社会心理学对基本情绪有"六情说"和"四情说"两种,前者包括快乐、悲伤、恐惧、惊讶、愤怒和嫉妒,后者包括喜、怒、哀、惧。其中与消费者行为有密切关系的基本情绪主要包括快乐、悲伤、后悔、恐惧。

(一)快乐

快乐是指个体的一种愉悦、幸福和满足的心理状态。弗洛伊德提出的快乐原则,是指人们本身有追求快乐、避免痛苦以满足生理和心理需求的本能追求。亚里士多德的快乐理论也有相似的观点,认为快乐是人生的意义和目的,是人类存在的终极目标。

快乐对人们来说的确是一种极其重要的积极情绪,能带来很多方面的积极影响。比如,研究发现快乐有助于健康。尤其是在更看重正向情绪的社会,比如美国,平日里更快乐的人血脂比较

---

[1] Mark, W. Happy-People-Pills for All. *International Journal of Wellbeing*, 2011, 1(1): 775−788.

[2] Rocklage, M. D. and Fazio, R. H. The Enhancing Versus Backfiring Effects of Positive Emotion in Consumer Reviews. *Journal of Marketing Research*, 2020, 57(2): 332−352.

[3] Ohman, A., Flykt, A. and Esteves, F. Emotion Drives Attention: Detecting the Snake in the Grass. *Experimental Psychology: General*, 2001, 130(3):466−478.

低,显示了比较好的心血管健康状态。[1]

快乐对消费者行为也会产生重要的影响。比如,快乐会影响消费者对产品的评价,当消费者处在一种快乐的情绪状态下对产品做出的评价通常会更加积极和正面。[2]出现这一结果的原因在于:一方面在快乐的情绪下,消费者采用的是一种启发式的信息处理方式,即消费者不会使用大量的认知资源系统地对产品的各种属性进行比较和综合评分,而是凭借感觉来做决策;另一方面是因为人们在快乐的情绪下会对事物有美好的憧憬和向往,并且会努力去维持这种憧憬和向往,避免去破坏它。因此,消费者在快乐的情绪下对产品的评价会更高。

正因为快乐情绪对消费者有积极的影响,因此很多企业很注意在消费情境下激发消费者的快乐情绪。比如2019年中国银联主办的"银联快乐梦工厂"主题活动,设置了航空、酒店、乐园、美食、购物5大主题体验区,提供了创意游戏、奇葩模仿、潮流拍照等9项创意互动,通过新奇有趣的线下沉浸式体验有效激发了消费者的参与热情,让消费者充分感受到银联支付带来的便捷与快乐。还有可口可乐的一系列以激发消费者快乐情绪的快乐营销,包括"可口可乐快乐工坊""以乐结友,快乐实验""来一次快乐的邂逅"等。

(二)悲伤

悲伤是一种由于感知失去而引发的负面情绪。已有研究发现,面对悲伤人们通常有两种反应:一种是对情绪进行管理,一种是避免未来的损失。另外,处于悲伤情绪的人,由于失去的感觉,还倾向于追寻补偿或奖励,由此,悲伤的人与对照组焦虑情绪的被试者相比,会更加偏好高风险及高报酬的选择,因为他们有以奖励来替代悲伤的内隐目标。

悲伤的情绪被很多企业应用到广告宣传中。2019年为庆祝感恩节假期,苹果在官方YouTube账号上放出了一段名为"The Surprise"的宣传视频。讲述了一对父母带着两个女儿到祖父家度假,发现祖父沉浸在祖母离世的悲伤中。孙女们浏览了祖父收藏的家庭电影,发现了年轻时的祖父母的视频。为帮助祖父从悲伤中走出来,在感恩节的早晨,姐妹两人使用苹果的iPad向祖父展示了一张数字剪贴簿,其中包括祖父和祖母在一起生活的视频,表达了即使祖母不在,一家人依然会一起过感恩节。这则广告显示,iPad作为一个工具可以帮助消费者走出悲伤的情绪。

(三)后悔

后悔是消费者把自己当下的选择和错失的选择进行对比而产生的一种负面情绪体验,或者说是一种自责。消费过程中的后悔包括两种类型:一种是购买前的预期后悔,另一种是购买后的后悔。前者是指消费者想象的如果不购买可能会导致的后悔,以及想象的如果自己买了会导致的后悔。而后者是指在购买之后后悔不应该购买,或者是后悔买错了产品。很多冲动性购买会导致购买后的后悔,这也是经常会激发消费者冲动购买的电商直播相比其他形式的网络销售会有更高退货率的原因。

---

[1] Yoo, J., Miyamoto, Y. and Rigotti, A., et al., Linking Positive Affect to Blood Lipids: A Cultural Perspective. *Psychological Science*, 2017,28(18):1468–1477.

[2] Forgas, J. P. and Ciarrochi, J. On Being Happy and Possessive: The Interactive Effects of Mood and Personality on Consumer Judgments. *Psychology and Marketing*, 2001, 18(3):239–260.

如果消费者在购买前预期会后悔,就会对决策方案做更精细的评估。[1]预期后悔还会使人们风险厌恶,从而选择安全的选项。[2]

很多企业为了降低消费者购后后悔,给予消费者"后悔权"。所谓消费者后悔权,通常是指消费者在购买商品后的一定时间内,可不需要说明任何理由把商品无条件地退回给经营者,并不承担任何费用。比如淘宝的 7 天无理由退款就属于这个范畴。美国的 Zappos 是一家网上售鞋的平台,将其"隔夜送达、一年内免费退货"的配送货政策视作其培养消费者忠诚度的一个重要方法,给足了消费者后悔权。为此,Zappos 每年付出了 1 亿美元的运费。尽管退货率高达 1/4,但平均每份订单的金额达 90 美元,Zappos 的毛利仍可达 35%。这一策略使 Zappos 成为一家成长很快的互联网企业。

(四)恐惧

恐惧是由于出现或者预期出现危险的时候产生的一种基本情绪。恐惧情绪对消费者的认知有很大的影响,主要体现为:第一,恐惧心理会让消费者感知到不确定性,从而导致消费者产生风险规避心理,并倾向于采取系统的信息处理方式,会在决策过程中会考虑各个方面,并对各种属性进行评价和比较。[3]第二,恐惧会影响消费者注意力和记忆水平。一般来说,当消费者感受到恐惧的时候会更加关注当前的威胁,从而降低对过去和将来的关注。也就是说,一旦激活了消费者的恐惧心理,就会导致其将注意力限制在当前的环境中,会去识别和评估威胁,从而对当前环境中的人、物等情况有更好的记忆水平。[4]第三,恐惧能提高消费者的自控行为,由此对降低消费者的不健康行为有着重要的作用。这是因为消费者想通过自控行为来避免恐惧状况在自己身上发生,这可以解释为什么禁烟、预防艾滋病的公益广告很多时候都是通过激活消费者的恐惧心理来提高说服效果的。

因为恐惧情绪能影响消费者的行为、引起消费者注意、提高消费者信息处理的程度,从而提高广告的宣传效果,因此很多广告采用恐惧诉求。但是恐惧诉求要产生理想的效果,也是受很多因素影响的。比如,尽管恐惧情绪对促进健康行为有积极的影响,但是太强烈的恐惧反而会影响说服的效果。例如,吸烟者看到一则恐惧程度很高的戒烟广告后,可能会因为害怕心理而回避仔细看广告内容,也可能会因为广告引发的焦虑感而吸烟更厉害。为了避免消费者的这种反应,企业在广告中采用恐惧诉求时,应该根据恐惧程度的不同而采取不同的广告表达方式。比如,采用较高水平的恐惧诉求时,最好借他人说事,而且要尽量客观,这样才能有更好的说服效果。这种策略称为压制加工的干预策略(elaboration suppressing intervention)。一个具体的例子就是在吸烟广告中,采用

---

[1] Loomes, G. and Sugden, R. Regret Theory: An Alternative Theory of Rational Choice Under Uncertainty. *Economic Journal*, 1982, 92(368):805-24.
[2] Zeelenberg, M. and Beattie, J. Consequences of Regret Aversion: Additional Evidence for Effects of Feedback on Decision Making. *Organizational Behavior and Human Decision Processes*, 1997, 72(1): 63-78.
[3] Tiedens, L. Z. and Linton, S. Judgment Under Emotional Certainty and Uncertainty: The Effects of Specific Emotions on Information Processing. *Journal of Personality and Social Psychology*, 2001, 81(6):973-988.
[4] Langer, J. and Werner, W. H. The Effect of Danger Upon the Experience of Time. *American Journal of Psychology*, 1961, 74(1):94-97.

与死亡有关的高恐惧诉求时,应该采用第三人称("他")的信息表达方式,客观地表达为何吸烟会危害健康,带来死亡,这种表达方式能让消费者客观地意识到吸烟的后果,也不至于过度焦虑,由此提升恐惧诉求的效果。采用较低水平的恐惧诉求时,在信息表达时用第一人称"我",主动激发消费者的想象,这样更有可能产生更好的说服效果。这种策略称为高加工的干预策略(elaboration enhancing intervention)。[1]

二、复杂情绪与消费者行为

与基本情绪相对应的是复杂情绪,又叫衍生情绪,是必须经过人与人之间的交流才能学习到或体会到的情绪。复杂情绪中的很多情绪类型属于自我意识情绪(self-conscious emotion),包括羞愧、内疚和自豪等。自我意识情绪要求个体关注自我,激活消费者的自我展示动机和自我评价,同时,自我意识情绪会使得个体关注他人对自己的评价。由于自我意识情绪涉及消费者对自我的认识以及他人对自己的看法,因此,它被广泛地应用在促进消费者的亲社会行为以及遵守社会准则的宣传中。与消费者行为密切相关的自我意识情绪主要包括内疚、尴尬、自豪和感恩等。

(一) 内疚

内疚通常被视为一种道德情绪(Haidt,2000)[2],其产生的原因是人们觉得自己原本应该做不一样的事情,这样就可以改变不好的结果。经历内疚情绪的人往往会采取主动积极的态度和行为去解决问题,比如承认错误、道歉或者弥补过错,这些行为能够降低内疚感。

尽管内疚不是消费者对自我的全面否定,但也是对自我的一种负面评价。一般来说,内疚产生之后,消费者积极地采取行动去纠正错误、改善自我也会体现在消费行为中。比如内疚可能会提高消费者的亲社会行为,体现为激活内疚情绪可能会促使消费者更愿意去帮助陌生人,更愿意去做志愿者等。[3]同时,内疚也会使消费者避免情绪的进一步恶化,从而会避免不道德的和不负责任的行为。

研究发现水平较低的内疚感更容易使消费者获得消费的快乐。比如研究发现在做填字游戏时,那些带有内疚感的人更容易填出"ENJOY"(快乐),而普通人更多地会填写"ENTER"(进入)等一些中性词。[4]还有一项研究将一群女生被试随机分为两组,让其中一组阅读《营养》(*Nutrition*)杂志,而另一组阅读一本中性杂志《摄影爱好者》(*Shutterbug*)。研究者假意让她们写一篇短文来阐述这本杂志为什么受欢迎,因此使她们不自觉地进行深阅读。一段时间后,她们被要求想象一下自己即将要开始巧克力的口味测试,此时读过《营养》杂志的女生表示,自己的内疚感要大大高于读中性杂志的女生(让两组学生分别用1~5分的评分卡来表达自己的内疚感,读《营养》杂志的女

---

[1] Keller, P. A. and Block, L.G. Increasing the Persuasiveness of Fear Appeal: The Effect of Arousal and Elaboration. *Journal of Consumer Research*. 1996, 22(4):448-459.

[2] Haidt, J. The Positive Emotion of Elevation. *Prevention and Treatment*, 2000, 3(1),Article 3c.

[3] Ahn, H. K., Kim, H. J. and Aggarwal, P. Helping Fellow Beings: Anthropomorphized Social Causes and the Role of Anticipatory Guilt. *Psychology*, 2014, 25(1):224-229.

[4] Dong, P., Huang, X. I. and Jr. Robert, S. W. The Illusion of Saving Face. *Psychological Science*, 2013, 24(10): 2005-2012.

生给出的平均分是 3.84 分，比另一组高 1.42 分）。在完成这个预测试之后，研究者让被试品尝巧克力，结果表明，那些看了《营养》杂志并且号称"面对巧克力会更有内疚感"的女生反而更喜爱巧克力，她们给这些巧克力的评价平均分是 5.82 分，比中立组高出近 1 分。这个研究表明水平不太高的内疚感会让人们对于有诱惑力的东西反而更喜爱，这被称为"罪恶快感"。

（二）尴尬

尴尬情绪是指当人们以为他人（不管是真实的他人还是想象的他人）对自己有负面评价时产生的一种负面的情绪状态。

尴尬会对消费者行为产生多方面的影响，主要是由于尴尬让人们对自己产生了不好的感觉，因此会想办法去应对尴尬情绪。研究发现，消费者可以采用两种策略来应对尴尬情绪。第一种策略是规避社交关注。例如，当个体对自己在团队活动中的表现而尴尬时，就会减少与团队其他成员的交流。在消费场景中，研究发现，在遇到尴尬时，消费者会选择佩戴一副大的墨镜来试图隐藏自己，避免他人的社交关注。[1] 第二种策略是修复自我形象。因为尴尬来源于消费者在其他人面前丢了面子、失了形象，因此消费者有很强的动机去修复自我的公众形象。研究发现，为了让自己感觉不那么尴尬，当消费者经历尴尬情绪时，会在自我评价的问卷中把自己评价得更加正面和积极，也会倾向于购买化妆品来提升自己的整体形象，[2] 还会通过购买奢侈品来应对尴尬的感觉[3]。

（三）自豪

自豪是自我意识情绪中的正面情绪。自豪是个体在取得一定的成绩或者在追求长期目标的过程中取得进展之后的一种积极的体验。根据自豪产生的来源不同，学者把自豪分为两种：傲慢的自豪（hubristic pride）和真正的自豪（authentic pride）。傲慢的自豪来源于个体内部的、稳定的、不可控的一些因素，如人格特质（我做得很好是因为我天生很厉害），而真正的自豪源于内部的、不稳定的和可控的因素，如不懈努力。[4]

两种自豪对消费者行为有不同的影响。研究发现，傲慢的自豪会让消费者选择独特性、个性化的产品，而真正的自豪则能提高消费者的结果导向目标，因为真正的自豪源于消费者自己的努力和付出，由此，当消费者被激发出真正的自豪时，会去做一些能够维持自我价值的行为。例如，当消费者在健康和不健康的食品间进行选择的时候，真正的自豪会通过提高自我价值来降低对不健康食品的选择。

营销者可以通过激发消费者的自豪，从而使消费者选择其产品。一方面可以通过两种不同类型的自豪的激发针对性地匹配产品；另一方面，可以激发总体的自豪，不仅是消费者自我的，还包

---

[1] Dong, P., Huang, X. I. and Jr. Robert S. W. The Illusion of Saving Face. *Psychological Science*, 2013, 24(10): 2005−2012.
[2] Mark, R. L., Julie, L. L. and Kazharine, M. P. The Motivated Expression of Embarrassment Following a Self-Presentational Predicament. *Journal of Personality*, 1996, 64(3): 619−636.
[3] Song X., Huang F. and Li, X. The Effect of Embarrassment on Preferences for Brand Conspicuousness: The Roles of Self-Esteem and Self-Brand Connection. *Journal of Consumer Psychology*, 2017, 27(1): 69−83.
[4] Tracy, J. L. and Robins, R.W. The Prototypical Pride Expression: Development of a Nonverbal Behavior Coding System. *Emotion*. 2007(4):789−801.

括其对集体、对国家和民族的自豪,从而促进产品的销售。比如当今市场上,消费者在民族文化的精髓、国家形象等国方面的自信和自豪,促进了国货、国潮的繁荣发展。

(四)感恩

"滴水之恩,当以涌泉相报",表明感恩自古以来就是中华民族的传统美德。感恩也较早被纳入西方心理学的研究范畴。感恩可以是个体的一种特质,其含义是个体产生感激之情的稳定倾向。[1]感恩也可以是一种情境中的情感反应,其含义是个体在获得他人恩惠后所形成的一种道德行为意向或互惠行为意向的情绪。对消费者来说,感恩不仅有助于激发其建立和维持与施恩方的关系,还可以驱使其表现出回报施恩方的行为。[2]在消费场景中,感恩情绪不仅可以提升消费者的愉悦感和涉入度,还会增强他们对产品价格的容忍度,[3]提高消费者的支付意向和购买意向,并进一步提升消费者的重复购买意向,[4]促进消费者的推荐、分享和正面口碑传播,[5]从而能够显著地提升企业的销售收益和销售增长率。[6]

正因为消费者的感恩情绪能带来很多积极的意义,所以企业应该加强关系投资,投入更多的时间、成本和精力来激发消费者的感恩情绪,[7]鼓励一线员工在为顾客服务的过程中适当实施员工的角色外行为,因为这被视为消费者感恩的重要前因变量。另外,基于乐善好施动机的行为(如真心地帮助顾客解决问题)有助于顾客感恩情绪的出现,而基于自私自利动机的行为(如帮助顾客解决问题是为了获得顾客满意的评价,从而可以获得更多奖金)会对顾客感恩产生显著的负向作用。[8]

---

[1] McCullough, M. E., Emmons, R. A. and Tsang, J. A. The Grateful Disposition: A Conceptual and Empirical Topography. *Journal of Personality and Social Psychology*, 2002, 82(1): 112−127.

[2] Fazal-e-Hasan, S. M., Lings, I. N. and Mortimer, G., et al. How Gratitude Influences Customer Word-of-mouth Intentions and Involvement: The Mediating Role of Affective Commitment. *The Journal of Marketing Theory and Practice*, 2017a, 25(2): 200−211.

[3] Huggins, K. A., White, D. W. and Holloway, B. B., et al. Customer Gratitude in Relationship Marketing Strategies: A Cross-cultural E-tailing Perspective. *Journal of Consumer Marketing*, 2020, 37(4): 445−455.

[4] Huang, M. H. The Influence of Relationship Marketing Investments on Customer Gratitude in Retailing. *Journal of Business Research*, 2015, 68(6): 1318−1323.

[5] Septianto, F., Seo, Y. and Errmann, A. C. Distinct Effects of Pride and Gratitude Appeals on Sustainable Luxury Brands. *Journal of Business Ethics*, 2020, 169(1): 211−224.

[6] Palmatier, R. W., Jarvis, C. B. and Bechkoff, J. R., et al. The Role of Customer Gratitude in Relationship Marketing. *Journal of Marketing*, 2009, 73(5): 1−18.

[7] Dagger, T. S., David, M. E. and Ng, S. Do Relationship Benefits and Maintenance Drive Commitment and Loyalty? *Journal of Services Marketing*, 2011, 25(4): 273−281.

[8] Bock, D. E., Folse, J. A. G. and Black, W. C. When Frontline Employee Behavior Backfires: Distinguishing Between Customer Gratitude and Indebtedness and Their Impact on Relational Behaviors. *Journal of Service Research*, 2016a, 19(3): 322−336.

> **经典和前沿研究 7-3**
>
> **用特定情感激发消费者的慈善捐赠**
>
> 　　与道德相关的积极情绪与慈善机构定位的一致性会影响消费者的捐赠行为。有研究（Shreyans et al., 2019）把与道德相关的积极情绪分为同情心（compassion）和感恩心（gratitude）。一项现场研究和四个实验表明，定位于提高社会关怀的慈善机构（如救灾慈善机构）应与消费者的同情心匹配，而定位于促进社会公平与平等的慈善机构（如人权慈善机构）应与消费者的感恩之心匹配。慈善机构定位与两种积极情绪的匹配会提升消费者金钱捐赠。这些结果强调了在消费环境中企业的定位或诉求等与消费者情绪匹配的重要性。
>
> 资料来源：Shreyans, G. and Stijn, M. J. van Osselaer. Charities Can Increase the Effectiveness of Donation Appeals by Using a Morally Congruent Positive Emotion. *Journal of Consumer Research*, 2019, 46(4):774-790.

三、情绪的影响方式

上一节讲到很多具体情绪类型，它们都对消费者有一定的影响。从情绪影响方式的角度看，这些具体的情绪可以分为整体性情绪（integral affect）、伴随性情绪（incidental affect）以及与任务有关的情绪（task-related affect）。

（一）整体性情绪对消费者行为和决策的影响

整体性情绪是指与产品或者体验直接相关的情绪。整体性情绪包括看到或者体验到产品之后马上产生的情绪（如吃到可口美味时的愉悦感）、在产品展示过程中体验到的情绪（如新产品发布会）以及基于自己对产品的认知产生的情绪（如看到一个产品的介绍）。这些情绪反应是与产品有关的一种整体性的情绪。

一般来说，消费者通常会对那些能够引发积极情绪的对象有较高的评价，由此，整体性情绪和产品评价、产品购买之间的关系很强。整体性情绪的这种影响被广泛地应用在广告领域。消费者对广告的情绪反应会直接影响消费者对广告的态度，进而影响消费者对品牌的态度。甚至有研究指出，广告引发的整体性情绪可能直接影响消费者对品牌的感知而不是广告态度。

另外，整体性情绪是一种即时的、启发式的情绪，往往会使消费者因为要获得即时情感奖励或者避免即时惩罚的动机而产生行为，从而忽略后续的结果，因此消费者会因为受到整体性情绪的影响而产生冲动性购买。

整体性情绪还会影响消费者的决策，尤其是在消费者缺乏经验、消费者的认知资源受到限制，或有一定的时间压力的时候。除此之外，消费者的动机很低、对决策的涉入度低的时候，整体性情绪的影响会进一步增大。

（二）伴随性情绪对消费者行为和决策的影响

伴随性情绪是指与产品和服务并没有直接联系的情绪体验。也就是说，伴随性情绪不是产品本身引发的消费者情绪反应。伴随性情绪的来源包括消费者个体长期的情绪特质（如长期焦虑）或者个体气质（如自恋）或者情境（如背景音乐、天气状况等）。

伴随性情绪对行为的影响主要是通过同化效应而产生。也就是说，尽管消费者的积极情绪与其购买决策和行为无关，但决策和产品选择会受到这些积极情绪的同化作用，通常体现为，当消费者心情较好时，他们对产品的评价往往会比心情不好的时候更高。

伴随性情绪对消费者的作用会受其他因素的影响。比如，消费者的动机水平会产生影响，研究发现伴随性情绪的同化效应和动机水平之间存在非线性关系。当消费者处理信息的动机和能力比较强的时候，可能会意识到伴随性情绪和他们的决策无关，因此同化效应不会存在；然而，当消费者处理信息的动机和能力比较低的时候，可能不会有伴随性情绪的产生。因此，只有当消费者处理信息的动机和能力在中等水平的时候，伴随性情绪的同化效应才会明显地体现出来。总体上说，伴随性情绪的同化效应在消费者不清楚伴随性情绪的来源时最强。因为一旦知道伴随性情绪的来源，消费者就知道了伴随性情绪和自己的决策无关，伴随性情绪的信息价值就会消失。但当伴随性情绪的来源看上去和消费者决策相似时，消费者较难判断伴随性情绪是否与决策相关，因此伴随性情绪的同化效应也会存在。

> **经典和前沿研究 7-4**
>
> **积极情绪使消费者推迟选择**
>
> 消费者的选择判断往往伴随着与选择无关的偶发性情感，即伴随性情绪。这种偶发性积极情绪倾向于让消费者推迟自己的选择。研究人员招募了132名被试，随机分配到积极和中立情绪当中（通过单词联想任务操纵被试的伴随性情绪）。之后让被试为计划的旅行选择一个航班，选项A拥有低廉的价格，而选项B拥有较少的停靠次数。选项A和B另外附带不重要的属性（网络和娱乐）。结果表明，相比处于中立情绪的被试（7.7%），处于积极情绪的被试更多地选择了推迟他们的选择（23.9%）。后续的研究发现，选择困难度起中介作用；并且发现，只有在需要权衡属性的情境下，积极情绪才会促进选择推迟，而在不需要权衡属性时，选择推迟在积极情绪组和中立情绪组无显著差异。这一发现丰富了伴随性情绪对消费者决策的影响。
>
> 资料来源：Anastasiya, J. E. and Pocheptsova, A. When Being in a Positive Mood Increases Choice Deferral. *Journal of Consumer Research*, 2018, 45(1): 208-225.

（三）与任务有关的情绪对消费者行为和决策的影响

与任务有关的情绪是指消费者在具体的决策过程中产生的情绪。这些情绪不同于由产品自身引发的整体性情绪，也不同于与任务无关的其他因素引发的伴随性情绪。消费者需要在两个非常有吸引力的产品中做出选择时所产生的纠结，以及由此产生的压力感，就是一种与任务有关的情绪。除此之外，如果决策过程中有时间压力或者被监督，消费者也会产生与任务有关的压力感。研究发现，这种由于在决策过程中需要在各种属性或者产品之间做出权衡导致的不愉悦感往往会导致消费者采取规避性策略，如选择自己现在使用的品牌或者延迟选择。

第三节 | 基于情绪的市场营销策略

"左脑"统治的逻辑、线性、计算能力为主的"信息时代"即将过去,取而代之的是一个全新的以创意、共情、模式识别、娱乐感和意义追寻等"右脑"能力为主导的"概念时代"。[1]当右脑主导时,消费者受情绪和情感影响甚至主导。对企业来说,应该把握消费者情绪的相关规律,并基于规律来设计营销策略。

一、消费者情绪对营销结果的影响

情绪对消费者的影响最终会体现在企业的营销结果上。罗兰贝格联合京东发布的《2022零售行业消费趋势新主张》,将经典的马斯洛需求层次理论演进为四层,分别是功能需求层、消费理念层、情感共鸣层、价值主张层;提出内心欢愉是情感共鸣的核心,并提出情绪价值等概念,发现符合情绪方向的一些产品都有销量的增长。

广告中的情绪激发对营销结果也有重要影响。有研究(Ivan et al., 2021)[2]把美国市场四年间144款汽车的两千多条电视广告分为信息型广告和情绪型广告,研究它们如何影响消费者的在线搜索和产品销售。所谓信息型广告,是指强调事实信息或产品使用的功能后果的广告;情绪型广告是指能够引发情感的或能够向消费者传达他们拥有或使用产品后将体验到的价值表达或享乐利益的广告。增加广告中的情绪型内容会提升在线搜索量,但增加信息型内容则不会。信息型内容和情绪型内容都会对产品销量产生积极影响。这种影响在不同价位的汽车中是不一样的,信息型内容的增加能够为低价位和低质量汽车带来更多的销售增长,情绪型内容的增加能够为高价位汽车带来更多的销售增长。研究给出的建议是:高价位和高品质汽车的经理应该优先考虑广告中的情绪型内容而不是信息型内容。而对低价车和低质车来说,如果其目标是增加在线搜索,则应强调情绪型内容;如果目标是增加销售,则应强调信息型内容。

> **营销小故事 7-1**
>
> **品牌需要高情商**
>
> 情商本来是一种人类特质,凯络公司把这种特质应用到了品牌中,发布了《2020品牌情商指数》报告。这是一个展现全球最具情商品牌的研究报告。
>
> 自2020年3月起,凯络公司在包括中国、美国、英国、澳大利亚、德国、法国等的全球10个市场对1万人进行了调研,意图了解他们对5大类(零售、食品和饮料、科技、汽车及金融服

---

[1] [美]丹尼尔·平克著,高芳译:《全新思维:决胜未来的6大能力》,浙江人民出版社2013年版。
[2] Ivan, A. G. and Stefan, S. The Impact of Informational and Emotional Television Ad Content on Online Search and Sales. *Journal of Marketing Research*, 2021, 58(2): 299−320.

务)、48个全球知名品牌的看法。具体测试的品牌情商包括共情(理解他人感受、多元化、政治意识)、自我意识(信心、承认感觉)、社交技能(领导力、冲突管理、沟通技巧)、内部动机(干劲、承诺、主动性、乐观)和自我规范(自我控制、可信度、适应性)5个方面。研究报告显示，谷歌是2020年全球最具情商的品牌，微软、三星、亚马逊和苹果也跻身前十之列。但排名最靠后的也以科技品牌为主，脸书(Facebook)和优步(Uber)位居情商最低的品牌之列，两者情商表现不佳的主要原因是缺乏信任，只有40%的受访者认为脸书诚实守信，而优步的信任指数仅为37%。

总体来看，从测试的品牌情商内容看，品牌在动机和自我意识方面的表现要高于共情和自我规范，或者说，动机和自我意识是测试的品牌表现最好的方面，而共情和自我规范则是品牌表现最薄弱的方面。其中，汽车及金融服务、食品和饮料大类中的品牌的最强项是自我意识，即明确自己的品牌宗旨，而科技、零售类品牌的最强项是动机，即让优质顾客产生体验的动机。

发布的研究报告还显示高品牌情商与财务表现之间存在很强的相关性。过去十年，20个最具情商品牌的平均股价比情商较低的品牌高出数百个百分点，而且高情商品牌的股价表现还比主要股指(如标普500和道琼斯30)高出500个百分点。

在研究报告中还显示了几组直接的竞争对手的品牌情商，比如，阿迪达斯的情商略高于耐克，但耐克的共情单项分数高于阿迪达斯。对于可口可乐与百事可乐，可口可乐的总情商分数高于百事可乐，且在各个单项上的分数都高于百事可乐。

资料来源：https://new.qq.com/omn/20210704/20210704A05O2600.html。

二、激发消费者情绪的方式

第一，让产品本身成为激发消费者积极情绪的载体。产品的人性化设计、产品审美化、产品个性化，以及产品人格化等都是激发消费者积极情绪的方式与载体。对消费者来说，打开三只松鼠包装时看到信上的松鼠在喊"主人，让你久等了"，在第一时间唤起了积极的情感反应，这种愉悦感本身在产品上附加了一种额外价值。年轻消费者热衷盲盒消费，一个重要的原因也是不确定性产品带给消费者积极情绪。

第二，采用情绪激发型的沟通方式。情感诉求、幽默诉求、价值观和生活方式诉求都是可以激发消费者积极情绪的诉求方式。而社交媒体等平台上的内容营销，更是激发消费者情绪的核心方式。甚至有说法是内容营销的本质是情感的共鸣和情绪的平衡。这方面有很多生动的例子。比如白酒品牌江小白的每一个内容文案都抓住了消费者的情绪，"多少来日方长，变成了后会无期！""独饮是和自己对话，约酒适合兄弟谈心"等等。这些看似简单的文案，以情绪占据了消费者心智，由此形成"江小白瓶身文案，喝的不是酒，是情绪"的说法。在激发情绪的沟通方式中，表情符号等新兴的表达方式具有重要的作用。研究(Valeria, 2021)[1]发现：不管文本的效价如何，所有

---

[1] Valeria, A. P., Emma, L. A. and Vicky, T. L. Do All Facial Emojis Communicate Emotion? The Impact of Facial Emojis on Perceived Sender Emotion and Text Processing, *Computers in Human Behavior*, 2022, 126(1):107016.

的表情符号都会使周围的文本信息所表达的情感更强;积极的表情符号使文本信息所表达的情感更积极,而消极的表情符号使文本信息所表达的情感更消极。

第三,设计激发消费者情绪的场景。《场景革命》的作者吴声认为,"很多时候,人们喜欢的不是产品本身,而是产品所处的场景,以及场景中自己浸润的情绪"[1]。设计场景的目的是在场景中激发匹配的情绪,让消费者能够触景生情。2021年小红书联合罗森、唐久、苏果等七大便利店品牌、4 800多家便利店一起打造的"人生五味酸甜苦辣香便利店"正式上线。小红书携手便利店的这个IP项目,挖掘到"便利店提供全时间段抚慰"的情绪价值,将品牌产品融入用户情绪和生活场景中。

第四,利用一线员工的积极情绪传染机制激发消费者情绪。情绪具有传染和感染的特征,因此为了激发消费者的积极情绪,与消费者互动的员工的积极情绪就很重要。

三、基于情绪的营销要注重差异化原则

(一)情绪类型差异化原则

不管是正向情绪还是负向情绪,都有很多不同的类型,每一种情绪对消费者行为的影响是不同的,企业要了解和尊重情绪的差异。如果基于特定的情绪类型进行营销,需要了解内在逻辑和机制,有针对性地提供产品和服务。一些悲伤的音乐会获得很多人喜欢,比如阿黛尔的"*Someone like you*"在一些音乐播放器上长年居榜首。悲伤音乐激发的情绪可以分类(Eerola, 2016),包括令人紧张的悲伤、令人平静的悲伤和令人感动的悲伤。其中令人感动的悲伤是高唤醒,甚至是伴随愉悦感的,属于一种审美情绪体验,这个机制可以解释为什么很多人喜欢悲伤音乐。《疯传》[2]中指出,敬畏、消遣、兴奋(幽默)等积极的情绪和生气、担忧等消极的情绪需要采用高唤醒的方式,而积极情绪中的满足和消极情绪中的悲伤则需要低唤醒的方式。

(二)消费者类型差异化原则

不同类型的消费者对情绪类型的需求不一样,哪怕对同一种情绪类型的理解也不一样。比如同样是幸福的感觉,研究发现年长者视平和、舒适、满足、开心为幸福,而年轻者则视激情、激动、活力、兴奋为幸福。这表明即使激发消费者幸福感这种比较普遍的积极情绪,也需要视目标群体的特征进行差异化的激发。

(三)体验层次差异化原则

消费者情绪体验是有层次的。要激发情绪,就要设置高峰体验,避免长时间的平庸体验。有时候激发消费者的情绪波动也是有意义的。研究(Berger et al., 2021)[3]发现"情绪波动"即情绪如何在经历过程中的演变也是重要的,因为它能促进对激发其情绪的对象的积极反应,尤其是在用故事来激发消费者情绪时。

---

[1] 吴声著:《场景革命》,机械工业出版社2015年版。
[2] [美]乔纳·伯杰著,乔迪、王晋译:《疯传》,电子工业出版社2014年版。
[3] Berger, J., Kim, Y. D. and Meyer, R. What Makes Content Engaging? How Emotional Dynamics Shape Success. *Journal of Consumer Research*, 2021, 48(2): 235–250.

本章小结

情绪是一个普遍的、对外部刺激的功能型反应，是消费者生理的、主观体验的，以及行为上对外部环境的反应。情绪的评价属性包括愉悦度和强度两维度观点、PAD观点、认知评价理论的观点等。情绪的测量方法包括生理指标的测量法、语言方式的测量法、人脸表情的测量法、脑电测量法、文本分析法。情绪的功能主要包括动机功能、信号功能、组织功能、健康功能。情绪可以被分类为与生俱来的基本情绪和后天学习到的复杂情绪。与消费者行为有密切关系的基本情绪主要包括快乐、悲伤、后悔、恐惧；与消费者行为密切相关的复杂情绪主要包括内疚、尴尬和自豪等。情绪的影响方式主要体现为整体性情绪对消费者行为和决策的影响、伴随性情绪对消费者行为和决策的影响，以及与任务有关的情绪对消费者行为和决策的影响。企业基于情绪的市场营销策略包括应该认识到消费者情绪对营销结果有重要影响，使用多样化的情绪型刺激触发消费者的情绪体验，基于情绪的营销要注重差异化原则等。

思考题

1. 名词解释

   情绪　整体性情绪　伴随性情绪　与任务有关情绪
2. 认知评价理论评价情绪包括哪些维度？
3. 情绪有哪些功能？
4. 情绪可以通过哪些方法测量？
5. 情绪的影响方式有哪些？

第八章 消费者个性

> **开篇案例**

你是什么颜色？——网易的颜色测试与性格

2021年5月26日网易云音乐上线性格主导色小测试功能，通过播放不同的音乐，用户可以点击其联想的场景，最后判断出自己的主导颜色。该功能刚一上线，朋友圈就广而传之，纷纷晒自己的"颜色"，甚至好奇身边的人"你是什么颜色"。这个功能的玩法其实很简单，网易云音乐联合"19th 创意工作室"，制作了一个性格测试的 H5，用户要听声音回答其中的 8 道问题，系统会给你分配不同的"性格颜色属性"，并生成一张带有二维码的性格色彩的海报。

从科学的角度讲，对于人格测试，仅这种简单回答几个问题就对你下出结论当然不靠谱。但大家依然会中招，因为被巴纳姆效应（Barnum effect）"击中"了。巴纳姆效应又称福勒效应、星相效应，是 1948 年由心理学家伯特伦·福勒通过实验证明的一种心理学现象，是指人们常常认为一种笼统的、一般性的人格描述十分准确地揭示了自己的特点，即使描述的内容本身很空洞。比如这样的说法：X 星座的人，不开心的时候会故意隐藏自己，总是想把自己装得更独立、更坚强；Y 星座的人表面坚强，嘴巴硬，其实内心很容易受到伤害。

> 人格与个性测试已有很久的历史，并且有多种不同的方法，比如明尼苏达多项人格测验（Minnesota Multiphasic Personality Inventory，MMPI）是由明尼苏达大学教授哈瑟韦（Hathaway）和麦金力（Mckinley）于20世纪40年代制定的；卡特尔十六人格因素测验（Sixteen Personality Factor Questionnaire，16PF）是美国伊利诺州立大学人格及能力测验研究所卡特尔（R. B. Cattell）教授经过几十年的系统观察和科学实验，并使用因子分析法慎重确定和编制而成的一种精确的测验。该测验已于1979年引入我国并由专业机构修订为中文版。人格与个性测试是预测消费者行为的一个工具。
>
> 资料来源：https://zhuanlan.zhihu.com/p/377513376?ivk_sa=1024320u.

第一节 消费者个性的内涵与特征

消费者在面对同一刺激时，即使处于同一社会环境，同一民族、年龄、职业和社会阶层，不同的消费者也会表现出各不相同的行为。这说明消费者个体对外部因素的作用具有选择性，这种选择性来自个体心理的差异因素。由于每个消费者的先天素质和后天环境都不相同，心理活动在每个消费者身上产生和发展时，总是带有个人特征，从而形成了消费者的不同个性。研究表明，消费者的不同个性特征在很大程度上影响消费者的购买行为。

一、消费者个性的内涵

个性（personality）是指一个人的整体心理面貌，是个人心理活动稳定的心理倾向和心理特征的总和。个性决定了个人在各种情形下各种举止表现的内在特征。个性心理包括个性倾向性和个性心理特征两方面。

（一）个性倾向性

个性倾向性是指人们在与客观现实交互过程中，对事物持有的看法、态度和意识倾向，具体包括需要、动机、兴趣、爱好、态度、理念、信念和价值观等。个性倾向性体现了人们对社会环境的态度和行为的积极特征，对消费者心理的影响主要表现在心理活动的选择性、消费者的态度和消费行为模式上。

（二）个性心理特征

个性心理特征是指区别于他人，在不同环境中表现出一贯的、稳定的行为模式的心理特征。它主要包括气质、性格和能力，是多种心理特征的独特组合，集中反映了人们的心理面貌的差异。其中，气质显示了个体心理活动的动力特征，性格反映了个体对现实环境和完成活动的态度上的特征，而能力体现了个体完成某种活动的潜在可能性特征。例如，在行为方面，有的人活泼好动，有的人沉默寡言，有的人热情友善，有的人冷漠无情，这些都是气质和性格方面的差异。在能力方面，有的人有绘画才能，有的人有数学才能，有的人有音乐方面的才能，这就是能力方面的差异。研究消费者个性心理与行为的关系，主要就是研究不同消费者在气质、性格和能力方面的差异及其在消费行为上的反映。

心理学认为，人的个性是在先天生理素质的基础上，在后天社会环境的影响下，通过本身的实践活动逐步形成和发展起来的。生理因素通过遗传获得，是个性心理产生的物质基础；后天实践则是个性心理的社会基础。个人所处社会环境、生活经历、家庭影响等方面的因素，对个性心理的形成、发展和转变具有决定性作用。在消费实践中，正是由于消费者个性的差异性，决定了消费者心理特征和行为方式的千差万别，同时显示出每个消费者独有的个人风格和特点。

二、消费者个性的特征

消费者个性具有稳定性、可变性、整体性和独特性。在营销中，企业对消费者个性的了解和把握，对于制定有效的市场细分策略和营销组合策略很有意义。

（一）稳定性

消费者个性的稳定性是指消费者通常表现出来的表明消费者个人精神面貌的心理倾向和心理特征。偶然的行为和心理不能体现消费者个性，例如，理智型消费者偶然表现出冲动性购买行为，不能因此称他为冲动型购买者。消费者个性的稳定性特征对消费者行为的影响也是稳定和持续的，因此营销人员可以利用其来预测消费者的购买行为。

（二）可变性

消费者个性虽具有稳定性，但这并不意味着个性是不可以改变的；随着环境的变化、年龄的增长和消费实践活动的改变，个性也是可以改变的。通常情况下，个人在面对人生重大事件冲击时，可能会改变个性。正是个性的可变性特点，才使消费者的个性具有发展的动力。此外，企业在长期的营销过程中，可以通过适当的营销手段对成长中的消费者个性形成一定的影响。

（三）整体性

消费者个性的整体性是指消费者的各种个性倾向性、个性心理特征以及心理过程不是彼此分割、孤立的，而是有机联系在一起的，紧密相连、相互依赖，形成个性的整体结构。例如，消费者的气质是多血质，其性格往往表现为开朗善谈、精力充沛，应变能力、交际能力和活动能力都比较强。

（四）独特性

消费者个性的独特性是指在某一具体的、特定的消费者身上，由独特的个性倾向以及个性心理特征所组成的独有的、不同于他人的精神风貌。正是由于这些独具的精神风貌，不同消费者的个性存在明显的差异性。

> **经典和前沿研究 8-1**
>
> **消费者个性的稳定与变化**
>
> 消费者的个性既具有稳定性又具有变化性,其稳定与变化的规律是怎样的?有研究(Damian et al., 2019)使用来自美国高中生在 1960 年以及 50 年后的天才项目人格问卷(Project Talent Personality Inventory, PTPI)形成的人格评估数据库,从中抽取 1 795 位被试进行研究,发现经历 50 年的时间跨度,人们的个性特质依旧保持了相当程度的一致性。人格特质平均发生 0.63 个标准差的变化。除冲动性外,其他人格特质维度上均有提高,说明与青年时期相比,人们在六十多岁后变得情绪更为稳定、更尽责、更宜人,展现出人格发展趋向成熟的模式。在两次测量中,女性比男性在成熟人格、整洁(尽责性),社交能力(外向性),文化(开放性)和社会敏感性(宜人性)的得分都更高。在平均水平变化上,发现性别和时间的交互作用显著,具体来说,男性比女性在自信维度上的提高更多,而女性比男性在社会敏感维度上的提高更多。
>
> 研究结果总体表明,人们的个性在保持核心特质的同时也在发生着变化,这种变化是累积的,向着更为成熟、更为适应社会和环境的方向发展。在整体人群中,这种变化也呈现出一定的差异性,说明具体的环境因素如独特的生活经验也不断塑造着人格,带来个性变化中的差异性。
>
> 资料来源: Damian, R. I., Spengler, M. and Sutu, A., et al. Sixteen Going on Sixty-six: A Longitudinal Study of Personality Stability and Change Across 50 years. *Journal of Personality and Social Psychology*, 2019, 117(3): 674–695.

第二节 个性理论的发展

心理学家提出了许多与个性相关的理论,主要有弗洛伊德的精神分析论、荣格的个性类型说、新弗洛伊德的个性理论、特质论和西方人格五要素模型等。

一、弗洛伊德的精神分析论

西格蒙德·弗洛伊德(Sigmund Freud)认为,一个人的个性由本我(id)、超我(superego)与自我(ego)三个部分构成(如图 8-1 所示)。个性主要来自想要满足实际需要(如性、饥饿与攻击)与遵循法律、法规和道德规范的社会压力这两者所产生的冲突。

本我是个性结构的基础,它由与生俱来的本能或欲望(如饥、渴、性等)构成。本我是个性结构中能量的供应源,它追求最大限度的快乐,满足欲望,而不管其欲望在现实中有无实现的可能。

自我是在出生以后从本我中分化出来的，自我的基本任务是协调本我的非理性需要与现实之间的关系。为了使本我的需要在以后适当的时候得到更大的满足，它往往推迟满足某些需要，表现为对本我需要的控制和压抑。超我是社会教化的结果。个体在一定的社会文化背景下，获得了一定的知识经验和行为规范，这些知识经验和行为规范就内化为个体的超我。超我代表

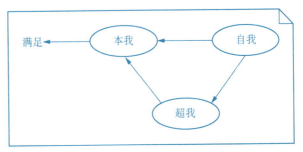

图 8-1　本我、自我与超我之间的关系

了个性结构中的良知、理性的一面，它随时监视着本我的需要，当发现不符合理性或行为规范时，就警告自我，迅速加以抑制。

二、荣格的个性类型说

卡尔·古斯塔夫·荣格（Carl Gustav Jung）曾是弗洛伊德精神分析论的支持者，后因观点不同而自创分析心理学。荣格心理学涉及的内容极为广泛，与消费者行为分析尤为密切的首推个性类型说。根据这一学说，人格结构由很多两极相对的内动力形成，如感觉对直觉、思维对情感、外向对内向等。具体到一个人身上，这些彼此相对的个性常常是失衡或有所偏向的。例如，有的人更多地凭直觉、情感做决策，有的人更多地凭理智和逻辑做决策。

将前述两极相对的个性倾向每两组配对，可以组成很多彼此不同的组合，如外向感觉型、内向思维型、知觉思维型等。荣格将个性类型描述成以下八种类型。

（一）外向思维型

该类型人的特点是一定要以客观资料为依据，以外界信息激发自己的思维过程。其呈现出情感压抑，缺乏鲜明的个性，甚至表现为冷淡和傲慢等个性特点。

（二）内向思维型

该类型的人除了靠外界信息外，还思考自身的精神世界。其呈现出情感压抑、冷漠、沉溺于幻想、固执、刚愎和骄傲等个性特点。

（三）外向情感型

该类型的人情感符合客观情境和一般价值，呈现出思维压抑、情感外露、好交际、寻求与外界和谐等特点。

（四）内向情感型

该类型的人感情由内在的主观因素所激发，呈现出思维压抑、情感深藏、沉默、力图保持隐蔽状态、易忧郁等特点。

（五）外向感觉型

该类型的人头脑清醒，积累外部世界的经验，对事物并不过分地追根究底。其呈现出寻求享乐、追求刺激、情感浅薄、直觉压抑等特点。

（六）内向感觉型

该类型的人常远离外界，沉浸在自己的主观感觉世界中，其知觉深受心理状态的影响。其呈现出艺术性强、直觉压抑等特点。

（七）外向直觉型

该类型的人力图从外界中发现各种可能性，并不断寻求新的可能性。这种人可以成为新事业的发起人，但不能坚持到底。

（八）内向直觉型

该类型的人力图从精神现象中发现各种可能性，不关心外界事物，脱离实际、善幻想、观点新颖，但有点稀奇古怪。

分析这些个性类型，有助于营销者了解每种类型的个性在行为上的特点，从而制定出更加有效的营销策略来满足消费者的需要。

三、新弗洛伊德的个性理论

弗洛伊德的一些同事和后人并不同意弗洛伊德关于个性主要是由本能或性本能所决定的观点。这些被称为新弗洛伊德者的学者认为，个性的形成和发展与社会关系密不可分。其中，最为有名的理论是由卡伦·霍妮（Karen Horney）提出的社会心理理论。社会心理理论认为，个人与社会之间存在着一种相互依赖：个人致力于满足社会的需求，而社会则协助个人达到其目标。霍妮认为，人类的行为主要来自三种人际导向：顺从（compliant）导向、攻击（aggressive）导向和孤僻（detached）导向。

顺从导向的人依赖他人来满足其在爱情与情感上的需要，因此他们往往会走向人群。这一类型的人倾向于与他人打成一片，特别希望获得别人的爱和被别人欣赏。攻击导向的人则主要受权力需要激励，往往会与人群相对抗。这一类型的人上进心特别强，总想超越别人和赢得他人的羡慕与尊敬。孤僻导向的人则主张自给自足，并且相当独立，因此他们往往会离群索居，倾向于独立和摆脱各种各样的束缚。

社会心理理论结合了心理与社会两种观点，社会心理理论和心理分析理论之间存在着两方面的重要差异：第一，社会心理理论认为，社会变化是形成个性的重要决定因素；而心理分析理论认为，生物的本能才是最重要的决定因素。第二，社会心理理论强调行为的动机是针对满足这些社会性需要而来的；而心理分析理论则特别强调自我的、本能的需要。

四、特质论

在众多的个性理论中，特质论（trait theory）被认为对营销最为有用。特质论认为，人的个性是由诸多特质构成的。特质是指一个人与他人相异的特性，这些特性具有相当大的一致性及持续性，如冒险性、自信、社交性与内外控性等。特质论并不把个性分为绝对的类型，而是认为存在一些特质维度，每个人在这些特质上存在不同的表现。比如，慷慨是一种特质，每个人都可以在不同程度上具备这种特质。人的个性之所以有差异，原因就在于不同的人在各种特质上有不同的表现。

特质论包含三个重要假设：第一，特质具有共同性，人们之间的差异表现在该特质绝对量上的多寡；第二，不管面对的情境或环境如何，这些特质都是相当稳定的，同时其对行为的影响具有普遍性，也就是说，特质能够预测很多行为；第三，可以由行为指标的衡量来反向推断特质的内涵。

雷蒙德·伯纳德·卡特尔（Raymond Bernard Cattell）的特质论是个性特质理论的典型代表。卡特尔认为，在构成个性的特质中，有的是人们皆有的，有的是个人独有的，有的是遗传决定的，有的则是受环境影响的。人的个性特质可分成两种类型：一是表面特质，二是根源特质。前者是在每个具体行为中体现出来的个性特点；后者则反映一个人的总体个性，它是根据表面特质推理设定的。卡特尔经过多年的测量、筛选，找出了反映人的个性的16个根源特质（如表8-1所示）。

表8-1 卡特尔反映个性的16种根源特质

根源特质	低分特征	高分特征	根源特质	低分特征	高分特征
开朗性	缄默、孤独	乐群、外向	怀疑性	信赖、随和	怀疑、刚愎自用
聪慧性	迟钝、学识浅薄	智慧、富有才识	幻想性	现实、合乎陈规	幻想、狂妄不羁
稳定性	情绪激动	情绪稳定	机敏性	坦白直率、天真	精明能干、世故
支配性	谦虚、顺从	好强、固执	忧虑性	安详沉着、有自信心	忧郁、烦恼
兴奋性	严肃、谨慎	轻松、兴奋	实验性	保守、服膺传统	自由、批判激进
有恒性	权宜、敷衍	持之以恒、负责	独立性	依赖、随群附众	自主、当机立断
勇敢性	畏惧、胆怯	冒险、敢做敢为	自律性	矛盾冲突、不明大体	知己知彼、自律严谨
敏感性	理智、着重实际	敏感、感情用事	紧张性	心平气和	紧张、困扰

资料来源：孟昭兰主编，《普通心理学》，北京大学出版社1994年版，第492页。

五、西方人格五要素模型

（一）五要素模型的内涵

人格五要素模型又称为大五模型，或五要素模型，是一个多特质个性理论[1]。它是在对字典中关于描述人的个性或性格的大量词汇进行筛选的基础上，采用因子分析法，凝练出5个一般性个性因素，它基本上反映了关于个性的大部分内容。

（二）大五模型的个性因素

大五模型将个性因素分为5个方面：

（1）外向性（extraversion），用于反映一个人是内向还是外向。

（2）随和性（agreeableness）。随和性高的人对人友好、有教养和关心人，随和性低的人以自我为中心，对人冷漠和怀有敌意。

---

[1] Wiggins, J. *The Five-factor Model of Personality: Theoretical Perspectives*. New York: Guilford Press, 1996.

（3）尽责性（conscientiousness）。尽责性高的人一般做事认真、工作努力、自律性强，而尽责性低的人则办事马虎、不可靠。

（4）神经质性（neuroticism），反映个体脾气好坏、神经是否过敏、情绪是否消极。

（5）开放性（openness）。开放性高的人灵活，不拘泥于过去经验，对新思想、新事物持开放态度。

大五模型被证明有助于理解消费者的讨价还价、抱怨，以及冲动购买行为等，其优点是能够对行为的决定因素有较为全面的理解和把握[1]。有研究（Gladstone et al., 2019）[2]收集了两千多个英国消费者的网上购物账户的支付数据，共包含 200 万笔支付记录，发现开放型人格喜欢乘坐飞机，外向型人格喜欢购买食物，随和型人格喜欢做慈善，尽责型人格喜欢储蓄，追求物质主义的人喜欢购买珠宝。无论是老年人还是年轻人，这种预测结果在很大程度上都是一致的。

大五模型是在美国文化背景下发展起来的，它能否适应其他文化，比如能否描述中国人的个性，一直存在争议。比如有研究认为大五模型中的开放性，在中国人的个性模型里面没有找到对应。王登峰和崔红的《解读中国人的人格》[3]，把中国人的人格分为7个维度，分别是外向性、善良、行事风格、才干、情绪性、人际关系和处事态度。其中，外向性是人际交往中的表现，包括活跃、合群和乐观三个具体子维度。善良体现中国文化中"好人"的总体特点，包括利他、诚信和重感情三个子维度。行事风格包括严谨、自制和沉稳三个子维度。才干，体现为能力和对待工作任务的态度，包括决断、坚韧和机敏三个子维度。情绪性包括耐性和爽直两个子维度。人际关系包括宽和和热情两个子维度。处事态度是对人生和事业的基本态度，包括自信和淡泊两个子维度。与西方的大五模型相比，该量表还比较年轻，且维度之间有一定的重叠。这些维度与消费者行为的关系需要未来进一步探索。

中国人认为"人之初，性本善"，围绕着这一基本的信念，学者们也做了一些个性方面的探索。比如田一等（2021）[4]认为社会善念的结构是一个包括随和性和外向性二阶的结构，随和性包括善良尊重、谦和恭逊两因素，外向性包括包容理解、积极开放两因素。

> **经典和前沿研究 8-2**
>
> **消费者身材特征与个性**
>
> 人们有时候会通过他人的身材来判断其个性特征。有研究（Hu et al., 2018）利用美国和欧洲人体测量数据库（CAESAR）验证两者之间的关系。个性特征清单基于简版的大五个性量表

---

[1] Harris, E. G. and Mowen, J. C. The Influence of Cardinal-, Central-, and Surface-level Personality Traits on Consumers' Bargaining and Complaint Intentions. *Psychology and Marketing*, 2001, 18(11):1155–1185.
[2] Gladstone, J. J., Matz, S. C. and Lemaire, A. Can Psychological Traits be Inferred from Spending? Evidence from Transaction Data. *Psychological Science*, 2019, 30(7):1087–1096.
[3] 王登峰、崔红著：《解读中国人的人格》，社会科学文献出版社 2005 年版。
[4] 田一、王莉、许燕，"中国人社会善念的心理结构"，《心理学报》，2021，53(9):15。

生成，共 30 个词汇。每个个性维度包括 3 个积极特征词汇和 3 个消极特征的词汇。比如，在外向性维度上的 3 个积极词汇包括热情、外向的、主导的，消极词汇有安静的、保守的、害羞的。

身材照片是全身照，包括一张正面照和一张侧身 45°照，被试需要判断屏幕左侧的身材是否符合右侧关于其个性特点的描述。研究发现能够区分出个性特征的身材的两大因素是胖瘦和曲线。对于女性而言，曲线用梨型身材和长方形身材（梨型身材有腰线）测量；对于男性而言，曲线用肩膀宽窄测量。

研究发现，对女性而言，在第一象限，女性是梨型身材、偏瘦体型，相关的个性特征是起主导作用的、外向的、自信的、热情的；在第二象限，女性是梨型身材、偏胖体型，对应的个性特征是易激惹的、爱争论的、固执的、情绪化的、缺乏条理的、粗心的；在第三象限，女性是长方形身材、偏胖体型，对应的个性特征是懒惰的、保守的、害羞的、安静的；在第四象限，女性是长方形的身材、偏瘦体型，此时对应的个性特征是自律的、可信赖的、可依靠的、冷静的、随和的。

对男性而言，在第一象限，男性是宽肩膀且苗条的体型，对应的个性特征是起主导作用的、外向的、热情的、自信的；在第二象限，男性是宽肩膀且肥胖的体型，对应的个性特征是懒惰的、粗心的、缺乏条理的、好争论的、固执的；在第三象限，男性是窄肩膀且肥胖的体型，对应的个性特征是害羞的、保守的、安静的；在第四象限，男性是窄肩膀且苗条的体型，对应的个性特征是细心的、自律的。

多元线性回归的结果显示，女性共有 15 种个性特质可以从身材特征上预测出来，包括个性的外向性（热情、外向、支配性、安静、保守、害羞），尽责性（自律、细心、粗心、无条理的、懒惰）和开放性（好奇、开放、智慧），还有神经质（自信的）；而男性共有 16 种个性特质可以从身材特征上预测出来，包括外向性（热情、外向、支配性、安静、保守），尽责性（可依赖的、自律的、细心的、粗心的、无条理的、懒惰的），开放性（好奇的、开放的、聪慧的），以及宜人性（合作的）、神经质（自信的）。

该研究结论显示，人们可以从身材上推断出大量的个性特质信息，男女之间虽然有差异，但是总体一致。

资料来源：Hu, Y., Parde, C. J. and Hill, M. Q., et al. First Impressions of Personality Traits from Body Shapes. *Psychological Science*, 2018, 29(12)：1969−1983.

经典和前沿研究 8-3

星座与个性特质

星座在人们生活中是一个受关注的话题，十二星座的性格属性有事实依据吗？有研究者（Lu et al., 2020）通过 9 项研究，探究了西方星座在中国的流行、刻板印象与歧视的现象。他

> 们发现，由于星座的性格属性而造成的歧视在恋爱交友和招聘中真实存在。与此同时，他们从中国的一个心理测评网站收集了大量的样本（N=173 709），发现星座与大五个性特征（随和性、尽责性、神经质性、外向性和开放性）并没有显著关系，也就是说，星座的性格属性并没有事实依据，星座并不能预测人的性格。他们还发现星座与员工的工作绩效并没有显著关系。因此，尽管谈论星座很有娱乐性，有助于人们建立社交联系，但用它们来推断个性特征并做相关决定和判断很显然是不理性的。
>
> 资料来源：Lu, J. G., Liu, X. L. and Liao, H., et al. Disentangling Stereotypes from Social Reality: Astrological Stereotypes and Discrimination in China. *Journal of Personality and Social Psychology*, 2020.

六、体现消费者个性的一些具体方面

拥有不同类型个性的消费者会表现出不同的消费行为。比如，拥有孤独型人格的人可能会更难产生品牌忠诚，会体现出更多的品牌转换行为。而针对孤独型人格的营销定位就可以定位在个人主义、独立自主等方面。这些具体的不同类型的人格属于人格的单一特质理论，其强调某一个性特质在解释某类特定行为上特别有效。该理论并不认为其他特质不存在或者不重要，而是侧重研究某一特质与特定行为之间的相关性。营销管理者对单一特质如何影响消费者的自我和消费非常感兴趣。因为了解了这些，就可以使他们更好地去细分和定位。下面就列出几个重要的影响消费的单一特质人格特点。

（一）消费者创新性（consumer innovativeness）

创新型的消费者喜欢了解新的想法，通常是第一批尝试新产品和新服务的人。对于新产品而言，此类消费者在很大程度上决定了产品的成功和失败。消费者创新性的测量是与刺激的需求、追逐新鲜感以及独一无二的需求联系在一起的。某些消费者对新事物乐于接受，那么他们的创新性就较高；而有些消费者则对新事物持怀疑和排斥的态度，则他们的创新性就低。消费者创新性的测量语句如下[1]：

- 通常，当新的_____上市，我是朋友圈中最后一个购买的（倒置项）。
- 如果听说商店有新的_____出售，我会很感兴趣并去购买。
- 与我的朋友相比，我拥有的_____很少。（倒置项）
- 一般来说，在朋友圈中我是最后一个知道最新_____的。（倒置项）
- 即使从未听说过的新_____，遇上时我也会购买。
- 我比别人更早了解各种新的_____。

（二）消费者教条主义（dogmatism）

这是一种反映个体对自己不熟悉或者与自己的信念不同的信息显示出的刻板程度。低教条主义的消费者更喜欢不熟悉的和创新型的产品，而高教条主义的消费者会排斥陌生事物，更喜欢既有

---

[1] Goldsmith, R. E. and Hofacker, C. F. Measuring Consumer Innovativeness. *Journal of the Academy of Marketing Science*, 1991, 19(3):209−221.

产品或者权威性的产品。某些广告使用权威或者名人代言，就是针对高教条主义的消费者，以打消他们的疑虑。

（三）消费者独特性需求（need for uniqueness）

独特性需求反映了不同个体通过获取、利用和处置消费品而实现与他人不同的倾向。[1]人们对独特性的需求是不同的，有的人追求独特，不愿意遵从他人的期望和标准。尤其是当他人不会因为你的独特而批评你时，我们更愿意追求独特性。独特性需求会影响消费者对独特性产品或者品牌的偏好。独特性需求高的人倾向于选择具有独特性的产品，而独特性需求低的人则会选择一般性或大众化产品。独特性需求也受到文化的影响。比如，中国文化的特点之一是从众心理比较普遍，即使个体的自我概念不断强化和独立，也依然受到文化的影响，使得消费选择倾向于从众化。但在年轻的消费者群体中，个性化、独特性需求越来越强。消费者独特性需求的测量语句如下：

- 我一般是潮流领导者而不是跟随者。
- 如果产品很稀缺，我更可能会购买。
- 我更喜欢专门为顾客定制的事物而不是已经设计好的成品。
- 我喜欢一些别人没有的东西。
- 我喜欢比别人先尝试新产品和服务。
- 我喜欢逛那些销售与众不同商品的商店。

（四）社会性格（social character）

这一概念可以用来描述个体个性中内倾（inner-directedness）性和外倾（outer-directedness）性的程度。内倾性比较高的消费者会用自己内心的标准和价值观去评价产品或服务；而外倾性比较高的消费者则会更多地依赖他人的意见做决定。因此内倾型消费者更易成为创新者。在广告方面，如果针对内倾型消费者，则要多讲产品的功能以及个体使用后所获得的利益。

（五）最优刺激水平（optimum stimulation level）

个体在喜欢的刺激水平上存在差异，有的人喜欢过刺激的生活，有的人则喜欢过平静安稳的日子。当个体的生活方式与自己的最优刺激水平相一致时，那么个体会对生活感到满意；如果最优刺激水平低于个体的生活方式，那么个体会追求宁静和平和；如果最优刺激水平高于个体的生活方式，那么个体会感到生活很沉闷。也就是说，个体的最优刺激水平及其生活方式决定个体的追求，从而影响其消费。举例来说，如果消费者感到过于刺激，那么他可能会去人少安静的地方度假；相反，如果消费者感到乏味，那么他可能会去人多热闹的地方度假。因此，最优刺激水平可以指导企业决定在营销信息中是强调刺激还是平和等因素。

（六）认知的需要（need for cognition）

认知的需要是个体渴望或者喜欢思考的程度。[2]高认知需要的消费者喜爱思考活动，而低认

---

[1] Tian, K. T., Bearden, W. O. and Hunter, G. L. Consumers' Need for Uniqueness: Scale Development and Validation. *Journal of Consumer Research*, 2001, 28(1):50–66.

[2] Areni, C. S., Ferrell, M. E. and Wilcox, J. B. The Persuasive Impact of Reported Group Opinions on Individuals Low VS. High in Need for Cognition: Rationalization VS. Biased Elaboration? *Psychology and Marketing*, 2000, 17(10):855–875.

知需要的消费者不爱思考,喜欢简化决策。如果消费者的认知需要很高,那么他就有可能对营销传播中与产品有关的信息更加关注;而如果认知需要较低,那么他就会被背景或者画面(如名人代言人)所吸引。对于认知需要较高的消费者来说,营销信息可能不需要重复多次,但是要提供相对丰富的产品信息;而对认知需要较低的消费者来说,重复性的营销传播更加有效,他们更多地会从重复的广告中获取信息。

(七)人际关系导向(susceptibility to interpersonal influence)

人际关系导向是描述消费者是否具有很容易被别人影响的特质的个性维度。如果一个消费者的人际关系导向比较强,通常他受口碑、参考群体的影响就会很大;反之就小。这对企业也很有意义。人际关系导向的测量语句[1]如下:

- 购买新产品时我会受到我的朋友的影响。
- 我会在乎别人是否喜欢我所购买的产品与品牌。
- 我通常只购买别人认同的品牌。
- 他人对我的期望(看法)是我购物时的主要依据。
- 我会特别注意哪些品牌是受人喜爱的。
- 我时常和其他人购买相同的产品和品牌。
- 我通常借由观察他人的购买行为来肯定和确认自己的购买决策。
- 我决定购买产品前,会征询其他人的意见。
- 在购买产品前,我会整合亲朋好友对该产品的评价。

(八)价格敏感性(price sensitivity)

价格敏感性也可以被视为消费者的一种个性特质。不同价格敏感性的消费者在购买产品或服务时对价格的关注程度和敏感程度不同,并且对企业价格变动的敏感程度也不同。了解消费者的价格敏感性,对于企业定价策略有很重要的指导意义。消费者价格敏感性的测量语句如下:

- 购物时,无论能否负担得起,我总会自然地说:这东西真贵。
- 即使购买生活必需品,我也在意花了多少钱。
- 购物后,当得知这种商品在其他地方价格更低时,我会难过。
- 购物结束后,我总想知道这种商品在其他地方是不是更便宜。
- 当谈到花钱时,我总是感到很焦虑。

(九)风险承担(risk taking)

是否愿意承担风险也是消费者的一项个性特征。在个性研究中,风险不仅指决策后果的不确定性,而且意味着对将要发生的损失的个人预期。有些消费者较一般人具有更高的寻求刺激的需要,很容易感到厌倦,具有追求冒险的内在倾向,更可能将成功和能力视为生活的目标;相反,风险规避者更可能将幸福和快乐视为生活的首要目标。

---

[1] Bearden, W. O., Netemeyer, R. G. and Teel, J. E. Measurement of Consumer Susceptibility to Interpersonal Influence. *Journal of Consumer Research*, 1989(4):473-481.

（十）自我监督（self monitoring）

自我监督的个性品质反映了个体是更多地受内部因素还是受外部因素的影响。自我监督程度高的个体对自身内在的感受、信念和态度特别敏感，并且认为行为主要受自己所持有的信念和价值观等内在因素的影响；自我监督程度低的个体对内在信念和价值观不太敏感。当前，关于自我监督方面的研究多集中在冲动性购买、享乐消费、健康食品消费等方面。

影响消费的单一特质个性变量有很多，营销者要根据具体的营销问题和目的去分析会受哪些特质变量的影响，并掌握其影响的规律，从而在此基础上设计并实施营销策略。

第三节 | 消费者气质

一、消费者气质的概念和特征

（一）消费者气质的内涵

消费者个性心理特征体现在消费者气质、能力、性格等方面，其中有很多关于气质的专门研究。气质是指个体心理活动典型的、稳定的动力特征，主要表现在心理过程的强度、速度、稳定性、灵活性及指向性上。心理活动的强度指情绪的强弱、意志努力的程度等。心理活动的速度和稳定性指知觉的速度、思维的灵活性、注意力集中时间的长短等。心理活动的指向性指个体对自身与环境的心理倾向，例如有的人倾向于外部事物，善于从外界获得新印象；有的人倾向于内部，经常体验自己的情绪，分析自己的感受和思想等。气质是人类所特有的个性心理特征之一，气质特征使一个人的整体心理活动表现带有独特的个人色彩。

（二）消费者气质的特征

气质作为消费者个体典型的心理动力特征，是在先天生理素质的基础上，通过生活实践，在后天条件影响下形成的。消费者的气质也呈现出差异性、稳定性和可变性特征。

1. 差异性

由于消费者先天遗传因素不同，后天生活环境不同，消费者个体之间在气质类型上存在着多种个性差异。这种差异性直接影响个体的心理和行为，从而使消费者的行为表现出独特的风格和风貌。气质的差异和影响同样存在于消费者及其消费活动中，每个消费者会通过其独特的气质风格影响自身行为方式。

2. 稳定性

气质作为消费者个体稳定的心理动力特征，一旦形成就会长期保持下去，并对人的心理和行为产生持久影响。在一定时期内，消费者的气质会持续且一致地对消费者行为方式产生影响。

3. 可变性

消费者气质并不是一成不变的，随着生活环境的变化、职业的熏陶、所属群体的影响以及年龄的增长，气质也会有所改变。消费者气质的改变也会体现在他的各种消费活动中。

二、消费者气质学说

心理学家在对气质这一心理特征进行研究时，各有侧重，有的着重于个体的情绪方面，有的强调气质的生理因素，还有的重视个体在动作反应上的特征，因此形成了不同的学说和流派。

（一）气质的阴阳五行说

中国古代很早就有人试图根据个体的生理与心理差异，对人进行分类。例如，《黄帝内经》虽没有提及"气质"一词，但在医学理论中融合了丰富的关于气质的论述。根据人体阴阳之气的比例将人分为太阴、少阴、太阳、少阳、阴阳平和五种类型。运用五行学说，将人分为金、木、水、火、土五种类型：金型人性情急躁刚强，办事严肃认真，果断利索；木型人勤劳本分，多虑沉静；水型人无所畏惧，不够廉洁；火型人性格多虑，态度诚朴；土型人内心安定，助人为乐，为人忠厚。

（二）气质的体液说

古希腊著名医生和学者希波克拉底（Hippocrates）认为，人体的状态由体液的类型和数量决定，并通过临床实践提出体液类型有血液、黏液、黄胆汁、黑胆汁四种。正是这四种体液形成了人体的性质，体内某种液体过多或过少，或者比例不适当，人就会感到痛苦。罗马医生盖伦（Galen）在此基础上，将人体内的体液混合比例用拉丁语命名为"temperentum"，这就是近代气质（temperament）概念的来源。后来，根据每种体液在人体内所占比例不同，形成了四种气质类型，即流行于今天的多血质（血液汁占优势）、胆汁质（黄疸汁占优势）、黏液质（黏液汁占优势）和抑郁质（黑胆汁占优势）。盖伦还认为，人的行为方式不仅取决于气质，而且取决于周围环境。

德国哲学家康德认为，气质首先可以划分为感情的气质和行动的气质，每一种气质又可与生命力的兴奋与松弛相联结进一步分为四种单纯的气质：多血质的人是开朗的，胆汁质的人是热血的，黏液质的人是冷血的，抑郁质的人是沉稳的。德国心理学家冯特以感情反应的强度和变化快慢为基础，把气质分为四种：感情反应强而变化快的是胆汁质，感情反应弱而变化快的是多血质，感情反应强而变化慢的是抑郁质，感情反应弱而变化慢的是黏液质。

（三）气质的体型说

德国精神病学家克瑞奇米尔基于对精神病人的研究，把人的体格类型分为三种：肌肉发达的强壮型、高而瘦的瘦长型和矮而胖的矮胖型。不同体型的人具有不同的气质：矮胖型人，外向而容易动感情；瘦长型人，内向而孤僻；强壮型人介于两者之间。克瑞奇米尔认为，正常人与精神病患者只有量的差别，没有质的不同。不同体型的正常人在气质上也带有精神病患者的某些特征，例如，矮胖型人具有躁狂抑郁症的特征，瘦长型人具有精神分裂症的特征，强壮型人具有癫痫症的特征，故而将人的气质分为躁郁气质、分裂气质和黏着气质。体型与气质、行为倾向的关系见表8-2。

表 8-2 体型与气质、行为倾向的关系

体型	气质	行为倾向
瘦长型	分裂气质	不善交际、沉静、孤僻、神经过敏
矮胖型	躁郁气质	善交际、活泼、乐观、感情丰富
强壮型	黏着气质	固执、认真、理解迟钝、情绪爆发性

资料来源：叶弈乾、何存道、梁宁建编著，《普通心理学》，华东师范大学出版社 2007 年版，第 422 页。

美国心理学家谢尔顿受克瑞奇米尔的影响，对气质与体型的关系进行了更为深入的研究，把人的体型分为三种：内胚叶型（柔软、丰满、肥胖）、中胚叶型（肌肉骨骼发达、坚实、体态呈长方形）和外胚叶型（高大、细瘦、体质虚弱）。谢尔顿发现了三种气质类型——头脑紧张型、身体紧张型和内脏紧张型，还发现体型与气质类型之间有高达 0.8 左右的正相关，如表 8-3 所示。

表 8-3 体型与气质类型、行为倾向的关系

体型	气质	行为倾向
内胚叶型	内脏紧张型	动作缓慢、爱好社交、感情丰富、情绪舒畅、随和、有耐心
中胚叶型	身体紧张型	动作粗放、精力旺盛、喜爱运动、自信、富有进取性和冒险性
外胚叶型	头脑紧张型	动作生硬、善思考、不爱交际、情绪抑郁、谨慎、神经过敏

资料来源：叶弈乾、何存道、梁宁建编著，《普通心理学》，华东师范大学出版社 2007 年版，第 423 页。

气质与体型之间也许存在某种相关性，但一些研究表明，这种相关性并不是像他们所讲的那样简单和直接。当代科学还不能清楚地揭示身体特征对气质究竟起什么作用，过分夸大生物因素的作用而忽视社会生活对气质的作用，有欠科学性。

（四）气质的血型说

有些学者认为，人的气质是由不同的血型决定的。气质的血型说由日本学者古川竹二最先提出，后经西冈一义等人加以发展。这种学说认为，血型和性格（日本学者一般把气质和性格不做区分）二者间有着密切的联系，血型有 A 型、B 型、AB 型和 O 型，相应的气质也有这些类型（见表 8-4）。然而，学术界普遍认为，凭人的血型来判断人的气质类型是没有科学依据的，也有不少人根据自己的实际体验认为血型说并不可靠，因此该理论并未得到学术界的认可。

表 8-4 血型与气质之间的关系

血型	气质	心理特征
A 型	消极保守	性情温和，老实稳妥，多疑虑，怕羞，顺从，常懊丧追悔，依靠他人，独居，少社交，感情易冲动
B 型	积极进取	感觉灵敏，不害羞，不易受事物感动，长于社交，多言，好管闲事
AB 型	A 型为主，还有 B 型的分子	外表是 B 型，内里是 A 型
O 型	积极进取	意志坚强，好胜霸道，不听指挥，爱支使别人，有胆识，不愿吃亏

资料来源：江林主编，《消费者心理与行为》（第六版），中国人民大学出版社 2018 年版。

（五）气质的激素说

生理学家柏尔曼认为，人的气质特点是由内分泌活动决定的。根据人的某种内分泌腺特别发达而把人划分为甲状腺型、脑垂体型、肾上腺型、副甲状腺型、胸腺型、性腺型。不同类型的人具有不同的气质特点。

1. 甲状腺型

甲状腺分泌增多者精神饱满，不易疲劳，知觉敏锐，意志坚强，处事和观察迅速，容易动感情甚至感情迸发。甲状腺分泌减少则可能患痴呆症。

2. 脑垂体型

脑垂体分泌增多者性情强硬，脑力发达，有自制力，喜欢思考，骨骼粗大，皮肤厚，早熟，生殖器发达。

3. 肾上腺型

肾上腺分泌增多者雄伟有力，精神健旺，皮肤深黑而干燥，毛发浓密，专横，好斗。

4. 副甲状腺型

副甲状腺分泌增多者安定，缺乏生活兴趣，肌肉无力。

5. 胸腺型

胸腺位于胸腔内，幼年发育，青春期后停止生长，逐渐萎缩。成年后胸腺不退化者，则单纯、幼稚、柔弱，不善于处理工作。

6. 性腺型

性腺分泌增多者常不安、好色，具有攻击性。

现代生理学研究证明，从神经-体液调节来看，内分泌腺活动对气质影响是不可忽视的。但激素说过分强调了激素的重要性，从而忽视了神经系统特别是高级神经系统活动特性对气质的重要影响，存在片面性。

（六）气质的活动特性说

美国心理学家巴斯根据人们参加各种类型活动的倾向性不同，提出气质的活动特性说。他把人的气质分为以下四种类型：

1. 活动型

这种类型的人倾向于活动，总是抢先接受新任务，精力充沛，不知疲倦。

2. 社交型

这种类型的人倾向于社交，渴望与他人建立亲密、友好的关系。

3. 情绪型

该类型的人觉醒程度和反应强度很大，难以合作相处。

4. 冲动型

该类型的人易兴奋，缺乏控制力，带有冲动性。

人的反应活动的特性在气质中处于醒目的位置，用活动特性来区分人的气质，是近年来西方心理学中出现的一种新动向。

三、消费者气质与消费行为

消费者的不同气质类型会直接影响和反映到他们的消费行为中，使之显现出不同的甚至截然相反的行为方式、风格和特点。概括起来大致有如下几种对应的表现形式。

（一）主动型和被动型

在购买现场，不同气质的消费者，其行为主动与否会有明显差异。多血质和胆汁质消费者通常主动与销售人员进行接触，积极提出问题并寻求帮助，有时还会主动征询其他在场顾客的意见，表现十分活跃。而黏液质和抑郁质的消费者则比较被动，通常不会主动提出问题，因而不太容易沟通。

（二）理智型与冲动型

消费者的气质差异在购买行为方式上也会有显著差异。黏液质的消费者比较冷静慎重，能够对各种商品的内在质量加以细致的选择和比较，通过理智分析做出购买决策，同时善于控制自己的情绪，不易受营销宣传、外观包装及他人意见的影响。而胆汁质的消费者容易感情冲动，经常凭个人兴趣、偏好以及对商品外观的好感选择商品，而不过多考虑商品的性能与实用性，喜欢追求新产品，容易受营销宣传及购买环境的影响。

（三）果断型与犹豫型

在购买决策和实施购买时，不同的气质会直接影响消费者决策速度与购买速度。多血质和胆汁质的消费者心直口快，言谈举止比较匆忙，一旦见到自己满意的商品，往往会果断地做出购买决定，并迅速实施购买，不愿花费太多的时间去比较选择。抑郁质和黏液质的消费者在挑选商品时优柔寡断，十分谨慎，动作比较缓慢，挑选的时间也较长，在购买后易反悔。

（四）敏感型和粗放型

在购后体验方面，不同气质类型的消费者体验程度会有明显差异。黏液质和抑郁质消费者在消费体验方面比较深刻，他们对购买和使用商品的心理感受十分敏感，并直接影响心境及情绪。在遇到不满意的商品或受到不良服务时，他们经常做出强烈反应。相对而言，胆汁质和多血质的消费者在消费体验方面不太敏感，他们不过分注重和强调自己的心理感受，对于购买和使用商品的满意程度不十分苛求，表现出一定程度的容忍和粗疏。

第四节 品牌个性

一、品牌个性的含义

品牌个性（brand personality）可以看成一个特定品牌所拥有的一系列人性特性。菲利普·科特勒将品牌个性定义为可以归属于被人类的个性特征所吸引的一个品牌特质的组合体。詹妮弗·艾克（Jennifer Aaker）认为品牌个性是指与品牌相连的一整套人格化特征。[1]作为品牌的一个重要特征，品牌个性是品牌形象的核心，是品牌形象中最活跃的部分，最能体现一个品牌与其他品牌的差异性。例如，研究表明，可口可乐的品牌个性被认为是传统的和正宗的，而百事可乐则代表着年轻和充满活力。

虽然品牌个性和消费者个性有着很大程度上的相似性，但它们形成的方式却有所不同。对消费者个性的认知是在身体特征、个体行为、态度、信念和人口统计学变量基础上所形成的；对品牌个性的认知则是经过消费者与品牌直接或间接的接触而形成的。品牌个性是品牌持续内涵的外在表现，是一种特殊境界的品牌力的集合。

品牌个性不仅包括心理学意义上的"个性"的含义，还包括消费者从品牌中所获得的情感利益和享受，品牌的"个性"应该是"性格"和"情感"的结合体，既反映消费者的自我特征，又能反映消费者从品牌消费过程中所获得的情感满足。相对于品牌的产品功能属性，品牌个性主要用于表达品牌的情感利益或被用于消费者表达自我。

二、品牌个性的来源

品牌个性的形成受到多种因素的影响，如原产地、国别、产品本身、营销宣传等。在通常情况下，可从以下几个方面分析品牌个性的来源。

（一）产品本身

产品本身所包含的功能、名称、外观和价格等都会对品牌个性产生一定的影响。

1. 功能

产品自身所展示的功能是品牌吸引消费者的基础，产品只有具备了最基本的功能才能称为产品。失去了产品功能上的特性，再好的品牌也是虚无缥缈的。无论是华为还是苹果，其独特的品牌个性都是建立在强大的产品功能基础上的。

2. 名称

产品名称是产品各项特征的高度凝缩，也是各项特征在消费者心目中的索引，可以很好地表现品牌的个性。例如，乐高积木的商标"LEGO"的使用是从1934年开始，该词来自丹麦语"LEg GOdt"，意为"play well"（玩得快乐），这与其塑造的品牌个性非常一致，消费者看到这个名字就会联想到其品牌个性。

---

[1] Aaker, J. L. Dimensions of Brand Personality. *Journal of Marketing Research*, 1997, 34(3): 347-356.

3. 外观

产品的外形和包装,是消费者接触的最直接部分。它可以直接展示品牌的个性与品牌形象。具有不同品牌个性的产品,外形与包装设计、颜色等也会有所不同。

4. 价格

价格是消费者最敏感的产品特性之一,不同价位的产品会带给消费者不同的品质形象,从而形成差异化的品牌个性。一般来说,追求高品位的品牌都会奉行高价位策略,而且很少会降价出售;而打造平民化、亲民化的品牌则会较多奉行平价策略,并经常采用打折促销方式进行销售。

(二)品牌使用者

品牌个性的形成在某种程度上与特定的品牌使用者密不可分。一方面,品牌个性是使用者认可的品牌特质,通常不同个性的品牌会吸引不同类型的使用者;另一方面,当某一类有相似背景的使用者常被某一品牌所吸引时,久而久之,这类使用者共有的个性就会被附着在该品牌上,进一步强化了品牌个性。

(三)广告及其代言人

好的广告能够有效地吸引消费者的注意,并把企业、产品、品牌的信息传递给消费者,向消费者展示最具吸引力的品牌个性。在广告的各组成部分中,广告代言人往往成为广告中品牌个性的重要来源。很多具有鲜明个性的品牌,都在通过适合的代言人表达其品牌个性。

(四)品牌创始人

无论是企业的发展还是品牌的塑造,都不可避免地要受到其创始人的影响。往往在潜移默化中,品牌创始人的一些个人魅力被融入品牌个性之中。综观国内国外,人们在提到很多品牌的时候,同时想到的就是其品牌创始人,如任正非和华为、乔布斯和苹果。

三、品牌个性的结构

戴维·艾克(David Aaker)认为,品牌能够借助人口统计特征(年龄、性别和社会阶层等)、生活方式(活动、兴趣和意见等)或消费者个性特点来描述。因此,品牌个性可分为品牌气质、品牌性格和辅助部分三方面,其中品牌性格是核心部分。

(一)品牌气质

品牌气质是指先天存在于品牌、产品以及密切关联因素中的品牌个性部分,例如,品牌的旗舰产品的类别、产地、母品牌对子品牌的遗传等,都会先天地影响品牌的气质。依据气质类型的划分方法,品牌气质可以划分为活泼型、兴奋型、安静型和抑郁型。但是,品牌的这种先天性气质更多的是一种潜在意义上的,要被营销人员有意识地挖掘和表现出来,才能够发挥更大的作用。

(二)品牌性格

品牌气质是靠挖掘先天性存在的内容,而品牌性格则主要是靠后天创造而来的。对品牌性格的创造,并不是毫无根据地捏造,而是结合品牌各方面因素塑造的。创造一个品牌的性格,最重要的是在充分考虑产品潜在气质、竞争品牌的个性、目标顾客现实或渴望的个性的基础上加以权衡而确定的。

(三)品牌个性辅助部分

辅助部分是指与品牌相连的目标顾客的年龄、性别、社会阶层等人口统计特征。该部分与心理学意义上的个性含义不同,后者不包括人口统计特征。其原因在于,品牌个性是以品牌定位为基础的,是对品牌定位的战略延伸,而品牌定位需要考虑消费者的年龄、性别等,所以品牌个性将人口统计特征包含在内。

四、品牌个性化的意义

(一)有利于形成差异化价值

品牌个性作为品牌核心或延伸识别的一部分,最能代表一个品牌与其他品牌的差异性,尤其是在产品属性差异性很小的情况下。基于产品属性来展示差异性,这种差异性容易被竞争对手复制而很难长期保持。由品牌个性建立起来的差异性是建立在消费者认知基础上的,它提供了最重要、最牢固的差异化优势,一旦被消费者接受,就难以被竞争对手模仿。

(二)有利于提供购买动机价值

品牌个性能赋予消费者一些精神化的内容,从而使品牌定位更深刻、更有效。鲜明的品牌个性可以使消费者产生共鸣,从而激发强烈的购买动机。正是品牌个性所传递的个性化内容,使得消费者在接受某一品牌产品时,下意识地把自己与该品牌联系起来,然后做出最终购买的决定。品牌个性切合了消费者内心深层次的感受,以人性化的表达触发了消费者的潜在购买动机,从而使他们选择那些具有个性的品牌。

(三)有利于消费者与品牌沟通

具有独特个性的品牌,可以与某一特定价值观建立强有力的联系,并强烈吸引那些认为该价值观很重要的消费者。消费者可从个性鲜明的品牌中,产生熟悉、亲切、信任、认同的感觉,更可能从品牌中发现自己的影子。这样,品牌就可以通过其独特个性与消费者进行某些方面的沟通,促使消费者产生更强的认同感与购买意向。

(四)有利于提升品牌价值

研究发现,消费者在购买商品时,不仅仅要满足基本生活需要,更是为了满足其社会性、展示性的需要。品牌不仅代表产品质量以满足基本需要,还是一种社会地位象征,可满足消费者心理需要。品牌个性有利于消费者将品牌与他们的无形利益相结合,这样品牌价值才能够体现出来。由此可见,鲜明的品牌个性有利于提升品牌价值。

五、品牌个性的维度

美国学者詹妮弗·艾克根据西方人格理论的大五模型,以西方著名品牌为研究对象,采用归纳法研究得出了一个系统的品牌个性维度量表,包括真诚(sincerity)、刺激(exciting)、可信赖的(reliable)、精致(sophisticated)和强壮(ruggedness)五个维度(如图8-2所示)。这揭示了几乎所有(93%)被观察的品牌差异,很好地描述了许多强势品牌的个性,如万宝路的粗犷等。

实际上,很多企业在营销宣传中都在塑造某一维度的品牌个性。比如海尔的"真诚到永远",

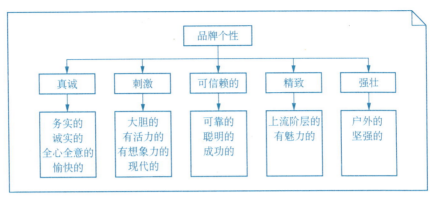

图 8-2　美国品牌个性的 5 个维度

紧紧围绕"真诚"这一个性维度；优衣库以"通过全世界统一的服务，以合理可信的价格，大量持续提供任何时候、任何地方、任何人都可以穿着的服装"，塑造可信赖的品牌个性；统一冰红茶以"年轻无极限，统一冰红茶塑造的刺激的品牌个性；香奈儿 5 号的"闻起来像女人的香水"塑造的精致的品牌个性等。

品牌个性的维度是有文化差异的。艾克对日本、西班牙这两个分别来自东方文化区和拉丁文化区的代表国家的品牌个性维度和结构进行了研究，并结合美国品牌个性的研究成果，对这三个国家的品牌个性维度变化及原因进行了分析。结果发现，真诚、刺激和精致三个维度是上述三个国家共有的品牌个性维度，而各个国家间不同的点在于，美国品牌个性维度的核心是"强壮"，日本是"平和"，西班牙是"激情"。

黄胜兵、卢泰宏（2003）[1]采用西方的词汇法和因子分析法作为方法论基础，从中国传统文化角度，通过对中国消费者的实证研究，阐释了中国品牌的个性维度——仁、智、勇、乐、雅。中华民族的文化自信应体现为基于传统文化特色发展体现中国人特征的营销理论。与美国、日本两个国家的品牌个性维度的跨文化比较研究表明：仁（sincerity）、智（competence）、雅（sophisticated）这三个维度具有较强的跨文化一致性。"仁"是中国品牌个性中最具有文化特色的一个维度，其次是"乐"；而"勇"（ruggedness）这个维度与美国文化下的品牌个性维度有一定的重合性。如表 8-5 所示。

学者们还用评价人的维度来评价品牌，有两个重要的维度，分别是温暖（warmth）和能力（competence）。[2]如果一个品牌被消费者认为既有温暖的人格特征，又有竞争力，那么这样的品牌就能赢得消费者的青睐。通常消费者认为非营利组织的品牌更具有温暖的特征，但缺乏能力。

品牌拟人化是将拟人化的特定非人载体聚焦到品牌上，体现为品牌被消费者感知为具有各种情感状态、拥有心智和灵魂、能够自主行为的真实的人，是其社会连接的重要一员。有学者认为品

---

[1] 黄胜兵、卢泰宏，"品牌个性维度的本土化研究"，《南开管理评论》，2003，6(1):4-9.
[2] Aaker, J., Vohs, K. and Mogilner, C. Nonprofits are Seen as Warm and For-profits as Competent: Firm Stereotypes Matter. *Journal of Consumer Research*, 2010, 37(2):224-237.

表 8-5　中国文化下的品牌个性维度

中国品牌个性维度	仁	正直
		温馨
		仁慈
		务实
	智	成功
		智慧
		信赖
	勇	强壮刚毅
		粗犷
		进取
	乐	吉祥
		时尚
		乐观
	雅	魅力
		品味
		儒雅

牌个性是品牌拟人化的一个方面。[1]品牌拟人化会对消费者产生多方面的影响。夸克和普沙科特（Kwak & Puzakova, 2015）[2]基于公平理论，发现品牌拟人化对消费者价格敏感度的影响，即品牌人格化增加了消费者对价格上涨的不公平感知，降低了消费者对价格上涨的公平感知，同时公平判断依赖于消费者对自我与他人的关注，而不公平感知受代理导向和社区导向消费者类型的调节。还有研究（Wan et al., 2017）[3]认为，当一个产品被拟人化以后，消费者将会耗费更多的精力（金钱和时间资源等）去搜寻关于产品与外观属性相关的信息。

拟人化也会产生负面的影响。比如夸克和普沙科特（2013）[4]研究认为，拟人化品牌若出现负

---

[1] Puzakova, M., Kwak, H. and Rocereto, J. F. Pushing the Envelope of Brand and Personality: Antecedents and Moderators of Anthropomorphized Brands. *Advances in Consumer Research*, 2009, 36:413-420.

[2] Kwak, H., Puzakova, M. and Rocereto, J. F. When Brand Anthropomorphism Alters Perceptions of Justice: The Moderating Role of Self-construal. *International Journal of Research in Marketing*, 2017, 34(4):851-871.

[3] Puzakova, M., Kwak, H. and Rocereto, J. F. When Humanizing Brands Goes Wrong: The Detrimental Effect of Brand Anthropomorphization Amid Product Wrongdoings. *Journal of Marketing*, 2013, 77(3):81-100.

[4] Wan, E. W., Chen, R. P. and Jin, L. Judging a Book by Its Cover? The Effect of Anthropomorphism on Product Attribute Processing and Consumer Preference. *Journal of Consumer Research*, 2017, 43(6):1008-1030.

面的品牌信息或错误行为，则会产生不利的结果。

虽然品牌拟人化是把品牌看成具有人的特征，但一项基于神经营销的研究（Yoon et al., 2006）发现，人们想到品牌或产品时被激发的脑区与人们想到人类时被激发的脑区是不一样的。想到品牌时，人们大脑的左侧前额叶皮质（是大脑中处理物体相关的区域）会被激活；而对人类进行判断时，内侧前额叶皮质则会更多地被激活。由此，神经营销的研究结论对品牌拟人化现象提出了以下问题：品牌拟人化激活了消费者大脑的哪部分区域？是品牌真的被当作人来加工，还是其仅仅是一个比喻？消费者仍然是在左侧前额叶皮质做出反应吗？

本章小结

每个消费者的先天素质和后天环境影响都不相同，心理活动在每个消费者身上产生和发展时总是带有个人特征，从而形成了消费者的不同个性。个性主要指一个人的整体心理面貌，是个人心理活动稳定的心理倾向和心理特征的总和。个性决定了个人在各种情形下何种举止表现的内在特征，个性心理包括个性倾向性和个性心理特征两方面。消费者个性具有稳定性、可变性、整体性和独特性的特征。在对个性理论的研究过程中，心理学家提出了许多与个性相关的理论，主要有弗洛伊德的精神分析论、荣格的个性类型说、新弗洛伊德的个性理论、特质论和西方人格五要素模型等。

气质是指个体心理活动的典型的、稳定的动力特征，主要表现在心理过程的强度、速度、稳定性、灵活性及指向性上。心理学家在对气质这一心理特征进行研究时各有侧重，有的着重于个体的情绪方面，有的强调气质的生理因素，还有的重视个体在动作反应上的特征。因此，形成了不同的学说和流派，如阴阳五行说、体液说、体型说、血型说、激素说、活动特性说等。消费者的不同气质类型，会直接影响和反映到他们的消费行为中，使之显现出不同的甚至截然相反的行为方式、风格和特点。

品牌个性可以看成一个特定品牌所拥有的一系列人性特色。品牌个性不仅包括心理学意义上的"个性"的含义，还包括消费者从品牌中所获得的情感利益和享受，品牌的"个性"应该是"性格"和"情感"的结合体，既反映消费者的自我特征，又能反映消费者从品牌消费过程中所获得的情感满足。品牌个性的形成受到多种因素的影响，如原产地、国别等。在通常情况下，可从以下方面分析品牌个性的来源：产品本身、品牌使用者、广告及其代言人、品牌创始人等。戴维·艾克认为，品牌能够借助人口统计特征（年龄、性别和社会阶层等）、生活方式（活动、兴趣和意见等）或消费者个性特点来描述。因此，品牌个性可分为品牌气质、品牌性格和辅助部分三方面，其中品牌性格是核心部分。詹妮弗·艾克以西方著名品牌为研究对象，研发了一个品牌个性维度量表，包括真诚、刺激、可信赖的、精致和强壮五个维度。中国学者阐释了中国品牌的个性维度——仁、智、勇、乐、雅。

思考题

1. 什么是消费者个性？消费者个性有哪些特征？
2. 简述个性理论发展中主要的几个理论。
3. 什么是消费者的气质？气质有哪些特征？
4. 主要的气质学说有哪些？
5. 气质类型对消费活动影响如何？
6. 什么是品牌个性？品牌个性的形成来源有哪些？
7. 品牌个性由哪些维度构成？

第九章 消费者的自我概念与生活方式

开篇案例

茑屋书店的生活方式提案

"茑屋书店"是一个典型的生活方式书店,不只是书店,更是一个生活方式提案场所。茑屋书店的创始人增田宗昭观察到现代消费者喜欢通过不断地探索来"编辑"(搭配)专属于自己的生活,用书中的内容改善自己和自己的生活。但是在这个过程中他们又需要专家的建议和帮助,"生活方式提案"由此成为茑屋的核心品牌价值,是超越图书、音像制品和咖啡之外真正售卖的"商品"。

走进茑屋书店,具备各个领域专业知识的"生活提案顾问"会运用他们的专业知识为消费者推荐由书籍、商品、活动等组合的各种令消费者喜爱的"生活方式提案",加之书店轻松愉悦温馨的氛围,消费者每一次的购物过程都变为他们对茑屋"生活方式提案"的难忘体验。茑屋品牌的"生活方式提案"经验也走出书店,走向消费者日常生活的方方面面。其母公司 CCC 集团(Culture Convenience Club Company)通过创立日本国民级的会员体系——T 积分,链接了全日本 168 家公司、64 万家店铺,为消费

> 者提供从加油到快递再到全家便利店的日常生活的方方面面。而其 T 积分卡背后的 6 000 万会员数据 300 个维度的消费记录又成为茑屋不断为消费者提供更加精准、贴心的"生活方式提案"的坚强后盾。
>
> 资料来源：https://www.sohu.com/a/242062394_100002127.

第一节 自我概念的含义、类型及测量

一、自我概念的含义

每个人如何看待自己，会影响其消费行为。每个个体的生命都是独一无二的，这一观念在不同文化中的体现程度有所不同。比如，在崇尚个人主义的西方文化里，消费者更加注重自己的个性；而在以集体主义为特征的东方文化里，个人应该服从群体的意志。尽管如此，我们还是不能只把个体看作群体的一部分，个体或者每个消费者都有自己的想法。尤其在网络化的今天，人们可以利用社交网站来分享自己的生活，使更多的人关注自己的生活方式。也就是说，消费者表达自我的现象更加普遍了。

自我概念（self-concept）是指个体对自身特征所持有的信念和对这些特征的评价。[1]自我概念是个体对自己的了解、感受及知觉的总和。也就是说，自我概念是个体对自己的态度的总和。每个人都有对自己的看法，如美丑胖瘦等，有的看法可能是积极的，有的看法则是消极的。自我概念回答了关于"我是谁"和"我是什么样的人"的问题，而这些问题的答案又受到周围环境的影响，因此自我概念是个体与外部环境交互作用的结果。由此表明自我概念并不是人们一出生就有的，而是一个在成长过程中逐渐形成的过程。有心理学家做了这样一个实验，招募了一批 2～6 岁的儿童，在他们的鼻子上擦上红色的颜料，有的小朋友就会意识到自己发生了变化，因此会主动擦掉颜料，而有的小朋友则用手指向镜子，他们认为是镜子发生了改变，而不是他们自己发生了改变，这是因为他们还没有形成自我概念。

自我概念对人的心理和行为有重要的影响，一般来说，自我概念有三种功能：第一，帮助个体保持内在的一致性，个体为人处世一般会保持对自我看法的一致性；第二，自我概念决定了个体经验对于个体的意义，不同的经验对于个体来说意义可能是不同的，而自我概念可以帮助个体解释这些经验，从而指导个体未来的行动；第三，自我概念可以决定个体的期望，它决定了个体在不同情境中对于将要发生的事情的期待。

在消费领域，消费者的自我概念会影响其消费行为。以前的研究表明，消费者倾向于选择与其自我概念相一致的商品和服务。因此，了解消费者的自我概念，对于营销管理有较强的现实指导意义。

---

[1] Sirgy, M. J. Self-concept in Consumer Behavior: A Critical Review. *Journal of Consumer Research*, 1982, 9(3):287–300.

二、自我概念的类型

个体的自我概念有多种类型。你可能有这样的经验，与不同的人在一起，你的表现也不一样，而且在不同的场合，人的表现也不一样。举例来说，在父母面前，你可能表现为一个孩子；在学校里，在老师面前，你会表现得比其他同学更好；在演唱会上，你可能是一个粉丝；而在虚拟社区里，你的言谈与日常生活中线下的自己可能也会不一样。也就是说，人在不同场合会有不同的自我及不同的社会角色（social roles），因此表现得不一样，在某一个特定的时间和环境里，只有某一或某几种自我会被激活，因此需要了解自我概念的类型。

（一）主要的自我概念类型

主要的自我概念类型包括以下四种：

（1）实际自我（actual self），指个体现在实际上是什么样子；

（2）理想自我（ideal self），指个体希望如何看待自己；

（3）社会自我（social self），指个体认为或者感到他人是如何看待自己的；

（4）私人自我（private social self），个体对自己的看法。

可以用"自我方格"把这几个自我之间的关系体现出来，如图9-1所示。

图 9-1　自我概念的维度

关于不同的自我概念类型之间的关系，有以下几方面需要注意：

（1）不同类型的自我概念都不尽相同，但是仍然存在重叠的部分。比如消费者自身的有些特征，不仅自己了解，是私人自我概念的构成，同时这些特征在其他人面前展示，也是其他人对该消费者评价和感知的重要方面，因此也就构成消费者的社会自我。

（2）个体的实际自我与理想自我之间总是会存在差距，每个人的差距可能不同，有的人的差距会很大，而有的人会小。但这种差距往往是激发消费者向着理想自我发展，或用一些行为或事物，比如产品或品牌来缩小实际自我和理想自我之间的差距。

（3）在不同的情境下，个体可能会选择不同的自我概念来引导其态度和行为。比如以购买不同的产品来看，购买家庭日常用品的时候，消费者大多会用实际自我概念来指导自己如何选购商品；而购买汽车这样的公共产品时，消费者可能会用社会自我来引导其消费；在购买有符号象征意义的奢侈品时，消费者可能会使用理想自我或社会自我来指导消费。

（4）个体的自我概念在不同的文化里都很重要，然而自我概念的不同部分的重要性在不同文化中是不一样的。比如在中国这样典型的集体主义文化下，消费者的社会自我比典型的个人主义文化下的社会自我更加重要。

（二）文化视角下的自我概念类型

从文化视角来理解自我的概念，可以把它进一步分为独立型自我（independent self）和依赖型自我（interdependent self）[1]。独立型自我是基于西方文化发展出来的，它关注的是个人目标的实现，是个人的特点、成就及渴望。如果个体的独立型自我更显著，那么个体会表现得更加独立、自我、自主和自我依赖，他们对自己的定义主要依赖于自己做了什么、自己拥有什么以及自己有哪些特征。相反，依赖型自我是基于亚洲文化提出的，其关注的是家庭、文化、职业以及社会关系。个体的依赖型自我如果比较鲜明，那么个体倾向于服从，以社会为中心，友好且重视关系。他们依据社会角色、家庭关系等来定义自我的概念。即使在同一种文化中也存在着具有不同倾向的独立型自我和依赖型自我的人，这对营销者捕捉消费者对信息和产品的偏好都会有所启示。研究发现，受文化影响的个体是倾向于独立型自我还是依赖型自我会对个体消费产生重要的影响。比如，有更高程度独立型自我的消费者更喜欢强调独立和自主的广告，而强调集体和团队精神的广告则对具有更高程度依赖型自我的消费者更加有效。

（三）应当的自我与延伸的自我

除了上述自我概念的类型，还有以下两种类型的自我概念：

（1）应当的自我（ought self），它包含了个体所认为他应该拥有或者他应该负责的特点，比如个体在某些道德问题上追求公平、公正，启动环保、社会营销，选择健康食品等时，会与应当自我关联紧密。

（2）延伸的自我（extended self）[2]。这一自我概念是由罗萨尔·贝尔克（Russell Belk）教授提出的。延伸的自我关注的是个体的所有物与自我概念之间的关系。贝尔克教授认为，人的情感中很重要的一部分与他所珍视的物体有关。比如，如果祖母给你的金饰你不小心弄丢了，你可能会感到自我的一部分也丢失了；再如，如果一个人觉得中国风的李宁运动服饰非常时尚，而他最新又购置了这样的一件衣服时，就会觉得自己更加时尚。在以上情境中，消费者的所有物可以看作延伸的自我。消费者的所有物可以在以下五个方面延伸个体的自我：

① 实际上的自我延伸：所有物能够帮助个体完成任务，没有这些物品，消费者可能会觉得生活不方便或者不能做很多事情，比如智能手机。

② 符号上的自我延伸：拥有某物品能够使得个体感觉更好，比如拥有一个香奈儿的经典手提包，消费者会觉得自己很高级。

③ 通过给予社会地位来延伸自我，比如收集到了某大师的画作。

④ 通过给予年轻人物品来延伸生命，比如家族的传家宝，这也可能会成为年轻人自我的一部分。

⑤ 所有物象征着神秘力量，比如传家宝被认为会带来好运。

---

[1] Agrawal, N. and Maheswaran, D. The Effects of Self-construal and Commitment on Persuasion. *Journal of Consumer Research*, 2005, 31 (3):841-849.

[2] Belk, R. W. Possessions and the Extended Self. *Journal of Consumer Research*, 1988, 15(2): 139-168.

(四）数字自我

互联网经济以及元宇宙使得虚拟与现实之间的边界变得模糊了。在很多平台上消费者都可以创立虚拟身份（virtual identities），形成虚拟自我，罗萨尔·贝尔克称之为"数字延伸自我"（extended digital self）。[1]当消费者选择虚拟身份的时候，他们往往会参照现实中的实际的自我，并以理想的自我为指导，即把真实与实际的自我，以及理想的自我投射到虚拟的自我中，因此是自我在虚拟世界里的表征，是一个在虚拟空间里展示的与其他维度的自我有相同点，但又各有不同点的自我。因此，网络哲学家迈克尔·海姆（Michael Heim）曾经感慨："进入网络空间后，那个我还是我吗？"金（Jin, 2012）曾经将虚拟自我偏离实际自我的程度定义为虚拟自我差异（virtual self-discrepancy），并且开发出相关的测量量表[2]。

同时，由于网络上的虚拟感知存在一定的隐匿性，有时候消费者可以不透露具体真实的性别、年龄、职业等特征，因此虚拟自我下的行为、语言、偏好等可以较少受到人际关系和社会规范的影响和约束。但随着互联网规制的完善，以及一些平台对消费者真实信息的验证，很多社会规范也慢慢延伸到虚拟身份中，影响虚拟身份在虚拟世界的活动。虚拟的环境中消费者可以有很多的行为，包括游戏、视频、图片、文本，以及一些虚拟产品的购买等，都会受到虚拟身份的影响，这些都属于数字自我的拥有物，是数字自我的展现形态。

三、自我概念的测量

测量自我概念的方法主要是语义差别法。此法是由美国学者马赫塔（Malhotra）提出的。[3]这一量表由15对两极形容词组成，比如粗糙的对精细的、激动的对沉稳的等。被测试者在7级量表上标明他认为自己某一个维度的自我概念在多大程度上是某一极的形容词所刻画的那样。举例来说，理性的另一极是情绪化的，消费者越是在靠近理性的这一端做记号，那么就越表明自认为是理性的，反之则是情绪化的。消费者各个维度的自我概念之间差异的大小，以及某一产品或品牌与消费者某一维度的自我概念之间是否一致等问题，都可以通过对量表调研结果加以分析处理而得到答案。因此，营销者可以利用这15组词进行调查，研究企业的品牌或者产品形象是否与目标受众的自我概念相一致。此量表如下：

- 粗糙的 ………… 精细的
- 激动的 ………… 沉稳的
- 不舒服的 ………… 舒服的
- 主宰的 ………… 驯从的

---

[1] Belk, R. Digital Consumption and the Extended Self. *Journal of Marketing Management*, 2014, 30(11–12):1101–1118.
[2] Jin, S. A. A. The Virtual Malleable Self and the Virtual Identity Discrepancy Model: Investigative Frameworks for Virtual Possible Selves and Others in Avatar-based Identity Construction and Social Interaction. *Computers in Human Behavior*, 2012, 28(6):2160–2168.
[3] Malhotra, N. K. A Scale to Measure Self-concepts, Person Concepts, and Product Concepts. *Journal of Marketing Research*, 1981, 18(4):456–464.

- 节约的　…………　奢侈的
- 令人愉快的　…………　令人不快的
- 当代的　…………　过时的
- 有序的　…………　无序的
- 理性的　…………　情绪化的
- 年轻的　…………　成熟的
- 正式的　…………　非正式的
- 正统的　…………　自由的
- 复杂的　…………　简单的
- 黯淡的　…………　绚丽的
- 谦虚的　…………　自负的

第二节　自我概念的形成

自我概念的形成基于四个机制：反映性评价（reflected appraisals）、社会对比（social comparison）、自我归因（self-attribution）和心理中心性（psychological centrality）。

一、反映性评价

反映性评价指的是消费者作为社会人，会被社会中其他人所影响，以至于会用别人对自己的看法来看待自己。当获得别人的喜欢和赞美时，个体就会觉得自己是有价值的；相反，当受到别人嘲笑甚至辱骂时，个体就会觉得自己无足轻重，是不受欢迎的。儿童如果在小时候能够得到正面的反映和评价，则有利于形成一个良好的自我概念；如果得到负面的反映和评价，就会负面影响其良好自我概念的形成。在20世纪早期，为了解释反映性评价，社会学家查乐斯·霍顿·库利（Charles Horton Cooley）提出了"镜子自我"的作用机制。每个个体都会假想别人会怎么看待他，之后个体就会继续假想别人会怎么评价他。如果个体认为别人会积极评价，那么与之相应的自我概念就会形成，则个体对自己的评价也是积极的。这就是我们通常所说的"活在别人的眼里"。当然，在生活中，并不是每个人都会对其他个体的自我概念造成如此重要的影响，只有那些"重要他人"（significant others）才会对个体具有重要的影响。一般来说，这些"重要他人"包括父母、老师、亲密的朋友等在一个人的生命中占据重要地位的人。当然，在人生不同阶段，"重要他人"也是不同的。在上学前，影响最大的是父母；上学后，老师的影响可能会超过父母；之后，同学、朋友、领导、同事等的影响就会增加。

二、社会对比

个体除了关注他人对自己的评价之外，也会关注自己与他人的对比，这就是社会对比。社会评价理论认为人是在与他人比较的过程中来认识自我的，社会对比可以有效地帮助自我概念的形成。举例来说，你可能认为自己是你所有朋友里最聪明、最有文艺范的。人们通常通过与他人比较来确定自我是否达到了一定的标准。比如，在学校里，成绩出来后，你可能会关注周围的朋友得了多少分数；而在工作单位，你可能要与同事比较业绩的高低。以不同的参照群体来进行社会比较对自我概念的影响是不一样的，一般来说，我们的参照对象是周围的同事、同学和朋友，是自己的同龄人，与自己相似的人。但是有时个体也会情不自禁地选择极端的参照对象进行比较。

社会对比一般有两种方式：与比自己好的人比较，这称为上行比较；与比自己差的人比较，这称为下行比较。尽管人们通常认为上行比较可能会产生诸如妒忌、自卑和挫折等负面情绪，而下行比较会产生满足、优越感和幸福感等正面情绪，但事实也不尽然，产生的情绪还要依赖当时的情境来判断。举例来说，如果比自己强的人与自己关系密切，或者在某种意义上属于同一群体的话，那么就会产生积极效果。大家经常会听到有人在公开场合说某位名人是自己的朋友，用这一方式来提高自尊，这称为辐射效应。另外，如果比自己强的人与自己关系疏远，就会有消极的效果。比如，一位女性看到大街上走来一位比自己漂亮的女性，可能会产生不舒服的妒忌心理，这称为对比效应。

与比自己差的人比较也会有两种情况：如果比较的人与自己关系密切，那么对方的缺点就会辐射到自己身上，可能会降低自尊；相反，如果比较的目标与自己关系较远，那么就会有对比效应，自己会感到优越和满足，从而提高自尊。以此得出的结论是，最合适的比较目标应当是与自己关系近且略好于自己的人。值得注意的是，产生什么样的效应还要看当时的情境。

三、自我归因

自我归因是指个体对自己的外在行为进行推论和解释原因的过程。此理论认为，内在的心理状态反映了人们过去的行为和经历。哈罗德·哈丁·凯利（Harold Harding Kelley）认为行为的原因可以有三种不同的解释，一是归因于行动者，二是归因于行动者的对手，三是归因于环境因素。这可以通过因果图来解释某一特定的行为。[1]美国心理学家韦纳（Weiner）认为个体行为成败的原因可以归纳为六个方面，即能力、努力、任务难度、运气、身心状态以及其他因素。由于人们对自我概念的判断很大一部分来自他们对自己行为和结果的观察，因此自我归因也是解释自我概念形成的机制。

个体在日常生活中可能会高估个人因素而低估环境因素，从而导致基本归因错误（fundamental attribution error）。这是归因理论的一个基本现象，即人们经常把他人的行为归因于这个人的内在特质，如这个人是好人还是坏人，这个人努力还是不努力，而忽略环境对他们的影响，尤其是在评估他人的负面行为时。比如我们在街上看到有人对另外一个人大吼，可能就会觉得这个人脾气不

---

[1] Kelley, H. H. The Processes of Causal Attribution. *The American Psychologist*, 1973, 28(2): 107–128.

好，但很可能是因为这个人受到了不公平的对待才会导致这样的行为。确实，我们总是会倾向于低估外界环境的影响，而高估个人或者内部因素的影响；但很多情况下，这一基本归因错误是无意识的，并不是我们故意为之。了解了基本归因错误，我们就可以更清晰地了解自己，从而尽量避免基本归因错误。

四、心理中心性

心理中心性认为自我概念是由许多不同部分组成的，这些不同部分相互联系，形成有组织的层级结构。也就是说，某些部分比其他部分更加重要或者同等重要。从这个视角理解自我概念形成有四点需要注意：

第一，要理解某一自我概念的成分对于自尊的重要性。比如，如果个体认为被人喜欢是非常重要的，而他又认为自己被他人喜欢，那么他会拥有高自尊。

第二，自我概念的不同成分不一定是竞争关系。比如，有两个人，一个是成功的企业家，另一个是成功的运动员，只要这两个人各自关注的都是自己最成功的部分，那么他们就会认为自己比别人强，但同时企业家又不得不承认运动员有自己所没有的运动天赋，而运动员也承认企业家的经营能力非同一般。

第三，个体一般会在其认为最有价值的方面努力胜出，并认为自己胜出的方面是最棒的。

第四，自我概念是会变化的，个体会根据他人对自己行为的反映来调节自己的自我概念，而心理中心性也会随之变化。自我概念是否可以变化，依赖于我们所讨论的自我概念的成分是否对一个人的自我价值来说是中心的、重要的。如果一个人认为自我就是建立在某些性格或者身份之上，那么他会不遗余力地拒绝改变这些自我概念的成分，因为他的自我价值感受就来自这些成分。

自我概念从来都是依赖于个体收集各个不同情境下、不同角色下的自我碎片，然后进行整合得到的，这绝不是一件简单的工作。这些自我概念通常是基于个体具体的角色，能够反映出个体对角色的投入度和自我分类的特点。从儿童时期起，个体就开始发展出不同的角色，这些角色是个体对于他人期待在某种形势下应当采取的行为。因此，他人的期待就会使个体在完成某一角色的时候感到压力，当个体的绩效达到或者超过了这些期待的时候，个体就认为自己成功地完成了任务，否则就是一种失败的体验。当个体成人后，这些成功或者失败的体验就能够帮助他们了解自己在自我概念的不同方面的能力，从而帮助其发展出一个整体性的、抽象的自我概念。个体的身份角色是随时间不断变化的，这会影响个体已有的自我概念。在任何一个时刻，如果同属于个体自我概念的两种不同的、需要个体做出相反的行为时，那么自我概念冲突就会产生。举例来说，当女性需要同时兼顾员工和母亲的角色时，二者的冲突体现在女性会根据某一情境下哪种角色更加相关和重要来决定如何行动（Hodges & Park，2013）[1]。

---

[1] Hodges, A. J. and Park, B. Oppositional Identities: Dissimilarities in How Women and Men Experience Parent Versus Professional Roles. *Journal of Personality and Social Psychology*, 2013, 105(2):193-216.

第三节 自我概念对动机的激发

自我概念会激发消费者的动机，一般来说，与自我概念相关的动机包括三类：第一类自我提升动机，即想让自己变得更好的愿望；第二类是自我一致性动机，即想要保护自己的自我概念，使之免于变化的愿望；第三类是自我清晰动机，当在某些情境下消费者对自我的认识不清晰时，就会激发这种动机。这三类动机都会对消费者的感知和行为有重要的影响，人们会主动地去寻求这三种动机的满足。

一、自我提升动机

个体不管是在内在自我感知还是在社会比较中，如果认为自己拥有积极的特质，就会对自我产生满意感、能力感和效能感，带来积极的情绪。而如果拥有一些消极的特质，人们就会有消极的自我评价，产生消极的情绪，因此为避免这种自我的认知和体验，人们就会提升自我。这里具体会体现为两方面：一方面是人们会努力去改进自己的消极特质，获得自我提升，从而消除负面感知，形成对自我的正面评价。另一方面，为了获得自我的正面积极评价，消除负面评价，人们还倾向于在自我认识的过程中，呈现出一种自我积极性偏差。一个突出的表现是人们会呈现出优于常人效应（better than average effect）[1]，就是指人们会认为自己在积极维度上的表现比群体中的普通人更好。而且此效应非常稳定，即使客观条件与其他被评估人完全一样时，人们也会呈现出这个特征。比如研究发现，94%的大学教授认为自己的教学水平高于平均水平；90%的司机认为自己的驾驶水平高于平均水平，即使是因车祸住院的司机，也认为自己的驾驶水平不比别人差。这都表明人们为了有积极的自我概念，会有自我提升动机，并产生自我提升行为，这些行为也会体现在消费场景中。

二、自我一致性动机

自我概念会还激发消费者的自我一致性的动机。自我一致性的动机指的是个体有从事与自我概念一致的行为的动机，并试图在多变的环境下保持其不变性。人们活动时会从事与对自己的看法一致的行为，并把任何与自己的看法不同的经验看作一种威胁。个体观察世界时是从自我的角度去看的，经常把自己看作万事万物的核心，因此任何与自我概念不一致的价值观都可能会被拒绝。

追求自我一致性的动机对个体来说是很重要的，因为缺少自我一致性的动机，人们就会感到迷失和矛盾。在消费行为里，自我一致性动机体现为消费者会购买与自我概念一致的产品或服务。

---

[1] Alicke, M. O., Klotz, M. and Breitenbecher, D. L., et al. Personal Contact, Individuation, and the Better-than-average Effect. *Journal of Personality and Social Psychology*, 1995, 68(5):804-825.

三、自我清晰动机

自我清晰动机是指人们希望准确清晰地了解自己。自我概念清晰经常会带来高自尊,让人们有控制感,带来积极情绪,提升幸福感。但在有些时候人们会感知到自我概念不清晰,这会导致低效能感、缺乏目标性,带来负面情绪。由此,人们具有对自我概念有清晰认知的动机。

在消费行为领域,自我概念清晰会对消费者产生多方面的影响。比如研究发现,在人们生命中经历一些角色变化的时刻,比如大学生毕业后进入职场,女性生了小孩后成为妈妈等的时刻,由于角色的变化导致人们的自我概念不清晰,这种不清晰会导致他们的辩证思维(dialectical thinking),从而使得他们对于远距离的品牌延伸更能接受。[1]

> **经典和前沿研究 9-1**
>
> **自我概念清晰度影响订阅选择**
>
> 每个人都有自我概念,自我概念会影响人们生活的方方面面。有研究(Jennifer & Ravi, 2019)发现,当消费者不再订阅某个网站、杂志或者公众号时,会威胁其自我概念的稳定性。与自我概念清晰的消费者相比,对自己的自我概念不确定或者不清晰而因此想维持一个稳定的自我概念的消费者来说,他们将会更倾向于一直保留那些没用的订阅号,并会较少订阅新的服务。当然这种现象仅限于与消费者身份相关的一些产品,比如能够体现身份的《经济学人》杂志,而对一些与身份无关的产品的订阅,比如订阅牛奶则没有关系。这表明消费者认为,与身份相关的订阅会影响其自我概念,如果自我概念本来就不清晰,那么把原来的订阅取消意味着身份的变动,会让消费者觉得自我概念更加不清晰。由于消费者有通过清晰自我概念从而产生积极感觉的动机,因此即使某订阅消费者根本不去看、不去用,且取消没有任何成本,消费者也倾向于不去取消。
>
> 资料来源:Jennifer, S. and Ravi, D. The Uncertain Self: How Self-concept Structure Affects Subscription Choice. *Journal of Consumer Research*, 2019, 46(5): 887–903.

第四节 身体、性别角色、物质主义与自我概念

一、身体与自我概念

个体的外表是其自我概念的重要组成部分,个体对自己的身体和器官的看法会影响个体的

---

[1] Su, L., Monga, A. and Jiang, Y. Express: How Life-role Transitions Shape Consumer Responses to Brand Extensions. *Journal of Marketing Research*, 2021, 58(3):579–594.

自我概念。比如，整容手术能够使人在一定程度上增加自信。个体对自己身体的主观自我评价就是形体意象（body image）。不同的器官可能对个体的重要性是不同的，这称为身体专注（body cathexis），某些身体部位对自我概念来说可能比其他部位更有重要性。一般来说，比较核心的身体部分包括头发、眼睛、生殖器、腿和心脏，而没那么重要的部分包括鼻子、下巴、膝盖等。这也与性别有关，比如女性可能更倾向于将身体看作自我概念的核心。个体对于自己外表的评价不一定是准确客观的，现在很多女孩即使不胖也要减肥，因为她们感觉自己很胖。这是因为她们对自身的感觉是以媒体中的完美人物作为参照，很少有人能够达到广告中的标准，所以很多年轻女性的自我概念倾向于消极。也有男性以广告中的健硕身材和财富上的成功作为理想形象，从而导致了对自己的负面评价。营销者就利用消费者对于外表的不自信和不安全感，拉大理想自我和真实自我的差距，以刺激消费者为了弥补差距而购买产品。

外表的美在不同的文化里是不一样的，美的典范（ideal of beauty）是外表方面的榜样，包括生理特征、穿衣风格、肤色、发型、体形和妆容等。东方文化和西方文化的美的典范是不同的，比如，在东方文化里崇尚以白为美，而西方文化则认为古铜色的皮肤才是漂亮的。尽管如此，处于不同文化的人们都存在"以貌取人"的偏见，他们会认为美的就是好的，美可能会跟很多正面的词联系起来，比如更有能力、更有趣等，当然事实可能不是这样。人们对某些身体特征的偏好可能是一样的，比如喜欢与健康和年轻有关的特征。这使得很多消费者受到刺激，想要追求理想的外貌，他们甚至以影星为模本对自己进行改造，这也给予营销者很多灵感，可以从消费者的生理自我出发来销售自己的产品。

但是很多消费者迷失在理想外表中，过分夸大了外表对自尊的影响，很多人甚至不惜牺牲健康也要达到理想的体形和外貌，尤其是女性消费者，她们更倾向于被所谓的"外表决定个人价值"的说法所影响。

经典和前沿研究 9-2

芭比娃娃影响学龄前小孩的自我概念

1959年3月9日，世界上第一个金发美女娃娃正式面世，美泰公司创办人露丝用小女儿芭芭拉的昵称给她命名，从此这位金发美女就叫作"芭比"。以芭比娃娃为代表，还有很多卡通作品里的女主人公身材都非常苗条，甚至超过了正常健康女性所能达到的身材比例极限。这些人物形象潜移默化地传递了一种审美偏好：女性以瘦为美，越瘦越美。小女孩如果经常接触这样的人物形象，则会影响她们对自己体形的感知与评价，并使她们为自己的身体感到自卑。

有个经典的研究（Dittmar et al., 2006）给5~8岁的小女孩看一系列图片，分三种操控方式：第一种操控方式是芭比娃娃组，图片主人公是典型的芭比娃娃；第二种是艾姆娃娃组，图片主人公是一个艾姆（Emme）娃娃，这是另一个洋娃娃品牌，拥有正常的身材比例；

第三种是控制组，图片里没有人物出现。研究结果发现，看过芭比娃娃的照片后，相对于其他两组，小女孩对自己的体形更加不满意，更渴望变瘦，而且岁数越小的孩子受到的影响越明显。

还有一项研究（Worobey et al., 2014）给3岁半到5岁半女孩呈现了胖、瘦和中等身材的娃娃，然后让她们评判一下这些娃娃可能具有哪些积极或消极的属性。结果发现，瘦娃娃更容易被赋予各种积极的属性，比如"聪明""快乐""朋友多""热心帮助他人"，胖娃娃则被贴上了"悲伤""没朋友""疲惫"等负面的标签。

资料来源：Dittmar, H., Halliwell, E. and Ive, S. Does Barbie Make Girls Want to be Thin? The Effect of Experimental Exposure to Images of Dolls on the Body Image of 5- to 8-year-old Girls. *Developmental Psychology*. 2006, 42(2): 283−292; Worobey, J. and Worobey, H. S. Body-size Stigmatization by Preschool Girls: In a Doll's World, It is Good to be "Barbie". *Body Image*. 2014, 11(2):171−174.

二、性别角色与自我概念

性别在自我概念的构成中也占据了重要的地位。性别这个概念有两种含义：第一种是生理的含义，就是指生理上是男性还是女性；第二种是性别身份，是指男性化和女性化分别体现出哪些特点，即性别典型特质（sex typed traits）。性别典型特质指的是与性别相关的刻板印象。比如，女性必须是温柔的，男性必须是有能力的、粗犷的，等等。因此在很多国家里，男性被期待能够自主和掌控局势，这就是动因目标（agentic goals）；而女性则被期待能够顺从和增进与他人的和睦等，这就是公共目标（communal goals）。

在营销中，我们经常把某一类商品与性别联系起来，比如阿胶这个产品功效主要是补血，因此大家会认为这是一个女性产品。很多企业的营销宣传也会突出性别身份，来塑造一种目标群体向往的形象。比如，飞利浦剃须刀强调男性的自信，"为懂得投资的你，自信成就人生的下一步"；高洁丝的广告强调女性的温柔，"只有女人能做到，只有女人才拥有，有一种力量叫温柔"。

性别与自我概念的关联，其实也是一个社会问题。现代女性会认为女性和男性应该同工同酬，不应该受到性别的歧视；在营销宣传里也开始宣示和倡导女性的权力，比如女性卫生用品Always的"Like A Girl"广告令人耳目一新。广告没有长篇累牍地描述女孩遭遇的不公，而是在一开始，就让女孩用行动来打破性别歧视：不同肤色的女孩，与男生一起打橄榄球、练习举重、掷铅球、打拳击、打篮球……用事实反驳质疑和歧视，让世界看见女性的自信与坚持。

营销小故事 9-1

多芬"扭转美颜"

一直致力于提倡"真实美"价值观的多芬在2021年发起了"扭转美颜"（Reverse Selfie）

活动,同时还在社交媒体发起了"自拍说",让大众共同探讨美颜给年轻女性带来的损害。这个活动让大众重视社交媒体正在让年轻女性面临外貌焦虑。这种焦虑正在潜移默化地损害年轻女性的自尊。确实美颜软件可以去除女性的瑕疵、雀斑,但也会去除自信。研究显示,80%的女孩到了13岁时就会使用美颜软件。这可能会使这些年轻女性在现实生活中不接受真实的自己,努力去隐藏真实的面貌,生活在滤镜后的虚拟世界中。无疑这样的生活是不真实的。

多芬发起的"自拍说"(#The SelfieTalk)敲醒了这个社会,敲醒了女性们。美颜正在侵蚀年轻女性的自信、自尊、自爱。所以,多芬倡导:向美颜说NO!让我们扭转社交媒体对年轻女性自尊的损害,让她们重建信心,并表明自爱比任何一个"赞"都要美好!

资料来源:https://www.digitaling.com/projects/161440.html。

三、物质主义与自我概念

不同的消费者对物质的看法和追求是不同的,这会影响他们如何看待所有物对自我概念的影响。尽管他人会根据你的所有物来定义一部分的你,但是个体对所有物的重视程度是有区别的。有的人非常重视所有物,一生都在追求房子、车子;而有些人则相对看得淡一些,认为追求快乐和幸福才是最重要的。对物质的重视程度也受到社会的影响,当然,一个心理比较强大的人会更安于自己所做的事情,不会受到他人的影响。

物质主义就是个体完全沉浸在对物质的欲望上,忽视精神层面的追求,认为财物高于生活中其他的事物,自己存在的价值就是为了获得物质。对物质主义的调查可以采用问卷法,研究者提出了不同的量表,如贝尔克的物质主义量表和里奇斯(Richins, M. L.)的物质主义量表,见表9-1。

表9-1 测量物质主义倾向的量表

贝尔克的物质主义量表	里奇斯的物质主义量表
● 租一辆车比买一辆车对我更有吸引力(R) ● 我对那些也许应当扔掉的东西总是恋恋不舍 ● 即使是价值很小的东西被偷了,我也会非常不安 ● 我丢了东西后并不会特别不安(R) ● 较之于大多数人,我较少把自己的东西锁起来(R) ● 我宁愿买某件东西而不愿从朋友处借来一用 ● 我很担心别人把我拥有的东西拿走 ● 旅游时,我喜欢拍很多照片 ● 我从不丢弃东西	● 拥有那些真正美好的东西对我来说很重要 ● 我希望自己很富有,能买任何我想买的东西 ● 如果能买更多的东西,我会感到更幸福 ● 有时,我对买不起我想要的东西感到很烦恼 ● 人们对物质的东西强调得太多了 ● 金钱确实能买到幸福 ● 我拥有的东西带给我很大的快乐

注:"R"表示该项得分应转换,即得分越高,物质主义倾向越低;反之则越高。

资料来源:Mowen, J. G. *Consumer Behavior*, New York: Macmillan Publishing Company, 1993.

第五节 消费者的生活方式与自我概念

生活方式（lifestyle）就是个体如何生活、如何去扮演自己的自我概念，它是由过去的经历、内在的性格以及现在的情况所决定的。一个人的生活方式决定了其消费的所有方面。生活方式与个体的自我概念密切相关。举例来说，拥有独立型自我概念的人的生活方式可能会更喜欢刺激和旅行，而拥有依赖型自我概念的人则更喜欢跟家人做事情，如煮饭、聊天等。

一、生活方式的含义

生活方式是个体表现出来的活动、兴趣和意见，是一种外在的表现和实际的行为模式。个体有生活方式，一个家庭也有生活方式。家庭生活方式由家庭成员的生活方式所决定和影响，而个体的生活方式又受到家庭生活方式的影响。生活方式受到价值观（values）和个性（personality）等因素的影响。

价值观是一种持久的信念，这一信念是关于某种行为或者结果是好还是坏、是对还是错的判断。举例来说，你可能认为能够拥有健康和安全感是好的。价值观能够指导人在不同的情境中表现出与价值观相符的行为，因此价值观可以看作行为的标准。个体在某种情境下的特定行为受到其价值观重要性的影响。举例来说，你在假期是选择与朋友出去旅行还是与家人在一起放松，取决于你对朋友和家人的重视程度。

价值观的其他方面包括人们对待财富、住房、工作、娱乐、家庭以及健康等的看法。不同的价值观的人看待工作、娱乐等是不同的，这些都直接影响他们的生活方式。

生活方式是消费者的外在表现和活动方式。如前所述，生活方式是由消费者的活动、兴趣和意见组成的。这就意味着有着不同活动、兴趣和意见的消费者，他们的生活方式是不同的，那么对于营销管理者的意义也是不同的。要了解消费者的生活方式，首先需要对生活方式进行有效的测量。

二、生活方式的测量

（一）AIO 测量法

一个人的生活方式可以通过其活动、兴趣和意见进行表述，研究者就可以使用活动、兴趣、意见测量法（AIO 测量法）设计问卷。[1] 问卷由三部分组成：第一部分询问消费者活动方面的问题，比如消费者如何支配时间，主要从事哪些活动和购买哪些产品等；第二部分询问消费者兴趣方面的问题，比如消费者对家庭还是工作更感兴趣，消费者对于休闲活动的偏好等；第三部分询问消费者对于自我、社会问题、经济政治问题等的看法。对于问卷的设计并没有统一的标准，研究人员应根据环境、领域等因素进行设计。询问的问题可以分为具体问题和一般问题两种。一般问题与具体

---

[1] Wells, W. D. and Tigert, D. J. Activities, Interests and Opinions. *Journal of Advertising Research*, 1971,11(4):27-35.

的产品和服务没有关系，用于测量消费者一般的生活方式，比如"你是否曾经去国外旅行？"。而具体问题则与所关注的特定产品有关，用于测量消费者对其的态度、购买和消费情况。AIO 问卷表中的一些典型问题如表 9-2 所示。

表 9-2　AIO 问卷表中的一些典型问题

活动方面的问题
● 你每个月至少参加几次户外活动？都是哪些户外活动？ ● 你一年通常读多少本书？ ● 你一个月去几次购物中心？ ● 你是否曾经到国外旅行？ ● 你参加了多少个俱乐部？
兴趣方面的问题
● 你对什么更感兴趣——运动、电影还是工作？ ● 你是否喜欢尝试新事物？ ● 出人头地对你来说是否很重要？ ● 星期六下午你是愿意花两个小时陪你妻子还是一个人外出钓鱼？
意见方面的问题（回答同意或不同意）
● 俄罗斯人就像我们一样。 ● 对于是否人工流产，妇女应有自由选择的权利。 ● 教育工作者的工资太高。 ● CBS 是由东海岸的自由主义者在运作。 ● 我们必须做好应付核战争的准备。

资料来源：Mowen, J. G. *Consumer Behavior*, New York: Macmillan Publishing Company, 1993.

AIO 方法的好处是可以与人口统计数据互相补充，但缺点是范围比较窄。综合测量法就相对宽泛很多，不仅测量活动、兴趣和意见，而且测量态度、价值观、产品以及媒体使用频率等问题；研究的消费者群体也很广泛，包括多个年龄阶段的消费者。

（二）VALS 测量法

VALS 是 values and lifestyle survey 的简称，也是较受推崇的一种关于生活方式的研究方法。这一方法是由美国斯坦福国际研究所（SIR）提出的，其分析了美国消费者的生活方式，从而将美国消费者分为三大类别、九种类型。这三大类别分别是：第一，需求驱动型。顾名思义，这类消费者是被需求而非偏好所驱动，可进一步将其细分为求生者（survivors）和维持者（sustainers）：求生者的收入处于贫困线以下，受教育程度很低，生存环境恶劣，占人口的 4%；维持者属于低收入人群，大部分是失业者，不安全感比较强，占人口的 7%。第二，外部引导型。可将其进一步细分为归属者（belongers）、竞争者（emulators）和成就者（achievers）。归属者倾向于因循守旧、较少进取心和固守传统，占人口的 39%；竞争者有上进心和抱负，愿意为了出人头地而奋斗，占人口的 10%；成就者是那些有影响力的人群，占人口的 22%。第三，内部引导型。他们更关注内心的需要和情感体验，较少被外界的潮流所影响，可以将其进一步细分为我行我素者（I-am-me）、体验者（experiential）、社会良知者（socially conscious）和综合者（integrated）。我行我素者约占人口的5%，他们主要由年轻人组成，关注自我和理想；体验者有精力，愿意体验和尝试新的事物，约占人口的7%；社会良知者有较强的社会责任感，重视内在成长，约占人口的8%；综合者只占人口的2%，他们具有全球视野，内外比较平衡，注重自我实现。

（三）VALS2 测量法

VALS2 较之 VALS 在很多方面都有所改进，其在心理学基础上更加关注活动与兴趣方面的问题。VALS2 在两种因素的基础上进行细分，即资源（如收入、受教育程度、健康、心理和智力等）和自我取向。

自我取向有三种类型：第一，原则取向，这类人倾向于按原则和信念做事，受情感的影响较少；第二，地位取向，这类人愿意为了成功而奋斗，受到他人态度和言行的影响；第三，行动取向，这类人比较喜欢多样化，热衷于户外运动和冒险。

根据自我取向变量，可以将美国消费者分为八类。这八类人分别是：生存者（survivors）、信仰者（believers）、思考者（thinkers）、奋斗者（strives）、成就者（achievers）、制造者（makers）、体验者（experiencers）和创新者（innovators），如图 9-2 所示。生存者处于资源等级体系的最下层，收入资源最低，受教育程度较低，最关心的问题是如何生存；信仰者拥有的资源较少，比较传统保守，不愿意轻易改变，喜欢熟悉的品牌；思考者拥有更多的资源，接受过高水平的教育，喜欢货比三家，在购买之前进行充分的信息搜索；奋斗者拥有有限的资源，重视外界的激励和赞赏，追求金钱和财富，喜欢追逐潮流，希望能够通过奋斗来取得成功；成就者拥有丰富的资源，属于地位取向，受过高等教育，关注工作和家庭，喜欢过稳定的生活，倾向于购买能够反映其成功的产品和品牌；制造者拥有较少的资源，倾向于购买基本的产品，比较保守，注重家庭，崇拜权威，并不十分在意对物质财富的拥有；体验者拥有较多的资源，喜欢冒险、刺激和新奇，多会进行冲动性购买；创新者拥有丰富的资源，受过高等教育，拥有高收入和高度的自信，倾向于购买新产品和奢侈品。

自我概念影响生活方式，生活方式体现自我概念。从营销的角度看，对消费者的生活方式关注，除了通过调研对生活方式进行类型划分，针对性地对不同生活方式的消费者

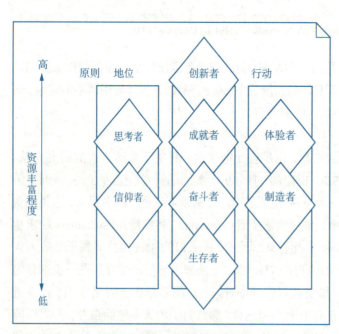

图 9-2　VALS2 生活方式系统

进行营销组合设计外，现在越来越多的企业把贴近和服务于消费者的生活方式作为企业的营销方向。2021年意大利奢侈品牌古驰（Gucci）推出了首个生活方式系列"Gucci Cartoleria"（意大利语为"Gucci玩具"），包括笔记本、钢笔、铅笔、信纸、棋牌游戏等，并在米兰开设了一家以"爱丽丝梦游仙境"为灵感的、如童话般奇幻空间的临时专卖店。这家店在米兰设计周期间开放，可通过"Gucci Cartoleria"系列登录Gucci精品店及其官方网站。这标志着时尚界的一个大趋势，时装公司越来越多地探索衣服或配饰之外的其他领域，以生活方式为理念推出新产品，贴近消费者的全方位生活。

随着人们的生活空间由原来的物理空间拓展到虚拟空间，生活方式也逐渐由传统生活方式升级为数字生活方式（digital lifestyle），包括数字化的社交方式、数字化的消费方式、数字化的娱乐方式、数字化的出行方式等。而且随着元宇宙概念的进一步推进，随着科学技术的不断进步，数字化的程度会持续提高。对各行各业的企业来说，应充分分析数字化生活方式下的消费者新需求特征，全面、准确地洞察和满足消费者，融入消费者的数字化生活方式中。

第六节 自我概念与消费心理和行为

由于自我概念是消费者对自身特征所持有的信念和其对这些特征的评价，是消费者对自己的了解、感受及知觉的总和，因此它对其消费心理和行为有重要的影响，对企业营销的实践意义很大。企业基于消费者自我概念进行营销，有以下一些建议。

一、在自我概念细分的基础上进行营销

由于消费者的自我概念分很多不同的类型，而这些类型的满足会导致消费者选择和使用不同的产品，因此企业首先需要了解消费者不同的自我概念类型，并确定企业的产品、宣传等到底是针对消费者的哪一种自我概念。企业不仅要关注物理环境下的消费者自我，还要把握数字的消费者自我概念。

二、营销措施与消费者的自我概念匹配

消费者往往会选择与自我相一致的商品，这就是自我形象一致性（self-image congruence）。但是这一关系也受到其他因素的影响，比如产品种类、品牌以及个体特点等。首先，自我形象一致性更多地与具有象征意义的产品相联系，而与具有效用价值的产品（如车库门锁）的关联则较弱。其次，自我形象一致性更多地与公共场合的消费情境相联系（如与朋友在酒吧喝啤酒），而对于个人消费情境（如在家喝啤酒）的影响则较弱。最后，自我形象一致性对那些看重别人看法的人更为重要，尤其是在消费行为能被别人看到的公共场合，而对于那些不特别在意别人看法的人则不太起作

用。另外，如果个体很看重别人对自己的看法，也就是我们常常称作的"高自我监督者"，那么自我概念形象的一致性会更加重要，但如果是不那么在乎别人的看法的消费者（低自我监督者），那么即使在公共场合，自我概念形象的一致性也影响不大。总之，个体倾向于购买能够增强他们自我概念形象的品牌，他们甚至把他们喜欢的品牌看作自我概念某一部分的代表，这对于营销者来说有很重要的意义。企业可以据此获得消费者的品牌忠诚，与消费者建立良好的品牌关系。

另外要注意的是，消费者不仅仅会通过购买和消费某些产品来强化其自我概念，也会通过避免消费一些产品或者品牌来维持对自己的定义。比如，一个人如果把自己定义为华为品牌的粉丝，那她/他可能会避免购买苹果手机来维持"我是谁"的自我概念。

图 9-3 描述了品牌与消费者自我概念一致性的这一过程。然而这张图更多的是表明一个有意识的和深思熟虑的过程，而多数情况并非如此。所有这些都提示营销者应该努力塑造产品形象，并使之与目标消费者的自我概念相一致。

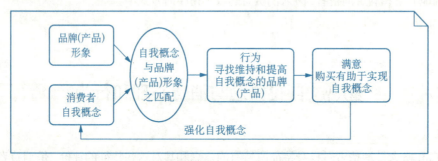

图 9-3 自我概念与品牌形象的影响关系

资料来源：[美] 戴维·L. 马瑟斯博、德尔·I. 霍金斯著，陈荣、许销冰译，《消费者行为学》（第 13 版），机械工业出版社 2020 年版。

三、通过营销措施满足消费者因不同自我概念之间的差距而产生的不舒适感

个体的真实自我与理想自我之间总是会存在差距，每个人的差距都不同，有的人的差距会很大。针对真实自我与理想自我差距特别大的人群，营销人员推出了幻想诉求型（fantasy appeal）的产品或者服务。幻想或者白日梦可以使个体短暂地逃避现实或者满足消费者追求刺激的心理，是通过自我诱导而产生的意识方面的变化。很多产品或服务的成功都是来源于其满足了消费者的幻想。举例来说，某些网站可以允许消费者更换不同的造型，使消费者获得从未有过的体验，或者可以通过一些虚拟产品来满足消费者。

本章小结

每个消费者都是独一无二的，其自我概念会影响其消费模式。自我概念是指个体对自己的自身特征持有的所有信念和其对这些特征的评价。自我概念是个体对自己的了解、感受及

知觉的总和。与自我概念相关的动机包括三类：第一类是自我提升动机，即想让自己更好的愿望；第二类是自我一致性动机，即想要保护自己的自我概念，使之免于变化的愿望；第三类是自我清晰动机，即希望准确、清晰地了解自己。自我概念的形成基于四个原则：反映性评价、社会对比、自我归因、心理中心性。个体的自我概念有多种类型，即实际自我、理想自我、社会自我、私人自我。不同的自我对于营销管理的启示是不同的。针对真实自我与理想自我差距特别大的人群，营销人员推出了幻想诉求型的产品或者服务。自我概念不同部分的重要性在不同的文化中是不同的。从这个角度来看，自我概念可以进一步分为独立型自我和依赖型自我。个体自我概念的一个重要部分还包括延伸的自我，其关注的是个体的所有物与自我概念之间的关系。

消费者往往会选择与自己的自我相一致的商品，这就是自我形象一致性。个体的外表是其自我概念的重要组成部分，个体对自己的身体和器官的看法会影响个体的自我概念。外表的美在不同的文化里是不一样的，美的典范是外表方面的榜样，包括生理特征、穿衣风格、肤色、发型、体形和妆容等。

性别在自我概念的构成中也占据了很重要的地位。个体往往会遵从所在的文化对性别角色的定义来思想和行动。

不同的消费者对于物质的看法和追求是不同的，这会影响他们如何看待所有物对自我概念的影响。

生活方式就是个体如何生活、如何去扮演自己的自我概念，它是由过去的经历、内在的性格以及现在的情况所决定的。生活方式受到价值观和个性等的影响。价值观是一种持久的信念，这一信念是关于某种行为或者结果是好还是坏、是对还是错的判断。要了解消费者的生活方式，首先需要对生活方式进行有效的测量，测量方法包括 AIO 测量法、VALS 测量法和 VALS2 测量法。

思考题

1. 名词解释

   自我概念　反映性评价　社会对比　自我归因　心理中心性　实际自我　理想自我　社会自我　应当的自我　独立型自我　依赖型自我　延伸的自我　生活方式　价值观

2. 消费者自我概念的动机是什么？
3. 消费者自我概念的类型包括哪些？
4. 如何测量自我概念？
5. 运用自我概念的类型针对自己的自我概念进行分析，同时列举出你崇拜的精英人物，分析这些精英人物体现了你想要的什么特质。

6. 请举例说明哪些重要的所有物体现了你延伸的自我，并说明理由。

7. 简述影响生活方式的因素。

8. VALS2将美国消费者分成了哪几个群体？每个群体的特征是什么？请用这一工具对中国消费者进行分类并描述每个群体的特征。

9. 请比较实际的自我与理想的自我。如果营销者想针对这两种自我差距比较大的人做广告，应该怎么做？

10. 消费者生活方式的三个主要组成部分是什么？试举三个例子分别说明。

11. 独立型自我与依赖型自我有何区别？在文化中如何体现？

12. 如何测量一个人的自我概念？如果使用马赫塔量表测量5个男生和5个女生的不同的自我概念，在哪些方面他们是相似的？哪些方面他们的差异较大？你认为自我概念在多大程度上会影响他们的消费行为？

13. 使用马赫塔量表测量你所喜欢的某明星的自我概念，再测量一下自己的自我概念，你会得到什么结论？

14. 挑选一种消费品，为其设计两则广告，一则是基于独立型自我概念的，另一则是基于依赖型自我概念的。

15. VALS2所划分的8类人群是否也适用于中国消费者？如果需要做出改变的话，应该怎么去做？

16. 实践活动：

（1）使用马赫塔量表收集100名大学生的数据，并予以分析。

（2）针对VALS的每个细分市场找到对应的广告。

（3）独立型自我的消费者和依赖型自我的消费者分别对什么样的广告更感兴趣？找几组不同类型的广告，一组强调个体的独立性，一组强调团队精神，针对不同国籍的学生进行访问，并得出结论。

第十章 消费者的信息搜集过程

> 开篇案例

网络零售中的消费者

每年的"网络购物节"都是一场展示国人消费能力的舞台,从"双十一"到"618",各种行业纪录频频刷新,既是电商平台快速成长的体现,也是中国经济形势向好、消费转型升级加速的写照。当前中国网络零售市场发展快速,实物商品网上零售额对社会消费品零售总额增长的贡献率超过37%,对消费增长形成了强有力的拉动作用,在当前我国消费转型升级中扮演着引领者和加速器的角色。

在电子商务的助推下,中国已成为引领全球零售业变革的先锋。根据商务部官网信息,我国从2013年起,已连续8年成为全球规模最大的网络零售市场。全国网上零售额已经占到全球近50%。在零售额高速增长的同时,消费升级类商品增速同样迅速增加。近年来,化妆品、通信器材、中西药品等类型的商品零售额增速持续领跑。业内认为,消费者在美妆、电子设备、医药保健等产品上的开销,反映了在消费升级的大背景下居民消费需求的转变。与此同时,旅游消费、电影票房收入、移动支付等非实物商品网上零售额的增长,也反映了消费升级的新趋势。不仅是线下，线上零售也适应了居民消费从商品消费为主到商品与服务并重的转变趋势。

"新零售"正在改造着消费终端，成为消费升级的主力军。线上线下的相融共赢催生着消费的新模式，提升着零售行业效率和用户体验。业内专家认为，在新零售时代，传统品牌利用网络渠道在年轻用户群体中打开市场，新技术也推动网购服务升级、模式创新。同时，网上零售从供应链发力，促进了制造业去库存、降成本。

与此同时，手机在网络零售中所起的作用也越来越大。市场研究公司发现，消费者在购物过程中主要会通过以下四种方式使用他们的手机：第一，直接购买商品。手机在电子商务网站流量中的份额越来越高。第二，接收折扣和优惠券电子邮件。对于很多零售企业而言，电子邮件是一种至关重要的营销渠道。由于许多消费者主要通过手机访问电子邮件，手机已经成为一种重要的营销渠道。第三，研究和比较购物。移动购物者可能利用手机在商店内比较价格，向朋友咨询有意购买的商品。第四，商店内支付。消费者直接利用手机支付购物款。

资料来源：http://www.gov.cn/guowuyuan/2018-06/18/content_5299438.htm.

第一节 消费者的决策过程

消费者决策（consumer decision）是指消费者谨慎地评价某一产品、品牌或服务的属性、价值，以进行有效选择的过程。消费者决策往往首先要有明确的目标（即需要解决的消费问题），接下来对问题解决方案进行梳理、分析和评价，然后选择并实施。消费者购买决策过程一般视为一个五阶段的模型（如图10-1所示），即问题认知（problem recognition）、信息搜集（information search）、方案评价（alternative evaluation）、实施购买（purchase）和购后行为（post purchase）。

识别问题阶段是认识某种欲望（需求）的过程，如果对问题的认识非常强烈，就会转到搜寻信息阶段。在搜寻信息阶段为找到所意识到的消费问题的解决方法，消费者会从记忆里提取信息（内部搜寻），或者从外部搜寻相关信息（外部搜寻）。在一定程度上获得解决消费问题的方法以后，消费者会识别并评价不同的方案，然后选择自己喜欢且可行的方案。在购买阶段按照所选择的方案购买产品。购买产品以后，消费者在使用或消费产品的过程中又会评价自己需求的满足程度，以及对购买的产品或服务的满意程度。

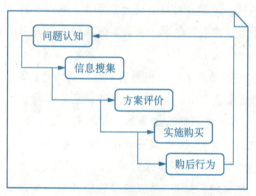

图 10-1 理论上的消费者决策过程

图 10-1 是一个传统的理论上的消费者决策

过程模型。随着互联网购物的发展，消费者的决策过程出现了很多新的特征，体现为一些新形态的决策过程模型，比较有代表性的有以下三种。

一、AISAS 模型

这是 2005 年日本电通公司在传统的 AIDA 模型的基础上提出的适应互联网时代的消费者决策过程模型。传统的决策模型认为消费者注意（attention）、兴趣（interest）、欲望（desire）和采取购买行动（action）是整个购买决策过程的关键环节，而且其是一个漏斗型的过程。AISAS 模型在这个基础上，认为这个传统的模型不能把消费者在互联网时代在网上大量搜集信息，以及分享信息的特征刻画出来，因此它不仅增加了分享这个环节，还把 AIDA 的漏斗型做了改变，如图 10-2 所示。

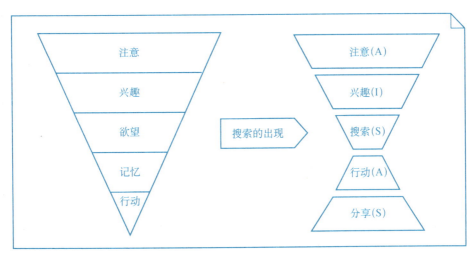

图 10-2　AIDA 模型和 AISAS 模型

二、SIVA 模型的决策过程

随着消费者多渠道、全渠道购买行为的普及，唐·舒尔茨于 2012 年推出了 SIVA 模型[1]，把消费者购买的入口纳入模型中。如图 10-3 所示，解决方案（solution, S），是指消费者有需要解决的问题，需要营销者提供方案。信息（information, I）是指消费者搜寻信息，试图找到解决方案。价值（value, V）是消费者对于问题解决方案的价值衡量。最后的步骤入口（access, A），是指消费者解决方案的入口。通过把入口纳入消费者的决策过程，SIVA 模型把消费者的全渠道购买特征进行了刻画。

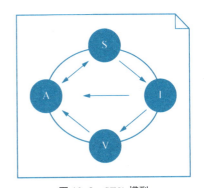

图 10-3　SIVA 模型

---

[1]　[美]唐·舒尔茨著，李丛杉等译：《SIVA 范式：搜索引擎触发的营销革命》，中信出版社 2014 年版。

三、麦肯锡的消费者决策旅程模型

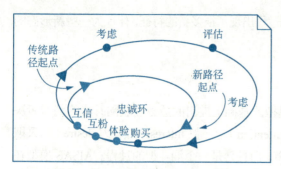

图 10-4 麦肯锡的消费者决策旅程模型

传统的模型可以用图 10-4 中的购买环表述。2007 年麦肯锡推出了购买环和品牌忠诚环决策模型，在忠诚环里，消费者的决策流程更为简单。而 2015 年，在忠诚环的基础上，麦肯锡提出新的消费者决策旅程模型[1]，主要体现在在品牌忠诚环上设置了体验、互粉、互信三项行为。这三项行为把互联网和数字时代背景下企业与消费者之间，以及消费者与消费者之间的内容、社交、情感等互动关系刻画出来。

互联网和数字背景下消费者的决策特征呈现出很多新的特征，与之相对应，也出现了上述一些模型来刻画消费者的决策过程。这些模型体现了消费者已成为消费社会网络中的重要节点，在消费决策过程中有更强的主动权和控制权。随着对消费者数字背景下决策特征的深入了解，将会出现更多的能够对消费者决策规律进行把握和体现的决策模型。

第二节　消费者决策的类型

尽管我们认为理论上消费者决策的过程包括五个步骤，但不同的决策并不一样，有一些决策甚至不需要花费任何精力。消费者购买决策可以分为不同的类型。随着消费者购买涉入程度（involvement）由低到高发生变化，消费者决策过程随之变得更为复杂。所谓涉入程度，是指消费者对购买或购买对象的重视程度、关心程度。不同学者采用不同的分类依据和方法来区分消费者购买决策。本部分重点介绍由霍华德（Howard）提出的将消费者购买决策分成扩展型决策、有限型决策和名义型决策三种类别。这三种类型的消费决策并非毫无关联，而是有一定程度的相互交叉。

一、扩展型决策

扩展型决策（extended decision making）是一种较为复杂的购买决策，它一般是在消费者涉入程度较高、品牌间差异程度比较大，而且消费者有较多时间斟酌的情况下所做的购买决策。该类型决策的特点是，消费者在购买过程中要进行大量的信息搜集，并对各种备选产品做广泛而深入的评

---

[1] 麦肯锡："塑造消费者决策新旅程"，https://www.mckinsey.com.cn。

价和比较。

对于特定的购买问题，消费者是否会进行大量的信息搜集工作和大量的评价与比较，取决于以下三个方面的因素。

（1）消费者的购买涉入程度。无论是购买不同产品，还是在不同情形下购买同一产品，消费者的涉入程度都有可能是不同的。比如，对于购买汽车、电脑、手机这种商品，消费者的涉入程度明显比购买矿泉水、香皂等产品要高。对同一种产品的购买，比如香水，消费者为自己购买与购买给别人作为礼物，在购买时所花费的时间、投入的精力等方面也可能存在一定的差异。一般来说，消费者在购买产品时涉入程度越高，那么在信息搜集、产品评价与选择上投入和花费的时间与精力也越多。因此，扩展型决策与消费者的高涉入度是密切联系在一起的。

（2）各种备选产品或备选品牌之间的差异程度。如果消费者认为不同产品或品牌在质量、功能、价格、服务等方面的差异比较大，那么就会倾向于广泛搜集信息并对各种产品或品牌进行认真比较；如果消费者觉得市场上的产品或品牌在上述方面的差异较小，则其在购买时就会减少时间和精力的投入。对扩展型决策来说，备选方案之间的差异较大。

（3）消费者购买时的时间压力。时间压力是影响消费者购买决策的一个非常重要的情境变量。一般来说，在时间较为紧迫的情况下，消费者会简化决策过程。比如，在限时促销的情况下，随着促销时间逐渐趋近尾声，消费者很有可能会不假思索地进行购买，以免错过打折促销的机会。

扩展型决策除了决策过程较为复杂之外，还有一个特征就是在产品购买后，消费者很容易对购买决定的正确性产生怀疑，从而引发对购买的全面评价，并且消费者也愿意借助一定的平台或场合向其他消费者传播购买后的评价或使用的体验。一般来说，达到扩展型决策这种复杂程度的消费决策并不算很多，主要体现为汽车、房子等产品的购买。

二、有限型决策

有限型决策（limited decision making）是介于名义型决策和扩展型决策之间的一种决策类型。这一决策类型一般指消费者对某一产品领域的各种品牌已经有了一定程度的了解，或者对产品或品牌已经建立起一定的评价标准，但还没有形成明确的偏好。这一决策类型的特征是消费者的信息搜集（包括内部信息搜集或有限的外部信息搜集）存在较少的备选方案。消费者会基于较少属性的简单规则做出决策，并且只会有很少的购后评价。

一般来说，当消费者涉入程度不是很高，备选商品之间的差异不是很大，解决需求问题的时间比较短时，他们所做出的消费决策大多属于有限型。此时，消费者的决策过程也需经过认识问题、搜集信息、评价选择、采取购买行动、购后评价五个阶段，但在很多阶段，消费者花的时间、精力都非常有限。此外，在有限型决策情形下，信息搜集主要来自内部信息，外部信息搜集比较有限，进入备选范围的产品不多，而且通常只对产品的某个或少数几个方面给予评价。除非产品在使用过程中出现问题或售后服务不尽如人意，否则购买后消费者很少对产品的购买与使用予以评价。

消费者追求多样化的购买决策（variety seeking），以及在他人影响下或在某种情绪影响下做的购买决策，很多可以被归入有限型决策类型。有时，消费者长期使用某个品牌，可能会产生某种厌倦感，从而在求新、求变、求异等动机的驱使下转换品牌，这就是一种多样化追求的决策。这种多样化的购买决策既可以源于消费者自身的原因（如好奇心），也可以来自外部原因（如使用情境的不断变化）。此外，消费者的多样化购买决策还可能受到一些营销活动的影响，如价格促销、丰富的商品陈列等。消费者在这种情况下的品牌转换，由于不是来源于对原来使用的品牌不满，所以只要企业一如既往地履行对消费者的责任，消费者仍可能回心转意。

此外，消费者可能遵循某一条决策规则，比如购买最便宜的洗衣液，当家里的洗衣液用完时，消费者在浏览商店里各种洗衣液的价格，然后选择一个最便宜的品牌。还有一些情况是消费者通过观察和模仿其他人的行为而做出选择。比如外出吃饭时，对于点什么菜可能很多人并不一定有明确的偏好和习惯，而是观察他人行为或者根据大众点评网等平台上其他消费者的一些推荐来做出决定，这些都属于有限型决策。

三、名义型决策

名义型决策（nominal decision making）是指当某个消费问题被意识到以后，消费者通过内部信息搜集浮现某个偏爱的产品或品牌，该产品或品牌随之被选择和购买。只有当被选产品达不到预期效果时，购后评价才会产生。这种类型的决策通常发生在购买涉入度较低的情况下。在一个纯粹的名义型决策中，消费者可能根本不考虑选择其他的品牌。比如要买方便面，进入超市后，你直接买了自己一直喜欢的康师傅，根本没有考虑用别的牌子来代替它。

名义型购买决策又可以被区分为两种类型：

第一种是忠诚型购买，是指在购买某一品牌并感到满意之后，消费者就会一再重复选择该品牌，形成习惯，或可能在心理上形成对该品牌的情感上的依赖，导致每一次有了需求，都直接购买该品牌，而不会考虑其他品牌。这种决策极其简单，没有对各选项进行比较决策的过程，比如刚才列举的消费者购买康师傅方便面的例子。

第二种是涉入度极低的购买，涉入度极低意味着消费者对购买根本不重视，有一种"买哪一个都无所谓"的心态，同时可能不同品牌之间没有实质性的差异。比如有的消费者在购买矿泉水时觉得买哪一个品牌都可以时，就属于这种类型。

四、三种购买决策类型的比较

表10-1显示，三种决策类型的差异体现为以下五个具体方面：

（1）购买决策中信息搜集的范围和数量存在差别。通常名义型决策很少进行信息搜集，主要靠内部信息进行决策，而扩展型决策则进行广泛的信息搜集工作。

（2）决策速度存在差别。扩展型决策所花的决策时间最长，评价属性最多，名义型决策所花时间最短，而有限型决策则介于两者之间。

（3）购后冲突与评价存在差别。扩展型决策有认知冲突，购后会进行复杂评价；而有限型决策和名义型决策一般无认知冲突，仅会进行有限评价。

（4）不同决策类型下消费者重复选择同一品牌的概率不同。一般而言，越是复杂的购买，消费者在下一轮购买中再选同一品牌的可能性越小；而越是名义型购买决策，重复选择同一品牌的可能性越大。

（5）不同决策类型下消费者心理过程存在差异。扩展型决策下，由于消费者要搜集大量的外部信息而不是靠自己已经掌握的内部信息，因此可能需要发展全新的产品概念，包括该类产品与其他类似产品的联系和区别、优势与劣势等，整个决策过程在一定程度上体现出"概念形成"的过程。比如，如果消费者之前开的是燃油车，现在要买一辆电动车，由于电动车的信息和知识非常多，且有复杂性，因此消费者要搜集并加工很多信息，才能了解电动车中不同品牌的优劣及是否与自己的偏好一致。有限型决策下，由于消费者已经发展起关于产品类别的评价标准，因此当有新品牌进入时，只需根据这些标准对该品牌的各个方面进行评价即可。而名义型决策下，消费者不仅对产品，而且对市场上的品牌都形成了"概念"和"形象"，因此简单地运用这些概念，即可做出决定。

表 10-1　三种不同决策类型下消费者决策特征的比较

决策类型	信息搜集的数量与范围	决策的速度	购后冲突与评价	重复选择同一品牌的可能性
名义型决策	很少，内部信息	快	无认知冲突，有限评价	大
有限型决策	一般，内部信息、外部信息	中等	无认知冲突，有限评价	中
扩展型决策	广泛，内部信息、外部信息	慢	有认知冲突，复杂评价	小

五、其他类型的消费者购买决策

上述扩展型决策、有限型决策和名义型决策可以囊括绝大部分消费者的决策情形，但也有一些决策类型有其自己的特征。这里主要介绍三种。

（一）冲动型消费决策

这种决策是消费者在计划之外的、很少受到思想控制的一种决策类型。通常情况下，当消费者暴露在强刺激环境下并且有较高的情绪唤起水平时，更容易做出冲动型消费决策。目前市场上盛行的网络直播，就具有很强的刺激消费者冲动购买的特性。冲动购买时，消费者并不主动决策，而是自动地对外部刺激做出反应。

（二）协调型消费决策

这种决策通常是消费者在涉入度较高而品牌或产品之间差异较小的情况下所使用的决策方式。在很多时候，消费者涉入度高的购买，往往品牌之间差异较大，协调型购买决策面对的却是消费者涉入度高而品牌间差异较小的情境。在这种情况下，消费者很容易出现购买后认知失调而需要商家及时协调化解。在这类型消费决策中，消费者常常花费大量的时间和精力来进行评估和选择，因此对所购买的产品期望值较高。如果买到的产品不尽如人意，那么消费者就容易出现失衡的心理。

(三) 多变型购买决策

这种决策是指消费者在购买涉入度低且品牌间差异大的情况下所做的购买决策。一般来说，这种购买决策涉及的产品价值不高，购后风险较小，由于市场上品牌较多且品牌之间差异较大，因此消费者的选择性也较大。由此消费者体现出"朝三暮四"的特征，经常变换品牌或产品款式（如口味、颜色、样式等），经常愿意尝试性购买。消费者的多变型购买，一方面来自不同品牌或产品之间的差异这一外部原因，另一方面也可能来自消费者本身就有需要多样性来满足自我这一内在原因。

第三节 | 消费者问题认知

一、消费者问题认知的内涵

问题认知是消费者决策过程的第一步。也就是说，消费者决策始于其识别出有消费问题需要加以解决（比如"我需要一部新手机"或者"我该买新衣服了"）。问题认知是消费者的理想状态与实际状态之间的差距达到一定程度并足以激发消费决策过程的结果。其中，实际状态（actual state）是消费者对其当前的感受及处境的认知，理想状态（ideal state）是指消费者当前想要达到或感受的状态（如图10-5所示）。比如，你想要一部使用流畅、续航能力强的手机（理想状态），然而你正在使用的手机不仅经常死机，而且电池很快就用完（实际状态），这时消费问题就出现了。当实际状态与理想状态之间的差距越大时，消费者就越有可能去采取行动——做出消费购买决策。如果没有对消费问题的识别，就不会产生消费决策的需要。

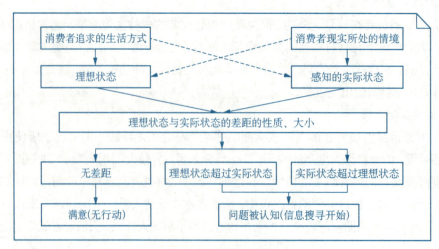

图10-5 问题认知过程

关于理想状态和实际状态有四点需要特别强调。

第一，消费者的生活方式和现在所处的情境决定了消费者的理想状态和对实际状态的认知。比如同样是买一辆车，一个事业成功想要换一辆新车的消费者，跟一个刚参加工作，想买人生第一辆车作为"代步车"的消费者，对车的实际状态与理想状态都可能不一样。

第二，导致问题认知的是消费者对实际状态的感知或认识，而并非客观的现实状态。比如嗜烟如命的人总相信吸烟并不会危害健康，这就是一种认识，而不是客观事实。

第三，理想状态与现实状态的差距大小会影响问题认知会不会转化成实际的购买。很显然，对一般消费者而言，当理想状态与现实状态的差距较大时，该被认知的问题更有可能转化为实际的购买行为。

第四，消费问题的相对重要性也会影响该问题是否会被识别出来，继而让消费者做出决策。例如，某个消费者正在使用一部用了三年的小米手机，希望能有一部最新款华为手机。这个理想状态与现实状态的差距，与其面临的其他消费问题（如房子、孩子的学费、老人的医疗费）相比，相对重要性可能很小。因此这个差距并不一定会转换成该消费者的购买决策。由于所有的消费者都受到金钱和时间的约束，只有更为重要的问题才会得到解决。

二、消费者问题认知的类型

很多时候营销人员希望可以引导消费者认知出需要解决的消费问题，而不是被动地对其做出反应。一般来说，有两种方式引发消费者认知出需要解决的的问题：一般性问题认知和选择性问题认知。

（一）一般性问题认知

一般性问题认知所涉及的理想状态和实际状态之间的差别可以通过某产品品类来缩小。当一个公司着力于影响消费者的一般性问题认知时，该问题对消费者往往是潜在的，或消费者没认识到它的重要性。比如不粘锅刚开始在中国市场上销售的一段时间里，由于传统上中国厨房里喜欢用铁锅，大家对不粘锅没有兴趣。杜邦公司联合使用其特氟龙不粘材料的苏泊尔、爱仕达等锅具品牌，向消费者宣传不粘锅的一些优势，把用铁锅做食品时粘锅的实际状态与用不粘锅煎出来的理想状态进行对比，引发消费者对不粘锅这个品类的关注与兴趣，这就属于一般性问题认知。

一般性问题认知可能具有这样一些特征：

第一，所涉及的产品处于产品生命周期的前期。

第二，需要全行业的协作努力，此时整个市场的核心任务是让消费者对这个产品类别产生需求，把行业的"饼"做大。

第三，先入行的企业，或者行业里的领导企业一般会有动力去引导消费者的一般性问题认知。因为行业的"饼"做大，他们可能是最大的受益者。

第四，一般性问题认知，一般需要对消费者进行教育，进行相关知识的普及与说服。就如上面举的不粘锅的例子，需要向消费者普及展示不粘锅相对于铁锅的优势，同时需要消除消费者对不粘锅特氟龙原材料对人体健康的感知风险等。

> **营销小故事 10-1**
>
> **植物肉**
>
> 　　2021年，在别样肉客（Beyond Meat）席卷国外市场之时，我国市场上的本土植物基品牌也不断涌现。星期零、珍肉、庖丁造肉等新品牌发展迅猛，金字火腿、双塔食品也开始和杜邦营养与生物科技、别样肉客合作，在植物肉赛道着手分羹。就连老字号狗不理也推出了植物肉包子。从2017年"植物的突破"，到2020年"植物基革命"，再到2021"植物肉元年"，植物基已经连续5年被看作未来食品饮料的重要趋势。
>
> 　　由于制造过程低碳环保，能够减少温室气体排放，植物肉被喻为碳中和时代与新能源齐名的下一个风口。除了低碳环保，营养也是植物肉的卖点所在。与真肉富含的蛋白质、维生素 B_{12}、铁等营养成分不同，植物肉不含胆固醇，且含有膳食纤维，在一定程度上可以减少饱和脂肪酸和胆固醇的摄入。
>
> 　　植物基目前在国内市场规模还不大，还需要对消费者进行一些针对性的引导和教育，才能形成消费者对这个"代肉"品类的一般性问题识别。
>
> 资料来源：https://caifuhao.eastmoney.com/news/20220124204631082112500.

（二）选择性问题认知

选择性问题认知所涉及的理想状态与现实状态的差别，通常只有某个特定品牌才能予以解决。如果说一般性问题认知会导致整体市场的扩大，而选择性问题认知则会增加某一特定品牌或特定企业的产品销售。选择性问题认知是建立在消费者自己已经知道了需要某产品类别的前提下，来考虑解决具体买什么样的品牌的问题。现实中，大多数企业在其促销与传播活动中强调其品牌的独特性，实际上就是试图激发消费者的选择性问题认知。

三、激发问题认知的方法

不管是一般性问题认知还是选择性问题认知，由于消费者对问题的认知是由理想状态与现实状态的差异大小以及该问题的相对重要性所决定的，所以企业可以通过改变消费者对理想状态与现实状态的认识来影响两者间的差距，具体有以下思路。

（1）企业可以试图去创造一个新的理想状态。比如，三十年前很少有人会对运动鞋的功能或者风格有过多追求。但是今天我们被各种各样的营销信息轰炸，这些信息都在告诉我们如何能跑得更快、跳得更高、看起来更时尚。

（2）营销人员可以尝试去引导消费者对现实状态产生不满。恐惧诉求的广告、比较诉求的广告常用来实现这一目的。比如去头皮屑品牌的恐惧诉求广告，会把消费者头上身上有头皮屑引发的社会尴尬凸显出来，使消费者对有头皮屑的现状不满，从而产生使用广告产品来达到去除头皮屑的理想状态。吸油烟机广告通过把消费者目前油烟机声音大、吸力小的现状表现出来，同时把广告中产品小声音、大吸力的优势表达出来，引发消费者对目前吸油烟机现状的不满，以及对广告中油烟机理想状态的兴趣。

（3）提升消费者对消费问题的相对重要性的认知。如果现实状态与理想状态之间差异导致的消费问题很重要，消费者就会采取消费措施改变这种差距，因此，提升消费者对消费问题的重要性认知也是必要的。比如很多人喜欢慢跑，但有的人并没有配备合适的跑步鞋，而只是穿普通的运动鞋。销售跑步鞋的企业就会宣传穿普通运动鞋跑步的弊端，以及配备合适跑步鞋的优势，在这个过程中经常用到的信息是未穿跑步鞋造成的膝盖、脚踝、足弓等的损伤，用身体风险来提升消费者对这个问题的重视。

（4）对于改变理想状态与现实状态的营销活动，不同个体以及同一个体在不同场景下的反应均存在差异。因此，企业必须确保选择的影响方式适用于本企业的目标消费者及其场景。

对于以上的营销措施，要注意传统的营销方式与数字营销方式的有机结合，数字化背景下的消费者经常在社交媒体上意识到自己的需求问题，比如小红书是很多消费者"种草"的平台。

第四节 消费者信息搜集

一般来说，消费者一旦意识到某个需求问题的存在，并且感到有必要采取行动解决这一问题时，就会开始搜集有关信息。信息搜集是指消费者在环境中获取适当的信息以制定合理决策的过程。一般而言，当消费决策很重要时，消费者会进行更多了解，信息搜集就会增多。对于不同类型的产品，消费者进行信息搜集的程度会有所不同。即使针对同一产品，不同的消费者愿意进行的信息搜集也会有差异。研究表明，相对年轻、受教育程度较高的消费者往往会进行更多的信息搜集。消费者花多大力气搜集信息、搜集哪些信息、从何处和如何搜集，都有一定的规律，这对营销者来说十分重要。

一、信息来源

消费者获取信息的来源或渠道多种多样。假如你打算买一部新的手机，你会从哪些方面获取信息呢？你可以回忆之前购买过的品牌，你也可以向周围的朋友亲人了解他们的建议，还可以在网上检索专业测评，或者是其他消费者的购后评价。消费者有不同的渠道获取信息，一般来说主要有四个方面的信息来源，即记忆来源、个人来源、大众来源、商业来源。

（1）记忆来源，消费者记忆中可能会存储着一些相关的信息，很多情况下，消费者依靠储存在记忆中的信息就可以解决他所面临的购买问题；

（2）个人来源，包括朋友、同事、家人和其他一些人等；

（3）大众来源，包括大众媒体、消费者组织、类似小红书等社交网站，以及网络上消费者的口碑等；

（4）商业来源，包括企业广告、店内信息、网站信息、产品说明书、推销员等。

很多因素会影响消费者对这些不同的信息来源的依赖。比如研究发现（Li et al., 2020）[1]，对于享乐型和功能型的消费目的，消费者在购买过程中信息来源使用情况不同。通过对40个不同零售商的20个功能型或享乐型产品类别，结合了大规模的二手点击数据和原始调查数据的分析，发现进行享乐型购买（如玩具）时，消费者早在购买前两周就浏览了社交媒体和网上产品页面。而对于功能型购买（如办公用品），消费者在最终购买之前的两周内会利用第三方评论，并在购买时更频繁地使用搜索引擎和竞争对手的产品页面。

二、信息搜集的类型

关于消费者信息搜集的类型，可以从不同视角来分类和分析。

（一）购买前信息搜集与持续性信息搜集的视角

研究人员对购买前信息搜集与持续性信息搜集做了区分。购买前信息搜集（pre-purchase search）是消费者为解决某一特定购买问题而展开的信息搜寻活动。比如，某位打算购买汽车的消费者在做决策之前去访问4S店或者上网搜集汽车测评信息。持续性信息搜集（ongoing search）是指不针对特定购买需要或购买决策而进行的信息搜集活动。比如，某位已经购买了汽车的消费者仍然去从各方面关注有关汽车的信息。消费者从事持续性信息搜集一般是由于对某一产品类别涉入程度很高，或者是为了掌握大量有关产品或购买的知识以便将来使用，或者是纯粹出于这类搜集活动所带来的乐趣。有一些消费者就沉浸在持续不断的信息搜集中，尤其是一些经验丰富的购物者热衷于了解市场最新动态，享受到处浏览、收集信息的乐趣，他们往往可以对周围的其他消费者有较大的影响。

（二）内部信息搜集与外部信息搜集的视角

还有一种对信息搜寻过程进行分类的视角，就是内部信息搜集与外部信息搜集。内部信息搜集是指消费者将过去储存在记忆中的有关产品和服务的信息提取出来，以服务于解决当前问题的过程。假如你想买一束鲜花，你可能会先想一下平时一般在哪里买过满意的鲜花。这就是内部信息搜集。如果通过内部信息搜集仍未找到合适的解决办法，那么消费者很有可能进行外部信息搜集，即从外部来源（如同事、朋友、商业传媒、网络评论以及其他信息来源）获得与某一特定购买决策相关的数据和信息。

1. 内部信息搜集

内部信息搜集一般先于外部信息搜集，而且在不同类型的决策条件下，内部信息搜集的程度也存在差别，越是重要、复杂的购买问题，内部信息搜集范围越广。受信息处理能力的限制和消费者记忆随时间而衰退的影响，内部信息搜集过程中存在于消费者头脑中的信息通常只有一小部分

---

[1] Li, J., Abbasi, A. and Cheema A., et al. Path to Purpose? How Online Customer Journeys Differ for Hedonic Versus Utilitarian Purchases. *Journal of Marketing*, 2020, 84(4):127–146.

被回忆起来。营销者应该特别关注以下三个方面的问题：

第一，哪些信息会被提取出来？

第二，这些信息是如何被提取并参与到消费者选择过程中的？

第三，从记忆中提取的信息准确程度如何？

关于哪些信息会被提取这一问题，已有研究发现，消费者从记忆中提取的信息主要有四种类型，分别是品牌信息、产品属性信息、评价信息和体验信息。

（1）品牌信息。虽然消费者可能知道某类产品中的多个品牌，但在某个特定情景下，可能只能回忆起其中少数几个品牌。这些被回忆、考虑和进行比较的品牌叫考虑集。比如，消费者打算购买牙膏，可能会想到佳洁士、高露洁，甚至冷酸灵和云南白药，而不是其他所有可能的品牌。随着产品的极大丰富，品牌的数量也急剧增加。单是雀巢公司提供的饮用水品牌就有超过50个。研究表明，越容易被想到的品牌也越容易被消费者选择，因此品牌之间存在着抢占进入消费者考虑集的激烈竞争。

（2）产品属性信息。消费者从记忆中提取的自己感兴趣的、考虑的品牌在价格、性能、维修便捷性等方面的具体信息，都属于产品属性方面的信息。通常，对具体的产品属性信息，消费者会采用一种"概括"或"简化"的形式，而不是以其"原始"形式进行储存和提取。也有一些消费者在进行内部信息搜集时，能回忆起某些产品细节，而这些细节恰恰能够影响随后的品牌选择。研究发现，产品属性的显著性、属性信息与购买目标的相关性、属性信息的"鲜明或鲜活性"（如图片比文字更鲜活）等特征，都会影响消费者的回忆效果。

（3）评价信息。已有研究发现，相对于具体的产品属性信息，消费者更容易回忆起对产品的整体评价，如产品质量如何、自己是否喜欢某个产品或品牌。此外，消费者的评价很容易与具体的品牌建立关联。如果消费者在接触广告或营销信息时，主动对品牌做了评价，那么在以后回忆该品牌时，便可能呈现这种评价信息。所以，营销人员让消费者建立起积极的品牌态度是非常关键的。

（4）体验信息。内部信息搜集还包括从自传体记忆中检索相关消费体验。研究发现，更加生动、深刻或者频繁的消费体验更容易被提取出来。另外，如果在产品或服务购买中经历了特别愉快或特别不愉快的体验，这方面的信息可能更容易被回忆起来。原因在于它们具有"自传体记忆"的特征，并伴随有情绪或情感体验，因此在记忆里更加"突出"和"鲜活"。很明显，企业可以尝试在消费者体验与产品或服务之间建立起联系，如使购买过程或消费过程具有更多的体验性并产生更多正面的情绪。

然而经由记忆从大脑提取出来的信息并不总是准确的。换句话说，内部信息搜集可能会带有某些偏差，而这些偏差有时会导致消费者做出不太理想的决策。有三种与记忆有关的比较普遍的偏差会对消费者决策产生深刻的影响：

第一种，肯定性偏误（confirmation bias），即人们更可能回忆起那些与其信念相一致，甚至能证实其原有信念的信息。例如，对于十分喜爱的品牌，人们更可能回忆起关于该品牌的正面信息而不是负面信息。

第二种，回忆可能受阻或受压抑，可能使消费者没有想起某些具有诊断性的重要信息，由此导致决策失误。比如在购买住宅时,可能遗漏了物业公司的信息,而这对于住进去后是否舒服、是否满意可能具有关键性影响。

第三种,与购买时的情绪和心境一致的信息更可能被回忆起来,这同样会带来信息的不全面和不准确。

2. 外部信息搜集

消费者有时会完全基于记忆中的信息来进行决策,但很多时候会依赖外部信息搜集来做出决策。比如向可信的亲戚或者朋友、广告、销售人员、专业测评、网络评论等寻找信息。进行外部信息搜集,一方面是为了了解市场上有哪些可供选择的品牌,应当从哪些方面对这些品牌进行比较,另一方面是希望借此获得关于产品评价标准及各种标准的相对重要性的信息,以及不同品牌在各种产品属性上的优劣势的信息。

(1)消费者的线下信息搜集行为。消费者线下信息搜集行为是指一些传统的外部信息搜寻行为。一般来说,对于消费者的线下信息搜寻,营销人员可以采用以下一些指标来测量消费者的外部信息搜集行为。

① 消费者走访的店铺数目;
② 消费者就购买问题与朋友讨论和寻求帮助的次数;
③ 与消费者交谈的销售人员或商店营业员的人数;
④ 消费者看到、听到或阅览过的与购买问题相关的广告数量。

(2)消费者的线上信息搜集行为。在互联网背景下,消费者的外部信息搜集更多地体现为线上的搜集行为。消费者常用的工具包括搜索引擎、购物网站上的消费者评论、一些社交平台上的消费者推荐、企业网站、数字广告等。

① 搜索引擎。不管是在百度、谷歌这样的专门搜索引擎网站,还是在淘宝等购物网站上,消费者都可以通过输入关键词进行搜索。中国互联网络信息中心(CNNIC)发布的第 48 次《中国互联网络发展状况统计报告》显示,截至 2021 年 6 月,我国网民规模达 10.11 亿,其中搜索引擎用户为 7.95 亿,网民使用率为 78.7%。

消费者在搜索引擎上主动搜索,常用的关键词一般分为导航型搜索关键词、信息型搜索关键词和交易型搜索关键词。其中导航型关键词一般属于品类关键词,是消费者对拟购买的产品了解不多,购买信息搜集的早期阶段时经常使用的关键词类型。比如消费者要买一个居家测量血糖的血糖仪,由于对产品还不熟悉,往往会先搜索"血糖仪"这种品类关键词。信息型搜索的关键词一般是品牌关键词或品牌中的具体产品关键词,是指消费者对产品品类已有一定的了解,有感兴趣的品牌,因此直接搜索与品牌相关的信息。比如某消费者对血糖仪有一定的了解,知道罗氏的血糖仪不错,因此搜索该品牌。而交易型关键词经常是品牌加属性方面的关键词,是消费者在接近购买下单阶段时可能用的关键词。比如,百度公司曾经对兰蔻化妆品的消费者搜索关键词进行过分析,发现在信息搜集的早期阶段,消费者会搜"化妆品""高档化妆品"等品类关键词;而在信息型关键词方面会搜"兰蔻护肤""兰蔻美白""兰蔻睫毛膏"等关键词;在计划下单购买阶段,则是搜类似于"最便宜的兰蔻智能愉悦臻白精华"这样非常具体的交易型关键词。

一般来说，导航型搜索和信息型搜索关键词消费者的搜索量很大，因此这类关键词也被称为"重头"关键词。交易型关键词由于最终消费者从搜索到转化的概率比较高，而关键词搜索量并不高，因此这样的关键词被称为"长尾"关键词。

研究发现，在使用搜索引擎时，消费者倾向于点击排名靠前的广告，认为位置靠后与主题的相关性会降低。因此，企业可以通过搜索引擎优化（search engine optimization，SEO）使企业网站的自然排名靠前，也可以通过付费点击广告（pay per click，PPC）的方式使企业网站的排名靠前。

在消费者搜索过程中，企业或平台也会引导消费者的搜索。比如在有些平台的首页搜索框中，会有"大家都在搜"或"大家都在买"等信息，可以引导消费者的从众心理，从而也去搜索一些可能还没有明确购买目的的产品。

② 网络评论。网络评论可以来自普通消费者在购买或体验产品之后的评价，也可以来自专家、网络红人等意见领袖。消费者的购后评价，被认为可信度高，是其他消费者在购买前重要的信息来源。一些社交网站，比如小红书上的用户生成内容（user generated content，UGC），是很多消费者搜索信息的重要来源，是消费者对产品或品牌"种草"和决策的入口。关于网络评论的相关知识点在第十四章第三节和第四节有更详细的介绍。

③ 数字广告。网络上的数字广告，也是消费者重要的信息获取方式。根据艾瑞公司发布的《2020年中国网络广告市场年度洞察报告》，到2021年底，中国网络广告收入预计将占主要媒体广告总收入的90%以上。网络广告作为效果媒体营销的主要载体，呈现了多样化的媒体形式，包括搜索引擎广告、在线视频广告、短视频广告、电商广告、社交广告等。

经典和前沿研究 10-1

网络时代的消费者搜索行为

网络搜索技术的发展对消费者行为产生了深远的影响。特别是，搜索技术帮助消费者在许多属性未知的产品中形成考虑集合。由于消费者的最终购买决定取决于他们的考虑集，了解消费者如何参与此类搜索对企业来说变得至关重要。

现代搜索技术允许消费者搜索具有多重属性的产品或服务，从而优化搜索结果。比如，消费者在旅游网站上搜索酒店时，可能会按照价格的升序对搜索结果进行排序，并过滤掉星级低于3的酒店。细化工具使消费者能够获得更好地适应其独特偏好的产品分类。使用相同的酒店搜索示例，对价格敏感的消费者可以使用价格排序工具来更容易地访问低价产品。另一个寻找豪华酒店的消费者可以使用过滤器将酒店的范围缩小到五星级。在这两种情况下，消费者只需要关注那些最重要的选项；然后根据自己的偏好找到更好的选择。由于网站设计的原因，一些备选方案的默认位置很难访问，如果没有细化工具，搜索成本将会很高。因此，这种细化的搜索对消费者来说是更加便利而精准的。

然而，一项针对线上酒店预订的研究发现，搜索反而可能会降低消费者的整体效用。一方面，细化搜索确实能够帮助消费者找到更加喜欢的产品，也就是说，产品带来的效用确实增加了；然而另一方面，在细化搜索的同时消费者会进行更多的搜索，从而在无形中增加了搜索成本。总体看来，消费者最终购买产品的净效用是降低的。为了避免细化搜索造成的整体效用下降，网站可以通过告知消费者商品排序的规则来进行弥补。比如在排序上显示"按距离排序""按价格排序""按评分排序"诸如此类。

总之，在衡量消费者线上购物整体满意度时，必须要考虑其搜索成本。为了提高消费者网上购物的整体满意度，告知消费者网站默认的排序规则并按照产品效应进行排序是一个很好的解决办法。

资料来源：Chen, Y. and Yao, S. Sequential Search with Refinement: Model and Application with Clickstream Data. *Management Science*, 2017, 63(12): 4345−4365.

④ 对消费者线上搜索行为的测量指标。该指标可以测量消费者在网上搜寻或查看别的消费者评论的次数或时间等。表10-2列举了一些常见的度量消费者在线进行信息搜集的指标。

表10-2　常见的消费者在线信息搜集测量指标

测量	目的
点击率	通过追踪实际点击某条广告而获取额外信息的消费者数量来确定广告效果
访问频率	通过追踪每个消费者在一段时间内访问某个网站的频率来确定顾客忠诚
访问路径	通过追踪消费者浏览网站的方式（以页面顺序）来确定营销信息和广告的有效性及互动性
转换率	通过追踪实际购买的消费者占比来确定营销有效性
鼠标轨迹	通过识别消费者在访问某个网站或广告页面时移动鼠标的轨迹，以及鼠标在一个位置停留的时间来确定顾客兴趣和互动性
购物车放弃率	通过追踪将商品放入购物车但最终未能完成支付流程的访客比例来确定营销效果和互动有效性

（3）影响外部信息搜集努力程度的因素。有三类因素会影响消费者的外部信息搜寻活动。

第一类，与产品风险相关的因素。与产品购买相关的风险类型很多，如财务风险、功能风险、心理风险、时间风险、社会风险等。一旦消费者认为产品或服务的购买涉及很大的风险，其涉入度就会提高，并将花更多的时间、精力搜集信息，因为更多的信息有助于减少决策风险。与购买风险紧密相连的是购买者的不确定性。购买者的不确定性包括两方面的含义：一是知识的不确定性，即消费者对产品具有哪些功能、这些功能的重要性如何、不同品牌在这些功能上的表现如何存在不确定感；二是选择的不确定性，即消费者对最后选择哪一个品牌存在犹豫和不确定感。

第二类，与消费者特征相关的因素。一些消费者特征，比如消费者的知识水平、价格敏感性、认知能力等因素能够影响外部信息搜集活动。消费者的认知能力和一些人口统计学方面的特征也与其在外部信息搜集中的行为有密切联系。比如研究发现，具有较高基本认知能力的消费者（如智商较高的人）不仅更有可能去搜集更多的信息，而且能够以更复杂的处理方式来理解这些信息。

第三类，情境因素。影响信息搜寻活动的情境因素有很多。首先，时间作为一个重要的情境因素会产生影响。消费者可用于购买活动的时间越充裕，搜寻活动可能越多。如果消费者面临时间压力，那么很有可能会严重缩减搜集信息的可能性。此外，随着时间压力的增加，消费者会更少地从不同渠道获取信息。其次是消费者在从事购买活动前的生理状态。消费者的疲惫、烦躁、身体不适等均会影响消费者搜集外部信息的能力和意愿。再次是消费者面临的购买任务及其性质。比如当消费者需要在多个产品之间进行选择时，他们往往会进行更加缜密的信息搜集。信息的呈现形式也会影响信息搜集过程，在以一种减少消费者努力的方式呈现信息的情况下，消费者会更愿意进行信息搜集。最后是市场上备选方案的数量。研究人员发现，随着备选商品数量的增加，消费者会从事更多的外部信息搜寻行为。

经典和前沿研究 10-2

搜索越多，找到越少

设想你最近拜访了一位朋友，在这位朋友家你发现了一张非常舒适的椅子，坐在上面有种无与伦比的放松感。离开之后，你试图在网上找到一把一模一样的椅子，却发现自己在浏览数十个相似的椅子。这样的产品搜索体验似乎很常见，却很少有研究去讨论产品搜索体验的内部动态性如何影响消费者在一系列相关但不正确的选项中识别出之前遇到的目标产品的准确性。

美国佛罗里达大学的研究发现，消费者识别的准确性受到动态的顺序搜索经验本身的影响。具体来说，当消费者通过筛选选项以求找到之前遇到的产品时，他们的内部匹配阈值在逐渐提高。因为每次消费者评估一个产品系列中的一个相关选项，并判断它是错误的，都会得出一个隐含的推论——真正的目标对象肯定比之前筛选的选项更熟悉或者更正确。也就是说，消费者对正确目标和记忆中的表象之间的感觉匹配程度的隐含期望，在他们每次拒绝一个感觉不够正确的选项时，都会进一步上升。而这种较高的匹配阈值导致消费者在最终遇到真正的目标时，更有可能错误地拒绝它。也就是说，把正确的产品误认为错误的产品。因此，筛选更多的选项会使消费者的判断更加保守。

通过五个实验的验证，作者得出的结论是：消费者搜寻得越久越长，越容易保守，从而更容易出错。比如，快速浏览较长的电视或者广播频道，可能会导致消费者变得更加挑剔，最终不太可能找到他们喜欢的频道。假如采用更高的匹配门槛，是否会因为筛选更多的诱惑而提高支付意愿或选择满意度呢？消费者无法在视觉上识别出目标选项是否会影响其对其他决策规则的依赖呢？比如选择更加安全、更昂贵或者更成熟的品牌？这些都是值得进一步探索的问题。

资料来源：Park, S. K. and Sela, A. Product Lineups: The More You Search, The Less You Find. *Journal of Consumer Research*, 2000, 47(1): 40-55.

本章小结

消费者购买决策过程一般视为一个五阶段的模型，即问题认知、信息搜集、方案评价、实施购买和购后行为。

消费者的购买决策类型可以分为扩展型决策、有限型决策和名义型决策三类。扩展型决策是一种较为复杂的购买决策，它一般是在消费者涉入程度较高、品牌间差异程度较大，而且消费者有较多时间斟酌的情况下所做的购买决策。有限型决策是介于名义型决策和扩展型决策之间的一种决策类型，一般指消费者对某一产品领域的各种品牌已经有了一定程度的了解，或者对产品或品牌已经建立了一定的评价标准，但还没有形成明显的偏好。名义型决策是指当某个消费问题被意识到以后，消费者经内部信息搜集，浮现某个偏爱的产品或品牌，该产品或品牌随之被选择和购买。

问题认知是消费者决策过程的第一步，是消费者的理想状态与实际状态之间的差距达到一定程度并足以激发消费决策过程的结果。引起消费者的问题认知一般来说有两种方式：一般性问题认知和选择性问题认知。

消费者获取信息的来源或渠道多种多样，一般来说主要有四个方面，即记忆来源、个人来源、大众来源和商业来源。

消费者的信息搜集方式可以被分为内部信息搜集和外部信息搜集。内部信息搜集是指消费者将过去储存在记忆中的有关产品、服务的信息提取出来，以服务于解决当前问题的过程。外部信息搜集是指消费者从外部来源（如同事、朋友、商业传媒、网络评论以及其他信息来源）获得与某一特定购买决策相关的数据和信息。

有三类因素影响消费者的信息搜寻活动，分别是与产品风险相关的因素、与消费者特征相关的因素以及情境因素。

思考题

1. 消费者的决策过程包括哪几个阶段？
2. 什么是扩展型决策？
3. 什么是有限型决策？
4. 什么是名义型决策？
5. 什么是一般性问题认知？
6. 什么是选择性问题认知？
7. 什么是内部信息搜集？
8. 内部信息搜集消费者从记忆中提取的信息主要有哪四种类型？

9. 什么是外部信息搜集？
10. 常见的消费者在线信息搜集测量指标有哪些？
11. 影响消费者信息搜集努力程度的因素有哪些？

第十一章 消费者的方案评价过程

> **开篇案例**

> ### 消费者的快思维
>
> 请想象一下你的购物经历,当你去逛商场的时候,是带有明确的目的性去逛还是漫无目的地去逛?可能大部分人都是后者。一个典型的场景可能是这样的:你需要一双鞋,然后来到商场,在挑到一双鞋后,顺便逛了逛其他地方,等到你出商场大门的时候,发现手里提了好几件商品。这时候如果回忆一下逛商场的初衷,可能会出现这样一个疑问:我明明只想买一双鞋,怎么最后买了这么多东西?仔细回忆一下会发现,很多商品你只是有一点兴趣,觉得还不错,但在营业员的讲解和助推下最终下了单。
>
> 诺贝尔经济学奖获得者丹尼尔·卡尼曼(Daniel Kahneman)教授在《思考,快与慢》一书中将人的思维分为两个系统——系统1的运行是无意识且快速的,不怎么费脑力,称为快思维。而系统2将注意力转移到需要费脑力的大脑活动上来,如复杂的运算,称为慢思维。对于一个购物者来说,很多消费都是快思维在起作用,即便是理性刚需消费的部分,在最终决定选择哪个品牌时,也会受到快思维的影响。在慢思维的消费行为下,消费者往往由需求激发购买欲

望,也就是说,消费者消费的起始点是理性的。当消费者存在这样的欲望后,就会去淘宝等购物网站搜索相关商品,然后通过选择、比价等一系列行为下单。在这里具体选择时,消费者的快思维也会发挥作用,比如图片好看、包邮费等因素更有可能快速激发消费者下单。在快思维的行为下,消费者即使本身没有消费的需求,但当他在抖音上看到某条内容时,一些元素(如时尚性、知名人物推荐、优惠等)会激发他的快思维,形成他的"种草"行为。

传统的消费决策模型认为,消费者有需求了才会去搜集信息,然后评估选择,最后购买。然而,现在的消费者与以前最大的区别便是决策过程变得更加简单,"种草"文化的兴起就是一个很好的例子。从传统的分步决策过程,转变成了"种草"和"拔草"两个阶段。从前我们的父母要买一个家用电器,可能需要逛几个商店,征询朋友的意见,再考虑一段时间才下手。而现在消费者看到一款鞋子,也许并不需要它(鞋柜里已经有很多鞋子),但是在看到博主的购后评价,就决定加入购物车了,这里就跳过了收集和评估信息的步骤。

直播电商的出现,可以说将人类的快思维挖掘到了一个新的高度,以至于创造了一个快思维消费的万亿市场。博达大桥广告公司(FCB)决策制定研究所的创立者威尔科克斯认为,人类的思考模式中90%是由快思维驱动的,如果以这个数据来看,内容、直播电商的潜力非常大。从广告诞生以来,广告、营销就想方设法利用消费者的快思维来进行决策,而互联网运营的出现加快了这一进程,内容电商尤其是直播电商,则在很大程度上挖掘了人类的快思维,让人类的消费决策快速而感性。

资料来源:https://m.huxiu.com/article/391242.html。

第一节 可选方案

消费者在信息搜集之后,往往会形成一些有可能满足自己需求的可选方案,这些可选方案形成了消费者的考虑集。在营销学领域,"考虑集"最早由霍华德提出[1],而由坎贝尔(Campbell)率先验证[2]。考虑集是指少数被消费者列为购买决策选项的品牌的集合。学者们认为一个品牌只有成为考虑集中的一个构成要素,才会在购买决策中作为一个可选项被考虑,也才可能真正成为消费者的购买对象。

在考虑集的概念提出后,纳拉亚纳和马尔金(Narayana & Markin, 1975)[3]通过把全部品牌集

---

[1] Howard, J. A. and Sheth, J. N. *The Theory of Buyer Behavior*. New York: John Wiley & Sons Inc, 1969.
[2] Campbell, B. M. *The Existence of Evoked Set and Determinants of its Magnitude in Brand Choice Behavior*. PhD Dissertation, Columbia University, 1969.
[3] Narayana, C. L. and Markin, R. J. Consumer Behavior and Product Performance: An Alternative Consideration. *Journal of Marketing*, 1975, 39(4): 1–6.

进行分类,清晰地显示了考虑集在消费者选择中的地位。

(1)品牌全集。在一定时点,市场上某一产品类别中的所有品牌称为全部品牌集(total set)。

(2)意识集与非意识集。在品牌全集中,消费者意识到存在的那部分品牌构成意识集(awareness set),品牌全集中除意识集之外的那些品牌构成非意识集(unawareness set)。

(3)考虑集、惰性集和排除集。意识集包括考虑集(consideration set)、惰性集(inertset)和排除集(ineptset)。考虑集是消费者在购买决策中会考虑的少数品牌,消费者对考虑集中的产品持积极的态度;惰性集是消费者知道并持中性态度的品牌;排除集是消费者持反对态度的品牌。

纳拉亚纳和马尔金认为消费者最终只会购买考虑集中的品牌。而考虑集中的品牌一部分被消费者最终购买,另一部分成为被考虑但未被购买的品牌。虽然考虑集通常由同一类产品的不同品牌构成,但有时也有例外。考虑集对营销人员来说非常重要,因为它直接影响了消费者会选择什么品牌,也就是说,企业的品牌在与谁竞争。图11-1显示了各类品牌集的关系。

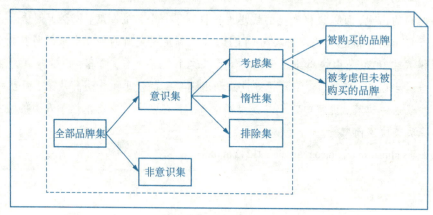

图11-1 品牌集分类

上述研究对于明晰考虑集的内涵及其地位具有重要意义,特别是他们把意识集区分为考虑集、惰性集和排除集的观点,得到很多学者的认可。消费者对考虑集中某一品牌的评价取决于与之进行比较的其他品牌。如果一个品牌明显比其他品牌更具吸引力或主导地位,那么消费者就不需要花费太多努力就可以做出决策。

莱赖(Wright)和巴伯(Barbour)从消费者购买决策阶段的角度来突出考虑集的作用。他们认为,在消费者的购买决策过程中有两个阶段是最重要的:一是通过一定的决策标准和程序形成考虑集;二是对考虑集中的品牌进行评估,从而做出最终的购买选择。他们认为第一阶段是第二阶段的基础,品牌只有通过第一阶段的评估,才会进入第二阶段,从而才有可能被购买。这一观点被后来许多学者采纳。当然,在互联网的决策背景下,有的时候(比如在直播间里)消费者可能会由于购买现场的刺激,临时直接产生购买,并没有一个明显的先形成考虑集再进行购买的过程。[1]

---

[1] Wright, P. R. and Barbour, F. *Phased Decision Strategies: Sequels to Initial Screening*. Working Paper, Stanford University, 1977.

考虑集对消费者购买决策的重要影响，使得它很快成为西方学者对消费者行为研究的重要内容。从 20 世纪 70 年代中期到 80 年代末期，研究主要集中在考虑集的规模方面，20 世纪 90 年代，研究的焦点开始转向考虑集的形成过程、形成机理以及一些主要的营销变量对考虑集的影响等方面。

一、考虑集的规模及其影响因素

（一）考虑集的规模

对考虑集的规模进行研究，就是探讨对一个具体的产品类别而言消费者的考虑集一般包括多少个品牌。20 世纪七八十年代西方各项研究中考虑集的规模情况见表 11-1。

表 11-1　实证研究中考虑集的规模情况汇总

测试产品	考虑集规模	研究者
啤酒	3.5（10.6）	Narayana & Markin（1975）
牙刷	1.3（3.5）	Narayana & Markin（1975）
除臭剂	1.6（6.0）	Narayana & Markin（1975）
	3.1	Silk & Urban（1978）
牙膏	3.1（10.4）	Campbell（1969）
	2.0（6.5）	Narayana & Markin（1975）
	3.1	Reilly & Parkinson（1985）
汽油	3.0（6.7）	Brown & Wildt（1987）
快餐食品	5.1（14.4）	Brown & Wildt（1987）
软饮料	5.4（11.8）	Brown & Wildt（1987）
香皂	3.1	Reilly & Parkinson（1985）
人造黄油	3.8	Reilly & Parkinson（1985）
洗衣液	5.0（19.3）	Campbell（1969）
	3.7	Reilly & Parkinson（1985）
香波	3.4	Reilly & Parkinson（1985）
手纸	3.1	Reilly & Parkinson（1985）
咖啡豆	2.8	Reilly & Parkinson（1985）
	4.2（10.2）	Jarvis & Wilcox（1983）
洗碗液	5.6（15.2）	Jarvis & Wilcox（1983）
餐巾纸	5.0（7.3）	Jarvis & Wilcox（1983）

续表

测试产品	考虑集规模	研究者
汽车	2.1	Gronhaug & Troye（1983）
	2.8	Gronhaug（1973）

从表 11-1 可以看出，用来考虑集规模测试的产品既包括汽车等引发消费者复杂性购买行为的产品，也包括牙膏等引发消费者习惯性购买行为的产品。这些研究结果表明，考虑集确实是意识集中的一个子集，对许多产品来说，考虑集的规模相对于意识集的规模大大减小了。麦肯锡在中国市场上就 2 396 名汽车消费者的调研也发现，消费者在产生购车意愿时，首先会在心中形成初始的品牌选单（即考虑集的概念），进而通过线上线下等方式收集有关选单品牌的更多信息，从而做出最终选择。消费者的初始品牌选单具有很强的聚焦性，仅会选择 2～3 个品牌。[1]

> **经典和前沿研究 11-1**
>
> **选择集的大小对后悔的影响**
>
> 心理学家认为后悔与反事实思维有关，指对过去已经发生过的事件进行判断和决策后的一种心理模拟。在消费者决策场景中，有两个因素可能会影响后悔：一是选择集越大（即被拒绝的选项数量越大），后悔的可能性也就越大；二是被拒绝选项的多样性可能会增强后悔程度。有研究验证了这一结论。
>
> 实验过程是这样的：被试想象忙碌了一周过后拥有了一个可以自由支配的夜晚，他们被随机分配到三种情况下：{看电影，咖啡馆见朋友，在家看书}；{看电影，咖啡馆见朋友}；{看电影，在家看书}。之后被试想象最终选择去看电影，在辛苦找到停车位并排队买票后，在一个很差的位置看了一部漫长而无聊的电影。随后被试对选择去看电影的后悔程度进行打分。结果显示，那些可以从三个选项里选择的被试的后悔程度显著高于只能从两个选项里面选择的被试，这说明增加选择集的选项数量可能会增加人们的后悔程度。
>
> 还有一个实验是这样的：让被试选择一个奖品，具体是要求其用一个编号来表达自己想要选择的奖品，实际上不管被试选择什么编号，奖品都是一张 50 美元的钞票。在给被试看了已选的奖品后，还会给其看同一个选择集中没有被选择的奖品。有六种设置，三种设置中有两项奖项，除了 50 美元外，另外的奖项分别是录影播放机、录音机、微波炉。另三种设置中有三个选项，除 50 美元外，其搭配为 {录影带播放机，录影带播放机}；{录影带播放机，录音机}；{录影带播放机，微波炉}（选项中有两个录影带播放机，表示没有被选择的两个奖品是完全一样的；选项中没有被选择的奖项是录影播放机和录音机，两者是相似的；选项中没有被选择的奖项

---

[1] "2021 麦肯锡汽车消费者洞察", https://www.mckinsey.com.cn。

是录影播放机和微波炉，两者是差异较大的）。六种设置中被试没有选择的奖品都价值300美元。结果显示，之前实验一中发现的从更多的选项中进行选择会更后悔的结论，只有在备选项有差异的组是这样的，当备选选项是同一种物品或者相似的物品时，后悔程度没有显著差异，这表示被拒绝选项的多样性会提升消费者的后悔程度。

资料来源：Sagi, A. and Friedland, N. The Cost of Richness: The Effect of the Size and Diversity of Decision Sets on Post-decision Regret. *Journal of Personality & Social Psychology*, 2007, 93(4): 515-524.

（二）消费者考虑集的影响因素

了解消费者考虑集规律的目的是为企业营销实践提供依据。从20世纪90年代开始，一些学者将一些营销变量纳入考虑集的研究中，发现了一些营销变量影响消费者考虑集的规律。

1. 新产品影响消费者考虑集

从产品在市场上的地位来看，有研究（Lehmann & Pan, 1994）发现一个新产品进入市场后如果处在非主导地位，会提高市场上已有的处于主导地位的产品进入考虑集的可能性，而一个在市场上处于主导地位的新产品，会提高自身进入考虑集的可能性；从产品在市场上定位的角度看，一个新产品进入市场，如果相对于已有的产品显得极端，则对其进入考虑集有负面影响，而当新产品进入后，定位相近的品牌会增加进入考虑集的可能性。是否处于支配地位和是否是极端产品这两项属性在小市场对考虑集的影响比在大市场更为显著。[1]

2. 广告影响消费者考虑集

艾伦比和金特（Allenby & Ginte, 1995）[2]检验了品牌在商店内的陈列以及特征广告对考虑集的影响，发现品牌在商店内的陈列和反映产品特征的广告能够显著影响消费者的考虑集，因为商店内的陈列和特征广告能够提高产品的净效用并降低顾客的价格敏感性。安纳苏（Anusree, 1995）[3]从动态的角度检验了广告对考虑集的构成和稳定性的影响，发现与没有广告的情况相比，差异性广告至少会在一种购买场合下使考虑集具有更小的规模，并且会带来更大的考虑频率的标准差异（standard deviation of consideration frequencies），也会使考虑集构成的平均不一致（average discordance）程度降低。对于提示性广告与差异性广告对考虑集的不同影响，安纳苏的观点是差异性广告会带来更大的考虑频率的标准差异，并且会降低考虑集构成的平均不一致程度。夏皮罗和麦金尼斯（Shapiro & Macinnis, 1997）[4]检验了偶然广告（incidental Ad）对考虑集形成的影响。他

---

[1] Donald, R. L. and Pan, Y. Context Effects, New Brand Entry, and Consideration Sets. *Journal of Marketing Research*, 1994, 31(8):364-375.

[2] Allenby, G. M. and Ginter, J. L. The Effects of In-store Displays and Feature Advertising on Consideration Sets. *International Journal of Research in Marketing*, 1995, 12(1):67-80.

[3] Anusre, M. Advertising and the Stability of Consideration Sets over Multiple Purchase Occasions. *International Journal of Research in Marketing*, 1995, 12(1):81-94.

[4] Stewart, S., Deborah, J. M. and Susan E.H. The Effects of Incidental Ad Exposure on the Formation of Consideration Sets. *Journal of Consumer Research*, 1997, 24(1):94-105.

们把考虑集分为基于记忆的考虑集和基于刺激的考虑集。验证结果表明，附页中的广告能够同时提高品牌进入基于记忆的考虑集和基于刺激的考虑集的可能性。

3. 价格影响消费者考虑集

梅塔、苏伦德拉和坎南（Mehta, Surendra & Kannan, 2003）[1]验证了价格的非稳定性和消费者搜寻对考虑集形成的影响，他们把考虑集中的"考虑"定义为价格搜寻的流程，认为由于企业经常促销，导致许多品牌的价格不稳定，消费者如果不去搜寻，就不会知道品牌实际的合理价格。他们把在某一特定购买场合中消费者愿意去搜寻价格的品牌集看作消费者的最优考虑集，当最优考虑集形成后，消费者就会从中选择出具有最高期望剩余的品牌。通过对模型的检验，他们得出以下结论：消费者在考虑集的形成过程中会存在很多对合理价格的搜寻成本；产品在商店内的摆设以及特征广告不能影响消费者对产品质量的感知，但是能够降低消费者的搜寻成本，从而提高品牌进入消费者考虑集的可能性。

4. 品牌影响消费者考虑集

艾达姆和斯瓦特（Erdem & Swait, 2004）[2]检验了品牌可靠性对考虑集的影响，发现高的品牌可靠性（brand credibility）能够提高品牌进入消费者的考虑集并被消费者最终选择的可能性。

二、考虑集的构成对消费者决策的影响

消费者考虑集中包含哪些备选方案可以对其决策产生巨大的影响，研究者将这些影响统称为情境效应（context effects）。主要有两类较为常见的情境效应——折中效应（compromise effect）和吸引效应（attraction effect）。

（一）折中效应

消费者常常表现出对极端情况的厌恶和回避，也就是说，如果一个品牌在某个属性上处于极端的位置，那么对于消费者来说这个品牌不如那些被认为是中等水平的品牌有吸引力。[3]因此，消费者倾向于选择一个在各个属性上相对折中的品牌。折中效应的具体含义是：当一个品牌被视为中间选项或者折中选择而不是极端选择时，它将更有可能被消费者选择。有意思的是，当一个考虑集中新增加一个极端选项时，原来的候选品牌会变成折中选项，那么即使这个品牌在原本的考虑集中不存在绝对优势地位，但是会因为极端选项的引入而变得更具吸引力，被选择的概率也会增大。设想你打算买一部新手机，现在有两个品牌的手机供你选择，A品牌价格4 000元，B品牌价格2 000元，大约有50%的消费者会选择A而剩下的50%选择B。假如此时有第三个品牌C的手机价格为6 000元，这时会有更多的消费者（超过50%）会选择A品牌，因为A

---

[1] Mehta, N., Rajiv, S. and Srinivasan, K. Price Uncertainty and Consumer Search: A Structural Model of Consideration Set Formation. *Marketing Science*, 2003, 22(1):58-84.

[2] Erdem, T. and Swait, J. Brand Credibility, Brand Consideration, and Choice. *Journal of Marketing Research*, 2004, 31(6):191-198.

[3] Simonson, I. Choice Based on Reasons: The Case of Attraction and Compromise Effects. *Journal of Consumer Research*, 1989, 16(2):158-174.

品牌在引入 C 品牌之后变成了折中选项。

（二）吸引效应

吸引效应有时也叫诱饵效应（decoy effect）[1]，指的是人们对两个不相上下的品牌进行选择时，如果引入一个比其中一个品牌稍许差一点的第三个品牌，会让被对比的品牌显得更有吸引力。假如你想要订一本杂志，你发现电子版要 250 元，印刷版则要 600 元。电子版便宜，而印刷版质感好，两者各有千秋。正当你还在纠结订哪种版本的时候，你在旁边看到了"订阅礼包"的选项——同时订阅印刷版和电子版，也只要 600 元。这时你很可能如获至宝地直接就下单把礼包拿下，并怀着这样的念头：这等于电子版白送啊。这就是典型的诱饵效应。具体而言，纯印刷版只是用于刺激消费者选择的"诱饵"，让消费者更倾向于选择"订阅礼包"。这些效应的存在说明消费者决策时会倾向于凭借相对因素进行选择。

三、基于品牌是否进入考虑集的营销策略

品牌可以根据消费者的决策类型，以及自己的品牌是否在消费者的考虑集内来决定合适的营销策略（见表 11-2）。虽然这些策略彼此有重叠之处，但每一种策略都有独特的驱动力。

表 11-2　品牌进入考虑集的营销策略

	目标市场决策类型		
	名义型决策 （较少信息搜集）	有限型决策 （有限信息搜集）	扩展型决策 （广泛信息搜集）
在考虑集中的品牌	保持策略	捕获策略	偏好策略
不在考虑集中的品牌	瓦解策略	拦截策略	接受策略

（一）保持策略

在名义型决策情况下，品牌又处在消费者考虑集中，此时品牌应该实施保持策略。因为在这种情况下品牌被目标消费者习惯性地购买，企业只要能够保持住这种状态就行。保持策略要求企业保持产品质量一致，避免渠道中存货的短缺，同时要强化营销宣传。另外，企业还要谨防竞争者的瓦解战术，要不断开发和改进产品，抵消竞争者通过诸如价格折让、赠品促销、购物点陈列等短期竞争的策略对消费者产生的影响。

（二）瓦解策略

如果品牌没有进入消费者的考虑集，而且目标消费者采用的是名义型决策，则企业的主要任务是瓦解消费者的考虑集。由于消费者在名义型决策时一般不搜寻外部信息，除了自己习惯购买的品牌外，在购买前一般不考虑各种备选品牌，因此完成瓦解消费者考虑集这一任务比较困难。从

---

[1] Ratneshwar, S., Shocker, A. D. and Stewart, D. W. Toward Understanding the Attraction Effect: The Implications of Product Stimulus Meaningfulness and Familiarity. *Journal of Consumer Research*, 1987, 13(4):520-533.

长期看，企业可以通过产品的重大创新、改进，设计引人注目的广告，引导目标消费者进入更广泛的信息搜集型决策。从短期看，免费样品、优惠券、折扣等是瓦解名义型决策中消费者考虑集的最常用的方法，独特的包装设计和购物点陈列，也可以打破习惯性购买，起到瓦解作用。

（三）捕获策略

如果是有限型决策，同时品牌在消费者的考虑集内，则企业应该实施的策略是捕获策略。此时消费者通常涉及运用少数几个标准（如价格），来对少量品牌进行比较，大部分信息搜寻发生在购物点或容易获得的媒体、平台上。因为品牌已经在消费者考虑集当中，营销人员的目标就是当消费者对考虑集中的几个品牌进行比较时，吸引消费者尽可能多地实际购买自己的品牌。一般来说，营销人员需要通过有吸引力的价格、便利的渠道等方面的措施，注意保持产品品质的一致性和与时俱进的创新，还要特别关注已购买产品的顾客的评价。

（四）拦截策略

如果目标消费者进行有限型决策，而品牌又不在其考虑集中，则公司的目标将是在消费者寻找有关考虑集品牌信息或者一般的信息搜集过程中实施拦截。因为品牌尚未进入消费者的考虑集中，因此如何吸引消费者的注意尤为重要。这里的策略重点是引人注意的营销宣传、便利的渠道、大力度的促销，产品改进、免费样品也可以用来帮助有限型决策的品牌进入消费者考虑集。由于拦截策略需要发生在消费者依据已有的考虑集进行决策之前，因此企业的营销宣传比如广告要及时、有好的位置、有吸引力。以消费者要买洗衣液为例，如果其已形成了考虑集，进入淘宝要比较考虑集中的品牌，这时想实施拦截策略的品牌就要在消费者找到考虑集中的品牌之前展示广告信息，从而才有可能实现"拦截"。

（五）偏好策略

当消费者决策属于扩展型决策，品牌又在消费者考虑集里时，应该采用偏好策略。由于扩展型决策一般涉及多个品牌，消费者需要很多产品属性和信息来源，简单的捕获策略可能无法对消费者产生影响。因此，一般需要企业构建一种信息方案，以使品牌受到目标消费者的偏爱。要实现这个目的，具体的措施包括：第一，要求品牌能够在目标消费者十分重视的属性上建立强势地位。第二，一些公共来源信息，比如权威机构公布的产品质量或其他方面的排名会对扩展型决策的消费者产生重要影响，企业要多加利用。企业应鼓励非商业性独立组织或群体检测该品牌，同时要借用其他形式的权威专家的影响力。第三，要给消费者提供多方面的产品属性的详细信息，一些有优势的属性通过数字表达的效果往往更好。第四，持续完善企业的网站、平台上的信息、购买现场的布置等也是非常有效的帮助消费者对品牌形成偏好的方式。第五，关注已购买该品牌的消费者的评价。

（六）接受策略

对于扩展型决策，而品牌没有进入消费者考虑集，企业应该采用接受策略。对于接受策略的具体实施，一方面上述的偏好策略中的具体做法，企业应该采纳、实施；另一方面，由于在扩展型决策中，消费者形成考虑集往往需要搜集和加工处理很多信息，考虑集一旦形成，其就不太会再关注没有进入考虑集的品牌，因此营销者要花费更大的力量来吸引消费者注意，促使他们了解公司的品牌，展示品牌的优势，从而使消费者能够接受品牌进入考虑集。

第二节 消费者决策规则

对于考虑集中的可选方案,消费者一般会使用一些决策规则来形成评价。研究人员提出了各种各样的决策模型,每一种决策模型都描述了消费者如何做出决策。消费者的决策规则从大范围上可以分为补偿性规则和非补偿性规则两种。其中,一个品牌在某一属性上的劣势可以由其他属性上的优势来弥补的规则叫作补偿性决策规则(compensatory decision rule)。而如果较优的属性与较劣的属性之间不能相互补偿,那么这种决策规则叫作非补偿性规则(no compensatory decision rule)。

一、补偿性决策规则

对于补偿性决策规则而言,消费者评估考虑集中品牌的每一个属性有多好,并根据这些属性对决策的重要性来进行加权,总体得分最高的品牌就是消费者会选择的品牌。本质上,补偿性决策是一种心理上的权衡分析,即一个属性的负面评价可以通过其他属性的正面评价来补偿。当考虑多个属性时,消费者倾向于给那些与他们的目标相一致的属性更高的权重。当消费者需要在不同属性之间做出取舍时,补偿性决策可能会在情感上和认知上都很费力。例如,在价格和质量之间难以权衡时,有些消费者可能会选择质量更好的产品,也有些消费者会选择价格更有优势的产品,当然也有些消费者可能会避免在相互冲突的属性之间进行权衡,从而放弃决策。

二、非补偿性决策规则

非补偿性决策规则中每个属性都是独立的,得分高的属性不能补偿得分低的属性,消费者不需要平衡不同属性。在非补偿性模型中,消费者常常使用负面信息来评估评判,并立即从考虑集中把那些在任何一个或多个重要属性上不够好的品牌排除出去。比如一些支持国货的消费者会因为一个产品不是中国制造而拒绝选择。一般而言,非补偿性决策需要较少的认知资源,因为消费者在一些属性设置了临界值,然后拒绝任何属性值低于这些临界值的品牌。如果消费者考虑集中的各个品牌都很有吸引力并且势均力敌,那么他们就需要付出更多的努力而且有可能会使用补偿性决策方式。这样的决策过程虽然使决策更加简单,但做出错误决策的可能性也增加了。

非补偿性决策规则又包括一些具体的类型,比如联结式规则(conjunctive decision rule)是其中的一种非补偿性决策规则。在这种规则下,消费者对各种产品评价标准(属性)应达到的最低水平做出了规定,只有所有属性均达到了规定的最低要求,该产品才会被作为选择对象。即使产品在某些属性上的评价值很高,但只要某一项评价标准不符合最低要求,该产品仍将被排除在选择范围之外。在产品购买中,运用联结式规则排除那些不合最低标准(接受标准)的被选品牌,有助于减轻信息处理的工作量。因为消费者处理信息的能力非常有限,所以经常使用联结式规则将信息处理任务缩小到一个可以操作的水平。比如在购买住房、汽车等产品时,消费者可以运用联结式规则把那些位置不好或者价格不合适的选项排除掉。在排除了那些不符合要求的备选方案之后,对于符合这些最低标准的选项再利用其他规则来做出决策。

> **经典和前沿研究 11-2**
>
> **基于属性的定制化决策好吗**
>
> 在网上购物环境中,人们通常定制自己的产品。例如,选择笔记本电脑可能涉及选择操作系统、内存容量、屏幕大小、笔记本电脑重量和处理速度。同样,一个健康保险计划可能需要选择免赔额、覆盖金额、覆盖的服务以及包括的提供者类型。然而,考虑到许多定制化过程所涉及的特性可能会有很大的差异,当有大量选项存在并且需要权衡利弊时,这个过程可能变得很费力。
>
> 为了使定制化过程更易于管理,一个常见的解决方案是让消费者以一种循序渐进的方式定制他们的产品。比如把选择分解成一系列更小的步骤,每次一个属性,这样的选择过程比一次看到所有选项更容易。因此,消费者们不用再把他们感兴趣的所有选项的所有属性放在一起进行比较,而是根据每个属性的重要性,每次只做一个决定。这些基于属性进行定制化的方式被广泛应用于很多网购场景中,因为它可以减少决策难度。
>
> 然而,最近有研究者发现,尽管基于属性的定制化过程更容易完成,但有时会产生负面影响,因为这个过程会唤起消费者最大化的心态。最大化心态指的是人们倾向于坚持找到"最佳选项",而不是满足于"足够好"的选项。此外,在追求最大化的过程中,与满足者相比,最大化心态的消费者往往对他们所选的产品都不太满意。因此,基于属性的定制化过程虽然决策过程看似变得更简单了,但有时可能降低消费者购买意愿。
>
> 资料来源:Nardini, G. and Sela, A. When Self-customization Backfires: The Role of a Maximizing Mindset. *Psychology and Marketing*. 2019, 36(7): 730–741.

第三节 影响消费者决策规则的主要因素

正如前文所写,消费者在做决策时可以使用许多不同的决策规则。然而,做出特定决策的最佳策略往往取决于消费者的特征和决策本身的性质。在这一节中我们将探讨两类能够影响消费者决策规则使用的因素——消费者特征和决策特征。

一、消费者特征

与消费者相关的特征会影响他们如何做出决定。

(一)专业性

当消费者专业性比较高时,他们更有可能明确自己的偏好以及理解自己的决定。换句话说,他们可以清楚地说出为什么他们喜欢或不喜欢某一个品牌。例如，一个葡萄酒专家可能知道自己喜欢干性和顺滑的葡萄酒，而一个新手可能不知道如何表达这些偏好。专业性较高的消费者在做决定时可以使用更多的属性和产品信息，同时知道如何识别相关信息，并在做决策时忽略不相关的属性，这样就可能导致专业性程度不同的消费者使用不同的决策规则。

（二）消费者的涉入度

低涉入度的购买一般涉及相对简单的非补偿式决策规则，高涉入度的决策和购买因为涉及相当高的知觉风险，人们会趋于更仔细地评价，消费者可能会应用较为复杂的补偿式决策规则。

二、决策特征

除了消费者特征外，决策本身的特征也会影响消费者如何做出决定。需要特别注意的是信息的可获得性和信息的呈现方式。

（一）信息可得性

当消费者拥有更多的信息时，决策变得更加复杂，消费者必须使用更详细的决策规则。然而，掌握更多的信息只会在一定程度上导致做出更好的选择，消费者很有可能会经历信息超载。例如，法律要求制药公司提供详细的处方信息，并在广告中披露药物的副作用，但这些信息的数量可能会令人难以承受。如果所提供的信息是有用的，并且与我们的决策标准相关，那么决策就不那么费力，消费者就可以做出更好的决策。本质上，消费者可以通过专注那些最重要的属性来相对快速地缩小考虑集。因此，市场营销人员最好专注于提供相关信息，而不仅仅是更多的信息。如果所提供的信息是无用的或者缺少一些信息，那么消费者就需要推断产品在该属性上的评分，也许可以使用相关品牌的其他属性来进行推断。如果可获得的信息非常模糊，消费者更有可能继续使用他们现有的品牌，而不是冒险购买一个新的有竞争力的品牌。相较于文字信息，消费者还可以更快更容易地比较数字属性信息。例如，为了帮助父母选择电子游戏，制造商开发了一个数字评级系统，以显示游戏里性元素和暴力元素的数量。最后，决策有时会受到有关消费者在之前的选择中所暴露的属性信息的影响。

（二）信息呈现方式

信息呈现方式也会影响消费者使用的决策规则。如果信息是基于品牌组织的，则消费者可能会采用基于品牌的决策策略，如补偿、联结规则。如果信息是基于属性组织的，则消费者可以使用另外的规则。研究发现，根据口味而不是品牌来组织酸奶的信息会鼓励更多基于属性处理的比较购物。有时消费者甚至会将信息重组为更有用的格式，比如矩阵。有研究表明，当产品按型号而不是按品牌分类时，消费者不太可能选择最便宜的品牌。因此，拥有高价品牌的公司希望显示按属性组织，而提供低价品牌的公司更喜欢基于品牌的显示。呈现品牌信息的叙事格式也会影响消费者的选择。当研究人员向消费者呈现关于度假的叙事信息时，消费者倾向于使用整体处理来排序和评估信息。这种叙事结构与消费者在日常生活中获取信息的方式相似，因此加工起来更容易。在处理叙事时，消费者很少考虑单独的属性，因此受到负面信息的影响较小。

第四节 | 消费者决策的其他情况

消费者决策是一个复杂的过程，体现出很多不同的特征和规律，可以从很多不同的视角来认识这些规律。

一、单独评估与联合评估

人们有两种基本的评估模式：联合评估（joint evaluation，JE）和单独评估（separate or single evaluation，SE）。在联合评估模式下，决策者同时面对两个或两个以上的选项；而在单独评估的模式下，决策者只面对一个单独选项[1]。单独评估和联合评估对于人们的决策有着重要的影响，最为经典的就是评估模式导致的偏好反转现象。比如一项研究（Hsee，1996）[2]请被试想象自己是一位音乐学院的学生，需购买一本音乐词典。词典 A 封面完好，内含 1 万词条，而词典 B 封面破损，内含 2 万词条。研究发现当购买者联合评估，即同时看到两本词典时，对词典 B 的出价会更高；而当单独评估，即只能看到其中一本词典时，词典 A 的出价更高。在实际的购买情境中，抖音把自己定位于兴趣电商，认为消费者在抖音或者在其他一些直播间里的决策与在淘宝等购物网站上决策的一个重要差异点在于，淘宝上同一种商品有多个商家销售，消费者会货比三家，是一种联合评估模式，消费者会比较哪家看上去不够好、客服不主动、价格不便宜就不买了；而在直播间内没法比较，是一种单独评估模式，消费者会进入"找亮点状态"，商品一个特点很打动人时可能就直接下单了。

二、决策中断

在网络购物，尤其是移动购物发展的大环境下，碎片化的时间、多任务处理使得消费者在决策过程中发生中断现象日渐普遍。决策中断会对消费者产生多方面的影响，比如会提高消费者选择享乐型产品的可能性[3]，提升消费者在购买任务上花费的时间，降低消费者的决策满意度，但不会影响其对最终选项的满意度[4]。营销者一方面要了解决策中断对消费者影响的规律，另一方面要提供相关的入口或提示信息，便于消费者被中断后重启购物过程。

三、决策困难

消费者在决策过程中，经常会出现决策困难甚至是延迟决策的情况。选择项过多，形成选择

---

[1] Hsee, C. K. Less is Better: When Low-value Options are Valued More Highly than High-value Options. *Journal of Behavioral Decision Making*, 1998, 11 (2): 107–121.

[2] Hsee, C. K. The Evaluability Hypothesis: An Explanation for Preference Reversals Between Joint and Separate Evaluations of Alternatives. *Organizational Behavior and Human Decision Processes*, 1996, 67(3): 247–257.

[3] 郑毓煌、董春艳，"决策中断对消费者自我控制决策的影响". Jms 中国营销科学学术年会暨博士生论坛,《营销科学学报》编辑部，2009.

[4] Xia, L. and Sudharshan, D. Effects of Interruptions on Consumer Online Decision Processes. *Journal of Consumer Psychology*, 2002, 12(3): 265–280.

超载是提升决策困难程度的重要原因。主要是因为选择集扩大提高了产品相似性、减小了产品差异性，个体需要进行更多的认知加工，区分产品的困难性提高，比较优劣更不容易，造成选择困难。[1]同时，即便消费者能区分产品间差异，当产品数量增加时，消费者根据属性对不同产品进行比较和权衡，也会产生权衡困难心理冲突。比如艾杨格（Iyengar et al.，2000）[2]曾经在一个大型超市里进行一项田野实验，一共有两种实验条件，分别是6种和24种不同口味果酱的促销展位。结果显示，在24种口味果酱时，有60%注意到促销的消费者在展位前驻足品尝；在6种口味果酱时，只有40%注意到促销的消费者停下来。但在6种口味的情况下，停下来的消费者有31人最终购买了，而在24种口味的情况下，只有3人最终购买。作者给出的解释是，选项增加提高了消费者的决策困难。除了选择集大小，决策困难还受到个人知识水平、各选项属性导致的矛盾感知等因素的影响。在营销中，企业应从简化消费者选择的角度考虑，避免选择超载的产生，避免引发消费者矛盾的信息。

本章小结

消费者的可选方案形成了消费者的考虑集。在一定时点上市场上某一产品类别中的所有品牌称为全部品牌集。在全部品牌集中，消费者意识到其存在的那部分品牌构成意识集，全部品牌集中除意识集之外的那些品牌构成非意识集。意识集包括考虑集、惰性集和排除集。考虑集是消费者在购买决策中会考虑的少数品牌，消费者对考虑集中的产品持积极的态度；惰性集是消费者持中性态度的品牌；排除集是消费者持反对态度的品牌。消费者最终只会购买考虑集中的品牌。

根据品牌是否处在消费者的考虑集内以及消费者的决策类型，可以对企业的品牌提出一些营销策略建议，包括保持策略、瓦解策略、捕获策略、拦截策略、偏好策略和接受策略。

消费者的决策规则分为补偿性决策规则和非补偿性决策规则两种。其中非补偿性决策规则又可以分为联结式规则、析取式规则、字典编纂式规则和按序排除式规则。

影响消费者决策规则的主要因素有消费者特征和决策特征。其中消费者特征包括专业性、涉入度，而决策特征包括信息可得性和信息呈现方式。

---

[1] 林让、杨宜苗、夏春玉，"选择超载：形成路径及边界条件".《财经问题研究》，2020,442(9):105-113.
[2] Iyengar, S. S. and Lepper, M. R. When Choice is Demotivating. *Journal of Personality and Social Psychology*, 2000, 79(6):995-1006.

思考题

1. 什么是消费者考虑集?
2. 什么是惰性集?
3. 什么是排除集?
4. 影响品牌是否进入消费者考虑集的因素有哪些?
5. 根据一个品牌是否进入消费者考虑集以及消费者的决策类型,可以对企业营销提出哪些策略建议?
6. 消费者的决策类型有哪些?分别有什么含义?

第十二章 购买渠道选择与购买情境

开篇案例

博物馆中的观复猫

观复博物馆是中国第一家民营博物馆,创办人马未都收养了三十多只流浪猫,取名"黄枪枪""麻条条""蓝玉玉""云朵朵"等,它们有自己的猫办公室和猫别墅,在博物馆里还有"官职",是各司其职的猫馆长和猫馆员。

马未都观察过,好多人来观复博物馆,不着急看东西,而是先看猫。尤其是孩子们,原来老急着要走,现在有了猫,比家长还愿意待在这里。"熊孩子"不闹腾了,大人也有了更多时间好好看展览。"孩子们愿意跟猫玩,这时候你再跟他们讲传统文化,就会事半功倍。我们就赋予它们猫馆员、猫馆长的身份,让它们作为一个传播文化的使者。"

马未都认为猫的静谧和博物馆的文化气质很搭,每个年龄段都有喜欢猫的人,那么猫会在无形中成为"桥梁",将更多的人吸引到博物馆,让人们在不知不觉中感受历史的气息和接受文化的熏陶。2016年的新年之际,马未都正式提出请观复猫来共同承担向社会公众沟通博物馆文化的职责。经过几年的精心运营,越来越多的游客们不再询问马馆长在哪儿,而是问猫馆长在哪儿。

马未都说:"博物馆需要很好地养活自己必须多一个途径。我觉得观复猫就是博物馆一个吸引客人的途径,它对孩子的吸引会非常大,对爱猫者的吸引会非常大。"

资料来源: https://haokan.baidu.com/v?pd=wisenatural&vid=9332266956383030958; https://www.toutiao.com/ a6726540130665890307; http://www.sohu.com/a/51990642_119550.

第一节 | 消费者购买渠道的选择

一、多渠道购物环境

技术正在不断改变着消费者的购买方式和购买渠道。购买渠道是生产者和消费者的交互媒介,是产品和服务由生产商向消费者转移过程中,由具体技术环节构成的消费路径。从渠道的存在形式上看,可以分为实体渠道(store marketing channel)和非实体渠道(nonstore marketing channel)。非实体渠道主要包括网络渠道(online channel)、移动渠道(mobile marketing channel)等。现在把所有的这些渠道称为全渠道(omni channel)。

实体渠道是传统的销售渠道,为消费者所广泛认知。网络渠道是通过互联网接入技术实现的,消费者在电商平台、企业网站等完成交易的渠道。移动渠道是通过智能移动终端实现消费的渠道,包括二维码、社交平台、移动终端平台等。在信息技术不断提高以及媒体分化、意见领袖等多种相关因素的共同作用下,各类渠道通过网络、社群广泛相连,形成多渠道零售体系。

在多渠道零售环境下,各类渠道以协调、衔接无障碍的方式接触消费者,相互促进,相互增加其效能。随着数字技术的创新和扩散,越来越多的消费者使用网络互动方式接触零售商,消费者和生产者直接构成了商业的流通循环。关于消费者在多渠道零售环境下购买行为的研究主要集中在渠道选择和渠道迁移上。消费者在不同的购买阶段使用不同的零售渠道,产品特征、渠道特征与组织属性、消费习惯与消费心理等都会作用于渠道选择行为。与此同时,感知风险、购买经验、购买动机与网站设计也会对跨渠道购买者、单一渠道购买者和非购买者产生不同的影响。"鼠标与砖块"的碰撞中,消费者不断对产品质量、服务质量以及价格进行感知与思考,对感知风险、兼容性、感知有用、感知易用、使用意向、实际使用效果进行分析,娱乐性和人格特质等也在消费者的跨渠道购买过程中发挥了调节作用。

对比单一渠道购买的针对性、即时性,消费者在多渠道零售的环境下,可依不同的购买阶段自主地选择最恰当的渠道,表现为跨渠道购买。跨渠道购买是指消费者在各类渠道之间自由地选择、比对,以便能够根据自身的消费需求和消费能力,寻找并确定最为切合自身需求的渠道。跨渠道购买的关键性因素是购买过程中的渠道认知与渠道转换能力。渠道认知是消费者获取技术与使用技术的过程,是在复杂信息环境下消费者依据渠道信息和社会因素对渠道价值做出的综合分析与判断。渠道转换是消费者基于渠道认知，结合人口统计特征与心理感知而采取的相应行为。

二、影响消费者购买渠道选择的主要因素

（一）渠道因素

渠道选择主要源自渠道对其使用者所带来的成本和收益。换句话说，渠道选择取决于消费者对渠道属性的感知。已有文献认为主要有四种影响渠道选择的渠道属性，包括渠道服务质量、渠道便利性、渠道风险和通过渠道进行交易的成本。不同的渠道在这些属性上的表现是不同的，比如实体店相对于网络商店来说，便利性差一些，但是消费者可以体验产品，先看实物再购买，相对来说渠道风险低一些。同时实体店内的体验价值也对消费者有意义。而网络商店的便利性，以及产品价格通常会低一些等属性优势也很吸引消费者。不仅是实体、网络渠道之间可以通过这些属性来影响消费者的选择，对同属网络商店的不同品牌来说，消费者也会通过这些属性进行评价与选择，比如天猫与京东都是很好的网络平台，但消费者可能会因为两者在这些属性上的感知差异，而形成对其中一个平台的偏好。

（二）情境因素

店铺选择的研究认为，消费者感知的店铺价值不仅取决于店铺的属性，还取决于消费情境因素，因此，店铺属性的重要程度会随着消费者购买情境的变化而变化。主要有两类情境因素对渠道选择有影响：考虑购买的产品，以及购买过程的不同阶段。产品是消费者选择渠道首先考虑的因素。实验发现影响消费者选择传统实体渠道和线上渠道的因素会因为产品类别的不同而表现出差异（Chiang et al., 2006）[1]。早期研究认为，互联网更适合搜索型产品的销售，而复杂和高涉入度产品则适合于传统渠道。但随着互联网渠道的发展，越来越多的高涉入度产品，比如汽车、奢侈品也都开始通过互联网渠道销售。除了考虑购买的商品，渠道选择（Balasubramanian et al., 2005）[2]也取决于购物过程的不同阶段。例如，一个消费者使用互联网搜索产品信息，然后在实体店里体验，再回到网络渠道购买。换句话说，在渠道选择过程中，渠道属性的重要程度会随着购物过程的不同阶段而改变。

（三）消费者因素

人口统计学特征（性别、年龄、收入和教育程度）、心理特征（生活方式、创新特质）和行为特征（以往购物经验）都会影响消费者对渠道的选择和偏好。早期的文献主要关注人口统计学特征。后来在互联网应用日趋普及的情况下，很多学者开始探讨生活方式、创新特质、渠道倾向以及购物经验等心理和行为特征对在线渠道选择的影响。另外，动机在消费者渠道选择中的作用是不可忽视的，由于消费者的购物动机不同，导致其对渠道属性的感知也存在差异，进而影响了渠道的选择。这意味着在了解多渠道购物环境下消费者对渠道的选择行为时，需要引入消费者的动机和态

---

[1] Chiang, W. Y. K., Zhang, D. and Zhou, L. Predicting and Explaining Patronage Behavior Toward Web and Traditional Stores Using Neural Networks: A Comparative Analysis with Logistic Regression. *Decision Support Systems*, 2006, 41(2):514-531.

[2] Balasubramanian, S., Raghunathan, R. and Mahajan, V. Consumers in a Multichannel Environment: Product Utility, Process Utility, and Channel Choice. *Journal of Interactive Marketing*, 2005, 19(2):12-30.

度因素（如对渠道的便利性、风险性、体验性等的需要与感知），以便更深入地考察消费者对渠道偏好的差异性。随着线上购物的盛行，有学者研究过影响消费者选择线上还是线下渠道的个体因素，认为消费者的风险偏好对线上线下渠道决策存在显著影响。比如，对于运动鞋购买而言，风险规避型消费者更倾向于传统的渠道策略，需要在购物前先体验；风险爱好型消费者更倾向于便利的渠道策略，无须购前体验。[1]但是随着线上线下商业的逐步融合，这类研究的意义已经不大了。

第二节 情境因素对消费者的影响

一、情境因素对消费者行为的影响

我们的消费过程和购买决策总是发生在特定情境下，营销刺激也是在一定的情境下发挥作用的。因此，营销者必须了解消费发生的情境、情境影响消费活动的方式、情境的主要特点，从而制定出基于情境的营销策略。

情境（situation）是指消费或购买活动发生时个体所面临的短暂的环境因素，如购物时的天气、购物场所的拥挤程度、消费者自身的心情等。这些因素往往是一些暂时性的状态，既不同于作用更加持久的文化环境或其他宏观环境，也不同于营销刺激或个人特质，但对消费者现时的态度和行为具有直接影响。一般而言，情境是独立于消费者和刺激物之外的因素，但也有例外，如有些消费者或刺激物的暂时特征往往在特定的情境中出现，如生病、时间压力或者消费者的心情等。

消费者对营销刺激的反应和行为通常因情境变化而改变。换言之，营销刺激的作用效果受到情境因素的调节。比如，拥挤的环境可能会使顾客忽略一则效果原本不错的广告或店内陈设，而一则广告在购买情境下比非购买情境下对顾客的说服力更强。

贝克认为，可以从物质环境、社会环境、时间、任务、先前状态这五大维度描述情境的构成及其对消费者行为的影响。这五种情境因素不仅各自单独影响消费者，而且彼此之间相互作用。营销者在考察情境的影响时，需要考虑各种情境变量的交互作用及其对消费者的综合影响。当然还要注意，这些维度的影响在不同的文化环境下会有所不同。例如，拥挤程度就可能对美国消费者和印度消费者的购物体验有截然不同的影响。[2]

（一）物质环境

物质环境（physical surroundings）是指构成消费者情境的有形物质因素，包括装饰、音响、气味、灯光、天气以及可见的商品形态或其他环绕在刺激物周围的有形物质。物质环境对消费者感知和情绪的重要影响已经得到广泛认可，尤其在零售和服务领域更为突出。

---

[1] 丁宁、王晶，"基于感知价值的消费者线上线下购买渠道选择研究".《管理学报》, 2019, 16(10): 1542-1551.
[2] Belk, R. W. Situational Variables and Consumer Behavior. *Journal of Consumer Research*, 1975, 2(3): 157-164.

零售店的建筑以及店铺内的装修设计、布置和陈列等往往能够引起购物者某种具体的感知，并对其购买起到信息提示或强化作用。店铺内所有的物质因素（包括灯光、设计、商品陈列、设备、色彩、声音、气味和销售人员的着装、仪表等）的总和构成店堂氛围（store atmosphere），不仅直接影响购物者的心情和停留时间，也会影响消费者对该商店所售商品质量的判断和对该商店的印象。商店经理常常通过调节物质环境变量来改变店堂氛围，使购物者产生特定的感知或情绪反应。例如，研究发现，音乐能够影响消费者情绪，而情绪又会影响消费行为。如果餐馆播放慢节奏的音乐，通常可以使消费者更为放松并延长就餐时间，从而增加消费餐食的数量。而对更加依赖顾客周转的餐馆而言，快节奏的音乐可以使顾客兴奋，不知不觉中加快点餐和就餐的速度。

在网络购物盛行的今天，店堂氛围已不再仅限于实体商店，企业的网站、天猫平台上店铺的设计、美化等也属于店堂氛围，企业需要重视这种虚拟氛围对消费者的影响。

> **经典和前沿研究 12-1**
>
> **空间温度怎么影响消费者的行为**
>
> 消费者的身体感受可以作为信息输入来影响消费者判断，常常会影响并形成他们的想法和决策。因此温度作为环境因素的一种，对消费者行为的影响近年来也受到了营销学者们的关注。
>
> 人类有保持自身温暖的基本需求，又因为生理温暖和心理温暖是相伴的、有密切联系（Williams & Bargh, 2008）[1]，当环境温度较低时，人们感受到的身体寒冷体验就会激活对心理温暖的需求。在大众文化中，浪漫爱情就有一种温暖的含义。语义分析的研究发现，爱、亲密关系和温暖的意义是密切相关的（Fenko et al., 2009）[2]。考虑到浪漫电影与心理温暖的关系，有研究（Hong & Sun, 2012）[3]讨论了当身体感受到寒冷时，是否会增加对浪漫电影的需求。首先从1995年到2010年间公开的电影票房数据可发现，在冬季上映的浪漫电影的首周票房显著比夏天上映的高。此外，他们还通过实验操纵被试感受到的房间温度，证明了处于较冷环境中的消费者对浪漫电影的喜爱程度更高，并且有更高的支付意愿。在关于环境温度影响消费者行为的后续研究中（Zwebner et al., 2013）[4]发现，温暖感知会增加消费者对产品的估价；温暖的温度导致消费者更倾向于采纳他人的意见进行产品评估（Huang et al., 2014）[5]；温度与

---

[1] Williams, L. E. and Bargh, J. A. Experiencing Physical Warmth Promotes Interpersonal Warmth. *Science*, 2008, 322(5901):606–607.

[2] Fenko, A., Hendrik, N. J. S. and Paul, H. Looking Hot or Feeling Hot: What Determines the Product Experience of Warmth. *Materials and Design*, 2009, 31(3): 1325–1331.

[3] Hong, J. and Sun, Y. Warm it up with Love: The Effect of Physical Coldness on Liking of Romance Movies. *Journal of Consumer Research*, 2012, 39(2):293–306.

[4] Zwebner, Y., Lee, L. and Goldenberg, J. The Temperature Premium: Warm Temperatures Increase Product Valuation. *Journal of Consumer Psychology*, 2013, 24(2): 251–259.

[5] Huang, X. (Irene), Zhang, M. and Hui, M. K., et al. Warmth and Conformity: The Effects of Ambient Temperature on Product Preferences and Financial Decisions. *Journal of Consumer Psychology*, 2014, 24 (2): 241–250.

消费者的多样性需求呈 U 形关系，即当温度过低或者过高时，消费者的多样性需求更高（Tian et al., 2018）[1]。

此外，辛哈和巴奇（Sinha & Bagchi, 2019）[2]首次将关于温度与竞争性消费行为相结合，证明了温度通过销售机制对消费者支付意愿产生影响，销售机制不同，对支付意愿的影响方向也不同。具体来说，在拍卖性消费中，参与拍卖的消费者需要与他人竞争获得被拍卖的产品，较高的环境温度会导致消费者有更强的攻击性，对被拍卖的产品出更高的价格参与竞争，从而有更高的拍卖成交价格。而在谈判消费中，消费者与他人通过竞争希望更可能多地保留自己的利益，因此，较高的环境温度导致更强的攻击性，使得买家试图以最低的价格成交，从而导致谈判消费场景有更低的成交价格。

（二）社会环境

社会环境（social surroundings）是指特定场合中其他人的数量、类型和行为。也就是说，消费者在购物或消费的过程中身边是否有人、有什么人、有多少人，以及身边人的行为对其心理感受和行为决策有着重要影响。

个体倾向于服从群体预期，因此社会环境是一种影响消费者行为的重要力量，当购物行为具有高度可见性或所涉及的产品和品牌在公共场合使用时尤为如此。有时候，单单是他人是否在场就会使情况截然不同。有研究表明，为了赢得大家的积极评价，与单独消费场合相比，消费者在公共场合会更加倾向于多样化的消费，甚至可能消费平常不喜欢的产品，这种现象尤其会发生在那些对人际关系敏感的人身上。购物是一种社会体验，有时候朋友陪同或销售人员周到的服务是消费者通过购物享受社交价值的需要；而一些特定产品（如避孕套、助听器等）的购买过程中如果旁边有人，消费者会感到尴尬。

有关特定场合中人数的研究比较典型的是感知拥挤这个概念的提出。感知拥挤，也称拥挤感（perceived crowding）是指在有限空间内大量人群聚集进而使个体产生个人空间被侵犯的感知。这个概念和人群密度（density）并不等同，密度是一种空间限制，而拥挤感是消费者的一种体验状态。换句话说，密度是一种客观的物理概念，而拥挤是一种相对主观的心理状态，需要个人对有关环境和活动的信息进行评估后得到[3]。拥挤产生的消极评价和情绪主要来自感知的自由度的威胁，以及感知的环境控制力的缺乏或丧失。在零售环境中，拥挤感会对购物者满意度产生消极影响[4]。在

---

[1] Jing, T., Zhang, Y. and Zhang, C. Predicting Consumer Variety-seeking Through Weather Data Analytics. *Electronic Commerce Research and Applications*, 2018, 28(3): 194–207.

[2] Sinha, J. and Bagchi, R. Role of Ambient Temperature in Influencing Willingness to Pay in Auctions and Negotiations. *Journal of Marketing*, 2019, 83(4): 121–138.

[3] Shelby, B., Vaske, J. J. and Heberlein, T. A. Comparative Analysis of Crowding in Multiple Locations: Results from Fifteen Years of Research. *Leisure Sciences*. 1989, 11(4):269–291.

[4] Eroglu, S. A. and Karen, A. M. An Empirical Study of Retail Crowding: Antecedents and Consequences. *Journal of Retailing*, 1990, 66(2): 201–221.

近20年的研究时间里,拥挤都被视作一维结构,直到1994年马克莱特(Machleit)等将拥挤分为两个维度:空间拥挤(spatial crowding)和人群拥挤(human crowding)[1]。空间拥挤指的是个体对商店内可用空间的感知,人群拥挤指对商店内个体数量以及人际互动程度的感知。个人因拥挤感而产生的心理压力的首要来源是空间的可用性和/或对空间可用性的感知;与空间拥挤相比,人群拥挤对购物者自由的限制更少。因此,营销者在设计店铺时,应该合理安排货架空间和商品陈列,尽量不要让顾客感到压抑。另外,还可以通过音乐来调节拥挤感的影响。

经典和前沿研究 12-2

靠音乐缓解社会拥挤的负面影响

学术上一般认为过高的拥挤感会对消费者购买带来负面影响,尤其是在功能性消费场景(相对于享乐型)中。学者们认为中等程度的拥挤感,相对于过高或过低的拥挤感,会对消费者的感受产生积极影响(Mehta, Sharma & Swami, 2013; Pan & Siemens, 2011)[2][3]。有研究(Knoeferle et al., 2018)通过持续6周的田野实验,以消费者的实际花费作为因变量,发现社会拥挤度对消费者花费的影响是倒U形的,也就是说,在中等程度的社会拥挤环境下,消费者的实际花费最高,而过高或过低的社会拥挤都会降低消费者的花费。更重要的是,研究发现,音乐节奏会调节社会拥挤度与消费者花费的关系,在社会拥挤度从低到中等的过程中,店内的音乐节奏不影响社会拥挤与消费者花费的关系;但随着社会拥挤度的进一步提高,快节奏的音乐对消费者花费有积极的影响,确切地说,快节奏的音乐缓解了高社会拥挤度对消费者花费的负面影响。研究还发现这种积极影响主要来自快节奏音乐使得消费者购买了更多的产品项目,而不是来自买了更贵的产品。

资料来源: Knoeferle, K. M., Paus, V. C. and Vossen, A. An Upbeat Crowd: Fast In-store Music Alleviates Negative Effects of High Social density on Customers' Spending. *Journal of Retailing*, 2018, 93(4):541-549.

(三)时间

时间是消费者最珍贵的资源之一,花费在购买上的时间对消费者购买决策具有重要影响。一般而言,可用的时间越少,信息搜寻、思考和比较就越少,从而购买风险增加。

随着人们生活和工作节奏的加快,时间压力也越来越大,许多消费者感到时间贫乏(time poverty)。这使得消费者对能够节省时间的营销创新特别关注。有限的购买时间使消费者没有时

---

[1] Karen, A. M., Kellaris, J. J. and Eroglu, S. A. Human VS. Spatial Dimensions of Crowding Perceptions in Retail Environments: A Note on Their Measurement and Effect on Shopper Satisfaction. *Marketing Letters*, 1994, 5(2): 183–194.

[2] Mehta, R., Sharma, N. K. and Swami, S. The Impact of Perceived Crowding on Consumers' Store Patronage Intentions: Role of Optimal Stimulation Level and Shopping Motivation. *Journal of Marketing Management*, 2013, 29(7–8): 812–835.

[3] Pan, Y. and Siemens, J. C. The Differential Effects of Retail Density: An Investigation of Goods Versus Service Settings. *Journal of Business Research*, 2011, 64(2): 105–112.

间货比三家地对各种品牌进行比较，从而减少了消费者所考虑的备选产品品牌的数量，倾向于选择知名品牌并形成品牌忠诚度以降低风险。

时间也会影响消费者对店铺的选择。"7-11"等便利店发挥时间优势，专门为在非正常购物时间购物的消费者提供便利服务。而网上购物的发展，与实体店购物相比，大大节省了消费者特定购买的时间，并可以完全控制何时购买。

值得注意的是，时间还有心理维度以及人们对真实时间的心理体验。实际上，消费者对时间的感受和体验是很主观的，特定情境中的偏好和需要会影响他们对时间的感受。例如，消费情境中经常需要消费者等待，虽然等待体验会让消费者感到值得一等的产品或服务质量应该不错，但长时间的等待所带来的焦虑、厌烦等消极感受也许会在顷刻间改变消费者的想法。在没有办法缩减真实等待时间的时候，营销者可以通过提供一些分散等待者注意力的事项来缩短消费者的心理等待时间。例如，收到大量关于等电梯的时间过长的顾客投诉后，一家连锁饭店在电梯边安装了镜子，人们乐于检视自己外表的天性使投诉减少了。再如，一些餐厅为等位的顾客提供饮品、杂志或游戏，比如海底捞的等候区提供饮品和零食，同时还有免费美甲、擦皮鞋等服务，可以减少消费者排队等候引发的负面情绪等反应。

（四）任务

任务是指消费者购物的具体原因或目的。在不同的购物目的的支配下，消费者对于所买产品的档次、价格、品牌的选择标准和决策都会有差异。比如，如果把购买任务区分为礼品性购买和自用性购买，则礼品性购买显然比自用购买更强调社会期望和标准，往往不能仅仅局限于送礼者自己的欲望和标准。社会期望和礼节性消费情境（如生日、婚礼）通常要求送礼，但礼品类型会随场合和性别的不同而不同。研究发现，礼物的购买任务与特定的使用情境密切相关。同一般性的礼物购买任务相比，与送礼的具体场合相关的特定购买任务（如生日礼物）对购买行为影响更大，而送礼者和受礼者的关系也会影响礼品的选择行为。

（五）先前状态

先前状态（antecedent states）是指消费决策前消费者非持久性的个人特征，如短暂的情绪（焦虑、兴奋等）和暂时性状态（疲劳、饥饿等）。先前状态主要通过两种方式影响消费者。第一，它可能影响消费者对需要的认识，例如，处于饥饿状态下的消费者会产生购买食品的意识和冲动。第二，先前状态会通过改变消费者的情绪来影响其行为，例如，良好的情绪状态会导致个体对刺激物产生好感或正面态度。

1. 情绪

情绪（moods）是一种顾客暂时性的情感状态，有时能够在个体无意识的情况下产生。例如，高兴、愉快、平静、悲伤、压抑等积极或消极的情绪影响了消费者对营销刺激（如产品、广告或促销活动）的感知和购买意向。某些购买行为既能维持积极的情绪，也能改善负面心情。这就解释了为什么正面、积极的情绪能增加消费者逗留的时间从而促进销售，但有时负面的心情也会增加某些消费者的冲动购买。消费者偏好那些能够消除消极情绪或强化愉快情绪的情境、活动或事物。购买产品或服务是消费者主动调节情绪状态的一种方式。营销者也试图影响消费者的情绪，并且用能够诱发积极情绪的情境来安排各种有效的活动。关于情绪对消费者的影响，在第七章有更具体的分析与讨论。

2. 暂时性条件

暂时性条件（momentary conditions）是指疲倦、生病、饥饿等一些暂时性状态，而不是经常性的或与个体长时间相伴随的状态。例如，一个暂时性缺钱的人和一个总是经济拮据的人就是暂时性和长期条件的区别。消费者常常通过购买或者消费产品或服务来控制、缓解或补偿他们的暂时性条件。例如，感到疲倦的消费者可能会喝一杯咖啡，肌肉酸痛的人很可能会选择药品或按摩来缓解。

（六）礼仪/仪式

除了贝克提出的从物质环境、社会环境、时间、任务、先前状态这五大维度来描述情境的构成及其对消费者行为的影响，仪式是近年被关注的消费情境因素。

礼仪在营销中对应的概念是仪式（ritual），仪式是一种包含多种动作的有表现力的和象征性意义的活动。这种活动会固定地、片段式地、有序地并且重复地发生。仪式是被编排的，并且带有正式性、严肃性和内在严谨性[1]。早期有关仪式的研究是在一些特定场合下发生的礼仪情境（如祭祀、婚礼等）。

如今，仪式的定义已经泛化成"一种为了达到某种期望目标的象征性活动，这种活动发生在一项有意义的事件之前、进行时和之后"。[2]人们经常会创造出一些日常性仪式。这些日常性仪式仍然符合"一种为了达到某种期望目标的象征性活动"的定义。众多学者为这种自创的日常性仪式列举出许多生动的例子。例如，人们在看歌剧的时候，会把到达剧院的过程作为一种仪式性行为，带着仪式感走向剧院，然后带着一种严肃、认真和敬畏的情绪去看完整场歌剧。

仪式能对消费行为产生积极的影响。以进食为例，有学者把在吃巧克力棒之前用一种特别的方式撕开巧克力棒外包装的行为定义为仪式性行为，他们用实验证明了这种餐前仪式会让消费者对食物产生更积极的评价，其原因是仪式提高了消费者对进食过程的涉入，产生了更高的内在趣味感（intrinsic interest）体验[3]。

二、情境的主要类型

如果把与消费相关的情境进行分类，则通常可以分为以下四种类型：沟通情境、购买情境、使用情境和处置情境[4]。

---

[1] Rook, D. W. The Ritual Dimension of Consumer Behavior. *Journal of Consumer Research*, 1985, 12(3): 251-264.
[2] Norton, M. I. and Gino, F. Rituals Alleviate Grieving for Loved Ones, Lovers, and Lotteries. *Journal of Experimental Psychology: General*, 2014, 143(1): 266.
[3] Vohs, K. D., Wang, Y. and Gino, F., et al. Rituals Enhance Consumption. *Psychological Science*, 2013, 24(9): 1714-1721.
[4] Lim, K.S. and Razzaque, M. A. Brand Loyalty and Situational Effect. *Journal of International Consumer Marketing*, 1997(4):95-115.

(一) 沟通情境

沟通情境 (communication situation) 是指消费者接受人员或非人员 (如广告、AI 沟通等) 信息时所处的具体情境。沟通情境涉及消费者是独处还是与他人在一起、心情是好还是坏、时间是充裕还是匆忙等因素,这些都会影响消费者行为,也影响营销信息的沟通效果。营销人员需要仔细考察影响某种特定沟通 (如网页上的旗帜广告) 效果的情境因素,谨慎选择沟通渠道 (媒体) 和安排沟通时机。很多企业基于消费者在网络上的搜索、浏览等信息,向消费者推送产品信息。除了推送内容,与沟通情境相关的推送时机的精准性也是很重要的。

营销小故事 12-1

分众传媒的电梯"沟通情境"

分众传媒诞生于 2003 年,在全球范围首创电梯媒体。2005 年分众传媒赴美上市,成为首家在美国纳斯达克上市的中国广告传媒股,并于 2007 年入选纳斯达克 100 指数。分众传媒的快速发展与电梯这一向消费者传播品牌信息的沟通情境的优势息息相关。电梯是城市的基础设施,是消费者日常的生活和工作场景。分众传媒认为电梯场景是一个非常优质的与消费者沟通的情境,有四个具体优势:主流人群、必经之路、高频经过、低干扰。在信息爆炸和消费者注意力碎片化时代,这四个优势所营造的沟通情境是引爆品牌的重要平台。电梯是一个狭小而又封闭的空间,人们乘坐电梯是一个无聊有时还有点尴尬的过程,电梯广告在这种环境下,不管是视觉还是听觉,都可能带来感官冲击,吸引到人们的注意力,久而久之,品牌形象自然就潜移默化地深入人们的心中。

资料来源:根据分众传媒官方网站等改编。

(二) 购买情境

购买情境 (purchase situations) 是指消费者在购买或获取产品时所处的情境。有无他人陪伴、是否缺乏时间、零售氛围好坏、售点营销刺激度高低等各种购买情境特征对消费者的购买决策有着重要影响。在购买情境中,除了前面提到的时间压力和零售氛围两个购买情境因素外,信息质量也是重要的影响消费者的购买情境因素。

信息的可获得性、信息量和信息的表现形式反映了购买情境的信息质量维度。消费者的购买决策是对信息的处理结果,与此相关的信息可以从售点直接获取,也可能已经储存在记忆中。研究发现,外部信息在多大程度上能够呈现在消费者面前,与消费者的选择与决策的可能性有密切关系。与只能或主要依靠从记忆中提取关于品牌信息相比的情境,有相关外部信息呈现时,消费者做出最优决策的可能性更高。因此,营销者应当在购买情境中恰当地提供相关信息。例如,对家电购买者而言,企业如果提供诸如能耗、使用寿命、售后服务等重要信息,就能够有效帮助他们做出购买决策。

值得注意的是,购买情境提供的备选方案和信息量并非越多越好。从备选方案角度来说,已有研究发现，选项太多会让消费者难以决策，从而拒绝决策与购买。研究者（Sheena & Lepper, 2000）[1]曾经在一个大型超市进行一项田野实验。超市里设立一个品尝摊位，消费者可以免费品尝各种口味的果酱，并且获得一张1美元优惠的购物券。一共有两种实验条件，分别包含6种或者24种不同口味的果酱。两种实验条件交替进行，每个小时轮换一次。为了控制不同类型的包装或广告可能产生的潜在差异，以及消费者对传统口味的特定偏好，实验选取了一个特定品牌的果酱，并且价格都在4~6美元。242名顾客注意到了24种口味果酱的摊位，其中60%（145人）在展位前驻足品尝；260名顾客注意到6种口味果酱的摊位，只有40%（104人）停下来。由此发现，选项多对消费者具有吸引力。最终购买的结果却不是这个逻辑：在6种口味的情况下，有31人最终购买；但在24种口味的情况下，则只有3人最终购买。看来，选项过多抑制了消费者购买。

在网络购物背景下，消费者使用的"购买屏"也是影响消费者决策的情境因素。手机屏和电脑屏被发现会影响消费者的决策特征，比如研究发现屏幕影响消费者决策的快慢[2]；消费者使用手机触摸屏，会提升心理模拟（mental simulation），从而影响其对享乐型和功能型产品的选择。[3]

在购买情境中，支付方式也是重要的因素。现金支付、信用卡支付，以微信、支付宝、云闪付等为代表的移动支付都是消费者可以选择的支付方式。尤其值得关注的是移动支付，根据CNNIC《中国互联网络发展状况统计报告》，截至2020年12月，我国手机网络支付用户规模已达8.53亿，用户规模、用户渗透率和交易规模处于全球领先地位。相对于其他支付方式，移动支付操作简单、使用便利。同时，与现金支付相比，这些非现金的支付方式能够降低消费者支付的"疼痛感"，可以一定程度上刺激消费的冲动购买。

（三）使用情境

使用情境（usage situations）是指消费者在消费和使用产品的过程中面对的情境。产品使用情境的地域、时间、场合等特征不仅影响产品如何被使用，而且会对消费者的需求和购买行为产生重要影响。例如，我国南方人多以大米为主食，北方人喜欢面食；酒类在节假日是消费旺季；人们会为私人和公开场合选用不同品牌或不同包装的啤酒。在不同的使用情境下，消费者看重的产品属性和选择标准会有所不同。再如，对餐馆而言，午餐时人们看重便捷，晚餐看重就餐环境的气氛、菜品的质量和可供选择的范围大小。

使用情境还是企业细分市场的重要依据。例如，服装生产商根据着装场合将市场划分为职业装、运动装、休闲装、家居装等不同的细分市场，有针对性地设计服装产品和营销策略。营销者需要理解自己所售的产品适合哪些使用情境，有效地向目标顾客传递关于产品或品牌在每种使用情境下满足消费者需要的信息。例如，Nelo是一家机能食品品牌，目标用户以25~40岁的年轻人为主，以熬夜场景切入，针对眼部健康、肠胃健康等痛点开发日常保健产品和大众机能食品。BLUE

---

[1] Iyengar, S. S. and Lepper, M. R. When Choice is Demotivating: Can One Desire Too Much of a Good Thing? *Journal of Personality and Social Psychology*, 2000, 79(6): 995-1006.

[2] 黄敏学、王薇，"移动购物更快吗？决策场景与思维模式的相容性".《心理学报》，2019, 51(5):612-624.

[3] Shen, H., Zhang, M. and Krishna, A. Computer Interfaces and the "Direct-touch" Effect: Can iPads Increase the Choice of Hedonic Food? *Journal of Marketing Research*, 2016,53(5): 745–758.

DASH 是一个零糖轻饮酒品牌，专门针对一些喜欢夜生活的中国年轻人，主打夜店、派对等消费者场景。也有一些品牌，将产品分类，每一类产品对应不同的消费者使用场景，比如速溶茶饮品牌 CHALI 茶里采用"多种原料拼配"的方式，匹配不同的茶饮场景，有"早餐元气""午后解腻"和"下午怡神"三种不同的饮茶场景，涵盖了菊花普洱、玫瑰普洱、荷叶白茶、蜜桃乌梅等多种拼配口味，取得了很好的市场反应。

> **营销小故事 12-2**
>
> **"双十一"**
>
> "双十一"首创于 2009 年，当时参与该活动的仅有一个平台（天猫）上的一个品类（服饰）。到 2011 年，"双十一"的 SKU 数量已经突破 1 000 万个，覆盖从家用电子产品到美妆等各个品类，除了中国以外，还有超过 100 个国家的消费者参与其中。2019 年，中国"双十一"当天的商品交易总额（gross merchandise volume, GMV）为 4 100 亿，而同年美国的黑色星期五的商品交易总额折合人民币为 520 亿元，是"双十一"的 1/8。贝恩公司在 2016 年曾经分析过"双十一"销售增长的原因：第一，现有的网购消费者在活动期间会买更多商品，比如可储存的日常用品；第二，网购消费者将部分购买推迟到"双十一"期间消费；第三，被线上价格吸引尝试网购的新消费者。贝恩分析了 2015—2020 年"双十一"的三个发展阶段，认为 2015 年主要是渗透率，即电商平台通过"双十一"获取新的网上购买者；2016—2018 年，主要通过高端化来实现销售增长，这时新用户增长缓慢，主要靠客单量提升销售额的增长；2019—2020 年，出现了所谓的两极化，即新用户增长速度进一步下降，用户的客单量进一步提升，但前者对后者有抵消作用。尤其是到了 2021 年，"双十一"的井喷作用没有爆发出来。对于这种结果，可以从以下几个方面理解：
>
> 第一，"双十一"低价形象的稀释。多个购物平台上天天有特价，特价日常化满足了消费者日常的需求，稀释了消费者的消费能力和消费热情，在一定程度上降低了"双十一＝低价"的认知及其吸引力。
>
> 第二，平台竞争的影响。抖音、拼多多、京东等平台也参与"双十一"的竞争，削弱了天猫、淘宝"双十一"的影响。
>
> 第三，"双十一"玩法叠加导致认知复杂。代金券、定金膨胀、阶梯返现、跨店满减、买三赠一、第二件半价……各种优惠叠加，让消费者算不清哪家更便宜，决策困难可能导致干脆不买。
>
> 第四，电商红利总体逐步减弱。
>
> 资料来源："疫情后的首个'双十一'：中国零售商和品牌商的年度关键之战"，https://www.bain.cn/news_info.php?id=1225；"2016 年中国购物者报告（系列二）"，https://www.bain.cn/news_info.php?id=671。

(四)处置情境

产品处置行为(product disposition behavior)是指消费者在购买产品之后对产品的处理行为,主要包括将产品作为垃圾直接丢弃、捐赠给公益组织、转卖给二手市场、收藏起来不再使用等处置方式。处置情境(disposition situations)是指消费者在处置产品或产品包装时所面临的情境。

便利性是处置情境的构成要素,除此之外,人际情境因素也很重要。有研究表明,撞衫(本质是一种偶然相似现象)会对消费者产生消极的影响,引发较多的产品处置行为,其中尴尬情绪起到了中介作用。根据独特性需求理论,个体有追求和维持自我独特性的基本需求,当感知自我与他人之间高度相似时,个体会产生消极的情绪和行为反应。研究还发现,外表吸引力的比较调节着撞衫对产品处置意向的影响。如果对于外表吸引力进行向上比较,撞衫对产品处置意向的影响得到加强;如果对于外表吸引力进行向下比较,撞衫对产品处置意向的影响被削弱。[1]

产品处置既是消费者自身的行为,又是涉及消费者与国家、商家、环境、社区和他人的伦理关系的责任行为。在"责任消费"理念兴起的背景下,消费者的社会责任问题日益受到人们的关注。这个理念认为,人的消费行为既是自由的,又是受约束的;人们享受消费权利的同时又必须承担责任和义务,其中,消费者负有环保购买商品、环保使用和处置商品的责任,即环保责任。

第三节 消费者冲动购买

一、冲动性购买概念及特征

冲动购买(impulse buying)是指消费者购买之前根本没有预想会购买的商品,在进入购物场所之后才形成的购买决策。冲动购买是一种突发的、难以抑制和带有享乐性的复杂购买行为。在冲动购买过程中,购买者迅速做出决策,而不细致、深入地考虑所有相关信息和其他可能的选择。罗克(Rook)在分析消费者冲动购买行为时,归纳出以下四个方面的特征[2]:

第一,冲动性,即突然涌现的一种强烈的购买欲望,而且马上付诸行动,这种行动和常规的购买行为不同。

第二,强制性,即有一种强大的动力促使消费者马上采取行动,在某种程度上消费者一时失去对自己的控制。

第三,情绪性,即突然的购买促动力常常伴随着激动的高唤起的情绪。

第四,不计后果性,即促动购买的力量是如此强烈和不可抵挡,以至于对购买行动的潜在不利后果很少或根本没有予以考虑。

---

[1] 宫秀双、蒋晶,"撞衫对消费者产品处置意向的影响及其心理机制".《心理学报》,2018, 50(3): 337-348.
[2] Rook, D. W. The Buying Impulse. *Journal of Consumer Research*, 1987, 14(2):189-199.

二、冲动购买的类型

（一）纯冲动型

临时决定购买，是一种突发性的、出于心理反应或情感冲动而"一时兴起"或"心血来潮"的购买。消费者事先完全无购买愿望，没有经过正常的消费决策过程。

（二）刺激冲动型

消费者在购物现场见到某种产品或某些广告宣传、营业推广，提示或激起消费者尚未满足的消费需求，从而引起消费欲望而决定购买，是购物现场刺激的结果。

（三）计划冲动型

消费者具有某种购买需求，但没有确定购买地点和时间。比如，得知某直播间有大型促销，但没有具体的购物清单，因而买"便宜货"是有计划的，买何种"便宜货"则是冲动的。

三、影响冲动购买的主要因素

营销刺激（如促销策略等）、消费者特征及情境因素（如购买当时的财务状况、时间压力、心情状态等）三种因素中的一种或多种交互作用，会形成消费冲动性。消费冲动性又受到消费者在购买时是否具有阻碍因素，即冲动性消费的一致性情境（如财务状况佳、心情好等）或不一致性情境（如没有太多可以支配的金钱或时间等）所影响。也就是说，如果消费冲动性是处于一致性情境，消费者的冲动性特质就会决定是否进行冲动购买。然而，在冲动性消费处于不一致性的情境时，认知评估就成了决定性因素。当认知评估属于负向的道德判断时，消费者对冲动性的购买就会采取抗拒策略；如果认知评估属于正向的道德判断，就会形成冲动性的消费。

（一）产品特征和营销刺激

除了商品本身的特点，商家的营销刺激是引起消费者冲动购买的重要因素之一。

第一，商品本身是影响冲动购买的因素。冲动购买行为多发生在消费者涉入度较低、价值低、需频繁购买的商品。这样的商品，消费者对其一般性能、用途、特点都比较熟悉，且花费不多，又是必需的开支，冲动购买的情况比较多。

第二，在众多可能激发消费者购买欲望的因素中，价格刺激最容易引发消费者的冲动购买行为（Lin & Chuang, 2005）[1]。不管是实体店还是网络店，价格以及与价格折让相关的促销都是影响消费者冲动购买行为的直接诱因。

第三，商店内或网站上的销售氛围是另一个重要的营销刺激因素。例如，对实体店来说，背景音乐作为最为重要的销售氛围因素之一，能改善消费者的情感状态，从而影响消费者在各种服务场所（如餐馆、超市、百货商场等）的消费行为。特别是，音乐在低认知、高情感涉入的情况下能够让消费者产生愉悦的心情，从而进行更多的冲动购买。

---

[1] Lin, C. H. and Chuang, S. C. The Effect of Individual Differences on Adolescents' Impulsive Buying Behavior. *Adolescence*, 2005, 40(159): 551-558.

(二)消费者特征

消费者的个性特质是影响冲动性购买的重要因素之一。学者们发现多个消费者特质能够影响冲动购买行为,包括冲动性购买倾向、自我建构、自我不一致、购物享乐性等。此外,人口统计学变量也会对冲动性购买行为产生影响。

1. 冲动性购买倾向

这是指个体可能实施非计划的、不经仔细考虑的立即购买行为(即冲动购买)的个人特质的强度。在日常生活中,有的消费者更倾向于采取冲动性行动,即具有较强的冲动性购买倾向,这些消费者更容易进行冲动性购买,具体来说,他们有以下一些特征:第一,冲动性购买倾向较强的消费者浏览商品的时间较长,从而容易产生更强的冲动性购买欲望;第二,冲动性购买倾向也会直接影响冲动性购买欲望,即冲动性购买倾向较强的消费者,即使与其他消费者进行相同时间的浏览,也会产生更强的冲动性购买欲望;第三,冲动性购买倾向较强的消费者容易产生积极情感,做出乐观的购买评估,从而容易实施较多的冲动性购买行为。由于冲动性购买倾向能较好地预测消费者的冲动性购买行为,因此对冲动性购买倾向的测量和判断有助于商家锁定目标消费群体。消费者冲动性购买倾向的测量语句如下所示[1]:

- 我经常不由自主地买东西。
- 我购买商品只是因为"想要买"而已。
- 我买东西经常不动脑子。
- "看见就买"说的就是我。
- 先买下来,以后再想。
- 我的绝大多数购买都是经过仔细计划的(R)。
- 我买东西就是根据当时的感觉。
- 我买东西有时候是不计后果的。

这个量表测量的是消费者总体的冲动性购买倾向,实际上,消费者在购买不同产品方面的冲动性并不相同,如有的消费者在餐饮消费方面具有高冲动性,而在电子产品消费方面具有低冲动性。因此,掌握消费者对特定产品的冲动性购买倾向就能更准确地预测其具体的冲动性购买行为。

2. 自我建构

这是指个体理解和认识自我的方式,是个体关于自我和他人的信念,即个体在多大程度上认为自己与他人相关或是分离。自我建构主要通过影响消费者对冲动购买的规范性评估来影响消费者的冲动购买行为,因此自我建构对冲动购买的作用在群体购买环境下体现得更充分。个体主义文化下的消费者(相互独立自我建构占主导)比集体主义文化下的消费者(相互依赖自我建构占主导)更易实施冲动购买。集体主义文化下的消费者之所以较少进行冲动购买,不是因为他们的内在冲动性低,而是因为他们相互依赖的自我建构较强,从而使"冲动购买是不应该有的行为"这种

---

[1] Bas, V. and Herabadi, A. Individual Differences in Impulse Buying Tendency: Feeling and No Thinking. *European Journal of Personality*, 2001, 15(S1):S71-S83.

规范性评价更多地压制了其购买冲动。研究（Zhang & Shrum, 2009）揭示，消费者的自我建构与其冲动性购买倾向相关，相互独立自我建构的消费者（如美国消费者）比相互依赖自我建构的消费者（如中国消费者）在啤酒消费方面更容易冲动[1]。

3. 自我不一致

自我不一致指的是消费者自我概念中的理想自我与真实自我之间存在差距。理想自我指个体希望具有的形象，真实自我指现实中个体的真实状况。商品能够体现消费者的个人和社会身份，当消费者的理想自我与真实自我差距较大时，消费者容易为了通过某件商品来缩小这种差距而实施冲动购买。因此，冲动购买与自我不一致显著正相关，即那些自我不一致程度较大的消费者更容易进行冲动购买。那些更能体现身份的商品也更容易成为冲动购买的对象，比如与厨具相比，服装更有可能成为冲动购买的对象。

4. 购物享乐性

这是指消费者能够从购物过程中获得乐趣的程度。购物享乐性强的消费者从购物过程中获得的满足往往比从购买到的商品本身获得的满足要大，因此更有可能花更多时间浏览商品，也更享受这种乐趣。不过，购物享乐性变量不是通过浏览来影响冲动购买行为，而是通过正面情感对冲动购买欲望产生影响，从而最终影响冲动购买行为。

除了上述的消费者特质，有关人口统计学变量对冲动购买影响的研究也很多，结论大体上一致。如相关研究认为，在18～35岁，消费者的冲动购买水平整体上随着年龄的增长而呈上升趋势；大约35岁以后，消费者的冲动购买水平则整体上随着年龄的增长而呈下降趋势。女性的冲动购买水平总体上比男性高，白种人的冲动购买水平普遍比黄种人高。

（三）情境因素

情境因素是指消费者可用于购物的时间、可支配金钱及消费者购物时的精力和情绪等。

1. 购物时间对冲动购买的影响

一般认为，消费者可用于购物的时间会对消费者的冲动购买产生影响，但研究结论仍存在分歧。第一种观点认为，当可用于购物的时间较少时，消费者会产生时间压力，从而减少非计划购买/冲动购买。持这种观点的学者认为，可用于购物的时间主要通过以下路径对冲动性购买行为产生影响：当购物时间充裕时，消费者会更多地浏览商品，而浏览一方面会直接激发购买冲动，另一方面会让消费者产生积极情绪，而积极情绪也会激发冲动购买欲望及冲动购买行为。相反，当可用于购物的时间较少时，消费者一方面会减少浏览活动，另一方面会因为时间压力而产生消极、沮丧情绪，从而减少冲动购买。有关体育用品冲动购买的研究（Kwon & Armstrong, 2002）[2]也证实，可用于购物的时间会对冲动购买产生正向影响。第二种观点是消费者可用于购物的时间越少，越容易

---

[1] Zhang, Y. and Shrum, L. J. The Influence of Self-construal on Impulsive Consumption. *Journal of Consumer Research*, 2009, 35(5): 838-850.

[2] Kwon, H. H. and Armstrong, K. L. Factors Influencing Impulse Buying of Sport Team Licensed Merchandise. *Sport Marketing Quarterly*, 2002, 11(3):151-163.

进行冲动购买[1]。这可能是因为在有限的时间内，消费者无法进行有效的评估，而当时间比较充裕时，消费者的决策时间变长，消费者有较多的时间来评估商品，从而减少冲动购买行为。第三种观点是在有关异地冲动购买的研究中得出的结论，认为时间压力对冲动购买行为没有显著影响。因此，可用于购物的时间与冲动购买之间可能不是线性关系，而是倒 U 形关系，即适当地拉长消费者的购物时间可能会引发更多的冲动购买行为，但过长的购买时间则可能降低消费者的冲动购买水平[2]。

2. 可支配金钱对冲动购买的影响

当消费预算较宽松时，消费者较易产生冲动购买行为，这可能是因为可支配资金较多时，即使购物有风险，也不会对未来产生太大的影响，因此消费者往往较为乐观，在购买时较少进行深入评估。同时，消费者拥有的可支配金钱越多，对环境的负面感受就越少，也就越容易进行冲动购买。鉴于消费者可支配金钱对冲动购买的以上影响，商家的一些大型促销活动安排在节假日会比较有效也得到另一种解释，即此时的消费者普遍拥有较多可支配资金。

3. 情绪对冲动性购买的影响

研究发现，消费者的积极情绪会促进冲动购买的发生。[3]如果进一步把积极情绪分为高趋近积极情绪和低趋近积极情绪，则由于高趋近积极情绪的消费者消耗的自我控制资源较多，更容易发生冲动购买行为；低趋近积极情绪的消费者消耗的自我控制资源较少，不易发生冲动购买行为。[4]

互联网购物尤其是移动购物的兴起让购物行为不再受时间和空间的限制，造成冲动购买现象更为普遍。张伟等（2020）[5]研究了移动购物情境中，影响消费者冲动购买意向的因素。文章提出个性化推荐、视觉吸引力和系统易用性这三个移动情境因素，通过影响消费者感知唤醒和感知愉悦对消费者冲动购买意向产生正向影响。相应的应用建议就是移动购物平台应该强化发展个性化推荐，利用技术提升视觉吸引力和系统易用性。

四、关于抑制冲动购买的研究

有一些研究认为，冲动购买对消费者个人的负面影响大于积极影响，对消费者而言，频繁的冲动购买行为会打破个体的存钱计划甚至带来经济问题，会让个体产生购后的内疚感，伴随着强烈的购后不满意和不快乐[6]，因此有必要进行有关冲动购买行为的干预研究。有些研究侧重提升个体的自我控制水平以降低冲动购买，如韩德昌等（2012）发现，心理模拟技术（过程模拟）能够提高个体

---

[1] Zhang, Y. and Shrum, L.J. The Influence of Self-construal on Impulsive Consumption. *Journal of Consumer Research*, 2009, 35 (5). 838-850.
[2] 林建煌著：《消费者行为》（第四版），北京大学出版社 2016 年版。
[3] 吴锦峰、常亚平、侯德林，"网络商店形象对情感反应和在线冲动性购买意愿的影响"．《商业经济与管理》，2012，1(8): 35-44.
[4] 吴俊宝、江霞、杨强，"不同趋近动机积极情绪对冲动性购买的影响——自我控制资源有限性视角"．《南开管理评论》，2022(5):1-20.
[5] 张伟、杨婷、张武康，"移动购物情境因素对冲动性购买意愿的影响机制研究"．《管理评论》，2020，32(2): 174-183.
[6] Baumeister, R. F. Yielding to Temptation: Self-control Failure, Impulsive Purchasing, and Consumer Behavior. *Journal of Consumer Research*, 2002, 28(4): 670-676.

对自身行为的监控水平，进而在短期内提升个体的自我控制能力以降低冲动购买。[1]苏丹（Sultan et al., 2012）发现，重复的体育锻炼和认知方面的自我控制训练能提高个体的自我控制能力，进而降低冲动购买渴求。[2]丁健睿等（2019）的研究从提升自我控制的动机角度出发，发现无意识目标启动有希望成为一种简单、便捷的降低冲动购买行为的有效干预方式，特别是对有省钱目标的个体而言。[3]

本章小结

购买渠道是生产者和消费者的交互媒介，是产品和服务由生产商向消费者转移过程中由具体技术环节构成的消费路径。通常，渠道可以分为实体渠道和非实体渠道。非实体渠道包括网络渠道和移动渠道。跨渠道购买是指消费者在各类渠道之间自由地选择、比对，以便能够根据自身的消费动机和消费能力，在满意度最大化的前提下，寻找并确定最为切合自身需求的渠道。渠道本身的特点、情境因素和消费者自身特征是影响消费者渠道选择的三个主要因素。

情境是指消费或购买活动发生时个体所面临的短暂的环境因素，如购物时的天气、购物场所的拥挤程度等。消费者对营销刺激的反应和后续行为通常因情境变化而改变。情境由物质环境、社会环境、时间、任务、先前状态这五大因素构成，并单独或共同影响消费者行为。通常，消费过程受沟通情境、购买情境、使用情境和处置情境四种情境的影响。营销策略的有效性在很大程度上取决于当时的情境。另外，情境、个人和产品之间还存在着交互影响。了解情境及其与其他因素的相互作用，对营销者进行恰当的市场细分与定位，以更恰当的营销策略制定都具有重要意义。

冲动购买指顾客购买之前根本没有预想会购买的商品，在进入购物场所之后才形成的购买决策和行为，具有冲动性、强制性、情绪性和不计后果性等特点。冲动购买包括纯冲动、刺激冲动和计划冲动等类型。营销刺激（如产品陈列、促销策略等）、个体冲动性特质及情境变量（如购买时的财务状况、时间压力、心情状态等）三种因素中的一种或多种交互作用都影响冲动购买行为。

---

[1] 韩德昌、王艳芝，"心理模拟：一种有效预防冲动购买行为的方法".《南开管理评论》, 2012, 15(1): 142−150.
[2] Sultan, A. J., Joireman, J. and Sprott, D. E. Building Consumer Self-control: The Effect of Self-Control Exercises on Impulse Buying Urges. *Marketing Letters*, 2012, 23(1): 61−72.
[3] 丁健睿、李雪姣、邹枝玲，"利用无意识目标启动降低个体的冲动购买行为：个体目标状态的调节作用".《心理科学》, 2019, 42(1): 130−136.

思考题

1. 在多渠道销售环境下,影响消费者渠道选择的主要因素有哪些?
2. 影响消费者渠道选择的情境由哪些主要因素构成?
3. 他人在场会如何影响沟通情境、购买情境和使用情境?
4. 产品处置和消费伦理有什么关系?
5. 冲动购买有什么重要特点?冲动购买有什么积极的和消极的后果?
6. 影响消费者冲动购买的主要因素有哪些?

第十三章 消费者购后行为

> **开篇案例**
>
> **差异化发展的网易严选**
>
> 在电商领域的竞争进入红海阶段之时,网易从品质生活角度着手,将新中产视为核心目标顾客,以ODM(原始设计制造商)模式为切入点,于2016年4月正式上线网易严选。采用精品电商模式的网易严选贯彻"严选好物,用心生活"的品牌理念,目前覆盖居家生活、宠物生活、服饰鞋包、美食酒水、个护清洁、母婴亲子、运动旅行、数码家电、严选全球九大品类。
>
> 通过与大牌制造商直连,剔除品牌溢价和中间环节,为国人甄选高品质、高性价比的优质产品,这是网易的初衷,也让网易严选在成立初期取得了重大成功。网易严选的精品电商模式搭配上简洁素雅的用户界面、优质的物流配送以及售后服务政策(如提供远超行业标准的30天无忧退货政策),都显著地简化和便利化了消费者决策,进而减少了购后冲突和购后后悔的可能,保障了顾客良好的购物体验。此外,网易严选还构建了一整套自己的会员体系用于顾客关系管理,在功能上照顾到了新顾客获取(如新用户下单立减等活动)以及老顾客维系(如每月礼券、无门槛红包等)两大核心营销目标。这都促成了网易严选较高的顾客满意度和忠诚度。

> 但在发展过程中，网上关于消费者在网易严选上的负面体验的事件（如拒绝退换货、产品质量问题等）时有发生，其中一个重要原因就是网易严选已从一个小而美、有限 SKU 的精品电商逐步转变为一个更加全品类、SKU 数目激增的综合电商平台，这严重削弱了其在购后冲突管理和顾客抱怨管理等方面的优势，而过多的产品品类也恶化了库存问题。为了应对这些挑战并重回"让用户花更少的钱，更少的时间"这一"严选"初衷，网易严选专门成立了商品管理部，对产品品类进行了大刀阔斧的精简并取得了显著成效。尽管如此，面对不断变化的消费趋势，面对包括米家有品、淘宝心选、京东京造等强力竞争对手的冲击以及 ODM 模式自身的缺陷与不足，网易严选在维系与提升顾客满意和顾客忠诚的道路上仍有很长的路要走，而是否真的做到"不忘初心"或许是其能否在未来持续让消费者满意从而实现商业成功的关键所在。
>
> 资料来源：https://www.163.com/dy/article/F4N9FUIA0511805E.html。

第一节 产品使用和消费

一、产品使用和消费的维度

消费者完成购买决策后，就会使用和消费产品。这里的使用和消费是指消费者对实体产品或无形服务的使用。在这个过程中，非耐用品（如纸巾、食物）会被消耗，服务（例如乘坐高铁、飞机）会被消费，耐用品（例如空调、汽车）会被使用。消费者对产品的使用和消费一般包括四个维度：使用数量、使用频率、使用功能、使用情境[1][2][3][4]。

（一）使用数量

所谓使用数量，是指消费者实际使用产品的数目，一般针对的是非耐用品（如橘子的食用个数）。

（二）使用频率

使用频率是指在不考虑产品具体使用的功能或使用场景情况下，消费者实际使用产品的频次（如多久使用一次投影仪）。

---

[1] Ram, S. and Jung, H.-S. The Conceptualization and Measurement of Product Usage. *Journal of the Academy of Marketing Science*, 1990, 18(1): 67–76.

[2] Ram, S. and Jung, H.-S. How Product Usage Influences Consumer Satisfaction. *Marketing Letters*, 1991, 2, (4): 403–411.

[3] Lin, Y.-C. and Chang, A. Double Standard: The Role of Environmental Consciousness in Green Product Usage. *Journal of Marketing*, 2012, 76(5): 125–134.

[4] Shih, C.-F. and Venkatesh, A. Beyond Adoption: Development and Application of a Use-diffusion Model. *Journal of Marketing*, 2004, 68 (1): 59–72.

（三）使用功能

使用功能是指在不考虑产品使用频率情况下，消费者对产品功能的实际使用程度（如对智能手机各种功能的使用程度）。

（四）使用情境

使用情境是指在不考虑使用频率和使用功能情况下，消费者对产品的各种不同类型的使用以及在不同情境下对产品的使用（例如，汽车可以用于享受驾驶乐趣、上班通勤、自驾游、搬家、成为滴滴司机等）。

二、产品使用和消费的影响因素

影响产品使用和消费的因素有很多，总体上可以划分为产品因素、消费者个体因素和情境因素三大类。

（一）产品因素

在产品因素方面，一般包括产品功能属性因素（如产品具体性能、感知产品效力）与情感/形象属性因素（如产品美观程度、产品个性）。

产品或产品包装的形状与大小均会影响消费者对产品的使用。有研究发现，相对于完整形状的产品（如实心饼干），消费者会低估不完整形状产品（如中空有孔洞的饼干）的实际大小进而提高其消费量。当产品包装更大时，消费者的消费量也会更高。[1]当产品单位成本较低时以及当产品包装内实际产品分量较大时，消费者的消费量也有可能会更高。[2]面对更加美观的产品（即高颜值产品）时，消费者会感觉企业对产品的生产制造投入了更多资源和努力，但由于对产品的消费过程会间接破坏这种努力以及降低产品的美观程度，消费者出于舍不得的心理反而会主动减少对这类高颜值产品的使用。[3]此外，近期研究发现，对于那些能够彰显消费者身份和个性的产品，消费者对其的消费程度会更低，这是因为消费者在消费这类产品时更加需要在持有价值和使用价值之间进行权衡。[4]

虽然当消费者认为某产品的功效更强时，会有更高的购买意愿，同时企业也有天然的强烈动机将自己的产品宣传为高功效，但是更高的感知产品效力反而会降低消费者对产品的购后使用量，而这可能不利于产品的长期销售。[5]比如，当消费者认为某款眼霜产品更加有效时，那么每次实际使用量就会更少，进而导致更低的复购频率。与之类似，有研究发现，相对于常规产品，消费

---

[1] Sevilla, J. and Kahn, B. E. The Completeness Heuristic: Product Shape Completeness Influences Size Perceptions, Preference, and Consumption. *Journal of Marketing Research*, 2014, 51(1): 57–68.

[2] Pornpitakpan, C. How Package Sizes, Fill Amounts, and Unit Costs Influence Product Usage Amounts. *Journal of Global Marketing*, 2010, 23(4): 275–287.

[3] Wu, F., Samper, A. and Morales, A. C., et al. It's Too Pretty to Use! When and How Enhanced Product Aesthetics Discourage Usage and Lower Consumption Enjoyment. *Journal of Consumer Research*, 2017, 44(3): 651–672.

[4] Sheehan, D. and Dommer, S. L. Saving Yourself: How Identity Relevance Influences Product Usage. *Journal of Consumer Research*, 2020, 46(6): 1076–1092.

[5] Zhu, M., Billeter, D. M. and Inman, J. J. The Double-edged Sword of Signaling Effectiveness: When Salient Cues Curb Postpurchase Consumption. *Journal of Marketing Research*, 2012, 49(1): 26–38.

者在使用绿色产品时往往使用量会更大,其原因就是消费者普遍认为绿色产品或环境友好型产品的功效低于常规产品,而这种情况在环保意识强的消费者当中更为明显。[1]因此,为了避免非必要的资源浪费,企业在宣传自己的绿色产品时要提供足够的信息进而让消费者确信绿色产品具有较强功效。

(二)消费者个体因素

在消费者个体因素方面,消费者个性和消费者对创新的接受程度等均会影响产品使用。以往研究发现,具有特定个性的消费者会对社交类产品(如香水、酒精类饮料、香烟等)进行更多的消费。[2]产品早期采纳者(early adopters)要比早期大众(early majority)在产品使用情境上更加多样化,但使用频率上一般没有显著差异。[3]

(三)情境因素

事实上,很多时候消费者对产品的消费受当前所处情境环境的影响,包括消费者当前的目标[4]、产品使用熟悉程度[5]、产品囤货程度[6]等。例如,产品使用熟悉程度越高,消费者对产品的使用就会更多。甚至是消费者当下的情绪状态也会影响对产品的消费,有些消费者在压力大或情绪失落时,会通过大量进食或购物来缓解负面情绪。

第二节 | 购后失调与后悔

一、购后失调的概念

购后失调(post-purchase dissonance)是指消费者在做出购买决策后,怀疑自己是否做出了正确决策并随之产生的心理不适状态。[7]作为认知失调的一种,购后失调一般是由于消费者预期与消

---

[1] Lin, Y.-C. and Chang, A. Double Standard: The Role of Environmental Consciousness in Green Product Usage. *Journal of Marketing*, 2012, 76(5): 125-134.
[2] Schaninger, C. M., Lessig, V. P. and Panton, D. B. The Complementary Use of Multivariate Procedures to Investigate Nonlinear and Interactive Relationships Between Personality and Product Usage. *Journal of Marketing Research*, 1980, 17(1): 119-124.
[3] Ram, S. and Jung, H.-S. Innovativeness in Product Usage: A Comparison of Early Adopters and Early Majority. *Psychology and Marketing*, 1994, 11(1): 57-67.
[4] Garbarino, E. and Johnson, M. S. Effects of Consumer Goals on Attribute Weighting, Overall Satisfaction, and Product Usage. *Psychology and Marketing*, 2001, 18(9): 929-949.
[5] Chandon, P. and Wansink, B. When are Stockpiled Products Consumed Faster? A Convenience-salience Framework of Postpurchase Consumption Incidence and Quantity. *Journal of Marketing research*, 2002, 39(3): 321-335.
[6] Ibid.
[7] Sweeney, J. C., Hausknecht, D. and Soutar, G. N. Cognitive Dissonance after Purchase: A Multidimensional Scale. *Psychology and Marketing*, 2000, 17(5): 369-385.

费者实际购买、消费体验之间存在差距而导致的。[1]在日常消费生活中，消费者产生购后失调的情形比较常见。

二、购后失调的影响因素

购后失调的形成受多种因素的影响，不同的消费者以及不同的购买情境都可能产生差异很大的购后失调反应。产生购后失调最根本的原因在于决策过程或购后情况与消费者预期不一致（低于预期）而造成认知失调。具体而言，消费者产生购后失调与否和强弱程度主要受到以下因素的影响。

（一）备选产品数量

消费者往往需要从多个备选产品当中最终选择其中某个产品进行购买而同时放弃所有其余产品，这种情况在当今这个产品选择极大丰富的移动互联网时代表现得尤其明显。消费者信息处理的能力是有限的，可供选择的产品越多就越可能会导致"选择过载"（Choice Overload）[2][3][4]，而这会更容易带来较低的决策质量，也更容易让消费者因放弃很多其他备选而怀疑自己的最终选择是否最优，进而导致更强的购后失调与后悔[5]。

（二）购买决策难度

消费者在做出购买决策时，通常需要从众多各具特色的备选产品中选择最终要购买的产品。如果越难做出购买决策，就越有可能产生购后失调，这是由于消费者一般会对难度更大的购买决策产生更高的不确定感和决策不自信。购买决策难度的大小取决于备选产品的数量（即备选产品越多决策难度越大）、与每一备选产品相联系的相关属性的数目（即属性数目越多决策难度越大），以及各备选产品提供的独特属性的取舍程度（即取舍的程度越大决策难度越大，或者占优选项不存在的情况下决策难度越大）。例如，当消费者选择了小米笔记本电脑，就意味着放弃了苹果、戴尔、联想、惠普等其他品牌的笔记本电脑，而放弃的这些品牌的电脑是否在该名消费者所看重的所有产品属性上均不如小米电脑，该消费者并没有十足的把握。此时，就很容易产生购后失调。

（三）购买决策重要程度

消费者会做出很多购买决策，但是每一次购买对消费者的重要程度会不尽相同。例如，购买一辆家用轿车和购买一瓶酸奶对消费者的重要程度就会有极大差别。一般来讲，对消费者越重要的购买决策，越有可能产生购后失调。这是因为重要的购买决策具有长期影响，往往需要消费者慎

---

[1] Cummings, W. H. and Venkatesan, M. Cognitive Dissonance and Consumer Behavior: A Review of the Evidence. *Journal of Marketing Research*, 1976, 13(3): 303–308.

[2] Iyengar, S. S. and Lepper, M. R. When Choice is Demotivating: Can One Desire Too Much of a Good Thing? *Journal of Personality and Social Psychology*, 2000, 79(6): 995–1006.

[3] Park, J.-Y. and Jang, S. Confused by Too Many Choices? Choice Overload in Tourism. *Tourism Management*, 2013, 35(4): 1–12.

[4] Chernev, A., Böckenholt, U. and Goodman, J. Choice Overload: A Conceptual Review and Meta-analysis. *Journal of Consumer Psychology*, 2015, 25(2): 333–358.

[5] Mensah, K., Dankwah, J. B. and Mensah, G. K., et al. Choice, Purchase Decision and Post-purchase Dissonance: The Social Media Perspective. *Information Management and Business Review*, 2021, 13(3): 1–13.

重而全面地思考所有备选产品（即涉入程度高，消费者甚至会过度思考而复杂化决策）并需要在各有千秋的不同产品选项中做出取舍，为了某个选项所拥有的产品特色或优势而放弃其他产品选项的特色或优势会让消费者在做出购买决策后产生焦虑感（担心决策失误），特别是在决策后接触到了与最终决策不一致信息时（如发现放弃的产品其实质量更好或性价比更高等）。

（四）购买决策不可更改程度

不同购买决策在可更改程度上会表现出差异，有些产品购买（如服装）支持七天内无理由退换货（决策可更改程度高），而有些产品购买（如房产、大额折扣产品）不支持退换货（决策可更改程度低）。购买决策越不容易改变，就意味着消费者越不容易对之前的购买决策进行修正或弥补，购后失调也就越容易发生。

（五）购买决策是否是自由选择

当消费者的购买决策是在没有任何选择余地的情况下做出时（如仅有一款产品可供选择或者被他人强迫做出某种选择时），消费者就不容易产生购后失调，因为此时可以合理归因该决策（即该决策不正确是因为没有选择自主权导致的）。而当购买决策是完全出于自由选择时，错误或次优的购买决策更容易归咎于自身，因此也越容易产生购后失调。

（六）决策前后的目标一致性

如果消费者的决策目标在决策前和决策后不一致，那么消费者就更容易产生购后失调。例如，一名为了购车而努力储蓄的消费者在手机上观看网络直播带货时为了向身边的人炫耀而一时冲动购买了一款并不需要的打折项链，在购买决策完成后该消费者会因自己购车目标的再次凸显而体验到购后失调和后悔。

（七）消费者忠诚度

消费者忠诚度可以有效降低购后失调的可能性。如果消费者是某一产品或品牌的忠实消费者，在完成购买决策后，更不容易去质疑自己的决策，还会刻意且有选择性地寻找支持自己购买决策的信息与证据，甚至在出现与决策不一致信息时，忠诚的消费者会选择性忽略。

（八）消费者焦虑倾向与自信程度

不同消费者的焦虑倾向是不同的，有的消费者相对更容易感到焦虑。一般来说，越容易感到焦虑的消费者，在购买决策后越容易对做出的购买决策产生焦虑感以及决策不自信，进而产生购后失调。同理，不同消费者的自信程度也是不同的，有的消费者相对更容易感到不自信。一般来说，越容易不自信的消费者，在购买决策后越容易对做出的购买决策的正确性信心不足，进而产生购后失调。[1]

三、购后失调的处理

购后失调是一种负面心理状态。消费者体验到购后失调后会主动采取行动以减少和消除这种

---

[1] Keng, C.-J. and Liao, T.-H. Self-confidence, Anxiety, and Post-purchase Dissonance: A Panel Study. *Journal of Applied Social Psychology*, 2013, 43(8): 1636-1647.

负面心理状态。通常情况下，消费者在购买完成后，会采取某一种或多种方式来减少购后失调。这主要包括：

第一，通过搜集支持此前购买决策的外部信息增加对所购产品或品牌的评价和欲求感；

第二，通过规避和忽略不支持此前购买决策的外部信息降低对未选产品或品牌的评价和欲求感；

第三，降低购买决策重要性的主观感知；

第四，通过退换产品来改变之前的购买决策。

由于购后冲突可能会降低消费者对所购产品和品牌的满意度以及重复购买[1]，企业需要采取相应的措施予以有效应对。企业和营销人员可以通过购买时和购买后的有效营销沟通策略来减少消费者购后可能产生的购后失调。

在购买时，企业可以通过提供无条件退换货服务来提升购买决策的可改变程度，进而减少或消除可能的购后失调。企业还可以通过赠送可供下一次消费使用的优惠券来强化消费者对购买该企业产品的信心并合理化该决策，进而减少或消除可能的购后冲突。

在购买后，企业可以利用消费者购后搜集信息的倾向和做法来缓解消费者购后冲突。例如，为了树立消费者对所选品牌的信心，电商平台上的卖家会立即给下单了的顾客发消息，在确认订单地址信息的同时告诉他们做出了明智的选择。与之类似，许多提供耐用消费品的企业会给近期的购买者发送一些纸质或电子版资料，这些资料在很大程度上专门用于证实购买的明智性与正确性。品牌方（如博世、A.O.史密斯）或地方零售商在其家电产品出后会给客户打回访电话，一方面确保客户没有碰到产品问题，另一方面也是为了减少购后失调。此外，最新研究显示，在消费者购后营销沟通当中使用表情符号可以降低消费者焦虑感从而有效消减购后失调并提升决策满意度和复购意愿[2]。

四、购后后悔

购后后悔会伴随购后失调的产生而形成。当消费者在自己选择的和被自己放弃的产品之间做出不利的对比时，购后后悔就会发生。购后后悔即消费后悔（consumption regret），是一种消费者认为自己实际上应该购买另一个未被选择的产品的感觉。购后后悔通常伴随着消费者在使用产品或服务时产生的负面情绪。例如，一位消费者在买车前考虑过三款车，购买后发现自己买的车在二手车市场上的售价在三款车中最低，消费者此时最可能产生后悔，希望自己当初买的是别的车。事实上，研究发现，即使消费者没有得到未被选的产品的相关信息，消费者仍有可能感到后悔，尤其是当消费者的决策无法反悔、消费者的选择带来负面影响的时候。

一般来讲，消费者更容易对享乐型产品的购买产生后悔情绪。对那些容易使消费者感到后悔的产品，营销者应该重点强调消费该产品的明智性，给消费者一个消费该产品的合理理由。例如，

---

[1] Keng, C.-J. and Liao, T.-H. Self-confidence, Anxiety, and Post-purchase Dissonance: A Panel Study. *Journal of Applied Social Psychology*, 2013, 43(8): 1636–1647.

[2] Indwar, R. G. and Mishra, A. S. Emojis: Can it Reduce Post-Purchase Dissonance? *Journal of Strategic Marketing*, 2022,1: 1–22.

宝马的消费者会收到宝马的杂志以及发送的宝马简讯，其中充满着那些能够使消费者对他们的座驾感觉良好的信息。这些支持性的信息减少了消费者的失调和后悔，增进了消费者对宝马品牌的好感。

第三节 消费者满意

一、消费者购买评估与消费者满意

在购买和使用产品后，消费者会对所购买的产品进行评估，产生一种对产品或品牌满意或不满意的情感。基于期望不一致模型（expectancy disconfirmation model），消费者满意（customer satisfaction）是在特定购买情形中，消费者对其所付出的是否得到足够回报的认知态度，是消费者对产品的期望水平与产品的实际绩效表现相比较后所形成的满足、愉悦的主观感知状态。

消费者对某一特定产品/品牌以及对该领域内的其他产品/品牌的使用和体验，形成了两种不同类型的感知：一种是关于产品绩效的期待或预期，另一种是关于该品牌实际绩效的认知或评价。消费者的实际绩效认知或评价可能高于、等于或低于期望的绩效水平，进而产生消费者满意或不满意，如图13-1所示[1]。

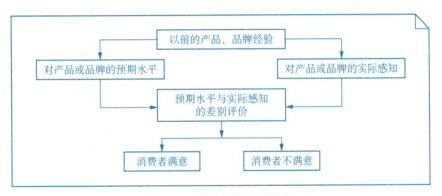

图13-1 消费者满意与不满意

消费者满意度会对消费者购买后行为产生非常重要的影响。当消费者对产品/品牌的实际绩效感知低于期望水平时，就会导致消费者不满意。在消费者不满意时，可能会产生抱怨或投诉行为以及负面口碑传播。同时，很可能会重新评估整个购买决策过程，低于期望水平的品牌会被消费者摒弃，从而在新一轮决策中不再给予考虑。需要指出的是，消费者抱怨或投诉长期来看对企业来说

---

[1] Woodruff, R. B., Cadotte, E. R. and Jenkins, R. L. Modeling Consumer Satisfaction Processes Using Experience-based Norms. *Journal of Marketing Research*, 1983, 20(3): 296-304.

是一件好事,因为这能让企业及时获得对所提供产品和服务进行改进的契机,同时也让企业获得化解消费者不满意的宝贵机会。

当消费者对产品/品牌的实际绩效感知等于或高于期望水平时,消费者通常会感到满意。在消费者满意时,可能会对所选的品牌做出正面的口碑传播,而这种满意也是消费者忠诚的基础。同时,消费者满意会降低下次面临相同购买决策时的决策投入水平,促使消费者重复同样的购买行为,甚至形成习惯性购买行为。

消费者期望的绩效水平和实际感知的绩效水平是消费者满意与不满意的重要决定因素。因此,对于企业而言,产品的绩效成为消费者满意的基础。对许多产品来说,绩效包括以下层面。

第一,工具性绩效(instrumental performance),与产品的物理功能正常发挥相关,如运动鞋的耐用性属性;

第二,象征性绩效(symbolic performance),与产品的审美或形象强化相关,如运动鞋的款式、颜色等;

第三,情感性绩效(affective performance),与拥有或使用产品时所引发的情绪有关,如这款运动鞋是否会引来他人的羡慕眼光而产生的积极情感反应。

需要注意的是,管理消费者对产品绩效的预期同样非常重要,很多时候消费者不满意的根源来自企业不恰当的广告和其他营销宣传,造成了消费者对企业所提供的产品抱有不切实际的期望。

二、影响消费者满意的因素

影响消费者满意的因素可从消费者对产品绩效的预期水平和对产品实际绩效的感知这两大方面来划分。

(一)消费者对产品的预期

1. 产品

消费者对产品的预期受到过去对产品或品牌的使用经验的影响,消费者对产品的使用体验形成了对产品或品牌预期的基础。在消费者的购买决策中,如果被选择的产品相对于其他竞争产品而言产品质量更高、售后服务体验更好以及产品包装更加精美,消费者自然会期待该产品满足较高的绩效与品质标准,进而会形成较高水平的产品预期。除了直接使用经验之外,诸如以往顾客的产品评价和专业人士的测评等间接使用经验同样会对消费者预期产生重要影响。

2. 营销沟通

企业对产品的营销信息沟通,诸如企业如何宣传产品、用什么样的方式与消费者进行沟通,是塑造消费者预期的直接基础。例如,在植入性产品广告中,企业大力宣传其产品的可靠性、耐用性,树立产品的优质形象,由此可能使消费者对产品品质产生较高的预期。如果消费者实际感受到的品质低于这一预期,就会导致不满意。企业产品引起消费者不满意的因素之一,就是企业过分夸大的营销宣传活动。这也提醒企业,进行沟通宣传时应遵循一定的尺度,否则会得不偿失。

3. 竞争品牌

消费者在购买决策中,对某一产品或品牌形成预期时,除了受到自身消费经验的影响,还会受到同类产品的相关信息和使用体验的影响，尤其是主要竞争产品的信息和体验。例如，消费者对一款新上市的可乐品牌的预期会受到以往对可口可乐和百事可乐消费体验的影响。

4. 消费者特征

消费者自身的特征是影响产品或品牌预期的另一重要因素。在通常情况下，一些消费者相较于其他消费者而言，对同一产品有更高的要求和期望，所以出现了有些消费者对产品较为挑剔而另一些消费者比较宽容的现象。例如，在穿搭方面，女性消费者相对于男性消费者而言更为讲究，有更高的要求，进而会形成更高的预期。

（二）消费者对产品实际绩效的感知

1. 产品品质与功效

一般情况下，消费者对产品的认知是以产品的实际绩效表现为基础。产品的实际表现与消费者对产品的认知在很多情况下是一致的，但有时也存在不一致的情况，因为除产品的实际功效与产品品质外，还有其他因素会影响消费者的感知。如果产品货真价实，不论原有预期如何，消费者会逐步调整其预期，最终对产品产生满意感；如果产品实际品质很差，即使原先对产品期望很低，消费者也会产生不满意感。

2. 消费者对产品的态度和情感

消费者在购买决策中经常会依据过去经验形成的态度和情感，这对其评价产品有很大影响。消费者对产品的评价并不完全以客观的认知因素为基础，而带有一定的情感色彩。例如，某些品牌的狂热粉丝所表现出来的"爱屋及乌"就反映了态度因素对主体判断、评价和认识事物所产生的影响。因此，消费者的满意与否，在很多情况下还受到消费者对产品已有的态度和情感的影响。消费者对产品的态度和情感越积极正面，对产品实际绩效的主观感知就越积极正面，也就越容易导致消费者满意。

3. 消费者对产品的期望

消费者对产品的某些特殊期待，可能会影响消费者在消费产品或服务过程中对实际绩效的评价，进而影响消费者的满意与否。例如，如果消费者对某一餐馆的食物和服务有特别的期待，那么在用餐过程中，就可能较其他人更有选择性地感受那些他所期望的服务项目，而其他没有这类期望的消费者，可能对这些项目视若无睹，因此会产生不同的实际绩效感知，从而造成不同的消费者满意结果。

4. 对交易公平的感知

消费者对产品实际功效的感知以及满意程度还取决于消费者认为交易是否公平合理。一旦消费者认为自己是受剥夺或受"剥削"的一方，心理就会不平衡，从而产生不满情绪。消费者对公平的感知，与消费者所处的文化背景、受教育程度、消费者的价值观以及当下的心理状态等多种因素相关。因此，消费者对交易公平的感知最终会影响消费者满意与否。

5. 消费者归因

消费者在购买和使用产品过程中，会对企业的各种活动、其他消费者的行为以及产品品质的好坏做出归因。所谓归因，是指人们对他人或自己行为原因的推理过程，是观察者对他人行为过程或自己行为过程所进行的因果解释和推理。例如，当产品出现故障或问题时，消费者可能将其归因于生产企业或销售企业，也可能归因于自己使用不当或运气不好，或环境等外部因素。当消费者将产品问题归因于企业时，消费者将对产品产生不满；而当消费者将产品问题归因于自身原因或外在不可控因素的情况下，则可能采取较为宽容的态度。

消费者对某一行为做出归因时涉及三个方面的因素：消费者或行为人、刺激物（如产品）、所处关系或情境。对行为做出正确归因，取决于三个变量：（1）区别性，即消费者是否对同类其他刺激做出相同反应；（2）一贯性，即消费者是否在任何情境和任何时候对同一刺激都做出相同的反应；（3）一致性，即其他消费者对同一刺激是否也做出了与行为人相同的反应。对企业来说，要了解消费者是如何做出归因的，并引导他们做出合理的和有利于企业发展的归因。消费者能否对购买和使用产品过程中出现的行为及产品品质好坏做出恰当的归因，也会直接影响消费者的满意与否。

经典和前沿研究 13-1

选择闭合影响消费者满意

完成一项购买决策后并不等于这项决策已经彻底结束或者说消费者就将其抛之脑后。恰恰相反，消费者不少时候在完成一项购买决策后会时不时地重新评估自己选择的产品，以及那些最终未被选择的备选产品。例如，一名消费者在自己重点考虑的 OPPO、VIVO 和小米三款智能手机品牌中经过仔细评估，最终选择了 VIVO 手机，但该名消费者在之后的一段时间里仍有可能时不时去网上搜集和对比这三款智能手机的当前售价、用户评价、第三方专业人士的测评等相关信息。在面临困难决策时（如重大购买决策、备选产品很多或面临需要取舍的决策时），消费者更容易产生上述行为。这种行为往往体现出消费者并不认为这项产品决策已经彻底完结，而是需要不断地获取新信息以确认自己的选择是正确的。但遗憾的是，恰恰是消费者的这种行为倾向让他们更有可能体验到购后失调与后悔。

为了帮助消费者应对这种不好的行为倾向，营销学者（Gu, Botti & Faro, 2013）提出了选择闭合（choice closure）这一概念，意指决策者将某个决策视为已完结的心理状态。通过一系列实验研究，他们发现选择闭合可以有效降低消费者进行产品信息再搜集和购后再比较的倾向，进而有效提升消费者决策满意度，并且通过一些简单的行为动作（如给放有未被选择的巧克力的托盘盖上盖子、点菜决策后合上菜单）即可激发这种选择闭合过程。同时，他们还发现这种效应仅对有难度的产品选择以及消费者亲自完成这些物理动作时才会有效。

这一研究表明，企业营销人员可以通过将设计自然巧妙的行为动作融入消费者的决策过程来提升消费者的决策满意度和降低购后冲突的产生。同理，消费者也可以自己做一些能激发选择闭合的行为来应对困难的购买决策。

资料来源：Gu, Y., Botti, S. and Faro, D. Turning the Page: The Impact of Choice Closure on Satisfaction. *Journal of Consumer Research*, 2013, 40(2): 268-283.

三、消费者满意模型

对消费者满意的研究起源于 20 世纪 70 年代，消费者满意研究探索的是消费者的心理特征和心理活动过程及其因果关系。在众多研究中，形成了一些具有代表性的理论模型和评价模型。

（一）消费者满意理论模型

1. 期望模型

期望模型是期望不一致模型的简称。该模型认为，消费者满意是通过一个两阶段的过程来实现的。在购买前，消费者会对产品的绩效（如提供的利益和效用）形成期望；在购买后，通过使用产品获得真实绩效水平，并与购买前的期望进行比较，两者之间形成的差距即为不一致，这就是第一阶段。第二阶段，消费者根据不一致的不同情况做出不同的满意反应：（1）当不一致为零时（实际绩效与期望相同），消费者产生适度满意或者没有不满意；（2）当不一致为正时（实际绩效超过期望），消费者满意；（3）当不一致为负时（实际绩效达不到期望），消费者不满意。期望模型中包括期望、不一致和满意三个基本变量，期望模型是消费者满意理论的基础。

2. 绩效模型

所谓绩效，是指消费者从产品中获得的效用的总和。在期望模型中，期望是满意形成的基本前因，绩效则是与期望进行比较的一个变量，并非独立，因为最终满意与否取决于与期望的比较。在绩效模型中，绩效则是满意形成的主要前因，期望虽有影响但要小得多。绩效模型认为，产品的属性即为能给消费者带来的利益，即产品满足消费者需要的程度直接决定了消费者满意的水平。由此可见，绩效模型认为产品绩效越高，消费者满意度也就越高。

3. 公平模型

公平模型认为，消费者对产品是否满意，不仅取决于期望与绩效间的比较，还取决于消费者是否认为交易是公平合理的。美国学者奥利弗（Oliver）和施奈施（Schneide）等都指出，感知公平是影响顾客满意度的一个重要因素，服务企业应该高度重视服务的公平性。感知公平包括三个维度。

（1）结果公平（distributive fairness）。感知结果公平侧重讨论利益和成本的分配问题。结果公平关注的重点在于企业营销行为给消费者带来的具体结果，比如这个结果对消费者来说是否值得。当出现结果失败时，顾客承担的是有形的结果损失，此时物质补偿更能提高顾客的感知结果公平，进而产生较高的满意度。

（2）程序公平（procedural fairness）。感知程序公平用于剖析为取得最后结果所经历的过程。程序公平这个维度反映的是企业向消费者提供服务或产品的过程的及时性、灵敏性和方便性。快速响应对于消费者感知程序公平有积极影响。

（3）交互公平（interactional fairness）。感知交互公平是消费者感知公平的第三个维度，是指消费者在接受企业产品或服务的过程中，对于对方的处理和看待自己的方式是否谦逊和尊重，以及工作人员所表现出来的恭敬、礼貌与同情心，解决问题过程中的主动性、努力程度等。

当消费者感知自己获得的效用与投入之比，与产品提供商的这一比例相同时，就会感到公平和满意。公平的程度决定了消费者的满意，公平程度越大，消费者就越满意。由此可见，相比期望模型和绩效模型，公平模型更加关注消费者的投入，使消费者满意概念与价值有了密切关系。但公平这一高度抽象的概念，在实际应用中却很难推广，也限制了公平模型的应用。

（二）消费者满意评价模型

对消费者满意的测量，各国学者构建了不同的消费者满意评价模型，主要有以下五种。

1. 瑞典消费者满意度指数模型（SCSB）

1989 年，福内尔（Fornell）及其研究团队首次为瑞典构建了消费者满意度指数模型，这也是第一个国家消费者满意度指数模型。该模型的诞生，标志着在国家层面上测评消费者满意度的开始。该模型共有 5 个变量：消费者期望、感知质量、消费者总体满意度、消费者抱怨和消费者忠诚质量，如图 13-2 所示[1]。

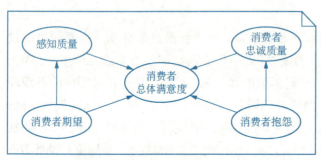

图 13-2 瑞典消费者满意度指数模型

2. 美国消费者满意度指数模型（ACSI）

在借鉴 SCSB 模型的基础上，费耐尔等（Fornell et al, 1996）建立了美国消费者满意度指数模型，它以消费者感知价值、感知质量和消费者期望为基础，测量消费者总体满意情况，如图 13-3 所示[2]。该模型的最大优势是可以进行跨行业的比较和纵向跨时间段的比较，由国家整体满意度指数、部门满意度指数、行业满意度指数和企业满意度指数四个层面构成，是目前体系最完整且应用效果最好的一个国家消费者满意度指数模型。

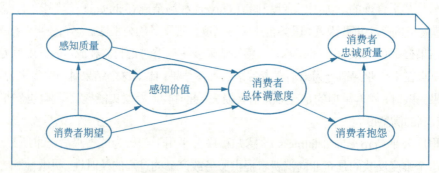

图 13-3 美国消费者满意度指数模型

美国的消费者满意度指数会在《华尔街日报》上公布，通过满意度指数的信息可以实现以下分析和提升。

（1）行业比较。政府可以从消费者满意度指数测评的中间过程中收集消费者抱怨数据，作为

---

[1] Fornell, C. A National Customer Satisfaction Barometer: The Swedish Experience. *Journal of Marketing*, 1992, 56(1):6-21.
[2] Fornell, C., Johnson, M. D. and Anderson, E. W., et al. The American Customer Satisfaction Index: Nature, Purpose, and Findings. *Journal of Marketing*, 1996, 60(4): 7-18.

各个行业关于质量问题的信息以及对传统经济测量方法(如生产力)的补充。

(2)根据行业平均水平实现个体企业之间的比较。一般来说,一个消费者满意度得分较高的企业,会拥有更高的利润回报和更多的顾客重复购买。

(3)纵向比较。美国的消费者满意度测评是动态和连续的,它提供了企业(行业)**消费者满意**情况得以改善(下滑)的信息和趋势。

3. 欧洲消费者满意度指数模型(ECSI)

在美国消费者满意度指数模型的基础上,克里斯滕森等(Gronholdt et al., 2000)结合欧洲情况,建立了欧洲消费者满意度指数模型,如图13-4所示[1]。相较于美国消费者满意度指数模型,该模型一方面加入了"形象"这一变量,另一方面把感知质量分解为感知硬件质量和感知人员价值两部分。

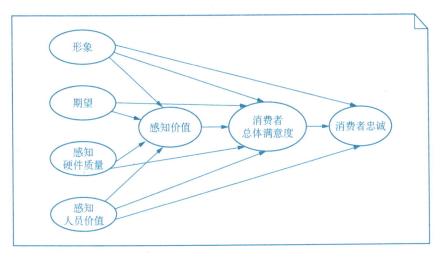

图13-4 欧洲消费者满意度指数模型

4. 中国消费者满意度指数

20世纪90年代,我国也启动了消费者满意度指数的测评工作。1998年,国家质量技术监督局委托清华大学经济管理学院,组织开展在中国建立用户满意度指数的研究工作,最终提出了相应的消费者满意度指数模型,如图13-5所示[2]。该模型由企业形象、预期质量、感知质量、感知价值、消费者总体满意度、消费者忠诚和消费者抱怨七个潜变量构成。

5. 其他消费者满意度指数模型

其他国家也相应制定了国家层面上的消费者满意度指数模型。例如,韩国消费者满意度指数KSCI专门针对政府机构的满意度指数,开发了AQI模型,并在其中添加了反腐败因素;挪威的消费者满意度指数模型则在消费者满意度和消费者忠诚度之间,增加了情感承诺和理性承诺

---

[1] Gronholdt, L., Martensen, A. and Kristensen, K. The Relationship Between Customer Satisfaction and Loyalty: Cross-industry Differences Total Quality Management, 2000, 11(4-6): 509-514.
[2] 刘宇著:《顾客满意度测评》,社会科学文献出版社2003年版。

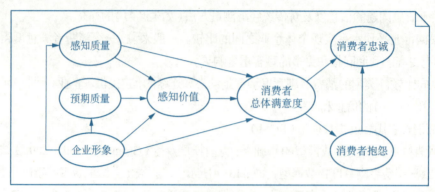

图 13-5　清华大学提出的消费者满意度指数模型

两个变量。

总的来说，企业的消费者满意度策略应着重于：（1）让目标消费者对产品形成合理的期望水平；（2）识别和强化对消费者满意具有显著影响的产品功效属性以不断提升顾客感知价值与满意度；（3）注重企业形象和品牌形象的塑造；（4）持续追踪和分析消费者满意度的变化；（5）积极和有创造性地应对消费者不满意的情形；（6）保证消费者对交易过程公平和结果公平的感知。

第四节　消费者抱怨

一、消费者不满意与消费者抱怨

当消费者对产品或品牌绩效表现的预期高于对实际产品绩效的感知时，就会产生消费者不满意。在通常情况下，消费者感到不满意时，会有以下五种不同的表现方式。

（一）自认倒霉并默默承受

消费者不满意后，不采取外显的抱怨行为，而是自认倒霉。消费者采取这种行为，主要原因在于其认为采取抱怨行为需要花费时间、精力，所得到的结果不足以补偿这些付出。很多消费者在购买到不满意的产品后，不采取任何行动，大多是抱有一种"抱怨也无济于事"的态度。虽然如此，消费者对品牌或店铺的印象与态度会发生明显变化。

换句话说，不采取行动并不意味着消费者对企业行为方式的默许，在未来的购买决策中消费者大概率不会再考虑那些让他们不满意的产品和品牌。在互联网普及之前，消费者经常会采取这种行为反应模式，形成"沉默的大多数"。但在移动互联网和智能手机的大幅普及之后，消费者采取抱怨行为（如写差评或单纯分享购买经历）的成本大幅下降，抱怨行为的影响力也大幅增加，自认倒霉的消费者的数量正在减少。

（二）私下拒绝行为

当消费者不满意后，如果这种不满意情绪不能得到很好的扭转，在绝大多数情况下，消费者会对不满意产品的品牌抱有负面态度，这种负面态度进而会让消费者停止光顾该品牌的线上或线下店铺，取消关注并不再愿意接收有关该品牌的各类资讯和营销宣传，转换到其他竞争品牌，等等。

（三）私下或公开的负面传播

消费者在不满意以后，除了自己拒绝购买该产品外，还会将自己的不好体验通过私下口头或者网络公开的形式告诉身边的熟人甚至是陌生人，让他人确信选择某一品牌是不明智的。这种对其他消费者传播该产品或品牌的负面口碑，会直接影响他人的态度，因为口碑信息对消费者而言比企业广告信息更加客观、更加有用。因此，那些比较有影响力的消费者（意见领袖）主动在网上发表负面产品评价时，就会给品牌方带来很大的负面影响。这也是移动互联网时代的商家愈发重视消费者线上评论的原因。

（四）向零售商或制造商提出抱怨，要求补偿或补救

不满的消费者会直接向购买的零售店或产品的生产厂商表达其不满和抱怨，甚至采取退货行为或要求给予补偿。消费者对零售商或制造商处理不满或抱怨的满意程度，直接决定消费者不满意情绪是否能够得到有效缓解。

（五）要求第三方予以谴责或干预

对于不满意程度很高的消费者，在得不到零售商或制造商的有效解决时，会向政府主管机构或新闻媒体投诉，或直接向法院控告零售商或制造商。例如，消费者向新闻媒体写抱怨信，诉说自己的不愉快经历；要求政府行政机关或消费者权益保护组织出面干预，以维护自身的权益；对有关制造商或零售商提出法律诉讼；等等。

上面所说的消费者向零售商或制造商提出抱怨，以及要求第三方予以谴责或干预，都属于消费者抱怨。一般而言，消费者抱怨主要是基于两个方面的考虑：第一，获得经济上的补偿，比如要求更换产品、退货，或者要求对其所蒙受的损失予以补偿；第二，重建自尊或维护自尊，当消费者的自我形象与产品购买紧密相连时，消费者的抱怨行为是为了维护自身形象。

营销人员必须谨慎处理消费者抱怨，因为抱怨的处理本身也会影响消费者的满意度。对抱怨处理不满意的消费者往往会向其身边周围群体积极传播负面口碑，这可能会严重影响公司和品牌形象。如果通过媒体投诉，可能会产生更大的负面社会影响。相反，如果企业对顾客抱怨的处理很及时、补救措施很得当，则有可能消除顾客不满意，甚至能带来消费者满意和忠诚。

二、消费者抱怨的影响因素

影响消费者抱怨的因素很多，在通常情况下，决定消费者是否采取抱怨行为有以下三个方面的因素。

（一）消费者本身的因素

研究发现，消费者年龄和收入与抱怨行为存在某种关联。一般而言，较为年轻、收入较高、受教育水平较高的消费者更倾向于采取抱怨行为。有抱怨经验的消费者相比无抱怨经验的消费者而

言更易采取抱怨行为。在人格特质方面，具有教条倾向或比较自信的消费者比较容易采取抱怨行为；比较注重个人独特性与比较独立的消费者，也相对容易采取抱怨行为。此外，消费者本身攻击性很强时，在不满意时也较倾向于采取抱怨行为。总之，消费者的人格特质是影响消费者抱怨与否的一项很重要的因素。

（二）不满意情境

并非所有不满意情境都会引起消费者抱怨，有些不满意情境不是很严重，或者不满意情境所涉及的产品或服务并非十分重要，消费者往往会忽视该不满意情境。产品的实际绩效和消费者期望之间的差距大小，以及消费者认为该产品或服务本身的重要性都会影响到消费者是否采取抱怨行为，即差距越小或产品重要性越低，则消费者采取抱怨行为的可能性越低。此外，消费者从抱怨行为中获得的利益大小、消费者用于抱怨的资源及其可获得性（如是否有时间和精力）等，都会影响消费者是否采取抱怨行为，即获利越小、资源越少，消费者采取抱怨行为的可能性就越低。

（三）消费者归因因素

一般而言，消费者会对不满意的情境进行归因，判定谁应该为不满意的情境负责。如果消费者的归因是营销人员或厂商，则更可能产生抱怨行为；如果归因是自己或者是环境上的不可控因素，则比较不会产生抱怨行为。

三、企业对消费者抱怨的应对

研究发现，很多商家在碰到消费者抱怨时，首先就是推卸责任，而这通常是消费者最不能接受的反应，因为商家的这种反应显然没有以消费者为导向。消费者希望厂商应先降低所造成的伤害或是不愉快，然后提出合理的理由和解释以及可能的补救措施。由此可见，企业对消费者抱怨的处理方式会显著地影响消费者最终满意度。在现实生活中，大多数企业对于自己的产品是否令消费者满意并未进行系统的调查和了解。当然，也有一部分公司设立了消费者热线，以此收集消费者对产品的反馈信息，并帮助消费者解决有关质量、售后服务等方面的问题。还有一些公司，如汽车制造公司，则在各个地区设立了服务代表，专门处理消费者的投诉、不满等事宜。在网络购物时代，企业官方旗舰店的在线客服需要及时响应消费者的抱怨行为，避免对消费者造成二次伤害，并努力与消费者保持长期的关系，这对于服务供应商尤为重要。

除了企业对消费者抱怨开始关注外，政府相关机构对消费者抱怨行为也有很大的兴趣。如果发现消费者在某一领域的投诉比较频繁和集中，就可能制定和颁布专门的法律或行政条例予以规范和干预。对于企业而言，一般不愿意看到政府过多的干预，因此只有通过对自身经营行为的约束和行业自律来减少消费者的抱怨，避免政府的直接干预。

很多企业开始意识到，完全消除消费者的不满可能并不现实，尤其是对于质量很难把控的服务行业，但有一点企业是可以做到的，就是建立一种应对和处理消费者投诉或抱怨的内部机制。目前，采用比较多的应对办法有两个：一是设立免费的消费者投诉渠道；二是为产品或服务提供强有力的担保，如规定在哪些条件下可以退换以及进行免费维修等。

研究发现，在应对消费者抱怨或是经历了服务失败后，如果企业的应对补救措施水平很高，这些消费者可能会比那些第一次就获得满意的消费者具有更高的满意度，并更可能再次光顾。例如，设想一位酒店的新顾客到前台登记房间时发现没有他预约的房间，作为一种补救措施，酒店前台人员立刻以原价格为顾客升级更加高档的房间并提供下次入住的优惠券，顾客可能被这种补救措施所打动，对这次经历非常满意，甚至获得比以前更深的印象，今后将成为忠诚顾客。这种现象被称为"服务补救悖论"或"消费者满意度悖论"。尽管有这种现象存在，但是并不建议企业故意先让消费者不满意，然后通过高水平的补救来获得消费者更高的满意度，因为"服务补救悖论"比其表面上的意思要更复杂。首先，改正失误要付出很高的代价和成本。而只有在非常高水平的顾客服务补救措施的情况下，顾客满意度和忠诚度才会提高。其次，如果故意先实施令消费者不满意的行为，这种事多了，会让消费者认为该企业的管理能力和服务能力不足，其对公司的总体印象将会打折扣，重复购买倾向也会显著下降。

第五节 消费者忠诚

一、消费者忠诚的含义和特点

（一）消费者忠诚的含义

消费者忠诚或顾客忠诚（customer loyalty）是指消费者在较长的一段时间内，对某一产品或服务的品牌、供应商持有强烈的正面态度而对该品牌、供应商有选择性偏好。在同一产品领域，消费者选择的产品或品牌越多，其对特定产品或品牌的忠诚程度越低。消费者忠诚是一个二维概念，包含以下两个关键维度。

1. 态度忠诚

态度忠诚代表了消费者对企业产品或服务保持强烈的选择性偏好。态度忠诚主要是因为企业的营销行为或品牌个性与消费者的生活方式或价值观念相吻合，消费者因此对企业或品牌产生情感，进而表现出持续的购买欲望，而且消费者有较强的将产品或品牌推荐给其他消费者的意愿。在态度忠诚下，消费者对企业非常或完全信任，达到了情感上的忠诚，并且在以后的购买中呈现出稳定的购买行为与购买倾向。需要指出的是，仅仅有口头上的偏好并不能被视为顾客忠诚，随意性、偶然性的购买行为也不等同于顾客忠诚。消费者有时虽然对某品牌具有积极的正面态度，但依然会主动进行多样化寻求去尝试其他产品或品牌。例如，消费者可能很喜欢去某家重庆火锅店消费，但依然会主动尝试其他火锅店品牌。这种多样化寻求行为的现象在很多行业中越来越常见。

2. 行为忠诚

行为忠诚表现为消费者高频率地重复购买某企业的产品。消费者的行为忠诚度可通过购买比例、购买序列、购买概率或频次三类指标进行衡量。由于实际购买行为对企业而言更有实际意义，传统观点普遍将行为忠诚等价于消费者忠诚，但是这种持续的购买行为可能出自对企业产品的好感,也可能出自购买冲动、企业的促销活动,或消费者的购买习惯,或转移成本过高等。由此可见,仅重复购买行为本身并不完全等同于顾客忠诚,因为消费者的持续重复购买行为可能并非总是出于对某品牌的强烈偏好。例如,消费者持续购买某垄断企业的产品仅仅是因为自由选择受到了极大限制,甚至同时对该企业持有负面态度。这种仅有行为忠诚但无态度忠诚的情况叫作虚假忠诚(spurious loyalty)。虚假忠诚的消费者可能由于条件的改变或竞争者的促销活动而直接转去购买其他企业的产品或服务,对企业的顾客维系和长期顾客关系管理构成挑战。

由此可见,真正的消费者忠诚是态度忠诚与行为忠诚的组合。忠诚顾客对企业具有重要意义。首先,忠诚的消费者一般不会被竞争对手的产品所打动,甚至会刻意忽略和漠视竞争对手的产品和营销宣传,对企业保持竞争优势具有很大的促进作用。其次,忠诚的消费者的价格敏感度较低,愿意为自己偏爱的品牌支付溢价,对奖券销售、折扣销售的需求也较低,是企业利润率的有效保障。最后,忠诚的消费者一方面会主动进行正面口碑传播,另一方面会在企业经历负面口碑传播或者负面事件时会主动去维护该企业的声誉,对企业的品牌建设具有很大的积极作用。

对于消费者忠诚的认识,应注意避免一些错误理解。例如,消费者满意不等同于消费者忠诚,消费者忠诚的提高并不一定是以价格优惠为基础,市场占有率的提高并不意味着消费者忠诚度的提高。

(二) 消费者忠诚的特点

忠诚的消费者相对于普通的消费者而言具有一定的特点,具体表现为以下方面。

1. 关注、信任企业及其产品或服务

忠诚的消费者会对企业及其产品或服务保持一定的关注,对企业提供的产品或服务具有较强的信任感。这种信赖能够降低消费者可觉察到的购买风险,从而简化消费者购买决策过程。

2. 重复购买,扩大范围

忠诚的消费者在购买行为上不仅表现为对某种产品的重复性购买,还表现为惠顾企业的其他产品或服务,即消费者对企业产品或服务的购买范围也相应扩大。

3. 向他人推荐、宣传

真正忠诚的消费者在情感上与企业及其产品或服务产生一定的联系,会主动向周围的人推荐企业的产品或服务。这种消费者群体内的积极沟通为企业带来了新的消费者,降低了企业的沟通成本。

4. 忽视其他竞争者的促销活动

忠诚的消费者为非价格敏感型,不易在竞争者发起促销活动时转而购买竞争者的产品或服务。忠诚的消费者具有一定的稳定性,不易被竞争者掠夺。

二、消费者忠诚的影响因素

在消费者购买行为中,并非消费者满意就能让消费者成为企业或品牌的忠诚者,消费者的忠诚受到以下一系列因素的影响。

（一）产品或服务的质量

产品或服务是企业直接提供的满足消费者需求的对象物，其质量对消费者忠诚有着根本而直接的影响。研究显示，产品和服务质量与愿意支付更高的价格或在价格上涨情况下继续保持忠诚之间有正相关关系，但不同产业间产品和服务质量与忠诚之间的相关度存在差异。

（二）消费者满意度

消费者满意是其忠诚的前提和基础。消费者满意通常可以对其忠诚产生积极的影响，但在不同的竞争条件下，消费者满意对消费者忠诚的作用也不一致，市场竞争越激烈，满意程度对赢得消费者忠诚就越重要。

（三）消费者的转换成本

转换成本是指消费者从一个品牌或零售商向另一个品牌或零售商转换，重新选择新的产品或服务时所需要付出的成本代价。转换成本不仅包括有形的货币成本，还包括无形的心理成本、时间精力成本等。转换成本的高低对维系消费者忠诚有着直接影响，较高的转换成本有利于消费者忠诚的建立和维系。消费者在购买过程中，虽然有时会发现更适合自己的产品，但因转换成本过高，不足以弥补新增加的价值，就会放弃购买其他企业的产品或服务。此外，特色产品和服务的不可替代性也能够大大增强消费者的忠诚度。

（四）企业与消费者的互动

企业与消费者的互动包括从各方面与消费者进行沟通和促使消费者参与。良好的沟通不但可以使企业随时了解消费者的需求信息并尽快满足其需求，而且可以加强消费者对企业的信任感。消费者参与是加强消费者对企业及其产品了解和关注的重要手段。企业通过加强与消费者的互动，可以增进彼此之间的了解并进一步加深情感联系，从而有利于忠诚消费者的获得。

三、提高消费者忠诚度

忠诚的消费者能够给企业带来持续的竞争优势，因为消费者忠诚的建立能够降低服务成本，忠诚的消费者具有较低的价格敏感度，且具有对其他潜在消费者的积极影响作用。企业可以通过产品研发、定位、制造、沟通、宣传到售后服务的整个营销过程来提升消费者忠诚度。

（一）寻找正确的目标顾客

消费者的需求原本就存在差异，并不是所有的消费者对同一企业的产品和服务都有相同的需求。企业要想获得忠诚的消费者，首先要对可能成为企业客户的消费者进行细分，寻找正确的目标客户并为之提供产品或服务。寻找到合适的消费者并为之服务，是实现消费者忠诚的基础。

（二）优化顾客体验，提升顾客感知价值

企业通过不断优化顾客体验，鼓励消费者参与，激发消费者兴趣，通过亲身感受增加消费者的感知价值。企业要吸引并留住消费者，就要了解如何为消费者创造和增加价值，这是影响消费者对企业评价的重要依据。如何让消费者感知到企业为此付出的努力，并且让消费者的感知价值获得提升，是获取忠诚消费者的基础。

(三)整合营销沟通,传递完美质量

运用整合营销沟通,建立企业与消费者之间的联系,促使企业从顾客角度出发,在深刻理解消费者需求的基础上,开发符合消费者需求的产品或服务。通过建立与消费者的长期关系,不断向消费者传递企业产品或服务的质量,提升消费者对企业的认同,因为产品和服务质量是影响消费者忠诚的重要因素。

(四)互动与价值共创

企业只有通过与消费者的互动,充分了解消费者,才能有针对性地满足其需求,让消费者与企业形成稳定的社会连接,进而促进顾客满意和忠诚。互动在形式上表现为企业与顾客之间进行信息、情感和价值的交流,其核心就是价值共创,即通过双向交往,企业要掌握顾客需求,同时利用顾客的经验和技能,根据客户的产品使用反馈和建议,不断迭代,持续改进产品,优化内部流程。

(五)定制个性化服务

顾客需求的个性化特征越来越明显,对个性化的服务情有独钟。企业获得忠诚客户的一个重要手段就是通过定制化方式生产出专属于特定顾客的服务或产品。通过定制个性化服务,企业能够为消费者提供高于其他竞争者的价值和吸引力,也更容易使消费者满意和忠诚。

经典和前沿研究 13-2

把抱怨的顾客变成忠诚的顾客

能够有效应对消费者抱怨和投诉行为对企业而言至关重要,尤其在移动互联网时代,信息沟通速度和覆盖面都大幅增加,顾客抱怨和投诉的负面风险很大。消费者在社交媒体(如微博、小红书、大众点评、抖音、脸书、Instagram)上的抱怨和投诉行为可能会快速发酵成企业不得不面对的重大负面公关事件,并造成重大财务损失。这就导致企业花费大量资源来响应顾客抱怨行为。

但是积极开展顾客抱怨管理是否总是对的?其有效性是否受到经济、行业、客户-公司关系、产品/服务和客户细分等诸多因素的影响?有学者(Morgeson Ⅲ et al., 2020)为了回答这些问题,整合了经济和营销学理论,并通过跨经济部门、跨行业和跨公司的 35 597 名投诉客户样本,系统调查了影响抱怨/投诉补救与顾客忠诚度之间关系的因素。他们发现,在快速增长的经济体、竞争更激烈的行业、奢侈品以及满意度和定制化期望更高的客户当中,投诉补救与顾客忠诚之间的关系更强。相反,当顾客对产品/服务的可靠性预期更高时,当产品为工业制成品时,当顾客为男性时,投诉补救与顾客忠诚之间的关系较弱。这表明,企业要依据自身的实际情况和各种外部因素特征综合考虑自己的顾客抱怨管理系统,而不是盲目或一味地投入大量资源去管理顾客抱怨与投诉行为。

资料来源:Morgeson Ⅲ, Forrest V. and Hult, G. T. M., et al. Turning Complaining Customers into Loyal Customers: Moderators of the Complaint Handling-Customer Loyalty Relationship. *Journal of Marketing*, 2020, 84(5): 79-99.

第六节 产品处置

一、产品处置方式

对产品的处置是消费者购后行为中的另一个重要方面。消费者对产品的处置并不是仅在产品损坏的情况才会发生。事实上，很多时候消费者会在产品依然可以使用的情况下对其进行处置。一般来说，消费者采用何种产品处置方式取决于产品本身的特征和状况（如产品可使用状况、产品类型、产品个性、产品包装）、消费者个体特征（如人生阶段、个性、生活方式、环保意识）、消费者与产品间关系（如心理所有权、身份匹配度）、社会环境（如文化、社会规范）以及情境环境（如情绪、怀旧营销）等多种因素的影响。传统上，企业和消费者均不太重视对产品的处置。但随着经济社会的不断发展（如共享经济）、经营与消费理念的变化（如企业社会责任观念、可持续消费理念）以及环境保护的需要等，产品处置正在逐步受到关注和重视（如居民小区内旧衣物回收箱的大量出现）。对于消费者来讲，对产品的具体处置方式有很多种，如图13-6所示[1]。

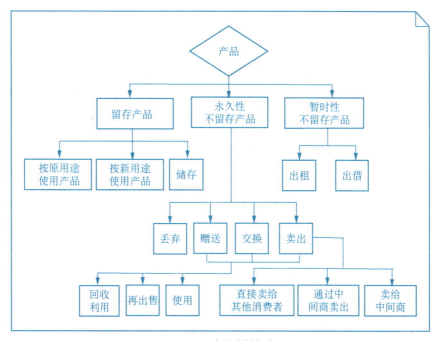

图13-6 产品处置方式

---

[1] Jacoby, J., Berning, C. K. and Dietvorst, T. F. What About Disposition? *Journal of Marketing*, 1977, 41(2): 22-28.

二、产品处置行为的影响因素

(一) 产品特征

回收成本的高低[1]和回收便利性[2][3]会决定消费者会将产品进行丢弃处理还是进行回收再利用。显然,当回收成本较低以及回收方式比较便利时,消费者会更倾向于采取回收行为。在日益重视环保和可持续发展的今天,具有社会责任的企业开始越来越多地从产品设计阶段就预先考虑和设计产品处置阶段时的回收方式。

对于可回收利用的产品,消费者究竟是采取回收行为还是丢弃行为(当作垃圾扔掉)取决于产品在消费使用过程中的变形或损耗程度。如果在消费过程中,使用后的产品的形状或大小相对于未使用时发生了很大变化,消费者对该产品的有用性感知就会显著降低,对其的回收再利用倾向也会更低,进而导致直接丢弃行为。[4]

对于那些能够帮助消费者定义和传达自身身份和个性的产品或品牌,消费者就更不倾向于直接丢弃,而是倾向于进行回收再利用,这是由于丢弃与自身身份密切相关的产品类似于丢弃自己的一部分。[5]

(二) 消费者特征

消费者的环保意识[6]、对产品回收的态度[7]、主观控制感[8]以及人口统计学因素(如性别、年龄、收入、居住时长、受教育水平等)[9][10]等个体特征因素均会影响消费者对产品的处置行为。一般来讲,环保意识更强的消费者、女性消费者、年龄偏长的消费者、在居住地居住时间更长的消费者以及受教育水平更高的消费者在产品处置过程中,更倾向于采用回收利用或其他更加环保的处置方式。

---

[1] Jenkins, R. R., Martinez, S. A. and Palmer, K., et al. The Determinants of Household Recycling: A Material-Specific Analysis of Recycling Program Features and Unit Pricing. *Journal of Environmental Economics and Management*, 2003, 45(2): 294-318.

[2] Halvorsen, B. Effects of Norms and Opportunity Cost of Time on Household Recycling. *Land Economics*, 2008, 84(3): 501-516.

[3] Schultz, P. W. and Oskamp, S. Effort as a Moderator of the Attitude-behavior Relationship: General Environmental Concern and Recycling. *Social Psychology Quarterly*, 1996, 59(4): 375-383.

[4] Trudel, R. and Argo, J. J. The Effect of Product Size and Form Distortion on Consumer Recycling Behavior. *Journal of Consumer Research*, 2013, 40(4): 632-643.

[5] Trudel, R., Argo, J. J. and Meng, M. D. The Recycled Self: Consumers' Disposal Decisions of Identity-linked Products. *Journal of Consumer Research*, 2016, 43(2): 246-264.

[6] Vining, J. and Ebreo, A. Predicting Recycling Behavior from Global and Specific Environmental Attitudes and Changes in Recycling Opportunities. *Journal of Applied Social Psychology*, 1992, 22(20): 1580-1607.

[7] Taylor, S. and Todd, P. An Integrated Model of Waste Management Behavior: A Test of Household Recycling and Composting Intentions. *Environment and Behavior*, 1995, 27(5): 603-630.

[8] McCarty, J. A. and Shrum, L. J. The Influence of Individualism, Collectivism, and Locus of Control on Environmental Beliefs and Behavior. *Journal of Public Policy and Marketing*, 2001, 20(1): 93-104.

[9] Harrell, G. D. and McConocha, D. M. Personal Factors Related to Consumer Product Disposal Tendencies. *Journal of Consumer Affairs*, 1992, 26(2): 397-417.

[10] Bianchi, C. and Birtwistle, G. Consumer Clothing Disposal Behaviour: A Comparative Study. *International Journal of Consumer Studies*, 2012, 36(3): 335-341.

（三）消费者与产品间关系

消费者对所拥有的产品的依恋程度（attachment）和心理所有权（psychological ownership）也会影响消费者对产品的具体处置方式。[1]当消费者对产品的依恋程度越高，心理所有权越强时，就会越倾向于继续保留该产品，不论该产品是否还具有使用价值。

（四）社会

社会因素同样会显著影响消费者对产品处置的方式，这包括消费者身处的社会环境（例如是集体主义文化还是个人主义文化）[2]及其身边人群（如亲人、朋友、邻居、其他消费者）对待产品处置的态度和具体做法等[3][4]。研究发现，个人主义比较强的地区会增强对产品回收不便利的感知进而导致更低的回收行为，而集体主义比较强的地区会增加产品回收重要性的感知进而导致更高的回收行为。在我国大力开展的反对铺装浪费的"光盘行动"就是通过社会规范和美德倡导来影响消费者对食物的处置方式。

（五）情境

企业的具体营销沟通方式（如信息表达方式）会影响消费者的产品处置行为。[5][6]有研究发现，自我怀旧能让消费者更倾向于保留和继续使用产品，而集体怀旧让消费者更倾向于捐赠和回收产品。[7]此外，消费者在处置产品时的情绪状态也会影响消费者对产品处置方式的选择。

消费者的产品处置行为不仅对消费者福祉有重要影响，而且对企业、社会以及环境均具有重要影响[8]。合理、合适的产品处置行为也是消费者公民行为的体现。

---

[1] Simpson, D., Power, D. and Riach, K., et al. Consumer Motivation for Product Disposal and its Role in Acquiring Products for Reuse. *Journal of Operations Management*, 2019, 65(7): 612−635.

[2] McCarty, J. A. and Shrum, L. J. The Influence of Individualism, Collectivism, and Locus of Control on Environmental Beliefs and Behavior. *Journal of Public Policy and Marketing*, 2001, 20(1): 93−104.

[3] Ewing, G. Altruistic, Egoistic, and Normative Effects on Curbside Recycling. *Environment and Behavior*, 2001, 33(6): 733−764.

[4] Goldstein, N. J., Cialdini, R. B. and Griskevicius, V. A Room with a Viewpoint: Using Social Norms to Motivate Environmental Conservation in Hotels. *Journal of Consumer Research*, 2008, 35(3): 472−482.

[5] Kidwell, B., Farmer, A. and Hardesty, D. M. Getting Liberals and Conservatives to Go Green: Political Ideology and Congruent Appeals. *Journal of Consumer Research*, 2013, 40(2): 350−367.

[6] White, K., MacDonnell, R. and Dahl, D. W. It's the Mind-set that Matters: The Role of Construal Level and Message Framing in Influencing Consumer Efficacy and Conservation Behaviors. *Journal of Marketing Research*, 2011, 48(3): 472−485.

[7] Wang, Y., Tian, H. Sarigöllü, E. and Xu, W. Nostalgia Prompts Sustainable Product Disposal. *Journal of Consumer Behaviour*, 2020, 19(6): 570−580.

[8] Cruz-Cárdenas, J. and Arévalo-Chávez, P. Consumer Behavior in the Disposal of Products: Forty Years of Research. *Journal of Promotion Management*, 2018, 24(5): 617−636.

本章小结

购后行为是指消费者完成产品购买决策并取得产品之后的一连串相关行为。消费者决策过程并不终止于产品购买完成，还应包括诸如产品使用和消费、评估、处置等多个购后行为。消费者对产品的使用和消费包括使用数量、使用频率、使用功能、使用情境等维度。消费者对产品的使用和消费受到产品因素、消费者因素和情境因素的影响。

购后失调是指对消费者在做出购买决策后怀疑自己是否做出了正确决策并随之产生的心理不适状态。购后失调往往伴随着购后后悔情绪。决策过程或购后情况与消费者预期的不一致（低于预期）是造成购后失调的最根本原因。消费者产生购后失调的可能性和强弱程度受到众多因素的影响，如备选产品数量、购买决策难度、购买决策重要程度、购买决策不可更改程度、购买决策是否是自由选择、决策前后的目标一致性、消费者忠诚度、消费者焦虑倾向与自信程度等。当产生购后失调时，消费者通常会主动采取一些措施来减少购后失调。

在购买和使用产品后，消费者会对所购买的产品进行评估，产生对产品或品牌满意或不满意的情感。消费者满意是由消费者对产品的期望水平和产品的实际绩效感知的对比而权衡得出的心理状态。由此可见，消费者满意主要受两方面因素的影响：一方面是消费者对产品的预期，如产品、营销沟通、竞争品牌、消费者特征等；另一方面是消费者对产品实际绩效的感知，如产品品质与功效，以及消费者对产品的态度和情感、对产品的期望、对交易公平的感知、消费者归因等。

对消费者满意理论的研究，主要形成了期望模型、绩效模型和公平模型三类理论模型。在消费者满意测评方面，不同的国家开发了不同的满意指数模型，如 SCSB 模型、ACSI 模型、ECSI 模型等。

在通常情况下，消费者感到不满意时，会采用不同的方式表达不满情绪，由此会产生消费者抱怨。决定消费者是否采取抱怨行为，受到多方面因素的影响。企业营销人员应该正视消费者抱怨，解决消费者遇到的问题，降低抱怨给企业带来的负面影响。

消费者忠诚是指消费者在较长一段时间内，对某一产品或服务的品牌、供应商持有强烈的正面态度而对该品牌、供应商有选择性偏好。忠诚的消费者能够给企业带来持续的竞争优势。因为消费者忠诚的建立能够降低服务成本，忠诚的消费者具有较低的价格敏感度，且具有对其他潜在消费者的积极影响作用。但要注意，消费者满意与忠诚之间的关系较为复杂，而不是普遍认为的消费者忠诚度随着其满意程度的提高而增大的简单关系。

消费者对产品的处置方式有很多种，包括使用、储存、丢弃、赠送、交换、卖出、出租、出借、回收等。消费者采用何种产品处置方式取决于产品特征、消费者特征、消费者与产品间关系、社会和情境等多种要素的影响。

思考题

1. 产品消费包含哪几个维度？
2. 什么是购后失调？购后失调受哪些因素的影响？
3. 消费者如何减少购后失调？
4. 消费者满意的内涵是什么？消费者满意受到哪些因素的影响？
5. 消费者满意度模型主要有哪些？
6. 消费者在购后不满意时，会采用哪些反应方式？
7. 影响消费者抱怨的因素有哪些？企业应该如何应对？
8. 何谓消费者忠诚？消费者满意与消费者忠诚的关系如何？
9. 如何提高消费者忠诚度？
10. 产品处置有哪些方式？产品处置受到哪些因素的影响？

第十四章 参考群体

> **开篇案例**
>
> ### 社交货币
>
> "社交货币"是美国沃顿商学院的营销学教授(Jonah Berger)在《疯传》一书中提出的概念,它是用来衡量用户分享品牌相关内容的倾向性。社交货币的观点认为,消费者在微信和微博等社交媒体上讨论的内容代表并定义着消费者自我,所以他们会倾向于分享那些可以使自我形象看起来"高大上"的内容。在社交媒体与消费者生活高度融合的时代,企业在与消费者互动的过程中,为消费者提供大量的社交货币,是获得消费者青睐的重要手段。
>
> 花西子于2017年创立,是一个以"东方彩妆,以花养妆"为理念的彩妆品牌。花西子在两三年的时间里快速发展,有众多的原因。其中一个很重要的原因在于,其不仅为用户提供"可以晒"的产品,更为用户提供"可以聊"的内容,通过定期推出不同主题的妆容教程,来吸引消费者拍摄上传仿妆视频。花西子邀请四位音乐匠人合作创作了同名歌曲《花西子》,引发网友大量转发。无论是产品本身,还是传播内容,花西子都是从用户角度出发,通过为用户提供社交价值来宣传品牌。通过把品牌内容"社交货币化"来打通品牌传播的全过程,与用户彼此成

全、共同成长。

资料来源：https://baijiahao.baidu.com/s?id=17022581087152777161&wfr=spider&for=pc.

第一节 | 参考群体的内涵与类型

与来自大众传媒的信息一样，由个人、群体传播的信息也能够对消费者造成很大影响。尤其在消费者看来，一些人因为联系紧密或具有一定的权力和专业知识，传达出来的信息相当可靠，甚至愿意模仿他们的观点、行为和言论。有时候，成为或融入自己所向往的个人或群体，是人们购买和使用特定产品或服务的主要动机。群体不仅能够影响人们的认知，而且直接影响人们的行为。因此，营销者需要了解哪些人或社会群体会对自己的目标市场造成影响，以及影响的内容和后果是什么。

一、参考群体的内涵与作用

参考群体（reference group）是对个人的评价、追求或行为有明显影响的真实的或虚构的个人或群体。在现实消费活动中，人们往往通过与参考群体进行比较来形成自己的态度、知识和行为。我们的消费行为不知不觉中受到他人评价或行为的影响，这些可以影响我们的消费意愿或选择决策的人就是我们的参考群体。

参考群体这一概念是美国社会学家海曼（Hyman）于1942年最先提出[1]。海曼所指的参照群体是指用以表示在确定自己的地位时与之进行对比的人类群体。所以他的定义强调了能为与他人比较而且能为解决问题而使用的参考点（point of reference）。

参考群体影响消费者的一条重要途径是社会化（socialization），即个人在某一既定领域中获得技能、知识、价值观和态度的过程。通过社会化，消费者习得消费价值观，并了解关于何时、何地以及如何选择、购买和使用产品的知识和技能。家庭、朋友等参考群体往往是重要的社会化中介。

二、参考群体的类型
（一）成员资格型参考群体

根据个体是否是群体中的一员，分为成员资格型参考群体和非成员资格型参考群体。成员资格型参考群体是消费者具有成员资格的群体，通常由与消费者相识的人组成。非成员资格型参考群体是指消费者不属于该群体的一员、行为却受到其影响的群体。

---

[1] Hyman, H. H. The Psychology of Status. *Archives of Psychology*, 1942, 269(1):5-91.

（二）首要参考群体与次要参考群体

成员资格型参考群体对作为其成员的个体在态度和行为上具有重要影响。根据群体联系的紧密程度，可以将其进一步分为首要群体和次要群体。首要群体指联系紧密且经常接触的参考群体，如家庭、朋友；次要群体的成员之间联系减弱，接触也相对较少，如健身俱乐部、书友会等。显然，具有直接和频繁接触的群体对我们会造成更大的影响。

（三）接触型参考群体与背离型参考群体

群体吸引力是指个人对群体的态度是积极的还是消极的，这会影响个体与群体保持一致的程度。当消费者认为一个群体非常有吸引力时，符合该群体规范的动机会更加强烈。成员资格型参考群体又可以分为接触型参考群体和否认或背离型参考群体。其中，接触型参考群体是消费者具有成员资格，其态度、价值观和行为标准被该消费者认同、接受的群体；而否认或背离型参考群体是消费者具有成员资格，但对其行为标准、态度和价值观持否定或反对态度的群体。

（四）渴望型参考群体与排斥型参考群体

非成员资格型参考群体根据群体吸引力，可以分为渴望型参考群体（aspirational reference group）和排斥型参考群体（avoidance group）。渴望型参考群体由消费者不认识但钦佩并希望加入的人组成，他们可能是成功的商界人士、运动员或演艺人员。排斥型参考群体是消费者力图避免加入或对其持否定态度的群体。希望向上迁移的群体往往仿效上层群体的态度和行为，所以对他们来说，上层群体就是一种渴望型参考群体。因此，参考群体不仅包括具有直接互动的群体，而且涵盖了与个体没有直接面对面接触但对个体行为产生影响的个人和群体。

第二节 参考群体对消费者行为的影响

一、参考群体的影响方式

参考群体如何影响消费者行为？早在 20 世纪 50 年代多伊奇（Deutsch）和朗格勒（Gerard）就把参考群体的影响方式分为两种，即信息性的社会影响和规范性的社会影响。[1]后来帕克（Park）和莱斯格（Lessig）进一步扩大为三种影响方式，即信息性影响（informational influence）、规范性影响（normative influence）和认同性影响（identification influence）。营销者可以根据不同的影响方式来制定相应的营销策略。[2]表 14-1 总结了参考群体的三种影响形式及主要表现。

---

[1] Deutsch, M., Gerard, H. B. A Study of Normative and Informational Social Influences upon Individual Judgment. *Journal of Abnormal and Social Psychology*, 1955, 51(3):629-636.

[2] Whan, P. C. and Parker, L. V. Students and Housewives: Differences in Susceptibility to Reference Group Influences. *Journal of Consumer Research*, 1977, 4(2): 102-110.

表 14-1　参考群体的三种影响形式

影响形式	主要表现
信息性影响	1. 个人向专业人士协会或独立的专家群体寻求关于各种品牌的信息 2. 个人向专业生产或销售产品的人寻求信息 3. 个人向拥有可靠品牌信息的朋友、邻居、亲戚或同事寻求相关品牌的知识和经验 4. 观察独立测试机构的认同与否会影响个人对品牌的选择 5. 个人对专家行为的观察会影响他们对品牌的选择
规范性影响	1. 为了迎合同事们的希望，个人购买某一特定品牌的决策受到同事偏好的影响 2. 个人购买某一特定品牌的决策受到与其有社会交往的人的影响 3. 个人购买某一特定品牌的决策受到家庭成员社会偏好的影响 4. 为满足他人对自己的期望，个人的品牌选择会受到影响
认同性影响	1. 个人认为购买某一特定品牌会提升其在他人心目中的形象 2. 个人认为购买或使用某一特定品牌的人拥有其所希望拥有的品质 3. 个人有时会觉得像广告中使用某一特定品牌的人那样也不错 4. 个人认为购买某一特定品牌的人会受到他人的羡慕与尊重 5. 个人认为购买某一特定品牌有助于向别人展示其希望成为什么样的人

（一）信息性影响

当个体把参考群体成员的行为当作潜在的有用信息加以参考，参考群体就发挥了信息性影响作用。例如，当网络口碑显示某品牌的产品质量很好，当周围的人都饮用某个品牌的咖啡，当自己喜爱的某个著名运动员在使用某个品牌的营养品……你或许会愿意尝试一下这些品牌，他们对这些品牌的使用提供了间接的信息。信息性影响程度取决于被影响者与群体成员的相似性以及施加影响的群体成员的权威性。

（二）规范性影响

当个体为了获得赞赏或避免惩罚而满足群体的期望来调整自己的行为或选择时，参考群体就发挥了规范性影响，有时又称功利性影响（utilitarian influence）。例如，为了获得同事们的赞同，你或许会购买某个牌子的产品；因为害怕受到朋友们的嘲笑而不敢选某个品牌的服装。群体跟个人的联系越紧密、产品越是受到社会关注，规范性影响就越强烈。营销者在广告中声称成功人士或受欢迎的人往往拥有或使用某种产品，或宣称如果不使用某种产品就落伍或得不到社会认可，就是利用这种影响来引导消费者倾向于某种产品或改变某种行为。

（三）认同性影响

当个体完全接受和内化了群体的价值观和规范，无须任何外在奖惩的情况下，主动调整自己的行为以符合群体观念与规范，就产生了认同性影响，也称为价值表达影响（value-expressive influence）。

二、影响参考群体作用的主要因素

参考群体并非对所有产品和消费活动都具有同样的影响,其重要程度往往取决于消费情境、消费者个人特征等多种因素。

(一)消费情境

有两个维度共同决定了特定消费情境下参考群体发挥影响的程度:所购物品是公开的可见性高的消费还是私下的可见性低的消费,所购物品是必需品还是非必需品(见表14-2)。

1. 可见性高的必需品

当所购产品是手表、汽车等消费可见性很高的必需品时,参考群体对个体的产品选择影响较弱,但对其品牌选择有强的影响。

2. 可见性低的非必需品

当所购产品是家庭影院等可见性低的非必需品时,参考群体对个体是否需要这种产品以及购买何种品牌的影响都很大。

3. 可见性低的必需品

而对诸如床垫、落地灯等消费可见性低的必需品,参考群体对产品需求和品牌偏好的影响都比较弱。

4. 可见性高的非必需品

对诸如高尔夫俱乐部等消费可见性很高的非必需品而言,参考群体对个体的产品和品牌选择都具有强烈的影响。

表14-2 两种消费情景特征与产品或品牌的选择

		需要程度	
		必需品,参考群体对产品影响力弱	非必需品,参考群体对产品影响力强
消费公开性	可见性高,参考群体对品牌选择有强的影响	公共必需品 影响:对产品弱,对品牌强 如汽车、手表	公共非必需品 影响:对产品、品牌均强 如高尔夫俱乐部
	可见性低,参考群体对品牌选择有弱的影响	私人必需品 影响:对产品、品牌均弱 如床垫、落地灯	私人非必需品 影响:对产品强,对品牌弱 如家庭影院

资料来源:Bearden, W. O. and Etzel, M. J. Reference Group Influence on Product and Brand Purchase Decisions, *Journal of Consumer Research*, 1982, 9(2): 183-194.

(二)消费者与参考群体的关系

消费者与参考群体的关系是影响群体发挥作用的重要因素之一。个人对群体的认同感和忠诚度越强,就越会遵守群体规范,在产品或品牌的选择上越符合群体的价值观和期望。例如,当你有机会参加渴望型参考群体的活动时,在衣着的选择上,就更可能参照群体的期望。家庭是与消费者关系特别密切的参考群体,家庭成员如爱人之间的相互影响就很大。相似性也是体现消费者与参考群体关系的一个方面,相似性越高,参考群体的影响就越大。比如为环保,酒店鼓励顾客重复使用毛巾,真实实验操控了三组:第一组是在房间内摆放小卡片呼吁客人保护环境,参与环保运动以表达对大自然的崇敬之情;第二组直接告诉客人,该酒店的大多数客人住宿期间至少重复使用过一次毛巾,结果发现第二组比第一组重复使用毛巾的概率提高了26%;第三组则是告诉客人居住过这个房间的大多数前任房客都重复使用过毛巾,结果发现毛巾重复使用率提高了33%。

(三)消费行为与群体功能的相关性

消费行为与群体功能的相关性也是影响群体发挥作用的主要因素之一。如果某种消费活动与群体功能关系紧密,个人在该活动中遵守群体规范的压力就大。例如,高尔夫俱乐部成员的球具选择就受到俱乐部其他成员较大的影响,但与你只在周三晚上一起健身的俱乐部成员所构成的参考群体对你外出就餐时的装束就没有多大影响。

(四)产品的生命周期阶段

当产品处于导入期时,消费者的产品购买决策受群体影响很大,但品牌决策受群体影响较小。在产品成长期,参考群体对产品及品牌选择的影响都很大。在产品成熟期,群体影响在品牌选择方面较大,但对产品的影响较小。而到了衰退期,参考群体对消费者的影响就很小了。

(五)消费者个人特征

1. 消费者自信心

个人在购物过程中的自信程度会削弱参考群体的影响力。通常,不自信的消费者更容易受到他人的影响。有时候,即使所购买的产品可见性不高,与群体功能也没有太大的关系,但如果购买决策非常重要,且购买决策者信心越是不足,参考群体的影响力就越大。消费者的自信既与自我评价和个性有关,也与消费者对决策问题所拥有的知识和信息量有关。一般而言,知识和信息的缺乏会降低消费者对决策问题的自信心,从而更容易受到群体的影响。

2. 消费者的自我涉入水平

当消费者对某一问题尚未表达看法和意见,他在群体压力下有可能做出和大家一致的表示。但如果他已经明确表达了自己的态度,此时屈服于群体压力会损害他在公众面前的独立性和自我形象,因此,他会抗拒群体的影响。有实证研究表明,随着自我涉入水平的增加,人们抗拒群体压力保持原先观点的倾向就越强。

3. 消费者是否容易受参考群体影响的特质

一些研究人员试图识别哪些类型的消费者更容易受到他人的影响,并开发出测量个体是否容易受群体影响的量表。表14-3是测量个体是否容易受他人影响和是否格外关注社会比较信息的部分题项。通常,容易受他人影响的消费者更愿意购买一些能提升自我形象、被他人认可的产品,在产品和品牌选择上更愿意符合参考群体的期望。

表 14-3 测量个体易受他人影响和注意社会比较信息的部分题项

易受他人影响的程度	1. 没有得到朋友们的认可，我几乎不会购买最新潮的款式 2. 如果产品使用时能被别人看到，我通常会选择大家期待我买的品牌 3. 我通常通过购买相同的产品或品牌来获得他人的认同 4. 为购买到合适的产品，我通常会观察别人买了些什么 5. 如果对某一产品了解很少，我通常会询问朋友或熟人 6. 购买某一产品前，我通常会从朋友或家人那里搜集相关信息
对社会比较信息的关注度	1. 我认为如果群体里的每一个人都表现出某种行为，该行为一定是合适的 2. 我尽量避免穿戴那些过时的服饰 3. 聚会时我通常会使自己行为得体 4. 在某种特定的社会情境下不知应如何表现时，我会观察周围人的行动从而寻求线索 5. 我很注意别人的穿着

资料来源：Hoyer, W. and MacInnis, D. *Consumer Behavior*, Mass.: Houghton Mifflin Company, 2001.

第三节 意见领袖

意见领袖（opinion leaders）是从属某参考群体，凭借自身专业技能、知识、特殊个性或其他特征而对他人产生社会影响的人。与普通消费者相比，他们更频繁或更多地为他人提供信息或推荐产品，在更大程度上影响他人的购买决策。意见领袖可以是朋友、熟人，也可以是某个领域的专业人士（如医生、律师等）、明星、网络红人、社会名流等。

意见领袖的最大特点是对某一类产品较群体中的其他人有更为深入的投入和了解，即持续涉入（enduring involvement），从而使得他们对某类产品或活动有更多的知识和经验，成为有价值的信息源。另外，在个性特点上，意见领袖通常具有创新性、乐于分享、自信、喜欢社交。

社交媒体平台的发展使得有些人在网络世界逐渐拥有较强的影响力，吸引大量的粉丝，有能力直接或间接地影响他人的消费决定，这些人被称为"网络红人"或者是关键意见领袖（key opinion leaders, KOL）。2021年10月20日晚，"双十一"预售启动，李佳琦直播间销售额达到106.53亿元，这是网络直播创造的，也是直播的意见领袖李佳琦创造的。[1] 2020年腾讯营销洞察与波士顿咨询公司的《2020中国"社交零售"白皮书》显示，31%的消费者会受到KOL的影响，而且对女性（34%）和25岁以下年轻人（41%）的影响力最大。从品类看，奢侈品（45%）、美妆（38%）和时尚鞋服（35%）明显领先于其他品类。很多企业都非常重视对KOL的营销投入，比如"完美日记"品牌诞生不过3年时间，其母公司逸仙电商迅速在美股上市。根据招股书，"完美日记"在所有主要社交平台上大规模使用KOL（意见领袖），与包括近15 000个不同知名度的KOL有合

---

[1] "双11预售首日，李佳琦直播间观看量达2.5亿，销售额达106.53亿元"，https://xw.qq.com/cmsid/20211021A05ODX00。

作,其中 800 多个拥有超过 100 万的关注者。深度合作的 KOL 资源被视为其核心竞争力之一。基于流量投放,"完美日记"形成了一套被称为"1990"的 KOL 投放原则,即 1% "头部"最有影响力的 KOL,加 9% "腰部"较有影响力的 KOL,再加 90% 普通博主。

网络环境下,除了 KOL,品牌的忠实消费者往往会扮演关键意见消费者(key opinion consumer,KOC),将自己对品牌的良好印象通过社交社区、微信、微博等进行传播,从而吸引更多的消费者购买所传播和推荐的品牌。

第四节 口　碑

一、口碑概述

(一) 口碑的含义

口碑(word-of-mouth)是在个体之间传递产品信息,是个人与他人以(口头)语言的方式分享的信息交流,包括面对面、电话和互联网等方式。现实中,有的口碑来自线下,比如来自与周围人们的口头交流,诸如询问一位朋友的漂亮衣服在哪里买的、告诉一位邻居某家商店正在促销、向家人倾诉自己在某家银行的经历、与同事讨论某种产品的特点等。在互联网背景下,更多的口碑来自线上,也被称为电子口碑(Electronic Word-of-mouth),是互联网平台上一些消费者关于产品或服务等的评价。

口碑发送者的意见有时比个人亲身感受更具影响力,尤其是当消费者对产品种类不太熟悉时,口碑的作用尤其强大。由于口碑是从消费者认识的人,或者是购买或使用过产品的其他消费者那里获得的信息,往往比从正规营销渠道(如广告)获取的信息更可靠和可信。因此,口碑传播对消费者决策和企业的成功有着重要影响。在口碑作为一种信息来源刚被关注时,科勒(Keller)和博瑞(Berry)的调查研究[1]就表明,相比广告信息,美国成年人在进行产品决策时更依赖口碑传播。

许多公司都希望通过口碑来扩大销售,于是诸如大众点评网、BZZAgent、Tremor 等口碑公司就有了巨大的市场机会。一些专业的口碑公司征募志愿者来宣传某种品牌或产品。这些志愿者没有报酬,但他们很享受第一时间了解最新资讯的感觉,他们能够选择宣传对象、宣传的内容(好或不好)以及宣传的方式(通过社交媒体、私人谈话等)。飞利浦公司就聘请口碑经纪公司来进行一些全国性的宣传活动,以提高其电动牙刷的销售。比如,曾经有一次口碑经纪公司将电动牙刷样品分发到亚特兰大 500 名志愿者手中,他们在全面体验之后将自己的意见传播给亲朋好友和其他人。

---

[1] Keller, E. and Berry, J. *The Influentials: One American in Ten Tells the Other Nine How to Vote, Where to Eat, and What to Buy*. New York: Free Press, 2003.

由于志愿者在与他人讨论产品时会分发优惠券,因而口碑经纪公司能够追踪口碑营销的销售额。这一行动很成功,以至于飞利浦公司一再扩大该活动的规模,最后参与的志愿者竟达 4.5 万名。另外,现在的餐饮企业越来越注重顾客的用餐体验,许多餐饮企业会不定期推出试吃活动,这种活动催生了一个全新的时尚职业——试吃员,这些试吃员享受了免费的美食后,在相关网站或微信、微博上写出自己的试吃体验,帮助企业进行口碑宣传。

(二) 口碑传播的特征

第一,可信度高。口碑经常被消费者认为具有较高的可信度。由于口碑的背后通常没有商业企图存在,因而消费者比较相信其所传达的信息,对口碑的内容也存有较高的信任度。

第二,生动描述。口碑沟通对于一些需要想象的产品属性(如餐厅的气氛或美容效果)可以产生较好的沟通效果,通过消费体验的生动描述往往可使其他消费者身临其境。

第三,传播范围广泛。对现在的网络口碑来说,信息的传播者和接受者都是非特定的公众,这是由网络传播的特点决定的。由于网络的匿名性和时空的巨大性,网络口碑的传播范围广泛。

第四,成本较低。在当今的市场背景下,由于口碑传播主要是通过互联网用户自发进行的沟通,信息传播的成本相对于商业广告等方式要便宜得多。

营销者已经清楚地意识到口碑的力量,并试图积极利用(促进或控制)消费者之间的口口相传,而不是坐等喜爱(厌恶)其产品的人们自发地谈论。他们常常通过以意见领袖为主体,运用社区、展览、会议、网络和公关活动等与产品相关的特殊活动,让消费者可以互相谈论公司及其产品的积极信息,从而树立良好的口碑。

(三) 口碑传播的动机

1. 口碑信息传播者的动机

(1) 拥有权力和声望的满足感。从某种意义上说,信息代表着一种权力,掌握更多产品的知识和信息就意味着拥有更大的权力。希望给别人留下自己具有专门知识的印象的人,通过提供口碑信息建立声望。

(2) 减轻购后不协调感。人们难免对自己的购买决策产生疑虑或怀疑,通过提供信息、讨论或动员,说服其他人购买与自己所购相同的产品,能够为购买决定的合理性与正确性提供新的支持,从而减轻自己的购后不协调感。当然,一些消费者的口碑是关于产品或品牌的负面评价,这种负面口碑的传播有助于消费者发泄对品牌或产品的不满,也起到减轻购后不协调感的作用。

(3) 获得群体的尊重和认同。与群体内的其他成员进行信息交流,增加与他们的社会交往,是获得群体认同和接纳的有效途径。

(4) 对产品或品牌的热爱。有些人可能高度涉入某类产品或活动并且津津乐道。

(5) 对他人真正的关怀或警示。人们也可能出于对他人真正的关怀而主动告知信息或发起讨论,或以自己不满意的经历警示别的消费者不要购买该产品或服务。

2. 口碑信息寻求者的动机

(1) 寻求更真实、更可靠的信息。对消费者而言,厂商或卖方所提供的信息大多有"王婆卖瓜,自卖自夸"之嫌,很可能不充分、不真实。相反,他们更加相信和依赖来自人际传播的信息。

（2）降低购买风险。通常，当购买的产品很复杂，产品使用的可视性很强，或很难通过客观标准的检验来判断产品质量时，消费者的感知风险会提高。寻求他人，尤其是有亲身体验的消费者的评价或建议，有助于做出正确的购买决策。

（3）减少信息搜寻成本。从周围的熟人、朋友或其他消费者处获得信息，有效地减少信息搜寻的时间和精力。

（四）口碑效果的影响因素

尽管口碑总体来说对消费者的影响很大，但并不是所有的口碑都有重要影响，有很多因素影响到口碑的效果。

（1）口碑来源。线上、线下口碑对不同消费者的影响是不同的。根据麦肯锡2019年对中国消费者的调查，传统的线下口碑对Z世代（1995—2009年出生）的影响日渐式微，Z世代的消费者只有43%把线下口碑视为重要建议来源，这一数据在千禧一代（1977—1994年出生）为50%，而在X一代（1965—1976年出生）为69%。而一些线上评论，如淘宝、天猫或小红书上的产品体验文，以及亲朋好友在社交媒体上的评论，是影响中国不同世代消费者的重要信息源。在受访的所有世代中，逾3/4的人表示线上评论是影响其购买决策的三大因素之一。[1]

（2）口碑评价涉及的对象。口碑评价的对象可能涉及物质或体验，人们在进行体验性购买和进行物质性购买时对口碑的依赖程度一样吗？研究者对六百多万条亚马逊网站的口碑分析和四项实验室实验表明，相对于物质性购买，消费者在购买体验时不太可能依赖网络口碑，原因在于口碑使用者认为，与物质商品相比，体验购买的评论对购买体验的客观质量反映较少。[2]

（3）口碑的内容特征。口碑的内容特征体现为多个不同的方面，比如口碑的方向。一般来说，负向口碑对口碑使用者的影响比正向口碑更大，这被称为"负面信息效应"。另外，口碑内容的客观性、具体程度、全面性会提升口碑的效果，评价语气的趣味性、生动性也会提升口碑的效果。

（4）口碑的时效和位置。一般来说，对信息使用者来说，越靠近其使用时点的口碑越有效果。而从口碑位置来说，在网络评论中，一个产品的第一条口碑的影响力最大。比如，有研究发现与拥有正面首评的产品相比，首评负面的产品在后续的口碑方向和数量上都表现较差，甚至在36个月后也是如此。[3]

（5）口碑搜寻者本身的特征，比如其专业水平、口碑偏好等是影响口碑效果的因素。[4]

（6）信息来源者与搜索者的关系。信息来源者与搜索者的关系强度越高，则口碑的影响越大。[5]

---

[1] "中国Z世代初长成，如何俘获他们的心？", https://www.mckinsey.com.cn/insights/consumers。

[2] Dai, H., Chan, C. and Mogilner, C. People Rely Less on Consumer Reviews for Experiential than Material Purchases. *Journal of Consumer Research*, 2020, 46(6):1052-1075.

[3] Park, S., Shin, W. and Xie, J. The Fateful First Consumer Review. *Marketing Science*, 2021, 40(3):481-507.

[4] Gilly, M. C., Graham, J. L. and Wolfinbarger M. F., et al. A Dyadic Sthdy of Interpersonal Information Search. *Journal of the Academy of Marketing Science*, 1998, 26(2): 83-100.

[5] Bansal, H. S. and Voyer, P. A. Word-of-mouth Processes Within a Services Purchase Decision Context. *Journal of Service Research*, 2000, 3(2): 166-177.

> **经典和前沿研究 14-1**
>
> **数字口碑对消费者决策的影响**
>
> 　　消费者购买产品或服务的决策是一个复杂过程。通常以网上评分、评论和建议等形式出现的数字口碑，对不同类别的产品和服务的消费决策都有着重大的影响力。大量企业实践和学者研究表明，积极的数字口碑会有力促进销售增长，但背后的作用机制究竟如何呢？
>
> 　　研究者（Shukla et al., 2021）以新推出的医生约诊服务平台为例，探究数字口碑对消费者选择过程三大维度（考虑集规模、考虑备选方案所用的时间、考虑备选方案的地理分散）的影响。他们发现，线上口碑对决策制定过程的影响是根据口碑丰富性程度（被评价的医生数量）而定的。口碑丰富程度越高，口碑会使得患者考虑的备选医生数量越少，浏览时间越短，并只考虑地理位置更接近的医生；反之，如果口碑丰富程度较低，线上口碑会促使患者考虑更多的备选医生、花费更长的时间浏览内容，并且备选医生在地理位置上也更加分散。研究结果还从约诊平台视角发现了蚕食效应，即评分高的医生以评分低的医生为代价，获得的预约量大增，这为平台如何平衡供求提供了参考依据。
>
> 　　资料来源：Shukla, A. D., Gao, G. and Agarwal, R. How Digital Word-of-mouth Affects Consumer Decision Making: Evidence from Doctor Appoointment Booking. *Management Science*. 2021, 67(3): 1546–1568.

二、负面口碑

（一）负面口碑及其影响

　　口碑不只传达正面信息，有时负面口碑对消费者的影响更大，所谓"好事不出门，坏事传千里"。因此，消费者之间非正式的讨论既可能成就也可能毁灭一个产品或品牌。尤其当消费者正考虑是否要接受一种新产品或服务的时候，相对于正面的信息，更可能注意负面信息，并且可能将这些负面信息告诉别人。

（二）预防和应对负面口碑

　　负面口碑无疑会降低一个公司的可信度，并消极影响消费者对产品或服务的态度及购买意愿。营销人员必须采取有效行动防止负面口碑的产生。一旦出现负面口碑，就应该积极应对和立即纠正。

1. 重视顾客投诉

　　不满意的顾客进行投诉，实际上是给予企业一次修正错误的机会。重视投诉管理，并提供免费商品或以其他方式进行补偿的公司，往往能够重新获得消费者的满意，有效减少负面口碑的产生。

2. 追踪口碑信息

　　无论是正面口碑还是负面口碑，公司都应该及时关注，努力找出它的来源。营销人员可以向消费者询问，追根溯源地找到信息来源。对传播正面口碑的消费者表达感谢或给予奖励。及时与传播负面口碑的消费者直接沟通，探寻原因，积极地解决误会或问题。目前，很多公司都会进行网上舆情监测，一旦发现负面信息，及时查找来源，解决问题，而不是听任负面信息传播，甚至形成谣言，危害企业及其品牌声誉。

3. 恢复公共信任

一旦出现危机情境，公司必须采取果断而明确的措施恢复消费者的信心，防止负面口碑形成和扩散。企业面对危机应该迅速响应，诚恳地与公众对话，切忌一味隐瞒。任何隐瞒都是徒劳，不仅损坏公司信誉，而且难以扭转局面。哪怕暂时还没有解决方案，也要立刻告诉公众你正在努力。然后，按照将消费者利益放在首位的原则，采取积极措施，消除危机的影响。

第五节 | 品牌社区

一、品牌社区概述

（一）品牌社区及其特征

这里的社区（community）是非地理性质的区间，特指由相同的意识、沟通的仪式和传统以及一系列道德责任感所形成的消费者之间的关系。品牌社区（brand community）是穆尼兹（Muniz）和奥吉恩（O'Guinn）在2001年提出的，是指以品牌为核心而形成的消费者与消费者之间的关系群体。其着眼于购买使用同一品牌，或对该品牌深感兴趣、有情感的消费者之间的关系。[1]

品牌社区可以看作一种特殊的成员型参考群体。群体的成员是以某个品牌为基础形成的互动人群，他们往往具有以下特点。

（1）相同的认识和理解。品牌社区的成员对品牌的理解和与产品相关问题具有相同的认识和理解。例如，认同哈雷品牌精神和价值，热爱机车动力的人才是哈雷车社群的一员，而不是仅仅因为买了哈雷摩托车。

（2）仪式和传统。品牌社区成员会共享一些约定俗成的仪式和传统，并以此标志来强化其社群归属。哈雷车社群的成员会定期汇聚哈雷故乡举办游行和其他活动，甚至有人在自己身上文上哈雷的品牌标志。

（3）道德责任感。品牌社区成员对所属群体及其他成员有自发的道德责任感。

（二）营销与品牌社区

研究发现，品牌社区显然增加了品牌拥有者的价值并建立了其对品牌的忠诚度。除了获得产品的功能性和品牌的象征性利益外，品牌社区成员还可以通过参与社区活动，熟悉产品、认识新朋友、扩大社交圈，获得归属感和对公司品牌的认同感，加深与品牌之间的联系。

---

[1] Muniz, A. M. and O'Guinn, T. C. Brand Community. *Journal of Consumer Research*, 2001, 27(4): 412-432.

正因为看重这些利益,品牌社区成员对产品的认识更加积极,而且品牌忠诚度也有所提高。他们更能包容和原谅产品的一些缺陷或服务质量的下降,同时即使他们知道竞争产品同样好,其转换品牌的可能性也较小。此外,品牌社区的成员在情感上也更加关注公司的利益,往往充当品牌使者的角色传播营销信息。这些正是许多公司努力促成品牌社区的原因。

但是,品牌社区要成功,需要有一些营销策略。

(1)品牌应该有一个强大的品牌故事,有独特的品牌文化,让客户可以关联和归属。

(2)要建立品牌社区,企业首先需要与用户建立起关系,并通过一系列有特色的品牌活动来加强爱好者之间的"联系",强化他们对社区和产品的认同感。例如,吉普品牌坚持不懈地努力培养社区精神,公司组织各种活动让各地的车主欢聚在一起,在建立友谊的同时,交流和分享品牌使用的经验与心得,加深他们对吉普车的涉入程度,帮助他们适应社区的仪式和传统,加强对社区的归属感和联系。这些活动有吉普公司组织和赞助的,也有吉普车主自行组织开展的,但大多围绕吉普车、越野体验及生活方式展开。

(3)与任何社区一样,品牌社区应该能够在术语、图标、符号和代言人等方面为其成员提供独特的可识别的社区元素。这样的社区元素不仅可以帮助社区将自己与其他社区分开来,还可以为社区成员提供有形的工具以识别其与社区的关系。这些社区元素应该符合品牌的基本身份。

(4)把社区建设成社区成员可以为公司创造价值的平台,提升社区成员的成就感和归属感。比如乐高社区在其创新和设计过程中会让众多全球忠实粉丝参与其中,并从重视、认同乐高品牌的粉丝和用户那里寻求宝贵的反馈。

二、虚拟社区

(一)虚拟社区的含义

虚拟社区(virtual community)指消费者围绕共享利益或目的组织起来,在虚拟网络世界共同活动的集体。[1]在人们广泛接触互联网之前,许多成员型群体都是由个体面对面接触形成的。但是现在,不再以物理空间中的地理条件限制成员的加入,不再以固定的物理场所作为线下行动的聚集点,沟通联络、信息传递分享等基本活动都可以在线上进行。只要有一部可以链接网络的电脑或智能手机,就可以随时随地地查看社群消息,跟其他成员进行互动。

(二)虚拟社区的用户

网络用户对社区的参与度、认同感和归属感可能有所差异,许多成员只是观察群体成员之间的讨论,基本上不直接参与,属于"潜水"状态;一些成员只在某种程度上参与;还有一些成员管理社区并为社区群体创造价值。

寇兹尼特斯(Kozinets)的研究[2]发现,与虚拟社区其他成员关系的密切程度、社区活动对自我概念的重要程度是决定成员对虚拟社区认同程度的两个主要因素。活动对消费者的个人自我概念

---

[1] [美]曼纽尔·卡斯特著,夏铸九等译:《网络社会的崛起》,中国社会科学文献出版社2001年版。
[2] Kozinets, R. V. E-tribalized Marketing? The Strategic Implications of Virtual Communities of Consumption. *European Management Journal*, 1999, 17(3):252-264.

越重要,其就越有可能在社区活动中寻求活跃的成员身份;而消费者与其他成员的关系越密切,其涉入程度就越高。结合这两个维度,社区成员可以分为四类,如表14-4所示。

表14-4 虚拟社区的成员

联系强弱	高度符合自我概念的消费活动	低度符合自我概念的消费活动
与社区社会联系强	骨干	参与者
与社区社会联系弱	爱好者	游客

(1)游客(tourists)。与虚拟社区没有密切的社会联系,只对某些活动有短暂的兴趣。

(2)参与者(minglers)。与虚拟社区有密切的联系,但对主要的消费活动不是很感兴趣。

(3)爱好者(devotees)。对活动有强烈兴趣,但是和群体的社会联系不密切。

(4)骨干(insiders)。既有密切的社会联系,对活动也有强烈的兴趣。

显然,爱好者和骨干是虚拟社区的主要用户,对希望利用虚拟社区实现促销目标的营销者而言,他们是需要特别关注的对象。通过增加使用次数,营销者也可以鼓励参与者和游客向爱好者和骨干转变。

> **经典和前沿研究14-2**
>
> **信息、情感和品牌突出度对在线数字内容分享的影响**
>
> 究竟是什么促进了在线数字内容的病毒式传播和分享?研究(Tellis et al., 2019)表明,信息、情感和品牌突出度起到了关键的作用。
>
> 通过研究驱动视频广告在多个社交媒体平台上共享的主要因素,得到以下重要结论:
>
> (1)以信息为中心的内容对共享有显著的负面影响。
>
> (2)快乐、兴奋、鼓舞和温暖的积极情绪对分享有正面影响。各种各样的戏剧元素,如惊喜、情节和人物,包括婴儿、动物和名人,都会激发情感。
>
> (3)突出地放置品牌名称会损害分享。
>
> (4)情感广告在普通平台(谷歌、脸书、推特)上的分享比在领英上更多,而信息广告则相反。
>
> (5)当广告时长适中时(1.2到1.7分钟),分享效应最强。
>
> 如果与以上的结论相反,比如广告使用的信息多于情感,名人多于婴儿或动物,品牌定位突出,惊喜很少,以及广告过长或过短,都不利于分享。因此,营销者在制作视频广告和制定病毒营销决策时,需要重视以上因素。
>
> 资料来源:Tellis, G. J., MacInnis, D. J. and Tirunillai, S., et al. What Drives Virality (Sharing) of Online Digital Content? The Critical Role of Information, Emotion, and Brand Prominence. *Journal of Marketing*. 2019, 83(4): 1–20.

(三) 虚拟社区的类型

虚拟社区有的属于公域型，即在该社区中，消费者可以围绕着某一兴趣或需要，分享和了解关于多个品牌的信息。这种社区一般属于趣缘社区（interest-based virtual community），比如电竞游戏社区、自驾游社区等。小红书就是一个典型的例子。在小红书上的时尚笔记分享社区，除了对时尚感兴趣的消费者，很多美妆博主会分享自己的经验，以及使用某品牌或某产品的体验，很多粉丝在学习和了解之后，就会根据博主的推荐以及自己的兴趣去购买不同的品牌。

与公域型不同，有的社区属于私域型，即是某一品牌创建的自己的网络社区，社区中的消费者都是该品牌的使用者、兴趣者。私域型社区虽然运营维护会更加复杂和高成本，但可以专注地与目标顾客保持紧密联系和互动。例如，耐克的 Nike+ 跑步社群由超过 2 000 万名跑步爱好者组成，在世界各地累计跑完了 10 亿英里以上的路程。社群成员在这里上传、记录、比较各自的表现。由于这个社交媒体的成功，耐克还把 Nike+ 拓展到篮球和体能训练，每项运动都有自己独特的社区网址、移动应用和相应的产品。

(四) 虚拟社区的营销模式

虚拟社区的营销模式主要体现在成员数量、内容、互动和增值几个方面。

(1) 发展社区成员。成员的数量尽管不是最关键的因素，但有一定规模的成员才能保持社区的活力，并对其他成员有吸引力，因此对企业来说要吸引与社区和品牌匹配的成员加入社区。

(2) 内容建设是核心。虚拟社区要吸引消费者持续的关注和参与，内容建设是核心。因此，近几年有"内容为王"的说法。内容建设的营销建议包括：

第一，要建立起内容与品牌价值和理念的关联。一些企业只注意流量问题，仅设计能一时抓取消费者眼球的内容，内容与品牌价值和文化关联不大。如果长期这样，这样的内容建设不仅对品牌的意义不大，而且吸引流量可能会消耗企业很多的营销资源。

第二，内容要根据目标群体对产品的"买点"来制作，贴近用户需求。

第三，内容要有故事性，能激发消费者的情感，要不断创新，不断吸引消费者的关注和兴趣。

(3) 互动是虚拟社区营销的有利工具。这里的互动包括企业与消费者的互动，也包括消费者之间的互动。企业要鼓励 KOC 与其他消费者进行互动。互动的形式包括提问与回答、上传、分享、二次传播，围绕着某一主题讨论等。比如完美日记在虚拟社区中，通过一百多个私人美妆顾问"小完子"个人号，与消费者进行频繁友好互动，提高顾客对品牌的情感涉入度，引发很多消费者对互动信息和品牌的二次传播。

(4) 通过社区实现消费者变现和品牌溢价。社区营销要通过内容、互动增加与消费者的情感，提升消费者对品牌的黏性，同时在社区互动中，要进一步了解消费者的需求，不断改进产品满足消费者的能力。另外，虚拟社区也可以具有直接的变现功能，可以在社区中设置消费者直接的购买链接。比如小红书原本是一个内容社交社区，消费者在社区中"种草"，在别的地方购买，在后期发展过程中，小红书成立电商部，消费者在"种草"后可以直接下单购买。

营销小故事 14-1

露露乐檬的社交营销

1998年，露露乐檬（lululemon）以"服务于女性瑜伽服垂直细分市场"的市场定位成立，成为"以瑜伽为灵感的运动服饰品牌"。自创立起，社区是其影响消费者生活方式，向消费者传递快乐、友谊、运动的品牌精神的重要渠道。在品牌精神的传达上，lululemon从诞生之初起就摆脱传统大众传播的方式，而是创新营销方式，利用社区活动进行品牌精神渗透。

20年来，lululemon没有媒介部，从不打广告、不找名人代言，而是通过打造社区内KOL、课程体验、垂直零售的营销闭环，实现销量的增长和品牌资产的累积。

lululemon把KOL称为品牌大使（brand ambassador），利用KOL制造流量，借助专业人士的口碑影响消费者。每开辟一个城市的市场，lululemon都会寻找当地最热门的20位健身教练、瑜伽老师，向他们免费提供lululemon服装，并在门店里挂上他们的海报，让品牌通过这些KOL的圈层进行辐射。这些品牌大使还会和门店的团队一起，通过社交网络、门店活动建立起基于社区的市场推广战略，这种做法被称为"建立社区"。Lululemon还通过开设体验展示厅，将KOL建立的"社区"实体化。具体做法是先开设展示厅，派出团队（包括当地的KOL）在展览厅开设瑜伽、普拉提等运动课程，并选择经验丰富的体验者带动更多消费者参与。社区的建立将产品与免费体验课紧密结合，可以让消费者在长期的瑜伽训练中了解lululemon，在轻松愉悦的训练氛围中进行购买，并通过品牌文化的具象展示提高消费者的品牌黏性；同时，社区的建立还可以通过深入触达潜在消费者，洞察其消费习惯和生活方式，不断改进产品。

2016年lululemon进入中国，沿用了其成功的社区经验。2018年，lululemon进驻微信商城，通过微信商城与顾客建立了长久的情感联系。同时，lululemon充分利用微博和小红书上等社交平台，由KOL在这些平台上介绍课程、指导穿搭、讲解功能，用各种方式影响潜在消费者，为实体店和展示厅引流。

总体上说，lululemon的成功秘籍在于通过深入利基市场获取核心竞争力，摆脱传统营销传播模式，借助KOL的口碑影响和精心的社群培育，实现顾客忠诚和经济收益。

资料来源：https://www.zhihu.com/question/492167482/answer/2168678864。

本章小结

参考群体是与个人的评价、追求或行为有重大相关性的真实的或虚拟的个人或群体。社会化往往是参考群体影响消费者的一条重要途径。根据成员资格、社会联系强度和吸引力可以将参考群体划分为不同的类型，包括成员型参考群体和非成员型参考群体、首要群体和次要群体、接触型参考群体和背离型参考群体、渴望型参考群体和排斥型参考群体。参考群体的影响方式主要有信息性影响、规范性影响和认同性影响三种。参考群体并非对所有的产品及消费活动都具有同样的影响，其重要程度往往取决于消费情境、消费者与参考群体的关系和消费者个人特征等多种因素。

意见领袖是从属于某参考群体，凭借自身专业技能、知识、特殊个性或其他特征而对他人施加社会影响的人。与普通消费者相比，他们更频繁或更多地为他人提供信息或推荐产品，在更大程度上影响他人的购买决策。

口碑是在个体之间传递产品信息，是个人与他人以口头语言的方式分享的人际信息交流，包括面对面、电话和互联网等方式。人们往往因为拥有权力和声望的满足感、减轻购后不协调感、获得群体的尊重和认同的需要，或者出于对产品或品牌的热爱和对他人真正的关怀进行口碑传播。消费者为了寻求更真实可靠的信息、降低购买风险、减少信息搜寻成本而寻求他人信息。

品牌社区是基于某个品牌拥有者之间的结构性的社会关系和与该品牌自身、产品使用和企业相关的心理关系。这些基于共同的产品使用或产品兴趣而形成的一系列社会关系的消费群具有相同的认识、仪式和传统以及道德责任感。品牌社区能够增加品牌拥有者的价值并建立其对品牌的忠诚度。

随着社交网络的发展，社交媒体平台提供了大量消费者评论和分享信息。在数字化口碑迅速发展的同时，网络社群和在线意见领袖在传播产品信息和品牌推荐上发挥了关键作用。

思考题

1. 什么是参考群体？参考群体有哪些主要类型？
2. 简述意见领袖的特点及其对营销的启示。
3. 什么是口碑？口碑传播的主要动机是什么？口碑使用者的主要动机是什么？
4. 口碑效果的影响因素有哪些？
5. 什么是品牌社区？举例说明品牌社区的参与者及其特点。
6. 虚拟社区的营销模式是怎样的？

第十五章 家庭与消费者行为

开篇案例

家庭户规模跌破"三"

家庭户是指以"具有血缘、婚姻或收养关系"的人口构成的单位。第七次全国人口普查的数据显示，2020年中国大陆地区平均家庭户规模为2.62人，比2010年的3.10人减少了0.48人，已跌破"三口之家"的数量底线。回顾过去，从统计数据上看，旧中国时期家庭户平均规模为5.2~5.4人，1953年第一次人口普查时为4.30人，1964年第二次普查为4.29人，1973年为4.78人，1982年第三次普查为4.41人，1990年第四次为3.96人，2000年第五次为3.44人，2010年第六次为3.10人，而2020年第七次人口普查则下降到2.62人。

家庭户规模为什么会持续缩减？这是人口转变与社会转型所带来的。具体原因包括：第一，家庭生育子女数量减少，家庭少子化趋势明显。目前中国独生子女家庭估计在2亿左右。第二，"单人户"数量增长，其中未婚单身青年是主力军，目前我国单身人口规模已超过2亿。第三，与我国人口流动日渐频繁，流动范围扩大，且流向流量多变的特征有关系。第四，受价值观和生活方式改变、年轻人婚后独立居住的诉求增加，以及两代人因"代沟"产生分住偏好等因素的综合影响。

庞大的单身人口催生了单身经济。寻求便利、悦己、精神寄托和自我提升是单身群体的主要消费方向。他们带动了旅游、智能小家电、宠物、方便食品和餐饮外卖等行业蓬勃发展。另外，游戏、短视频等娱乐也成为了"单身贵族"生活中的重要组成部分。

与此同时，空巢老人尤其是独居老人增长也是家庭户进一步缩小现象背后的一个客观事实。基于血亲基础上的代际反哺和亲情赡养在家庭规模小型化的进程中逐步弱化，这对社会养老消费提出了更高、更多的要求。

家庭户规模跌破"三口之家"的数量底线意味深长，它将影响生活，影响消费，影响社会发展。

资料来源：https://baijiahao.baidu.com/s?id=17158409151277575377&wfr=spider&for=pc，国家统计局网站。

第一节 家庭角色

家庭是社会结构中的基本单位，不仅对消费行为有直接的影响，而且在孩子社会化过程中发挥着重要作用。家庭一方面对其成员的消费观念、生活方式、消费习惯有重要影响，另一方面在社会文化和社会阶层的价值观与行为方式传承方面也起着决定性作用。

一、家庭

（一）家庭的概念

家庭（family）通常是指以婚姻关系、血缘关系和收养关系为纽带而结成的共同生活的社会基本单位。家庭的概念易与住户的概念相混淆，住户（household）是指在一所房子（独立的一栋房子、一个单元、一组房间或具有独立生活空间的一个单独房间）居住的所有人。家庭与住户既有联系又有区别。一方面，住户包括家庭；另一方面，住户强调的是其成员共同生活在同一起居空间，而家庭强调的是成员间的婚姻、血缘或收养关系。

家庭也是一种基本的社会群体，既有一般群体的特性，又有自己的独特性。家庭的特征有：

（1）家庭的形成是以婚姻或血缘关系为纽带，而其他社会群体的形成一般以工作或人物为纽带。家庭成员间的联系更加持久和牢固，例如父母对子女的情感几乎不带任何功利色彩，且很少由于彼此间矛盾、冲突而受影响。其他社会群体多是一种契约式关系，成员间关系可以很快由于利益上的冲突或由于既定目标的达成而中止。

（2）家庭成员间有更深刻和持久的情感联系，而其他社会群体成员间的联系则具有较多的理性色彩。

（3）家庭更注重内在价值的追求，而其他群体更注重外在价值的追求。例如，纯粹出于经济利益考虑而组建的家庭很少，人们在家庭中更多追求的是彼此间的关爱和亲情，不是物质索取和名利索求。

（二）家庭结构类型与变化

家庭结构是指家庭中成员的人数、年龄及性别构成等。家庭的人口结构、年龄结构、性别结构等对消费行为影响很大。例如，家庭中人口的多少直接决定了许多商品的消费数量，且家庭人口越多，家庭决策过程越复杂；在家庭的年龄结构中，虽然父母是主要经济支柱，但随着孩子年龄增长，孩子对家庭决策影响也越来越大，且不同年龄结构的人数多少，直接影响不同产品的购买数量。

1. 常见的家庭类型

（1）核心家庭。核心家庭指已婚夫妇和一个或一个以上子女居住在一起的家庭。

（2）主干家庭。主干家庭也称直系家庭，是指由父母和有孩子的已婚子女三代人所组成的家庭。通常，一个家庭内至少有两代夫妇（含一方去世或离婚）及未婚子女组成的家庭，最典型的形式是三代同堂的家庭。

（3）联合家庭。由父母双方或其中一方同多对已婚子女组成的家庭，或兄弟姊妹婚后仍不分家的家庭，其中任何一代含有两对以上夫妇，如父母和两对或以上的已婚子女组成的家庭。

（4）单亲家庭。由父亲一方或母亲一方与未成年子女组成的家庭。

（5）丁克家庭。仅由夫妇双方组成的无子女家庭。

（6）重组家庭。夫妇双方至少一人之前经历过一次婚姻，并有一个或多个前次婚姻子女共同重新组建的家庭。

2. 改变家庭结构的要素

随着社会的发展变化，家庭的基本结构和特征也在变化，其中有几个主要因素正促使家庭结构发生改变，如晚婚、双职工、离婚、小型家庭。

（1）晚婚。在当今社会中，越来越多的个人晚婚或者不婚。出于种种原因，诸如优先考虑事业、婚前同居行为被广泛接受等，晚婚或不婚已经成为一个常见的现象，这也势必影响消费者的消费模式。例如，与已婚者相比，单身男性在酒上的消费更多；单身女性往往会花更多的钱消费鞋子、娱乐、服装等；单身者在餐厅的消费会更多，常外出就餐。此外，晚婚的夫妇通常有更好的财务状况，因而有更多的钱支付房屋、家具、婴儿服饰及家政服务。

（2）双职工。在现代社会中，女性为寻求个人职业发展和个人成就会选择去工作；另外，出于家庭财务的需要，女性也会选择工作以分担家庭开支。这就出现了双职工家庭。双职工家庭对消费行为也有重要的影响，例如，由于工作和家庭负担的不断增加，导致她们用于烹饪、家政、购物和其他活动的时间减少。同时，越来越多的丈夫开始承担家庭责任，此时部分企业营销活动的目标对象可能要发生变化。

（3）离婚。离婚意味着人生的一项重大变迁，可能导致生活方式的重大改变。例如，一位刚离婚的消费者可能通过购买新服装或换新发型、加入单身俱乐部，以换取新形象或让自己感觉更好。购买商品或服务有助于这类消费者形成新身份、缓解转型压力。

（4）小型家庭。在许多国家，家庭的平均规模越来越小，例如美国家庭的平均规模是3.14人。根据我国第七次人口普查数据，我国大陆地区人口平均家庭户规模仅为2.62人[1]。家庭规模的小型化意味着有更多的可支配收入用于娱乐、度假、教育等消费，且在每个子女身上的花费也会更多。

> **经典和前沿研究 15-1**
>
> **中国农民工家庭的消费结构**
>
> 农民工是我国社会经济发展过程中的一个特殊的、重要的群体。农民工离开原有的居住地，在异地城市打工，其家庭与普通家庭相比，呈现出家庭成员可能分居，在城市有临时居住的家等独有特征。晁钢令教授与合作者研究了农民工家庭与普通农民家庭之间消费结构的差异。在对两种类型家庭的收入和支出总量进行控制的情况下，发现农民工家庭同普通农民家庭在消费结构上表现出明显的差异。具体来讲，农民工家庭在服装消费、交通通信消费和其他消费的占比上明显低于普通农民家庭，而在赡养消费、探亲支出占比上则明显高于普通农民家庭。在伙食消费、日用品消费、水电煤消费、休闲娱乐消费及子女教育支出方面，两种类型家庭间没有显著的差异。进一步解读发现，在收入和支出总额相当的情况下，农民工家庭在基本生活消费上相比普通农民家庭更加节俭，表现为日常消费支出项目或没有差别，或明显低于普通农民家庭；但在赡养老人和探亲开支上的占比则明显高于普通农民家庭。这一结果出现的原因在于农民工家庭异地分居，平时家庭联系较少，只能通过在赡养老人支出和每年必不可少的探亲支出方面的投入，来弥补维系家庭关系上精力投入的不足。而为了积攒这方面的费用，在城里的农民工家庭在日常生活方面必然表现得更为节俭。当然在对子女教育投入方面，两类家庭同等重视，所以在这方面的支出没有明显差别。
>
> 资料来源：晁钢令、万广圣，"农民工家庭生命周期变异及对其家庭消费结构的影响"，《管理世界》，2016，32(11)：96-109.

（三）家庭对消费行为的影响

家庭消费在整个社会消费中占地位。家庭消费活动不仅包括家庭成员共同的消费活动，也包括家庭中个别成员及每一位家庭成员的消费活动。家庭对消费行为的影响主要表现在以下方面：

第一，家庭经济状况决定家庭成员的购买能力；

第二，家庭对其成员的购买行为具有强烈和持续的影响，这种影响主要是从消费者的个人兴趣爱好、个性特征、职业选择、生活习惯等方面表现出来；

第三，家庭本身就是一个消费单位，住房、汽车、家具、大家电，甚至是锅碗瓢盆等日用品的消

---

[1] "第七次全国人口普查主要数据情况"，http://www.stats.gov.cn/tjsj/zxfb/202105/t20210510_1817176.html。

费都是以家庭为单位购买的；

第四，家庭所属的社会阶层决定了消费者的需求和消费习惯。

此外，一个人在一生中通常会经历两个家庭，一个是父母的家庭，另一个是自己成年后组建的家庭。当消费者做出购买决策时，必然要受到这两个家庭的影响，一般受原有家庭的影响比较间接，而受自己组建家庭的影响比较直接。

营销小故事 15-1

海尔食联网开启家庭用户第四种就餐方式

海尔食联网是智慧家庭时代为用户的定制化就餐服务。海尔食联网整合食材、厨师、物流等生态资源，开创了家庭用户的第四种就餐场景，让用户在家"一键"吃上大师菜。海尔食联网年夜饭整合五十多种农副产品，一百多位厨师，多个行业200+企业，共同打造出了年味满满的精美年夜饭。以2022年春节期间为例，海尔食联网年夜饭菜式全，"纳食接福""添味新年""饕餮年味""鼎食风雅"四大套系的年夜饭礼盒，让小而甜蜜的三口之家至其乐融融的四世同堂都能找到合适口味的套餐。南粤的梅菜扣肉、湘西的剁椒鱼头、闽南的佛跳墙、江南的状元鸡、塞北的五香烤羊腿、孜然烤羊排、正宗德式咸猪肘，醇香榴莲披萨……天南海北，应有尽有。

菜品不仅"多"，还"精"。海尔食联网年夜饭实现了大厨为用户"私人订制"，每道菜品都做到了"地道好食材，正宗大师味"。在满足用户家庭需求的同时，又带动了多种农副产品的销售，促进了农业产业的转型升级。

随着预制菜行业的爆发，海尔食联网为用户家庭开启的第四种就餐方式正受到越来越多家庭的欢迎。

资料来源：http://www.chnews.net/article/202112/547507.html。

二、家庭成员角色划分

（一）角色与家庭角色

角色（roles）是指一个人在群体中的地位，以及与该地位相应的一套期望行为。家庭角色简单来讲就是家庭成员在家庭群体中的地位及与之相应的期望行为，家庭成员的角色结构在很大程度上影响消费者行为。从社会学角度看，家庭和其他群体一样，家庭成员扮演的角色可分为：

1. 工具性角色

工具性角色（instrumental roles）也称功能性角色、经济性角色，是指群体（家庭）成员为达成群体的根本任务而扮演的角色，包括财务、工作和其他功能。例如，家庭成员中的成年男子为了养家糊口而外出打工，就是工具性角色的体现。

2. 表达性角色

表达性角色（expressive roles）是指家庭成员扮演支持其他成员，同时传递对家庭的情感、喜乐与紧张相关行为的角色。例如，家庭中成员对其他遭受挫折成员的安慰、鼓励、精神支持等行为，就属于表达性角色作用的体现。

依据家庭成员在家庭相关活动中扮演角色的对外与对内的区别，也可将家庭角色分为对外角色和对内角色。在我国传统社会中，"男主外、女主内"的形态就是对外角色与对内角色的分工体现。家庭角色受多方面因素影响，会直接影响家庭购买决策方式。

（二）家庭中的购买角色

1. 家庭购买的八种角色

一个家庭由多名成员构成，这些成员在家庭购买决策中扮演着不同的角色。有可能一个角色由几个成员共同扮演，也有可能一个成员同时扮演几种角色。家庭成员扮演的不同角色对于购买决策、产品使用以及使用后的行为都会产生很大影响。一般而言，家庭成员在购买决策中扮演的角色可以分为以下八种。

（1）发起者（initiator）。首先提出购买某一商品的人，通常也是引发家庭其他成员感受到问题存在的人。

（2）守门者（gatekeepers）。收集和控制与决策相关的重要信息的家庭成员。

（3）影响者（influencer）。对评价选择、制定购买标准和做出最终选择有影响的人。

（4）决策者（decider）。事实上决定选择何种产品或服务的个人或多人。

（5）购买者（buyer）。实际购买产品的家庭成员。

（6）使用者（user）。在家庭中实际消费或使用由他们自己或其他家庭成员所购产品的人。

（7）维护者（maintainers）。在产品购入后，负责保管和维护产品，以确保其良好运行的家庭成员。

（8）处分者（disposers）。负责终止与处理某一特定产品或服务的家庭成员。

2. 家庭购买角色的作用

在企业实践中，了解不同家庭成员在购买和消费中扮演的角色，有助于营销者把握一些重要问题。例如，谁最可能对企业产品产生兴趣？谁将是产品的最终使用者？谁最可能成为产品购买的最终决定者？不同类型的商品通常是由谁实际购买？对这些问题的把握，能够很好地帮助企业开展营销工作。

家庭中夫妻双方在制定决策时扮演着不同的角色，有时家庭中孩子在某些购买中也会影响最终购买决策。家庭成员所扮演的角色，其重要性也会随着家庭购买决策过程的不同阶段而有所差异。此外，在购买过程中，对购买原因、由谁决策、购买哪件物品、由谁使用等方面，不同的家庭角色之间也会经常发生冲突。一般而言，家庭成员通过相互说服、讨价还价和家庭制度来化解冲突。

第二节 家庭购买决策

一、家庭购买决策方式

家庭购买决策通常直接或间接由两个或两个以上家庭成员做出，在很多方面不同于个人做出决策的过程。例如，自身喜好直接决定个人会购买何种早点，而家庭中的妻子在为家庭购买早点时，会考虑家庭成员的不同口味和喜好，在大多数情况下会征询家庭成员的要求。戴维斯（Davis）和瑞加克斯（Rigaux）依据在家庭购买决策中夫妇双方扮演的角色及相互间的关系，将家庭购买决策分为以下四种主要类型。[1]

（一）丈夫主导型

丈夫主导型是指主要由家庭中的户主（丈夫）决定购买什么，丈夫在购买决策中起主导作用。例如，在汽车、酒类和保险类商品的购买中，丈夫往往是决策者。在通常情况下，家庭经济来源主要以丈夫为主，或者家庭传统观念比较强时，家庭决策易表现为丈夫主导型。

（二）妻子主导型

妻子主导型是指主要由家庭中的户主（妻子）决定购买什么，妻子在购买决策中起主导作用。例如，妻子主导型决策常存在于家庭日用品、食品、儿童服装等商品的购买中。在现代家庭中，由于家庭分工而形成的"男主外、女主内"的格局，或者家庭中妻子的理财、购物能力远强于丈夫时，家庭决策会表现出妻子主导型特点。

（三）自主型

自主型是指在决定购买什么时，丈夫或妻子（或其他家庭成员）都可能单独做出决策，而非共同商议得出结果。通常对于不太重要的购买，或者适合特定家庭成员使用的商品，自主型决策较多。例如，家庭中的男性成年人购买运动服装或装备等。此外，家庭收入相对宽裕时，家庭成员的购买行为不受经济收入的限制，购买决策的自主性和随意性也会增强。

（四）联合型

联合型是指在购买决策中，由夫妻双方甚至是家庭其他成员共同协商做出决策。例如，在购买住房、家庭装修、购买家具或度假选择上，通常是联合型购买决策。如果家庭中夫妻双方有良好的教育基础和协商环境，购买决策中更容易采取联合型决策方式。

关于主宰类型与产品的关系，图15-1显示了在某些物品的购买中夫妻的相对影响力。例如丈夫主宰保险的购买，妻子主宰厨房用品的购买，另外还有一些共同主宰以及各自主宰的产品。

---

[1] Davis, H. L. and Rigaux, B. P. Perception of Marital Roles in Decision Processes. *Journal of Consumer Research*, 1974,1(1):51-62.

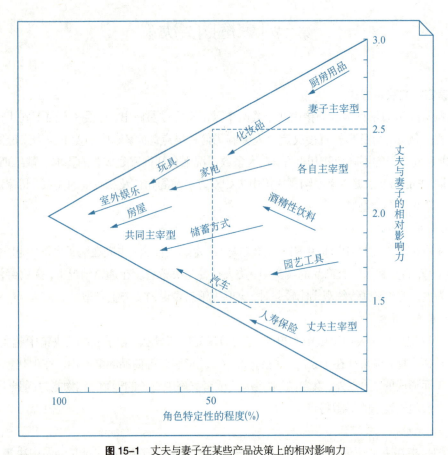

图 15-1 丈夫与妻子在某些产品决策上的相对影响力

资料来源：Davis, H. L. and Rigaux, B. R. Perception of Marital Roles in Decision Processes, *Journal of Consumer Research*, 1974,1(1):51-62.

经典和前沿研究 15-2

"子代-亲代"家庭旅游如何决策？

家庭旅游决策是家庭决策的一个非常重要的构成，尤其是在近年的体验经济快速发展时期。符国群及其合作者（2021）研究了中国"子代-亲代"家庭旅游的决策过程中呈现出的一些特征。通过对网民的调查，以及网上帖子的分析，发现家庭旅游决策与实施准备主要由子代（孩子一代）主导，亲代（父母亲一代）相对处于从属地位。"报答父母""补偿情感""荣耀父母"等与"孝道"相关的动机，驱动了子代做出家庭旅游的决策。在旅游过程中体验的核心部分是"关系与情感体验"，家庭成员之间的互动，以及子代"抑己顺亲""尊亲恳请"的孝道行为是决定"关系和情感体验"的关键。"孝道"贯穿于"爸妈型"家庭旅游的全过程。在旅游前，"孝道"是驱动子代进行家庭旅游的主要动因；在旅游过程中，子代会在"孝"的规范下部分屈从于父母的意愿或对父母的要求做出让步，部分亲代则可能运用"孝道"话语体系实现自己的主张或要求子代让步或妥协；在旅游后，亲代则运用"孝道"这种文化资源来构建旅游过程评价以及分享、传播旅游体验。

　　这项研究的结论显示，由于"爸妈型"家庭旅游基本上由子女辈发起，且"孝道"是背后的主要驱动因素，因此营销者应该围绕"孝道"主题开展相关活动。这也充分体现了中华民族的传统美德。

　　资料来源：符国群、胡家镜、张成虎等，"运用扎根理论构建'子代–亲代'家庭旅游过程模型"，《旅游学刊》，2021, 36(2):12–26.

二、影响家庭购买决策方式的因素

家庭购买决策方式受到多种因素的影响，通常来讲，下列因素会决定家庭中的角色分工，进而影响购买决策方式。

（一）家庭成员对家庭财务的贡献

一般而言，夫妻双方中的某一方对家庭的经济贡献程度大，其在家庭购买决策中的发言权也大。

（二）夫妻性别角色取向

家庭成员如果具有传统的性别角色刻板印象，在很多决策中会按照传统性别角色分工。例如，丈夫对家电等电子产品有主宰力，而妻子对厨房用品有绝对主宰力。传统意识弱且受教育程度高的家庭，在购买决策中会更多地采用共同决策的方式。

（三）家庭成员对产品涉入的程度

家庭成员对特定产品的涉入程度是有差别的，夫妻双方中的一方或其他成员对某一产品的涉入程度越深，在这个产品领域里进行购买时，影响其他家庭成员的程度就越深。例如，在家庭购买电脑或其他电子设备时，精通数码技术的男性家庭成员可能会占主导地位。

（四）家庭成员的角色专门化

　　一个家庭随着时间的推移，夫妻双方或其他家庭成员在决策中会逐渐形成专门化角色分工。例如，丈夫负责购买机械和技术方面的产品，如汽车、保险、维修工具等；妻子负责购买与扶养孩子、照顾家庭相关的产品，如孩子的衣服、厨房用品等。家庭成员的专门化角色，可能会随着时间和社会环境的变化而变化。此外，家庭成员在每件产品上做出联合决策的效率低，也促成了角色的专门化。

（五）家庭所属文化和亚文化特点

　　文化直接影响人们对性别角色的态度，在很大程度上决定着家庭决策由谁主导。例如，传统文化家庭中，受重男轻女思想的影响，男性在家庭中的地位较高，对家庭决策的影响自然会更大。在传统文化影响小的家庭中，成员地位平等且受教育程度较高，家庭决策更多表现为联合型或者自主型、妻子主导型决策。这里所讲的文化或亚文化并非一个地理的概念，在一个城市的同一地区的不同家庭，因为家庭文化背景不同也会表现出很大的差异。

（六）家庭成员的个性特征

家庭成员的许多个性特征会在购买决策中起作用，如教育、个性、年龄等。妻子的受教育程度越高，其参与的家庭重要决策也越多。一个有强控制力个性的家庭成员会积极参与家庭购买决策。家庭中孩子的年龄直接决定其参与家庭决策的程度，年龄较大的孩子在家庭决策中能发挥更大的影响力。

（七）家庭决策过程阶段

购买决策从最初的问题认知、信息收集到选择和购买阶段，决策过程阶段会影响决策角色。例如，家庭中的儿童和青少年在决策过程的早期阶段比其他阶段发挥的影响更大。

三、家庭决策冲突与解决

家庭决策本质是一种群体决策，成员之间的意见不一致在所难免。当一项家庭决策不能完全符合家庭中所有成员的需要和期望时，冲突就出现了。家庭决策冲突主要来自成员间的目标或手段的不一致，通常情况下有以下三种冲突。

（一）解决方案冲突

解决方案冲突（solution conflict）是指目标一致而手段不一致的冲突。例如，家庭成员都觉得应该购买一辆家用汽车，但对购买哪一品牌和型号的汽车产生很大的分歧。此时，家庭需要进一步收集更多的产品信息，或是相互分享信息以排除彼此在该问题的知觉差异。

（二）目标冲突

目标冲突（goal conflict）是指目标不一致而手段一致的冲突。例如，在家庭网络的应用上，家长和孩子都认为上网是必要的，但家长认为网络应该是用来学习新知识的，而孩子认为上网应该是一种休闲方式。家庭成员可能需要用说服的方式来调整各自对目标优先顺序的看法。

（三）复杂冲突

复杂冲突（complex conflict）是指目标和解决方案都不一致的冲突。在这种情况下，家庭成员彼此之间的分歧非常大，可以通过协商的方式来解决。

通常家庭成员会有很多方法来避免或解决冲突，常用的方法主要有：

第一，讨价还价。通过家庭成员间的相互讨价还价，努力达成妥协。

第二，制造印象。断章取义地列举事实，以博取支持。例如，当孩子的购买要求遭到家长拒绝时，孩子会指出哪些同学都买了这样的产品而且用得非常好等。

第三，运用权威。声称自己是内行，更适合做出购买决策。

第四，逻辑推理。利用逻辑推理进行争辩，以说服其他成员。

第五，感情用事。选择沉默或从讨论中退出。

第六，增加信息。通过进一步收集更多信息，或者由第三方提出意见来解决冲突。

第三节 儿童对家庭消费的影响

一、家庭中儿童的社会化

（一）消费者社会化

社会化是指社会的新生成员如何通过一定的程序来学得社会的价值、信念与风俗习惯，进而有利于其融入社会。消费者社会化是指消费者如何通过一定的过程来学得在市场中所需的相关技能、知识与态度。家庭成员中的儿童是消费者社会化的重要方面，儿童在消费者社会化过程中学习的内容主要包括三个部分：消费技能、与消费相关的偏好、与消费相关的态度。[1]

1. 消费技能

消费技能是指与购买相关的必要能力，如对金钱、预算、购买评价的理解能力等。孩子需要学习怎样购物、怎样比较类似的品牌、怎样分配可支配收入等技能。

2. 与消费相关的偏好

与消费相关的偏好是指那些导致人们对产品、品牌和零售渠道进行不同评价的知识、态度和价值观。例如，父母可能会通过建议或者示范来教给孩子某一品牌是知名品牌。

3. 与消费相关的态度

与消费相关的态度是指对营销刺激（如广告、销售人员推销等）的认知和情感倾向。例如，孩子可能从父母那里学到，广告的可信度是不高的，应对实物产品进行认真评价而非简单相信广告宣传。

（二）儿童社会化方式

儿童在日常生活中，会通过观察父母行为，在长期的耳濡目染中形成将来的行为。在通常情况下，儿童社会化方式有以下四种。

1. 观察模仿

孩子通过观察家庭中父母或年长兄姊的行为，通过模仿，学会积极或消极的消费方式，在家庭中悄悄完成消费者社会化过程。例如，儿童学习父母的选购行为、产品偏好，甚至接纳父母的消费态度，这些都是孩子长期观察和受父母消费习惯影响所致。

2. 互动学习

家庭成员彼此间的互动与观念的交流也是消费者社会化的一种主要方式，包括父母和子女的互动以及子女之间的互动。儿童也可通过和家庭成员的互动来完成消费者社会化。例如，家庭成员对社会流行事物产生不同的看法进而一起交流沟通，就是这种社会化方式。

3. 实际参与

儿童也可以通过实际参与购买和消费来实现社会化。例如，子女和父母一同选购和消费产品

---

[1] Moschis, G. P. The Role of Family Communication in Consumer Socialization of Children and Adolescents. *Journal of Consumer Research*, 1985,11(4):898-913.

或服务，在此情况下，子女经由实际参与，学习到相关消费的技巧与知识。

4. 媒体影响

儿童在成长过程中会接触到众多媒体，也会从中学得相关文化价值观或规范。

（三）儿童社会化过程

儿童的社会化并不是瞬息形成的，而是在日常生活中逐步完成的，即儿童社会化会经历一个过程，詹姆斯·麦克尼尔[1]将其归纳为以下五个阶段。

1. 观察阶段

父母在孩子很小的时候，就开始带孩子逛商场。在此阶段，孩子们在一旁观察父母购买行为的同时，也暴露在营销刺激之下，因此开始从感官上接触商场，并形成一定的印象。在孩子很小的时候（如五六个月），他们感觉到图像和声音；到了一岁多时，大部分孩子能够回忆起其中的一些细节。

2. 要求阶段

在这一阶段，孩子会向父母提出购买要求。例如，他们在逛商场时会指着或者干脆说出他们想要的东西。这一阶段的大部分时候，孩子们只在商品出现在眼前时才会有要求，他们还不能在脑海里保留对一个商品的印象。这一阶段多半发生在孩子两岁左右。以后，他们在家中受到广告刺激时可能会提出购买要求。

3. 选择阶段

孩子在此阶段不需要别人的帮助，就可自己在商场中挑选所需要的物品。通常出现在孩子三岁多时，当商场中的货物触手可及进而欲望被引发时，他们就开始选择这些商品。这一阶段的挑选大多以食品为主。

4. 协助购买阶段

大部分孩子通过观察学习或模仿，认识到通过付钱可以从商店购买产品。在父母或长辈的协助下，孩子开始做出购买决策，有能力使用货币，进而学会使用自己的钱选择和购买商品，成为初级消费者。

5. 独立购买阶段

此阶段，不用家长照看，孩子就能进入购买场所独立购买。经过前几个阶段的学习与参与，孩子们在某种程度上已经是一个成熟的消费者。

如果从认知技能的角度考虑，有学者认为儿童的社会化过程可以分为三个阶段[2]：第一阶段是感知阶段（perceptual stage），一般是在3～7岁的过程中，在这个阶段中儿童对市场有简单感知，对品牌、产品、商店等有浅层次了解，但一般只会根据显性的单一维度做决策，比如产品的大小、颜色。第二阶段是分析阶段（analytical stage），一般是在7～11岁，在这个阶段增加了一些消费知识与技能，懂得品类、价格等，会了解产品的功能，可以使用多个维度做决策，会考虑广告的动机。

---

[1] [美]詹姆斯·U. 麦克尼尔、张红霞著：《儿童市场营销》，华夏出版社2003年版。
[2] Roedder, J. D. Consumer Socialization of Children: A Retrospective Look at Twenty-five Years of Research. *Journal of Consumer Research*, 1999, 26(3):183–213.

第三阶段是反思阶段（reflective stage），一般是 11～16 岁，有抽象思维，会考虑产品和品牌的象征意义，考虑购买与自我身份等的一致性，根据情境和任务调整购买决策。

二、儿童在家庭购买决策中的影响

（一）儿童在家庭购买中的作用

在现代家庭中，由于孩子的数量越来越少，加之家庭又鼓励孩子参与更多的家庭事务，儿童在家庭购买及家庭决策过程中发挥着越来越积极的作用。一方面，他们发挥着向上影响的能力，影响父母与其他家庭成员的购买决策；另一方面，他们也会被父母训练为成熟的消费者，学习对自己的购买决策负责。儿童逐渐脱离对父母的依赖，发展自己的个性，当与父母的偏好不同时，就会发挥对父母的反向影响力。这种反向影响可能由子女的专业知识或者家庭民主氛围等促成。例如，子女在某些方面（如操作电脑）可能比父母强，父母会主动征询子女的意见。

儿童对家庭购买决策的影响与家庭的沟通模式有关。例如，如果父母鼓励孩子发出自己的声音并表达自己对购买的偏好时，儿童在家庭中的影响力通常能够达到最高水平。这与强调孩子必须服从家长决策的情况相比，父母会允许孩子在家庭购买决策上拥有更多的影响力。

此外，媒体也鼓励孩子们表达自己的诉求，从而影响父母的购买决策。精明的广告商早已意识到儿童会想方设法影响他们的父母来购买广告中看到的商品，因此也在利用各种手段鼓励孩子影响、参与甚至决定商品的购买。

（二）儿童影响家庭购买决策的方法

儿童用来影响父母决策的方法主要有[1]：

（1）压力法。儿童提出要求，使用威胁、恐吓手段来促使父母满足他们的要求。

（2）向上求助法。儿童通过向家庭中的长辈或老师甚至是家庭中的某个朋友求助，得到他们的许可，以此来说服父母。

（3）交换法。儿童暗示可以通过帮父母做家务来换得家长的许可。

（4）联合法。儿童努力寻求其他人的援助来说服父母，或者使用其他人的支持作为征求父母同意的办法。

（5）讨好法。儿童在要求父母答应一个请求之前，会努力让父母有好心情或者让父母对他/她感到亲切。

（6）理性说服法。儿童使用有逻辑的论点以及事实论据来说服父母同意他的要求。

（7）启发法。儿童通过做出情感恳求或者提议来激发父母对其要求的兴趣。

（8）咨询法。儿童要求父母参与到其决策中。

随着年龄的增长，孩子对家庭决策的影响也会越来越大。对营销人员而言，儿童市场的重要性已不言而喻。尤其是在中国，孩子在家庭中的地位和重要性十分突出，对家庭消费决策的影响力

---

[1] Palan, K. M. and Wilkes, R. E. Adolescent-parent Interaction in Family Decision Making. *Journal of Consumer Research*, 1997, 24(2):159-169.

很大。玛格丽特·米德（Margaret Mead）曾经根据文化的传递方式将文化传递和影响分为前喻文化（晚辈主要向前辈学习）、并喻文化（长辈和晚辈的学习都发生在同辈人之间）和后喻文化（长辈反过来向晚辈学习）。[1]在互联网经济背景下，由于年轻一代对互联网和数字技术有绝对的话语权，他们对长辈的影响就属于后喻文化的体现。

第四节 家庭生命周期

家庭生命周期（family life cycle）是指从家庭筹组到解体之间所经历的一系列发展状态和形态。家庭生命周期中的各个阶段，由于面对的情况不同，通常会有不同的需求，家庭成员的消费行为也会受到所处阶段特殊需求的影响。

家庭生命周期是一个有效的营销工具，通过对其进行分析，根据家庭生命周期的不同阶段来划分市场，对企业营销具有很强的指导意义。众多研究表明，在家庭生命周期的不同阶段，家庭会对不同的产品类别产生相应的需求；同时，对于同一种产品的需求，也会因生命周期的不同阶段，呈现不同的需求特点。家庭生命周期是一个综合变量，它是系统地结合人口统计学常用的变量创立的，如婚姻状态、家庭规模、家庭成员的年龄和家长的社会地位等。对家庭生命周期阶段主要基于年龄、婚姻状态和孩子状态等因素划分。

一、传统家庭生命周期模型

对家庭生命周期的研究，开始主要源于社会学领域，后来逐步延伸到经济学和营销学领域。随着研究的深入，家庭生命周期模型也经历了不同的发展阶段。其中，最具影响力的模型之一是威尔斯和古芭（Wells & Gubar, 1966）[2]提出的传统家庭生命周期模型。该模型将家庭生命周期划分为年轻单身、新婚夫妇、满巢Ⅰ、满巢Ⅱ、满巢Ⅲ、空巢Ⅰ、空巢Ⅱ、鳏寡几个阶段。每一阶段的界定如表15-1所示。

表15-1 传统家庭生命周期各阶段

阶段	定义	主要特征
1. 年轻单身	未婚，35岁以下	收入在平均水平以下，高度可支配收入，高度自由
2. 新婚夫妇	年轻，已婚，无小孩	良好的财务状况，创立一个新家庭，新的负担与生活
3. 满巢Ⅰ	已婚，最小的孩子在6岁以下	孩子成为家庭的焦点，父母失去自由，产生财务上的负担

---

[1] [美]玛格丽特·米德著，周晓虹、周怡译：《文化与承诺：一项有关代沟问题的研究》，河北人民出版社1987年版。
[2] Wells, W. D. and Gubar, G. Life Cycle Concept in Marketing Research. *Journal of Marketing Research*, 1966,3(4):355–363.

续　表

阶段	定义	主要特征
4. 满巢Ⅱ	已婚，最小的孩子在 6~12 岁	财务状况改善，持续对家庭投资关注，父母的自由增加
5. 满巢Ⅲ	已婚，最小的孩子在 20 岁左右	收入改善，但需储蓄以供子女上大学，焦点开始由家庭转至外面世界，父母的自由增加
6. 空巢Ⅰ	已婚，小孩离开家庭	财务改善（收入增加，支出减少），焦点转至家庭之外以及延伸家庭，父母的自由增加
7. 空巢Ⅱ	已婚，退休，小孩离开家庭	收入减少，可能因医疗因素造成财务压力，注意力集中于延伸家庭，有高度的个人自由
8. 鳏寡	丧偶，退休，小孩离开家庭	低收入，独居，有大量自由，关注延伸家庭，可能有健康问题

资料来源：Wilkie, W. L. *Consumer Behavior*, 3th ed., New York: John Wiley & Sons, Inc., 1994.

（一）年轻单身阶段

年轻单身指年龄在 35 岁以下，尚未结婚的单身。这一阶段的单身男性和女性，很多是刚离开父母的大学生或大学毕业生。单身年轻人通常把他们的收入花在租房、基本家庭装饰、旅行、娱乐、服装等产品以及约会和交友上。单身期的年轻人通常有足够的可支配收入来满足他们自己的消费。

（二）新婚夫妇阶段

新婚夫妇阶段指刚结婚组建新家庭但还没有小孩的阶段。新婚阶段的夫妇通常两人都有工作，因此经济状况较好。在组建新家庭的过程中，会在很多项目上有花费，如房子、装修、婚庆、休闲、旅游度假等。在新婚阶段，两个人各自的生活方式会做出很大调整，以期形成一种共同的生活方式，而且在许多问题上都需要一起做决策。

（三）满巢Ⅰ阶段

新婚夫妇有了小孩，但小孩年龄小于 6 岁，就进入满巢Ⅰ阶段。由于孩子的出生，夫妇俩的精力都集中在孩子身上，因此这一阶段的花费也集中在孩子身上，如孩子的食物、营养品、玩具、衣物、医疗支出等。家庭的结构也发生了变化，由于要有专人照顾孩子，夫妻双方的角色分工会逐渐形成，可能会影响家庭的经济来源。

（四）满巢Ⅱ阶段

当小孩的年龄超过 6 岁时，家庭生命周期就进入满巢Ⅱ阶段。此时，孩子对父母的依赖相对于前一阶段有所减轻，孩子也开始上学，夫妻中原本在家看护孩子的一方开始重新工作。夫妻收入增加，家庭经济状况会好转，家庭中孩子的教育费用支出成为家庭的一项重要支出。家庭不仅要为孩子准备衣、食、住、行等方面的物品，还可能带孩子参加各种音乐班、学习班，购置各种学习用品（如钢琴、小提琴之类的乐器）。

（五）满巢Ⅲ阶段

满巢Ⅲ阶段指年纪较大的夫妇和尚未完全独立的孩子所组成的家庭，孩子可能已经成年，甚至开始工作。此时，家庭的财务负担相对减轻，家庭经济状况得到明显改善。此阶段，耐久性商品的支出占据了家庭消费的较大比例，例如家庭会考虑更新一些大件商品，购买更新潮的家具，还会在诸如外出就餐等提升生活质量的服务方面增加花费。

（六）空巢 I 阶段

空巢 I 阶段指孩子开始独立并离开家庭，不和父母住在一起。这一阶段是家庭购买力很高的阶段，因为夫妻双方的收入随着工作年限的增加和职位的晋升而增加，而且子女已独立从而负担相对减轻。此外，夫妻双方的自由度也会极大增加；同时，这一阶段的家庭能够承受较高额的消费支出，如奢侈品、旅游、休闲以及昂贵的嗜好支出。

（七）空巢 II 阶段

空巢 II 阶段指孩子已经独立，不再和父母同住，且父母已退休。这一阶段的夫妇由于年龄很大且大多已退休，家庭收入也就骤减。这一阶段的消费主要集中在一些必要的支出上，例如对医疗保健、住房、食品和娱乐的特殊需求。

（八）鳏寡阶段

随着时间的推移，年迈夫妇中的一人过世，家庭只剩下一人，进入了鳏寡阶段。这一阶段，由于收入来源减少，在世的一方可能过得更加节俭，但可能在诸如医疗和看护上的支出会增加。这样的家庭会有一些特殊的需求，如需要更多的关爱和照看。当在世的一方离开人世，整个家庭生命周期就终结了。

营销人员应该对家庭生命周期引起足够重视，伴随家庭生命周期阶段的转变，家庭消费行为会受到影响。通常来说，从单身到结婚，家庭支出会增长并且一直保持较高水平，直到进入老年阶段才会明显下降。新家庭倾向于在健康护理、服装、房屋和食物上花费较多金钱，但是会减少在酒类、交际和教育上的支出。随着家庭的发展，家长们在房屋、家具、儿童护理和家庭相关服务上的开销越来越大。老年单身者和夫妇在家用产品、家庭护理和旅行上的开销很大。此外，研究表明，处于家庭生命周期中期的家庭最容易发生品牌偏好的转移，并且容易受到市场营销的影响。

二、现代家庭生命周期模型

随着社会的发展变迁，家庭生命周期呈现许多新变化，如结婚年龄的推迟、生育时间的推迟、离婚率的上升、生育率的下降等，促使家庭生命周期阶段的演变呈现更加复杂的态势。根据上述情况，墨菲和史泰博（Murphy & Staples, 1979）[1]对传统家庭生命周期模型进行了修正，提出了现代家庭生命周期模型。在这一模型中，根据家长的年龄（35 岁和 65 岁）区分为青年家庭、中年家庭和老年家庭，并且根据有无孩子再进一步细分家庭。但这一模型并没有考虑孩子的入学情况，并且以 65 岁标准区分中年家庭和老年家庭，也没有反映退休情况（如图 15-2 所示）。

---

[1] Murphy, P. E. and Staples, W. A. A Modernized Family Life Cycle, *Journal of Consumer Research*, 1979, 6(1): 12-22.

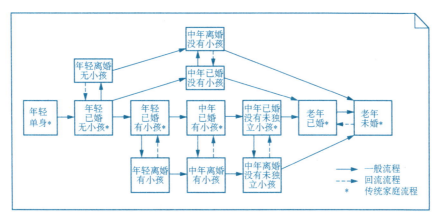

图 15-2 现代家庭生命周期模型

现代家庭生命周期模型中，除了包括主流的家庭形态外，也考虑其他一些日渐增加的家庭形态，如离婚家庭的增加等。现代家庭生命周期模型相对于传统家庭生命周期模型而言，因其考虑到新出现的社会现象，进而对当前家庭类型有更好的解释力。根据现代家庭生命周期模型，家庭生命周期中各阶段的主要特点如下。

（一）年轻单身者

这是指离开父母自立生活的青年男女。年轻单身者通常收入较低，但没有负担，因此也有足够的收入供自己过上享乐主义的生活。他们是时髦商品的主要购买者，对服装、汽车、旅游、化妆品和娱乐品很感兴趣。此外，在交友和约会上的花费也占支出的不小比重。

（二）年轻夫妇，没有孩子

这一阶段从新婚开始到第一个孩子出生前。一般情况下，夫妻双方都有工作，经济上比较宽裕，可以追求类似单身生活的物质享受，也会到外面娱乐。通常，在新家庭的建设上会投入不少财力，例如添置家电产品、汽车以及娱乐度假等，耐用消费品的购买率很高。

（三）年轻离婚，没有孩子

年轻夫妇在没有生孩子时就离婚，此时他们回到类似单身生活的轨迹。因仅有一个人的收入，所以经济上比结婚时显得相对拮据。他们购物通常先是必需品，尤其是收入不是很高的单身女性。许多人最终还会另觅佳偶，重新步入婚姻但无子女的家庭阶段。

（四）年轻夫妇，有孩子

孩子的出生会很大程度地改变年轻夫妇的生活方式，因照顾孩子的需要，夫妻双方的闲暇时间会大幅减少，而且家庭花费很大一部分集中在孩子的抚养上。许多家庭在孩子出生后的几年内，妻子为带小孩放弃工作，家庭总收入下降。在该阶段，家庭开支较大，而收入和储蓄减少，家庭成员倾向于从家庭活动中获得乐趣，较少出去吃饭、度假。此阶段，家庭在儿童用品，包括适合小孩的各种食品、营养品、玩具、衣服等方面花费较大。此外，他们对新产品较感兴趣，易受广告的影响。

（五）年轻离婚，有孩子

有小孩的年轻夫妇，因婚姻上遇到问题而离异，各奔东西。负责抚养孩子的一方在离婚后，生活方式和收入会有急剧的变化，尤其是对年轻女性而言。许多单亲家庭的家长，难以兼顾家庭和事业，生活压力很大，他们购买耐用品的能力会大幅下降，但对方便食品和家庭零用物品的需求依然很强。

（六）中年夫妇，有孩子

随着时间的推移，有孩子的年轻夫妇家庭进入了中年阶段。中年夫妇进入事业的黄金期，因事业有成而有很强的经济实力。通常，此阶段的家庭在更新家具和耐用品上花费较大，在孩子的教育、服装、食品和娱乐上的花费也很大，会更多考虑投资和储蓄。

（七）中年离婚，有孩子

处于中年已婚有孩子的家庭，由于婚姻危机而离异。这类单亲家庭的消费行为与年轻离婚有孩子的家庭较相似，以一个人的收入维持以前的生活方式，家庭压力相对较大。

（八）中年离婚，无孩子

中年已婚没有小孩的家庭因婚姻危机而离异，或者年轻离婚无小孩的家庭，没有及时组建家庭而进入中年离婚无小孩阶段。这类家庭所占比例极少，没有孩子使得他们容易重新组建家庭，脱离中年单身生活。

（九）中年夫妇，无孩子

这类家庭是从年轻夫妇（无孩子）阶段演变而来的。因为有更多夫妇决定不生小孩，这类家庭的数目呈现上升趋势。尤其是那些受过高等教育的夫妇，大多喜欢自由，生活也较富裕，对旅游度假、高科技电子产品等新产品有较强需求。

（十）中年夫妇，孩子独立

此阶段的家庭也就是通常所说的处于"空巢"阶段的家庭。因孩子的独立，他们有了更多的自由，不少夫妇开始探寻新的生活方式。他们的收入一般会有所提高，并用来购置一些豪华物品改善居住条件。也有许多人开始长期投资，以保障自己退休后的生活。

（十一）老年夫妇

夫妻双方因年龄增大而退休，原有的生活方式会发生改变。虽然有更多的时间享受生活，但因退休收入下降，伴随年龄而来的健康问题也会困扰他们。这一阶段的老年夫妇，一般都较勤俭节约，但在医疗保健方面的花费较大，例如购买药品以及一些有助于消化、睡眠和滋补的商品。随着社会人口的老龄化，这部分家庭会日益增多。

（十二）鳏寡老人

老年夫妇中的配偶一方去世后，家庭就进入了鳏寡阶段。由于女性的平均寿命比男性要长，所以这种老人半数以上是女性，通常过着一种简单而经济的生活，在保健方面的开支相对较大。此阶段的老人对友爱、护理和安全保障需求大，很多人可能卖掉自己的房子，住进老年公寓或养老院。也有部分老人可能进入"黄昏恋"，重新组建一个家庭，相依为命，共度晚年。

家庭生命周期阶段的特征与社会环境密切相关，上述内容描述了一般意义上的家庭生命周期阶段的特征。各阶段的特征可能由于特定的社会环境而有所差异。例如，我国独生子女政策实行的效果目前已明显显现，独生子女一代已经进入结婚生子阶段，其父母一代已经进入中老年阶段，此阶段的许多中老年夫妇也就进入照顾子女孩子的阶段,这使得他们享受自由生活的阶段可能被推迟。

在西方,传统上大部分家庭会经历前面描述的家庭生命周期阶段。然而,目前随着各种新型家庭形式的大量涌现,传统家庭生命周期理论面临各种挑战。一种普遍的社会现象就是非家庭型住户,即由独身者或者没有血缘或婚姻关系的个体组成的住户涌现。在构建家庭生命周期模型时,不能不考虑这种类型。表15-2描述了非传统家庭的生命周期阶段。

表15-2 非传统家庭的生命周期阶段

家庭生命周期各阶段	定义/评论
家庭型住户	
1. 无孩子的夫妇	已婚夫妇倾向于不要孩子,导致这种现象的原因在于已婚职业妇女和晚婚人数增加
2. 晚婚夫妇(30岁后结婚)	更多的职业男性和女性愿意少要孩子或者根本不要孩子
3. 晚育夫妇(30岁以上有第一个孩子)	倾向于少要孩子,提高了对生活质量的要求
4. 单亲父母Ⅰ	年轻有小孩的单亲父母,高离婚率部分导致了单亲父母的增加
5. 单亲父母Ⅱ	离婚的中年男性或女性,家中有一个或多个未成年孩子
6. 单亲父母Ⅲ	未婚者抚养一个或多个孩子
7. 扩展家庭	单身成年子女在着手建立自己事业时,为避免独居的生活开销而与父母同住;离异的子女带着儿女回家与父母同住;不能自理的年迈父母搬到孩子家住;新婚夫妇与父母同住
非家庭型住户	
1. 未婚同居者	社会对异性或同性同居采取更宽容的态度,致使此种情形存在
2. 离婚人员(无小孩)	高离婚率导致家庭解体,但双方没有孩子
3. 年轻单身独居者	主要是由于初婚年龄的推迟和单身引起
4. 鳏寡独居者	寿命的延长,尤其是女性寿命的延长,使75岁以上的独居住户增多

资料来源:[美]利昂·希夫曼、约瑟夫·维森布利特著,江林、张恩忠等译,《消费者行为学》(第11版),中国人民大学出版社2015年版。

三、家庭生命周期与消费变动

不同生命周期阶段的家庭,由于经济状况、支出方式、决策策略存在差异,会有特定的消费需求和消费方式,因此营销者可以把家庭生命周期作为分析家庭消费市场的重要工具。家庭生命周期对家庭消费的影响主要体现在两大方面:第一,家庭生命周期会影响不同阶段家庭的消费需求,突出表现为不同阶段会对不同物品产生需求,这从家庭在不同阶段的开支主要集中在哪些项目上即可看出;第二,家庭生命周期会影响家庭购买决策方式,在不同的阶段,由于家庭成员结构、经济因素等差别,家庭购买决策方式和过程会有所差异,例如,随着孩子的成长,孩子在家庭中的影响会越来越大,对家庭购买决策的影响也会越来越大。

市场营销者对家庭生命周期的关注,不但要明确家庭生命周期的不同阶段如何影响家庭消费与家庭决策,更重要的是要识别家庭生命周期不同阶段的转变会对企业产生何种影响。通过把握家庭生命周期阶段转变过程中的规律性特征,为企业创造更多的市场机会。

本章小结

家庭是指以婚姻关系、血缘关系和收养关系为纽带而结成有共同生活活动的社会基本单位。在当今社会，随着社会的不断变化，家庭结构也在不断地演变。通常来说，家庭成员在消费决策中扮演着不同的角色，如购买的发起者、信息提供者、影响者、决策者、采购者和使用者。

家庭购买决策通常由两个或两个以上家庭成员直接或间接做出。决策方式通常分为四种，即丈夫主导型、妻子主导型、自主型和联合型。购买决策方式受多方面的因素影响，例如，成员对家庭的财务贡献、决策对成员的重要性、夫妻性别角色取向、成员角色专门化、成员个性特征、文化或亚文化等。家庭购买决策中，当家庭成员的需要和期望不一致时，会发生决策冲突。出现家庭决策冲突时，家庭成员会通过许多方法来避免和解决冲突。家庭为儿童的社会化提供了很好的指导。在家庭中，儿童通过观察模仿、互动学习、实际参与等多种方式实现消费者社会化。在现代家庭中，儿童对家庭决策的影响也越来越大。

随着时间的推移，家庭会发展变化，整个家庭生命周期会经历不同的阶段。不同的生命周期阶段，家庭的消费需求呈现出不同的特点。由于这些特点对不同的家庭具有某种共性，而且它们可以被识别，所以家庭生命周期对企业营销活动具有重要的应用价值。在家庭生命周期理论中，威尔斯和古芭提出的传统家庭生命周期模型将其划分为：年轻单身、新婚夫妇、满巢Ⅰ、满巢Ⅱ、满巢Ⅲ、空巢Ⅰ、空巢Ⅱ、独居或鳏寡。墨菲和史泰博对传统家庭生命周期模型进行了修正，提出了现代家庭生命周期模型，涵盖12个不同的阶段。

思考题

1. 什么是家庭？家庭与普通社会群体有什么区别？
2. 家庭成员在购买中扮演着哪些角色？这些角色是如何影响购买决策的？
3. 家庭购买决策方式有哪些？
4. 影响家庭购买决策方式的因素有哪些？
5. 家庭购买冲突的类型有哪些？如何解决？
6. 儿童消费者的社会化方式有哪些？
7. 儿童的社会化过程包括哪些步骤？
8. 什么是家庭生命周期？传统家庭生命周期包括哪些阶段？
9. 现代家庭生命周期包括哪些阶段？

第十六章 社会阶层的影响

> **开篇案例**
>
> **亚朵酒店用第四空间场景抓住新中产**
>
> 有这样的一个酒店场景：大堂里排放着多列书架，书架间悬挂的照片展示着这个城市的故事。在通往房间的走廊墙上有各类唱片，房间里满墙挂着体育明星画报和各种篮球元素……这就是以新中产为目标群体，充满人文和生活气息的亚朵酒店。
>
> 在对新中产洞察的基础上，亚朵得出一个结论：当新中产进入商旅场景，他们的住宿预算和要求都有所提高。"住得好"不仅意味着舒适的环境和高水平的服务，还需要情感的共鸣和自我实现的满足。因此以新中产为目标群体的酒店不仅需要硬件和服务，还需要有情怀和灵魂。由此，亚朵从重新赋予物理场景的意义开始，打造满足新中产的人文气息型酒店，将传统酒店对房间的经营转变为对"人文空间"的经营。亚朵在星巴克第三空间的基础上，提出"第四空间"的概念，认为除了家、办公室和星巴克之外，"第四空间"承载着人们旅途中的忙碌与释然、欢乐与悠闲。
>
> 为了打造第四空间，亚朵以阅读和摄影作为人文气息的抓手，来打动追求完美体验和情感

共鸣的新中产群体。具体来说,亚朵的大堂不叫大堂,而叫"竹居",书是这个空间的重要内容。这里的每一本书都由专业团队根据新中产的旅游场景精心挑选的。以文学、艺术、社科、历史为主要方向,兼有经典绘本,有内容又有颜值。由于亚朵的大部分目标群体是商旅人群,他们通常没时间走进城市的大街小巷去细细品味城市的味道。因此亚朵会根据地理位置设定和筛选主题,向会员及签约摄影师征集体现当地特色的照片作为酒店的装饰照,让忙碌的新中产们得以省时、直观地了解这个城市。

除了人文特色,在酒店的基础服务上,亚朵坚持以完善体验场景为原则。一方面,通过精心选配床垫、茶具、精油、拖鞋等精美小物品,创造入住房间的体验。另一方面,亚朵将服务精细化,设置"百分百奉茶""吕蒙路早""素食主义""醒酒茶饮""别有甘泉"等雅致型服务项目。这些服务成就了消费过程的峰终体验,极大提升了客户的住宿满意度。

以新中产为目标群体,定位于第四空间的亚朵,拓展了酒店体验的维度。

资料来源:https://page.om.qq.com/page/OtM_4elnn83_78iav6YbwCrw0。

第一节 社会阶层的含义与特征

每一位消费者处于一定的社会阶层。同一社会阶层的消费者有着基本相似的社会地位,从而在财富、权力、影响、认知及声望等方面具有一定的相似性。同一社会阶层的消费者在行为、态度和价值观等方面也具有同质性,不同阶层的消费者在这些方面则可能存在较大差异。来自不同社会阶层的消费者可能表现出完全不同的消费行为和产品决策,这对企业的营销活动具有重要意义。因此,有必要深入了解社会阶层对消费者的各种影响。

一、社会阶层的含义

所谓社会阶层(social class),是指由具有相同或类似社会地位的社会成员组成的相对持久的群体。每个个体都会在社会中占据一定的位置,使社会成员分成高低有序的层次或阶层。社会阶层是一个普遍存在的社会现象,不论是发达国家还是发展中国家,均存在不同的社会阶层。

产生社会阶层最直接的原因是个体在获取社会资源上的能力和机会存在差别。所谓社会资源,是指人们所能占有的经济利益、政治权力、职业声望、生活质量、知识技能以及各种能够发挥能力的机会和可能性,也就是能够帮助人们满足社会需要、获取社会利益的各种社会条件。导致社会阶层化的终极原因是社会分工和财产的个人所有。社会分工形成了不同的行业和职业,并且在同一行业和职业内形成领导和被领导、管理和被管理等错综复杂的关系。当这类关系与个人的所得、声望和权力联系起来时,就会在社会水平分化的基础上形成垂直分化,从而造成社会分层。

社会分层表现为人们在社会地位上存在差异。社会地位是人们在社会关系中的位置以及围绕这一位置所形成的权利与义务关系。社会成员通过各种途径，如出生、继承、社会化、就业、创造性活动等占据不同的社会地位。在奴隶社会和封建社会，社会地位主要靠世袭、继承和等级制的安排所决定。在现代社会中，个体的社会地位更多地取决于社会化、职业、个人对社会的贡献大小等方面，但家庭和社会制度方面的因素对个体的社会地位仍具有重要影响。

社会成员形成高低有序的层次，既有积极作用，也有消极作用。从积极层面看，社会分层和社会差别的存在，形成了社会发展所必需的竞争机制，并促使一部分社会精英将全部精力投入社会创造性活动中，从而推动社会进步。从消极层面看，它限制了非特权阶层的机遇，阻碍社会智力大规模的开发和利用，加剧社会不平等，容易引发不同阶层之间的冲突。

在消费者行为学中讨论社会阶层，一方面是为了了解不同阶层的消费者在购买、消费、沟通、个人偏好等方面具有哪些独特性；另一方面是为了了解哪些行为基本上被排除在某一特定阶层的行为领域之外，哪些行为是哪个社会阶层成员所共有的，如支付手段上的差异、休闲活动上的差异、信息接收和处理上的差异、购物方式上的差异等。对于某些产品，社会阶层提供了一种合适的细分依据，依据社会阶层可以制定更有针对性的市场营销策略。

不同社会阶层的消费者由于在职业、收入、教育等方面存在明显差异，因此即使购买同一种产品，其品味、偏好和动机也会不同。例如，同样是买牛仔裤，劳动阶层的消费者可能看中它的耐用性和经济性，而上层社会的消费者可能注重它的流行程度和自我表现力。对市场上现有的产品和品牌，消费者会自觉或不自觉地将它们归纳为适合或不适合某一阶层的人消费。例如，在中国汽车市场，消费者可能会认为宝马和奔驰更适合相对中上层社会的人群消费，而众泰和奇瑞则更适合相对中下层社会的人群消费。

二、社会阶层的特征

（一）社会阶层的地位性

社会阶层彰显了一定的社会地位，一个人的社会阶层是与此人特定的社会地位相联系的。通常，处于较高社会阶层的人拥有更多的社会资源，在社会生活中具有较高的社会地位。他们会通过各种方式，展示其与社会其他成员相异的方面。社会学家凡勃伦提出的炫耀性消费，实际上反映的就是人们为了展示其较高社会地位的需要与动机。由于决定社会地位的很多因素并不可见，如收入、财富，因此人们需要通过一定的符号将这些不可见的成分有形化。凡勃伦认为，每一社会阶层都会有一些人试图通过炫耀性消费告诉别人他们是谁、处于哪一社会层次。例如，住房、汽车、服饰、珠宝首饰等成为个体成就和地位的象征，能够展示个体所处的社会阶层或地位。

传统上，人们通过购买珠宝、名牌服装、高档汽车等奢侈品或从事打高尔夫球等活动来显示自己的财富和地位。这一显示地位的手段或符号在当今社会仍然被很多人运用，但随着社会的变迁和主流价值观的变化，它们的表现方式、作用都在发生变化。例如，随着收入水平的提高，很多过去只有上层社会才消费得起的产品、服务已经或正在进入大众消费领域，这些产品作为"地位符号"的基础开始动摇。

(二)社会阶层的多维性

社会阶层的多维性是指社会阶层并不是由诸如收入或职业等任何单一变量所决定的,而是由包括这些变量在内的多种因素共同决定的。一个人所处的社会阶层是由他的职业、收入、财产、教育和价值取向等多种变量所决定。决定社会阶层的因素既有经济层面的因素,也有政治和社会层面的因素。在众多决定因素中,收入、职业、受教育水平、住所等常被认为是决定个体处于何种社会阶层的重要变量。研究表明,外科医生、科学家、政府官员以及大学教授在社会上的受尊重程度最高。尽管年轻的大学教授的收入或许没有工厂领班的收入高,但其在社会上的地位可能要远高于工厂领班,这就说明了个体所处的社会阶层决定因素是多维的。

(三)社会阶层的层级性

社会阶层的层级性是指社会阶层是一个连续体,有从最低的地位到最高的地位之分。不管愿意与否,社会中的每一位成员实际上都处于这一连续光谱的某一位置上。那些处于较高位置上的人被归入较高层级,反之则被归入较低层级,由此形成高低有序的社会层级结构。层级性质使得在社会交往中,消费者要么将他人视为与自己是同一层次的人,要么将他人视为是比自己更高或更低层次的人,这对营销人员来说非常重要。因为如果消费者认为某种产品主要是被同层次或者更高层次的人所消费,他购买该产品的可能性就会增加;反之,如果消费者认为该产品主要是被较低层次的人所消费,则他选择该产品的可能性就会显著下降。如此一来,奢侈品除了会被相匹配阶层的消费者购买和消费之外,还会吸引来自较低社会阶层的消费者,因为奢侈品具有符号价值,能够传达个体的经济与社会地位。

(四)社会阶层的限定性

社会阶层的限定性主要是指对处在特定社会阶层人群的个人行为的限定性。大多数人在和自己处于类似水平和层次的人交往时会感到很自在,而在与自己处于不同层次的人交往时会感到拘谨甚至不安。这样,社会交往较多地发生在同一社会阶层之内,而不是不同阶层之间。同一阶层内社会成员的更多互动会强化共有的规范与价值观,从而使阶层内成员之间的相互影响增强。不同阶层之间较少互动,就会限制产品、广告和其他相关信息在不同阶层人员之间的自然流动,使得彼此的行为呈现出更多的差异性。

(五)社会阶层的同质性

社会阶层的同质性是指同一阶层的社会成员在价值观和行为模式上具有共同点和类似性。在社会互动过程中,来自同一阶层的人由于相似的经济状况而导致趋同的消费倾向。每一阶层都有类似的价值观、态度和自我意识,对品牌、商店、闲暇活动、大众传播媒体等都有趋同的偏好,有类似的消费需求、购买行为与习惯。这种同质性在很大程度上由他们共同的社会经济地位所决定,同时也和他们彼此之间更频繁的互动有关。对营销人员来说,同质性就意味着处于同一阶层的消费者很可能会购买相同或类似的实体产品、观看类似的综艺与娱乐节目、游览类似的度假胜地、光顾类似的酒店和饭店、青睐类似的金融服务,这就为企业根据社会阶层进行市场细分提供了前提和依据。

（六）社会阶层的动态性

社会阶层的动态性是指个体从一个社会阶层向另一个社会阶层的移动，而这种移动可以朝着两个方向进行：个体从原来所处的社会阶层跃升到更高的阶层，或是从原来所处的阶层跌入更低的阶层。一般来说，越是开放的社会，社会阶层的流动性就越明显；越是封闭的社会，社会阶层的流动性就越不明显。促成社会成员在不同社会阶层之间流动的主要原因有两类：第一，个人原因。例如，个人通过勤奋学习和努力工作，赢得社会的认可和尊重，从而获得了更多的社会资源并实现了从较低阶层向较高阶层的迈进。第二，社会条件的变化。例如，随着社会主义市场经济的日益完善和发展，在我国新兴的中产阶层日益受到人们的认可与重视。所谓的"消费升级"在很大程度上也是指此类人群的消费行为。事实上，中产阶层在发达经济体已经出现收缩的情况，而随着包括中国在内的新兴经济体在全球经济当中的地位日益凸显，大量的新兴中产阶层随之产生并且与传统中产阶层的消费行为存在差异，这一新趋势对企业的国际化营销提出了新的挑战[1]。

三、社会阶层的决定因素

一个人所处的社会阶层由哪些因素决定，一直是众多学者研究的问题。社会学家吉尔伯特（Jilbert）和卡尔（Kahl）将决定社会阶层的因素分为三类：经济因素、社会互动因素和政治因素。经济因素包括职业、收入和财富，社会互动因素包括个人声望、社会联系和社会化，政治因素包括权力、阶层意识和流动性。从消费者行为学角度来说，有六种因素对理解消费者的社会阶层是如何决定的具有重要作用，这包括职业、个人表现、社会互动、拥有财产、价值取向及阶层意识。

（一）职业

在大多数消费者行为研究中，职业通常被视为表明一个人所处社会阶层的最重要的单一性指标，是研究一个人所属社会阶层的最基本、最重要的线索。由于职业在一定程度上反映出一个人的知识层次、专业特长、收入水平，因此，根据所从事的职业可大体确认人们的生活方式和消费倾向。不同的职业，消费差异是很大的。例如，蓝领工人的食物支出占收入的比重较大，而职业经理、医生、律师等专业人员则将收入的较大部分用于在外用餐、购置衣服和接受各种服务。在大多数国家，医生、企业家、银行家和科学家是备受尊重的职业。近年来，随着信息产业的迅速发展，与信息技术相关的职业如人工智能工程师、数据架构师、电脑程序员、网红博主等职业日益受到社会青睐。

（二）个人表现

一个人的社会地位与其个人的业绩表现密切相关。同为一份工作，不同的业绩和个人表现所体现出来的社会地位是有差异的。一般来说，同一职业，收入居前的人，很可能是该领域内最受尊重和最有能力的人。尽管收入不是衡量社会阶层的一项非常好的指标，但它在说明个人表现和业绩方面非常有用。个人业绩也涉及非工作方面的活动，例如消费者通过热心参与社区事务、关心他

---

[1] Cavusgil, S. T., Deligonul, S. and Kardes, I., et al. Middle-class Consumers in Emerging Markets: Conceptualization, Propositions, and Implications for International Marketers. *Journal of International Marketing*, 2018, 26(3): 94−108.

人等行为品质赢得社会尊重，从而取得较高的社会地位。

（三）社会互动

大多数人习惯于同具有类似价值观和行为的人交往。根据社会学的基本观点，群体资格和群体成员之间的相互作用是决定一个人所处社会阶层的基本力量。社会互动的变量包括声望、联系和社会化。声望表明群体其他成员对某人是否尊重，尊重程度如何。联系涉及个体与其他成员的日常交往，与哪些人经常在一起，与哪些人相处得好。社会化则是个体习得的技能、态度和习惯的过程。家庭、学校、朋友对个体的社会化具有决定性影响。虽然社会互动是决定一个人所处社会阶层的非常有效的变量，但在消费者研究中它们用得比较少，因为这类变量测量起来比较困难且费用很高。

（四）拥有财产

作为一种社会标志，财产可以向他人传递有关财产拥有者处于何种社会阶层的信息。财产的性质及拥有财产的多寡同样反映了一个人的社会地位。这里，对财产的理解是广义的，它不仅包括房产、汽车、股票、债券、银行存款、黄金等我们通常所理解的财产，还包括受过何种教育、在何处受教育、在何处居住等"软性"财产，如名牌大学学位、豪宅、名车、高端服饰等无疑是显示其拥有者身份和地位的标志。

（五）价值取向

所谓价值取向，是个人对待事物的基本看法，也是表明个体属于哪一社会阶层的一个重要指标。由于同一社会阶层内的成员会进行较为频繁的互动，因而他们极有可能形成类似的或共同的价值观。而这些类似或共同的价值观一经形成，反过来又会成为衡量某一个体是否属于某一社会阶层的一个重要标志。不同社会阶层的人对艺术和抽象事物的理解，对金钱、时间、人生和生活方式的不同看法，实际折射的就是价值取向上的差异。

（六）阶层意识

阶层意识是指某一社会阶层的人意识到自己属于某个具有共同的政治利益和经济利益的独特群体的程度。阶层意识具有一定的排他性，形成阶层以后，就会形成一个圈子。一般而言，人们越是具有阶层意识或群体意识，就越有可能依靠所属阶层和群体等来维护其自身利益。从某种意义上说，某个个体所处的社会阶层是由他认为自己在多大程度上属于这一阶层所决定的（即主观社会阶层）。在通常情况下，处于较低社会阶层的个体会意识到自身所处社会阶层的现实，但其对于具体的阶层差别并不是十分敏感；相反，处于较高阶层的个体，其阶层意识就要更强一些。例如，低收入旅游者可能意识到五星级大酒店是中上层社会成员出入的地方，但如果因抽奖活动而偶然入住这样的酒店，他对出入身边的人在穿着打扮、行为举止等方面与自己存在的差别可能并不特别在意。在他们眼中，五星级酒店不过是设施和服务更好、收费更高的酒店而已，地位和阶层的联系在他们的心目中即使有也是比较脆弱的。相反，经常出入高级酒店的游客，由于有较强的地位与阶层意识，对于星级酒店这种对入住人员"来者不拒"的政策就会颇有微词。

第二节 | 社会阶层的划分

对于社会阶层的划分，各个国家采用了不同的划分标准，得出了不同的阶层划分结果。在众多划分标准中，职业、收入来源、受教育程度、居住区域等是常用的标准。这几个因素的影响作用不是等同的，国外常用的做法是对每一个因素赋予不同的权重，利用综合指标法进行划分。

一、美国社会阶层的划分

根据科尔曼（Coleman）和雷恩沃特（Rainwater）提出的地位指数法，可以将美国的消费者划分为上层（占总人口14%）、中层（占总人口70%）和下层（占总人口16%）。再按照职业和社会联系的不同，对每一层进一步细分，形成7个在生活方式上存在差异的群体，如表16–1所示。[1]

表16–1　科尔曼–雷恩沃特对美国社会阶层的划分

上层美国人
• 上上层（0.3%）：靠世袭获取财富、贵族头衔的名副其实的社会名流
• 下上层（1.2%）：靠目前业务成就、社会领导地位起家的社会新贵
• 上中层（12.5%）：除新贵以外的拥有大学文凭的经理和专业人员，生活以事业、私人俱乐部、公益事业和艺术为中心
中层美国人
• 中产阶级（32%）：收入一般的白领工人和他们的蓝领朋友，居住在"较好的居民区"，力图干"正事"
• 工人阶级（38%）：收入一般的蓝领工人，具有各种收入、学历和工作性质背景但过着典型的工人阶级生活
下层美国人
• 上下层（9%）：地位较低，但不是最底层的社会成员，他们有工作，不需要福利救济，生活水平只是维持在贫困线之上
• 下下层（7%）：接受福利救济，在贫困中挣扎，通常无业或做"最脏"的工作
各社会阶层及其特征

社会阶层	百分比（%）	年收入（美元）	学历	典型职业
上层美国人				
上上层	0.3	600 000	硕士	董事长
下上层	1.2	450 000	硕士	公司总裁
上中层	12.5	150 000	医学学士	执行医生
中层美国人				
中产阶级	32.0	28 000	本科	高中老师
工人阶级	38.0	15 000	高中	装备工人

---

[1] Coleman, R. P. The Continuing Significance of Social Class to Marketing. *Journal of Consumer Research*, 1983, 10(3): 265–280.

续表

下层美国人				
上下层	9.0	9 000	高中肄业	门卫
下下层	7.0	5 000	小学	无业

（一）上层美国人

上层美国人包括上上层、下上层和上中层三个层次。

1. 上上层

在美国社会中，上上层主要由社会名流和贵族构成，占总人口的 0.3%。他们一般都是最好的乡村俱乐部的核心成员和主要慈善活动的赞助者，为社会团体和市民活动提供资金和领导支持，常常是医院、大学和市政组织的托管人。例如，美国的肯尼迪家族和布什家族就是上上层的代表。美国的很多地区都有这样的大家族，他们拥有雄厚的财力，有豪宅、豪车，好收藏，常周游世界。一般较少在公共场合露面，除非进入政坛或资助慈善活动等。

2. 下上层

美国社会中的下上层主要是新近取得成功的社会名流，家庭的上层地位确立较晚，还没有被上层社会认可，但收入有可能比上上层阶级的收入还要高，例如微软公司的创始人比尔·盖茨就是这个阶层的代表。一般而言，他们的收入大大超过满足其生活方式需要的水平，是各类投资服务的主要接受者。

下上层阶级中的其他成员试图仿效传统的上上层阶级，例如体育明星和娱乐圈人士，但常不能享受社会对真正贵族的那种尊敬，因此其中的很多人通过摆阔来显示其地位。例如，通过拥有的汽车、房子、游艇、服装等来显示他们的财富。

3. 上中层

美国社会中的上中层阶级没有世袭的家庭地位和显赫的财富，其社会地位主要通过自己在事业上的成功来获得。例如，成功的专业人士、独立的生意人及公司经理，他们一般是大学毕业，职业和教育是这一阶层成功的关键因素。上中层人士比较自信和乐观向上，认识到自己的成功得益于事业的成就和所受的教育，因此十分关注孩子的教育。对他们来说，让孩子接受良好教育是十分重要的。他们也热衷于艺术和本地区的慈善活动，是退休保险、房地产和大学融资等金融服务的主要购买者。这一阶层有体面的住房、高级轿车、高档家具、名酒和环境优美的休养地。

（二）中层美国人

中层美国人包括中产阶级和工人阶级。

1. 中产阶级

美国社会中的中产阶级人口较多，代表了白领工人中的大多数和蓝领工人中的顶层，如办公室工作人员、学校教师、底层的经理、工厂监督员等。中产阶级核心成员有着大专学历，从事白领和高薪蓝领职位工作，但因诸如公司裁员、经济波动等因素，这一阶层的人非常缺乏安全感。中产阶级一般住在郊外比较简朴的房子里，但很关注公立学校的质量、犯罪、毒品、传统家庭价值观淡化等社会问题。他们一般不买典雅的家具，常买材料回家加工。他们是家庭装修服务和装修材料、汽车零配件、园艺商品、住房等产品的主要消费人群。因收入有限，他们不得不权衡当前消费和未来保障的关系，他们因为对社会保障体系不信任程度增加而更加关注退休问题。

2. 工人阶级

工人阶级是美国社会中人口最大的一部分，包括工厂的工人、服务业职员、销售员等。工人阶层家庭常住在城乡结合部、杂乱的郊区或农村地区，住房较简朴，很关注犯罪、黑帮及社会环境恶化等社会问题。因学历和技能都较低，这个阶层中愈来愈多的人面临更加贫困的危机，但缺乏摆脱危机的技能和财力。这个阶层中的部分家庭比较积极进取，但他们中的大多数人只求安稳和维持现状。他们是小卡车、打猎器材、汽艇和啤酒的主要消费人群。

（三）下层美国人

下层美国人包括上下层和下下层两个层次。

1. 上下层

美国社会中的上下层阶级大多从事工资最低的工作，如文化水平和收入都很低的人、没有技能的体力劳动者。上下层人士缺乏教育，常住在条件差的地方，这些地方犯罪、毒品和黑帮活动猖獗，对生活构成威胁，使他们为家庭和孩子的安全和未来担忧。受文化层次低、缺乏榜样引导和机会等因素的影响，他们常对生活绝望，常靠抽烟、喝酒等有害消费来自我麻痹。他们很难获得金融服务，很多人没有银行账户，通常需要为工资兑付以及其他账单的结算支付手续费。在消费中，上下层人员更倾向于关注商品价值，且易忠诚于品牌。

2. 下下层

下下层阶级是美国社会中的底层，收入和受教育程度都最低。这一阶层的很多人长期失业，主要靠政府及非营利组织救助生活。因缺乏学历及其他方面的个人资源，在没有外界帮助的情况下很难摆脱现状。因没有足够的现金或没有信用获得信贷，很多家庭需租赁诸如电视机、冰箱等耐用消费品。在下下层阶层居住区，啤酒和烈性酒等产品的销量非常好。

二、中国社会阶层的划分

随着经济的发展，我国社会阶层结构也在发生变化，原有的工人阶级、农民阶级和知识分子阶层的社会结构也在分化重组，衍生出一些新的社会阶层。中国社会科学院社会学研究所以职业划分为基础，利用组织资源、经济资源、文化资源的占有情况为依据，对我国社会阶层状况进行研究，发布了《当代中国社会阶层研究报告》。该报告将当代中国社会划分为五个等级、十大阶层（如图16-1所示）[1]。

在划分依据中，组织资源（包括行政组织资源和政治组织资源）主要是指依据国家政权组织和党组织系统而拥有的支配社会资源（包括人和物）的能力；经济资源主要是指对生产资料的所有

---

[1] 陆学艺主编：《当代中国社会阶层研究报告》，社会科学文献出版社2002年版。

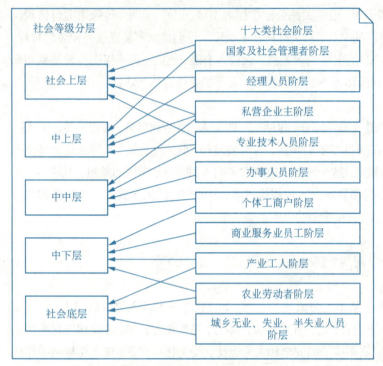

图 16-1 当代中国社会阶层结构

权、使用权和经营权;文化(技术)资源是指社会(通过证书或资格认定)所认可的拥有的知识和技能。这三种资源的拥有状况决定着各社会群体在阶层结构中的位置以及个人的综合社会经济地位。陆学艺将当代中国划分为十大社会阶层。

(一)国家及社会管理者阶层

国家及社会管理者阶层指党政、事业和社会团体机关单位中行使实际的行政管理职权的领导干部,具体包括中央政府各部委和直辖市中具有实际行政管理职权的处级及以上行政级别的干部;各省、市、自治区中具有实际行使管理职权的科级及以上行政级别的干部。这一阶层在整个社会阶层结构中所占比例约为 2.1%,中国的社会政治体制决定了这一阶层在整个社会中居于最高或较高的地位等级。而且,这一阶层的社会态度、利益及行动取向和品质特性,对于正在发生的经济社会结构的变迁和将要形成的社会阶层结构的主要特征具有决定性的影响。

(二)经理人员阶层

经理人员阶层指大中型企业中非业主身份的中高层管理人员。这一阶层的人员主要有三部分:第一,原来国有企业和集体企业的干部。随着现代企业制度的发展,这一部分企业干部逐渐从行政干部系列中脱离出来,成为职业经理人。第二,来自较大规模的私营企业或高新科技产业领域中的民营企业,这些企业自 20 世纪 90 年代后期以来开始出现所有权与管理权分离的趋势,一些企业主聘用职业经理人为他们经营管理企业;另一些企业主则通过企业股份化而使自己从业主型的创业者转变为职业经理人。第三,"三资"企业中的中高层管理人员。

这一阶层的成员支配着大量的经济资源,他们都有较高的学历和专业知识水平,同时他们的社会政治地位也较高。此外,这一阶层的主导成分与国家权力和海外资本有着紧密的联系。在当前的社会阶层结构中,这一阶层所占的比例约为 1.5%。

(三)私营企业主阶层

私营企业主阶层指拥有一定数量的私人资本或固定资产并进行投资以获取利润的人;按照现行政策规定,指包括所有雇工在内 8 人以上的私营企业的业主。私营企业主阶层是改革开放的产物,是在社会主义市场经济发育和发展过程中产生和成长起来的。私营企业主阶层的成员最初主要来自乡村和城镇社会的较低阶层,但在1992年以后,具有文化专业知识的原国有和集体企业的管理人员、专业技术人员和机关干部开始大量加入这一阶层,使这一阶层的社会形象和社会地位有了极大提高。受传统意识形态的影响,私营企业主阶层的政治地位一直无法与其经济地位相匹配,对社会政治生活的参与受到很大局限。私营企业主阶层在社会阶层结构中所占比例约为0.6%。

(四) 专业技术人员阶层

专业技术人员阶层指在各种经济成分的机构(包括国家机关、党群组织、全民企事业单位、集体企事业单位和各类非公有制经济企业)中专门从事各种专业性工作和科学技术工作的人员。他们大多经过中高等专业知识及专门职业技术培训,并具有适应现代化社会大生产专业分工要求的专业知识及专门技术。专业技术人员是现代工业社会中等阶层的主干群体,是社会主导价值体系和意识形态的创新者和传播者。专业技术人员在中国的阶层结构以及社会中间层所占比例还比较低,主要集中于城镇。目前,专业技术人员在社会阶层结构中所占比例约为5.1%。

(五) 办事人员阶层

办事人员阶层指协助部门负责人处理日常行政事务的专职办公人员,主要由党政机关中的中低层公务员、各种所有制企事业单位中的基层管理人员和非专业性办事人员组成。这一阶层是社会阶层流动链中的重要一环,其成员是国家与社会管理者、经理人员和专业技术人员的后备军。此阶层是现代社会中间层的重要组成部分,在目前中国社会阶层结构中所占比例大约为4.8%。

(六) 个体工商户阶层

个体工商户阶层指拥有少量私人资本(包括不动产)并投入生产、流通、服务业等经营活动或金融债券市场且以此为生的人,如小业主或个体工商户、自我雇佣者或个体劳动者、小股民/小股东、出租少量房屋者等。20世纪80年代,这一阶层的主要来源是农民和城镇的失业待业人员;进入90年代以后,大量国有企业工人和城市居民进入这一阶层。目前,这一阶层是吸纳下岗工人、失业待业人员和进城农民工的重要渠道。个体工商户阶层在整个社会阶层中所占比例约为4.2%。

(七) 商业服务业员工阶层

商业服务业员工阶层指在商业和服务行业中从事非专业性的、非体力和体力工作的人员。因我国商业服务业目前不发达,这一阶层的绝大多数成员的社会经济状况与产业工人阶层较为类似。在一些大城市中,与国际较为接轨的商业服务业部门中,商业服务业人员的社会经济状况比较接近办事人员阶层。目前,这一阶层在社会阶层结构中所占比例约为12%。

(八) 产业工人阶层

产业工人阶层指在第二产业中从事体力、半体力劳动的生产工人、建筑工人及相关人员。改革开放以来,产业工人阶层的社会经济地位明显下降,这使产业工人阶层的人员构成发生了根本性的变化,原工人阶层中一部分成员通过接受成人教育和技术培训离开了工人队伍,进入地位较高的其他社会阶层。同时,进城的农民工大批涌入产业工人阶层,他们成为产业工人阶层中的重要组成部分。目前,产业工人阶层在社会阶层结构中所占的比例为22.6%。

(九) 农业劳动者阶层

农业劳动者阶层指承包集体所有的耕地，以农（林、牧、渔）业为唯一或主要职业，并以农（林、牧、渔）业为唯一收入来源或主要收入来源的人员，是目前中国规模最大的一个阶层，约占44%。此阶层几乎不拥有组织资源，拥有的文化资源和经济资源往往也低于上述所有阶层，所以在整个社会阶层结构中的地位比较低。这一阶层通过分化而产生个体工商户阶层、私营企业主阶层及产业工人阶层等。

(十) 城乡无业、失业、半失业人员阶层

城乡无业、失业、半失业人员阶层指无固定职业的劳动年龄人群（排除在校学生）。体制转型和产业结构调整导致一批工人和商业服务业人员处于失业、半失业状态。就业机会不足使许多新进入劳动力市场的青年劳动力长期待业。城市大量征用农用地，使大批农民无地可种，这些农民在城镇一时找不到合适的职业。还有不少城乡居民因为残障或长期卧病而不能就业，多数也陷入贫困的境地。这一阶层在整个社会阶层结构中所占比例约为3.1%。

第三节 社会阶层的衡量方法

社会阶层可以根据不同视角采取不同的衡量方法。一种视角是看社会阶层的衡量是自我衡量（主观衡量）还是客观衡量。依据该视角，社会阶层的衡量可以分为自我衡量、声誉衡量和客观衡量[1]。

一、自我衡量

所谓自我衡量（self-reported measures），是要求被调查者自行评估其所属的社会阶层，这种衡量方法又叫主观衡量法。例如，列出所有的社会阶层类别，然后要求样本自行选择所属的社会阶层，或者基于某种量表进行打分，低分代表低社会阶层，高分代表高社会阶层。这种衡量方法立足于研究对象的自我知觉或自我意象，可以反映出研究对象的归属感或认同感。但这种方法的缺点是过多的人把自己归入中间阶层，而实际上他们中的一些应属更高或更低的阶层。出现这种现象的原因，可能是研究对象本身无法精确地评价自己在社会阶层中的位置，也可能是不少人（尤其是较低阶层的）更愿意将自己说成是中间阶层。

二、声誉衡量

所谓声誉衡量（reputational measures），是借助于对某一社群极为了解的人，由其来对该社群的社会阶层进行初步评估，也就是先由其初步判定各社会阶层成员的身份，再将该社群的成员编入每一

---

[1] Chiffman, L. G. and Kanuk, L. L. *Consumer Behavior*, 9th ed. New Jersey: Prentice-Hall, Inc, 2007.

社会阶层的类别中。这种方法要求研究者具备很高的收集和分析定性材料的技巧,一般费用较大。

三、客观衡量

（一）客观衡量的含义

客观衡量（objective measures）是利用与社会阶层相关的个人属性来判断个体所属的社会阶层,如人口统计变量、社会经济变量。常被选用的个人属性包括职业、收入、居住区域与受教育程度等。

（二）客观衡量的方法

对社会阶层的客观衡量方法分为单一指标法和综合指标法。单一指标法是根据某个单项指标如职业、教育、收入将消费者分成不同的阶层。综合指标法则是通过对职业、教育、收入、声望等赋予不同的权重,测定消费者在这些项目上的加权总分,以此决定其所归属的社会阶层。

1. 单一指标法

常用的单一指标指职业、受教育程度和收入。职业与教育、收入紧密地联系在一起,在很大程度上反映了一个人的社会地位。消费者的工作类型、与其共事的同事的类型,直接影响其价值观、生活方式和消费过程的各个方面。

在评价社会阶层时,职业是应用最为广泛的单项指标。事实上,职业是判断一个初识的人最常用的线索。人们初次见面,通常是以职业来评价和界定对方。

人们常用不同的方法给职业评分或对职业声誉进行排序,最常用的职业分层是社会经济指数法（SEI）。它是以不同职业的人的受教育水平和收入为基础的一种评价方法。社会经济指数的每个组成部分都被赋予一定的权重,以使每个职业所得分数与公众对这个职业的地位评价标准相一致。一旦合适的权重被确定,那么任何职业的等级就可评定出来。表16-2是美国部分职业的SEI得分[1]。

表16–2 美国社会几种职业的社会经济指数得分

职业	SEI 得分	职业	SEI 得分
航天工程师	84	营销经理	58
汽车机械师	21	营销教授	83
会计	65	警察	38
酒吧侍者	24	邮递员	28
运动员	49	注册护士	46
化学师	78	服装销售员	25
小学教师	70	推销工程师	78
牙医	89	装卸工	22

---

[1] Stevens, G. and Cho, J. H. Socioeconomic Index and the New 1980 Census Occupational Classification Scheme. *Social Science Research*, 1985,14(2):142–168.

教育是提高社会地位的主要途径，也是评价社会地位的另一项重要指标。在大多数国家，一个人所受的教育程度越高，他的社会地位就越高。教育还可能影响个人品位、价值观、获取信息和做决策的方式。总之，受教育程度影响个体消费模式和生活方式的各个方面，它与职业一起构成衡量社会阶层最常用的两项指标。

收入也是划分社会地位和社会阶层的常用指标。这是因为，一方面收入高低与个体所处社会阶层有着较密切的联系，另一方面收入是维持一定生活方式的前提条件。收入不仅制约着人们的购买能力，也影响着人们对工作、休闲和购物等活动的看法。当然收入作为衡量社会阶层的基本指标也存在着问题和局限性。首先，被调查者不愿意公开自己的收入，或不能确切地按研究人员所界定的收入概念确定自己的收入。其次，收入的增加并不必然带来社会地位的上升和社会阶层的变动。最后，收入本身并不能完全有效地解释由于社会阶层所形成的行为差异。

2. 综合指标法

综合指标法是运用多个社会经济变量从不同层面测量消费者的社会地位。这种方法的基本思想是，先在若干规模较小的社区做详细的调查研究，以决定每一成员适合归入哪一阶层，再寻找反映社会地位的客观指标并确定其权重。有关测量指标及其权重的确定要满足一个基本条件，那就是它们能够再现社区研究中的成员分类模式。划分社会阶层的综合方法很多，下面重点介绍霍林舍社会地位指数法和科尔曼地位指数法。

霍林舍社会地位指数法是从职业和教育两个层面综合测量社会阶层的一种方法，该方法在消费者行为研究中已得到广泛运用。表 16-3 列示了编制霍林舍社会地位指数的量表、项目权重、汇总计算公式及地位等级体系[1]。霍林舍社会地位指数是用来衡量、反映个人或家庭在某一社区或社会集团内所处的社会地位。正因为如此，某个变量上的高分有可能补偿另一变量上的低分。

表 16-3 霍林舍社会地位指数

	职业名称	得分
职业量表（权重为7）	大企业的高级主管、大企业业主、重要专业人员	1
	业务经理、中型企业业主、次要专业人员	2
	行政人员、小型企业业主、一般专业人员	3
	职员、销售员、技术员、小业主	4
	技术性手工工人	5
	操作工人、半技术性工人	6
	无技能工人	7

---

[1] Hollingshed, A. B. and Redlich F. C. Social Class and Mental Illness. New York: John Wilky & Sons, 1958.

续　表

教育量表（权重为4）	学历	得分
	专业人员（文、理、工等方面硕士、博士）	1
	四年制大学本科（文、理、医等方面学士）	2
	1～3年专科	3
	高中毕业	4
	上学10～11年（高中没毕业）	5
	上学7～9年	6
	上学少于7年	7

社会地位分数＝职业分数乘以7+教育分数乘以4	社会地位等级体系		
	社会地位	分数区间	占人口比重
	上层	11～17	3%
	中上层	18～31	8%
	中层	32～47	22%
	中下层	48～63	46%
	下层	64～77	21%

科尔曼地位指数法由社会研究公司于20世纪60年代创立，并在消费者研究中得到广泛应用。该方法从职业、教育、居住区域、家庭年收入四个方面综合测量消费者所处的社会阶层。表16-4显示了该方法使用的变量及评分标准[1]。在计算总分时，职业分数被双倍计入，这样，一个人的最高得分可达53分。另外，如果被访者尚未成家，则在计算他的总分时，教育和职业两项得分均双倍计入。对于户主在35～64岁、以男性为主导的已婚家庭，其综合得分如果在37～53分，则为上等阶层；得分在24～36分，为中等阶层；得分在13～23分，为劳动阶层；得分在4～12分，为下等阶层。

---

[1] Coleman, R. P. The Continuing Significance of Social Class to Marketing. *Journal of Consumer Research*, 1983, 10(3): 265-280.

表 16-4　科尔曼地位指数法中的变量及评分标准

教育	8年（含8年）以下初等教育	1（被访者）	1（被访者配偶）
	高中肄业（9～10年）	2（被访者）	2（被访者配偶）
	高中毕业（12年）	3（被访者）	3（被访者配偶）
	1年高中后学习	4（被访者）	4（被访者配偶）
	2年或3年制大专	5（被访者）	5（被访者配偶）
	4年制本科毕业	6（被访者）	6（被访者配偶）
	硕士毕业或5年制大学	7（被访者）	7（被访者配偶）
	博士毕业或6～7年制专业学位	8（被访者）	8（被访者配偶）
户主的职业声望（如果被访者已退休，询问退休前的职业）	长期失业者（以失业救济金维持生活者，不熟练的零工）		0
	半熟练工、保管员、领取最低工资的工厂帮工和服务人员		1
	掌握一般技术的装配工、卡车与公共汽车司机、警察与火警、配送工		2
	熟练工匠，如电工、小承包商、工头、低薪销售职员、办公室工人、邮局职员		3
	员工在2～4人的小业主、技术员、销售人员、办公室职员、一般薪水的公务员		4
	中层管理人员、教师、社会工作者、成就一般的专业人员		5
	中小公司的高层管理人员、雇员在10～20人的企业业主、中度成功的专业人员如牙医		7
	大公司的高层管理人员，获得巨大成功的专业人员如名医、名律师，富有的企业业主		9
居住区域	贫民区（社会救济者和下层体力劳动者杂居）		1
	全劳动阶层居住，虽搬入非贫民区但房子较破旧		2
	主要是蓝领，但也居住着一些办公室职员		3
	大部分是白领，也居住着一些收入较高的蓝领		4
	较好的白领区（没有很多经理人员，但几乎没有蓝领居住）		5
	专业人员和经理人员居住区		7
	富豪区		9
家庭年收入	5 000美元以下		1
	5 000～9 999美元		2
	10 000～14 999美元		3
	15 000～19 999美元		4
	20 000～24 999美元		5

续　表

家庭年收入	25 000～34 999 美元	6
	35 000～49 999 美元	7
	50 000 美元以上	8

第四节 | 社会阶层对消费者行为的影响

一、不同社会阶层消费行为的差异

在通常情况下，处于相同社会阶层中的成员拥有相似的兴趣与爱好，会表现出与该阶层相匹配的消费行为。不同社会阶层的消费者，会在诸多方面表现出差异化的消费行为。

（一）社会阶层与心理过程

事实上，来自不同社会阶层的消费者可能会在包括认知、情绪、动机等各种心理过程中表现出差异。表 16-5 总结了中产阶层与一般工薪阶层在这些心理过程上的区别[1]。

表 16-5　一般工薪阶层与中产阶层的心理差异

心理过程	中产阶层（middle class）	一般工薪阶层（working class）
认知	• 分析式认知模式 • 基于性情的因果推断 • 对目标事物及其属性的关注	• 综合式认知模式 • 基于情境的因果推断 • 对目标事物与其所处环境之间的背景和关系的关注
情绪	• 情绪源自个体内部 • 更少迎合他人的情绪	• 情绪源自各种人际关系 • 高同理心与高同理心准确性
动机	• 来自内在属性的动机（目标、需要、偏好） • 最易受到独立诉求的激励	• 与期望、他人义务、规范相关的动机 • 最易受到相互依存诉求的激励

同时，低社会阶层的消费者倾向于将自我视为"无能为力的被动反应者"，视未来为威胁，着眼于创造自身财务的稳定性（即"固守边疆"）；而高社会阶层的消费者倾向于将自我视为"强有力的主动行为者"，视未来为机遇，着眼于自身财务的增长与发展（即"开疆拓土"）[2]。但需要注意的

---

[1] Carey, R. M. and Markus, H. R. Understanding Consumer Psychology in Working-class Contexts. *Journal of Consumer Psychology*, 2016, 26(4): 568-582.

[2] Henry, P. C. Social Class, Market Situation, and Consumers' Metaphors of (dis) Empowerment. *Journal of Consumer Research*, 2005, 31(4): 766-778.

是，上述这些区别的证据主要来自美国消费者，处在不同社会阶层的中国消费者是否一定表现出相同的差异有待进一步探索。

（二）社会阶层与购物方式

处于不同社会阶层的消费者，在对购物商店、购物环境及额外增值服务等方面的选择上呈现出很大的差异。消费者在长期购物活动中，会对不同购物场所的定位产生一定的认识，通常会选择与自己所处社会阶层或地位相适应的购物场所购买产品，很少去与自己社会地位相差甚远的场所购物。

总体上来讲，处于社会下层的消费者因受到购买能力的限制，对价格较为敏感，多在中低档商店购物，且喜欢结伴购物。中层消费者对购物环境要求较高，喜欢到一些新开业的购物场所或品牌折扣店购物。上层消费者对自己的购买能力非常自信，喜欢单独购物，偏向于选择环境幽雅、服务周到和名气显赫的商场购物。此外，相对于社会阶层较高的中产阶层，社会阶层较低的一般工薪阶层在决策时更容易受到他人意见的影响，会主动根据他人的偏好来调整自己的选择[1]。

（三）社会阶层与信息获取和处理

处于社会不同阶层的消费者，在信息的获取与处理上存在较大差异。通常，随着社会阶层的逐渐上升，消费者获取信息的途径也会逐步增多。在社会底层的消费者只能从非常有限的信息源获取信息，对误导性和欺骗性的信息也缺乏足够的鉴别力，在购买决策中更多地依赖身边的家人、亲友提供的信息；中层消费者会比较多地从各种媒体上获得信息，且会更主动地进行外部信息收集；而高层消费者则会拥有更多的信息获取途径。当然由于移动互联网技术的快速发展，不同社会阶层获取信息的渠道差异程度正在不断减小。在面对海量信息时，对信息的鉴别能力则成为当前不同社会阶层在信息获取和处理上的主要区别。

值得注意的是，特定媒体和信息对不同阶层消费者的吸引力和影响力也大相径庭。例如，越是高层消费者看电视或手机上刷短视频的时间越少，因此这类媒体对他们的影响较小。他们更多地喜欢订阅纸质版或电子版报纸、杂志或高质量公众号，因此来自这类媒体的信息对他们的影响更大。一般来说，消费者的社会地位越高，越具有发展观、全球观和长远的时间观，更倾向于关心国家大事，对新闻和时事也就更加关注；较低阶层的消费者则可能更加关注各种类型的娱乐节目。

（四）社会阶层与产品选择

消费者社会阶层的差异也会影响其对产品或服务的选择，不同阶层的消费者会选择不同类别的产品或服务。例如，研究显示，美国中产阶级常常会购买摩托艇、雪橇、豪华汽车或野营器具等产品；上层消费者却更愿意将钱花在私人俱乐部、子女教育、古董字画等文教活动上。在休闲活动选择上，不同阶层的消费者也表现出一定的偏好差异。例如，上层消费者倾向于在休闲时间去听音乐会、打桥牌或打网球等；下层消费者则喜欢看电视或者观看摔跤和拳击比赛等。

---

[1] Na, J., McDonough, I. M. and Chan, M. Y., et al. Social-class Differences in Consumer Choices: Working-class Individuals are More Sensitive to Choices of Others than Middle-class Individuals. *Personality and Social Psychology Bulletin*, 2016, 42(4): 430−443.

不同阶层的消费者即使在选择同一产品或服务时，也会表现出明显差异。例如，同样购买住宅和家具，美国上层社会消费者会在有名气的社区购置住宅，喜欢选择社会名流作为自己的邻居，购买家具的档次和品位也很高；下层消费者在购买住宅方面没有过多的要求，也不太在乎邻居的社会地位，购置家具只需要满足使用需求即可，档次和品位也较低。

（五）社会阶层与价格敏感程度

处于社会底层的消费者对价格非常敏感，常倾向于购买低价产品，购买时也会把价格和质量联系到一起，认为价格反映一定的商品质量。中层和中下层消费者，更多追求适中的价格，也会对打折商品感兴趣。但当产品价格过低时，他们也会产生怀疑，认为这必然意味着商品质量低劣。对于上层消费者而言，价格和质量是可以脱离的，因为他们评价和选择商品时，更多的是依据自身的喜好或者注重商品的象征性。他们认为购买高价的商品是一种身份和地位的体现，越高的价格可能越会吸引他们，而过低的价格，他们反而可能视而不见。

经典和前沿研究 16-1

社会阶层与绿色消费

为了有效应对全球变暖与气候变化，环境保护和绿色消费已经成为全社会的共识。那么，消费者所处的社会阶层具体会如何影响其绿色消费行为呢？基于最优差别理论（optimal distinctiveness theory）以及社会层面方面的理论研究，研究者（Yan, Keh & Chen, 2021）针对这一重要问题开展了系统研究。通过一系列实证研究，他们发现社会阶层对绿色消费的影响呈倒 U 形的非线性关系，呈现出一种"两头低，中间高"的趋势，即相对于上层和下层消费者群体，中层（中产阶级）消费者群体表现出更高的绿色消费倾向。这一效应可以通过三个社会阶层（上、中、下）在建构自身最佳独特身份时同化需求（need for assimilation，NFA）与差异化需求（need for differentiation，NFD）之间不同程度的竞争关系来解释。

最优差别理论认为，人们在构建群体身份时有两个基本需求：同化需求（融入社会群体的愿望）和差异化需求（与他人不一样的愿望）。个人会试图平衡这两种需求，以适应其所在的群体并实现最佳的独特身份。一般来讲，同化需求在下层消费者中占据主要位置，差异化需求在上层消费者中占据主要位置，而中层消费者同时拥有同化需求与差异化需求的双重动机。绿色消费本身天然具有同化和差异化的双重功能。中层消费者将绿色消费视为同化和差异化功能兼备，这满足了他们的双重动机，进而增强了他们的绿色消费倾向。相比之下，下层消费者则认为绿色消费的差异化功能与以同化需求为主导的他们相矛盾，上层消费者则认为绿色消费的同化功能与以差异化需求为主导的他们相矛盾，进而降低了他们的绿色消费倾向。此外，研究人员还发现个体对自身在社会等级中的地位的不平等性和合法性的接受程度（权力距离信念，power distance belief，接受程度越高则权力距离信念越高）会调节这一倒 U 形非线性关系效应，即该效应在高权力距离信念下变强，而在低权力距离信念下变弱。这是由于高权力距离信念会进一步弱化上层消费者的同化需求和下层消费者的差异化需求,导致绿色消费的吸引力更弱。相反地,低权力距离信念则会强化上层消费者的同化需求和下层消费者的差异化需求,进而让拥有同化和差异化双功能的绿色消费的更富有吸引力。

这项研究表明,在促进消费者绿色消费的过程中,需要紧密结合他们所处的社会阶层提供不同的营销策略。绿水青山就是金山银山,营销策略有的放矢才能取得好的效果。

资料来源: Yan, L., Keh, H. T. and Chen, J. Assimilating and Differentiating: The Curvilinear Effect of Social Class on Green Consumption. *Journal of Consumer Research*, 2021, 47(6):914-936.

二、社会阶层与消费类型

(一)炫耀性消费

所谓炫耀性消费(conspicuous consumption),是指为了彰显个人社会地位和社会阶层而产生的消费。这种类型的消费能够向他人显示自己的身份和地位,因此,炫耀性消费品对于其拥有者十分重要,它能够向其他人表明身份。但只有在这些物品可被他人看见时才能够传递这种信息,所以,产品或服务的可见性构成炫耀性消费的必要条件。

炫耀性消费开始是用来描述富人或社会上层人士如何通过消费奢侈、昂贵的产品,向社会显示他们的权利和财富。在当今社会,这种消费已经不是上层社会人士的专利,在很多阶层中都会存在。人们进行炫耀性消费,已经不再只是追求所消费产品的功能性价值,更多的是产品所传递的符号价值。例如,地位符号通常是社会成员用来彰显其社会地位和所处阶层的手段,诸如穿着、住房、车子等产品成为区分社会阶层的重要标志,上层社会人士通过名牌服饰、豪宅、跑车等来显示自身地位。

在国内以及其他东亚国家,炫耀性消费十分普遍。例如,花几百万元置办豪华婚宴、买上千万元豪车的不在少数。形成这种现象背后的因素很多,比如,富裕阶层的形成客观上为这类消费提供了经济保障;中国人的攀比和面子文化成为外部促动力量;物质主义、消费主义的盛行,消费者自制力不足,以及支付方式的改变(扫码即可付费的非现金交易、像"花呗"等各类消费信贷产品的出现)等因素对此也起着推波助澜的作用。

(二)补偿性消费

所谓补偿性消费(compensatory consumption),是指通过购买产品或服务来抵消生活中遇到的挫折和困难的一种消费行为。例如,当一个人在生活中遇到挫折,如职业升迁落空、工作不得意,就会通过购买和消费具有地位象征意义的产品来弥补职场上的失意,以维系自尊。补偿性消费行为也与社会阶层密切相关,它是通过关注消费来补偿不足或尊重缺失的一种手段。

传统上,补偿性消费特指工人阶层的购买模式,他们可能透支自己的未来收入来购买房屋、汽车和其他具有地位象征意义的物品。但近年来,很多美国中层或上中阶层的消费者也表现出补偿性消费行为。例如,20世纪80年代以来,由于受宏观经济环境恶化的影响,他们中的很多人职业上屡受挫折,无法达到他们父母的事业成就和水平,为了补偿生活和工作中的沮丧,很多消费者通过补偿性消费来寻求满足。

一般来讲，相对更低社会阶层的消费者比相对更高社会阶层的消费者更容易体验到资金紧张和财务约束，而财务受限的消费者更倾向于进行补偿性消费[1]。例如，对于那些感知经济流动性低且经济社会地位较低的消费者，他们会在购物时表现出更高的多样化需求这种补偿性消费行为，并以此来补偿自身的低控制感[2]。但最新研究发现，这种财务约束的主观感受会使消费者从购买行为中所获得的愉悦感和幸福感下降，这是由于财务受限的消费者更容易考虑购物开支的各种机会成本[3]。

三、社会阶层对营销的意义

对社会阶层的研究，不应仅是对如何划分社会阶层和各阶层特点的了解，更为重要的是了解社会阶层对企业营销的影响。从营销角度而言，了解社会阶层可以有如下意义。

（一）指导企业开展有效的市场细分

不同社会阶层的消费者在购买产品时追求的利益和行为都相差很大，也会表现在产品的需求和评估标准上。由此可见，社会阶层可以说是极为重要的市场划分变量。例如，不同社会阶层的消费者在服装、家具、电器、娱乐产品、金融服务、食品等购买上有实质性差异，为营销人员细分消费者提供了基础。

（二）为产品开发和定位提供方向

不同社会阶层的消费者，对于同一产品也会表现出不同的偏好和偏好属性，例如对手机产品，中下层消费者可能较重视价格和实用的基本功能，而不是特别注重样式和色彩；上层阶级的消费者可能会更多注意样式、色彩等额外功能，看是否能够展示其社会地位等。这些由于消费者所处社会阶层不同而形成的需求差异，为企业产品开发以及产品市场定位提供了非常有价值的指导。

（三）为企业广告指明方向

不同社会阶层消费者价值观念的差异，为企业广告提供了明确的方向，直接影响着广告的主题、内容及表现手法等。广告要能够起到良好的信息沟通作用，就必须注意所使用的语言和符号要与特定的社会阶层消费者相吻合。通过了解社会各阶层的特点，营销人员就可以知道他们所惯用的术语、符号或象征，为广告信息的成功传递奠定基础。

（四）有利于企业分销策略的制定

不同社会阶层的消费者，在平常购物过程中会偏好不同的商场或购物场所，这就为企业产品分销渠道的选择提供了直接依据。例如，昂贵的专卖店通常是上层社会人士主要光顾的地方，而夜

---

[1] Cannon, C., Goldsmith, K. and Roux, C. A Self-regulatory Model of Resource Scarcity. *Journal of Consumer Psychology*, 2019, 29(1): 104−127.

[2] Yoon, S. and Kim, H. C. Feeling Economically Stuck: The Effect of Perceived Economic Mobility and Socioeconomic Status on Variety Seeking. *Journal of Consumer Research*, 2018, 44(5): 1141−1156.

[3] Dias, R. S., Sharma, E. and Fitzsimons, G. J. Spending and Happiness: The Role of Perceived Financial Constraints. *Journal of Consumer Research*, 2022, 49(3):373−388.

市中的低价小店则是社会中下层消费者经常光顾的场所。由此可见，营销人员想要接触不同社会阶层的消费者，就应该使用不同的渠道策略。

四、中国崛起的中产阶层及其消费

麦肯锡全球研究院最新的研究表明，一个规模巨大、构成极为复杂的消费群体正在崛起，这就是中国的城市中产阶层，他们的购买力将重新定义中国市场。随着收入的增长，中产阶层消费群体的消费模式将发生演变，推动各消费大类的增长。

（一）中国崛起的中产阶层特点

1. 年轻化

与大多数发达国家相比，中国中产阶层的年龄较低。在发达国家，收入最高的人通常是中年人。例如在美国，高收入的人通常在45～54岁。但是在中国，高收入的工作通常需要较高的教育水准和培训，而年龄较大的一代人教育水准普遍较低。同时，中国政府正在为年轻一代的高等教育投入大量资金，最富裕的消费者将来自25～44岁的年龄阶段。

经典和前沿研究 16-2

社会阶层影响捐赠

在日常生活当中，消费者时常遇到慈善捐赠的场景。在考虑慈善行为时，消费者通常需要决定如何在不同的慈善事业（如帮助残疾儿童、环境保护、动物保护等）中分配他们的捐款。最近，有学者（Vieites, Goldszmidt & Andrade, 2021）系统研究了消费者所处的社会阶层与慈善事业的相对紧迫性（即具体慈善事业对人类生存的重要性）对消费者慈善捐赠决策偏好的影响。

学者们在巴西里约热内卢这一高度不平等的社会经济环境中进行了一系列研究。他们发现，较低社会阶层的消费者更偏向给紧急的慈善事业捐款（如缓解饥饿）而不是给非紧急的慈善事业捐款（如鼓励文化活动），而这一效应在较高社会阶层消费者中发生反转，即他们更加倾向于将钱捐赠给非紧急的慈善事业。学者们发现，产生这种效应是由于不同社会阶层的消费者对于资源稀缺性的人生体验存在巨大反差，而这使得来自不同社会阶层的消费者对人们未满足的基本需求的内在同理心有所不同，进而最终影响了他们的慈善捐赠的分配偏好。这一研究表明，那些最有能力给予捐赠的人们反而并不会自发地优先考虑那些社会上最迫切需要的东西。不过，学者们也发现基于他们的理论框架，一些相对容易操纵的因素可以用于改变对特定慈善事业偏好上的阶级差异，这包括：(1)通过在慈善广告中提供形象生动的文本线索来激发较低和较高社会阶层消费者的同情心；(2)增加不同社会阶层的稀缺性体验的相似性。

资料来源：Vieites, Y., Goldszmidt, R. and Andrade, E. B. Social Class Shapes Donation Allocation Preferences. *Journal of Consumer Research*, 2021, 48(5):775-795.

2. 消费能力强

未来城市的中产阶层，无论从规模还是消费能力方面，都要远远高于目前的城市富裕人群。从 2010 年起，在富裕人群中——包括大众富裕和全球富裕阶层——将分化出很多界线明确的细分人群，但即使到 2025 年，富裕人群的总数仅有 4 000 万，占城市居民的 11%。富裕人群的消费总量相当于 5.7 万亿元，占中产阶层消费能力的 41%。虽然中产阶层的总消费能力将超过城市富裕人群，但后者仍将是一些公司的关键市场。但是，对于提供大众消费品和服务的公司而言，最大的机遇来自新崛起的中产阶层。为了成功服务中产阶层，这些公司需要了解随着中产阶层收入的增长，其储蓄和消费模式将如何发生变化。

（二）中国中产阶层的未来消费

目前，中国家庭会将税后收入的 1/4 存入银行，是世界上存款率最高的国家之一。麦肯锡的报告显示，虽然正在崛起的中产阶层将继续维持高储蓄率，但他们的消费力度将有所增加。住房和医疗保健将成为两个增长最快的消费大类。到 2025 年，这两项支出加起来将占到家庭预算的 16.6%。此外，住房自有率的增加必将推动建筑服务、建筑材料和装修的支出。考虑到医疗保健对中国家庭的重要性、中国人口的迅速老龄化以及公共医疗保健系统面临的种种挑战，麦肯锡预计在未来 20 年内，城市消费者在商业健康保健上的支出将以每年 11% 的速度增长。这将为医疗保健供应商、保险公司、医疗设备制造商和制药公司带来很大机遇。

本章小结

社会阶层是由具有相同或类似社会地位的社会成员组成的相对持久的群体。每一名消费者都会在社会中占据一定的位置，使社会成员分成高低有序的层次或阶层。社会阶层具有地位性、多维性、层级性、限定性、同质性和动态性等特点。来自不同社会阶层的消费者由于其职业、收入、教育等方面存在明显差异，因此在消费偏好、消费决策和消费行为上会表现出差异，即使是购买同一种产品，其趣味、偏好和动机也会不同。从消费者行为学角度来说，有六种因素对理解消费者社会阶层是如何决定的具有重要作用，这包括职业、个人表现、社会互动、拥有财产、价值取向及阶层意识。

社会阶层的衡量方法大体可以分为三类，即自我衡量、声誉衡量和客观衡量。在社会阶层的划分中，各个国家采用了不同的划分标准，得出了不同的阶层划分结果。在众多划分标准中，职业、收入、受教育程度、居住区域等是常用标准。

根据科尔曼和雷恩沃特提出的地位指数法，将美国的消费者划分为上层（占总人口 14%）、中层（占总人口 70%）和下层（占总人口 16%）。再按照职业和社会联系的不同，对每一层进一步细分，形成了在生活方式上存在差异的 7 个群体。我国社会阶层结构也在发生变化，中国社会科学院社会学研究所以职业划分为基础，以组织资源、经济资源、文化资源的占有情况为依据，对我国社会阶层状况进行了研究，发布了《当代中国社会阶层研究报告》，将当代中国社会划分为 5 个等级、10 大阶层。

通常情况下，处于相同社会阶层的成员有着相似的兴趣、爱好，会表现出与该阶层相匹配的消费行为。消费者由于所处社会阶层的不同，在心理过程、购物方式、产品信息获取与处理、产品选择、对价格敏感程度等方面会表现出较大差异。此外，炫耀性消费与补偿性消费也与特定阶层的消费者密切相关。对消费者社会阶层的研究，有助于企业在市场细分、产品开发与定位、广告、分销渠道选择等营销策略上做出正确决策。

思考题

1. 什么是社会阶层？社会阶层有何特点？
2. 决定消费者社会阶层的因素有哪些？
3. 美国的社会阶层有哪些？
4. 中国社会当前划分为哪些阶层？
5. 如何看待在中国等新兴经济体中崛起的"新中产"阶层消费者？
6. 社会阶层衡量的方法有哪几类？
7. 社会阶层会如何影响消费者心理和决策？
8. 社会阶层对企业营销实践有何意义？
9. 企业在利用社会阶层开展营销活动时需要注意什么？
10. 企业的营销实践是否会反过来影响社会阶层？为什么？

第十七章 文化对消费者的影响

> **开篇案例**
>
> ### 百事可乐迎合中国消费者的国潮国风偏好
>
> 　　任何品牌要在国际市场上取得成功，都离不开对本地市场文化的洞察与尊重。在互联网快速发展、不断推动文化融合和碰撞的今天，更是如此。百事可乐公司发现，伴随着经济发展和文化自信，中国新一代消费者对传统中国文化、国潮风格表现出了强烈喜爱。喝元气森林感觉比喝可口可乐更时尚，穿李宁和安踏比穿耐克和阿迪达斯更酷炫……在充分认识到这一趋势的不可阻挡之后，百事可乐积极探寻品牌与中国传统文化融合的场景与路径。从2017年开始，百事可乐就借助"百事盖念店"平台，通过与本土设计师合作，与红双喜、回力、凤凰等国民品牌联名，开发富含中国韵味的百事原创潮流单品，循序渐进地将中国文化元素与品牌营销联合起来。2020年，百事可乐独具创意地开发了"太汽系列"新品，重磅推出的桂花味可乐在可乐中添加了桂花这种充满传统情怀的中国口味与元素，大获市场好评。2021年，百事公司又推出巧妙地融合了白桃香、乌龙醇、可乐爽三重口味的白桃乌龙味新品，再次给中国消费者带来惊喜。通过不断丰富这一国风口味的产品线，百事可乐掀起了新一波国风热潮，保持了品牌活力。

> 除了百事可乐，很多跨国公司品牌也都在通过尊重和接近中国传统文化，迎合中国消费者。2022 农历虎年春节来临之际，跨国公司，包括奢侈品品牌，都在利用吉祥的"虎虎生威""生龙活虎"等"老虎"概念，对产品进行新系列开发和营销宣传，吸引消费者。跨国公司基于中国文化元素的一系列营销行为，充分体现了中国消费者的文化自信。因为自信，才会有这些跨国公司的迎合与接近。
>
> 资料来源：https://www.sohu.com/a/240111015_100182232.

第一节 文化的内涵与特征

一、文化的含义

文化的含义宽泛而复杂，不同学科、不同学者根据各自的研究角度对其有着不同的理解。我国《辞海》对文化的定义可以被看作在最一般意义上对文化含义的概括。它指出："文化，从广义来说，指人类社会历史实践过程中所创造的物质财富和精神财富的总和。从狭义来说，指社会的意识形态，以及与之相适应的制度和组织机构。"

被认为比较经典的文化的定义是美国学者爱德华·泰勒（Edward Tylor）提出的：文化是一个包含知识、信仰、艺术、道德、法规、风俗习惯，以及人类作为一个社会（集体）成员所必需的各种能力和习惯的综合的整体[1]。"文化"这个术语可以分别用于一个民族、一个国家、一个年龄层次、一个职业阶层等不同层面。文化是影响人们欲望和行为的基本决定因素。个人的消费行为总是受其所归属群体文化的影响。各种具体的文化表现依不同层面而异，比如饮食习惯可能因国家而异，服饰习惯可能因职业而异，而性别角色则可能因国家和社会阶层而异。所以，在讨论文化时，有必要首先界定其范围，例如，是属于一个国家的文化、一个民族的文化、一个宗教的文化，还是一个年龄层次的文化。

二、文化的特性

（一）共享性

文化是由各种互相联系、互相依存、互相作用的要素组成的集合体。任何要素的变动，都会影响到其他要素。片面地观察文化的一部分，往往很难了解文化的整体。一种社会文化一旦形成，便借助一定的价值观、行为规范对其社会成员构成一定的约束力，以保证社会的和谐发展。有时这些规范或道德准则是明确的，有时是不明确的。生活在一定文化群体中的个体，都自觉或不自觉地按

---

[1] Edward, B. T. *Primitive Culture: Researches into the Development of Mythology, Philosophy, Religion, Art, and Custom.* London: Gordon Press. 1974.

照该群体的方式行事，受到该文化的熏陶和影响。

（二）历史性

文化随着社会的发展而变动，不同时期的文化往往带有时代特征。文化随着人类的发展从过去到现在再到将来，通过各种渠道（口头或书面、人际交流或正式教育等）代代相传，具有历史传承性。正因为如此，前人的文化成果为后人所继承和掌握，并作为后人进行文化创造的基础和手段，转化为文化创造的力量，文化才得以持续、稳固和发展。

（三）社会性

文化与人类社会相联系，是一个社会群体共同创造的社会性的产物，并被群体中的所有成员共同接受和遵循。自然存在物不是文化，只有经过人类加工制造出来的物品或参与的活动才是文化。有社会才会有文化，有社会必然有文化，不同社会有不同的文化。文化是人们后天习得的。个体的精神文化不是依赖于先天遗传，而是通过学习得到的。个体学习文化的过程就是社会化的过程。对文化的学习包括接受本民族文化的塑模，以及对外来文化的学习与适应。

（四）民族性

每个民族在其世代延续的过程中，形成了独特的民族心理、民族精神、民族语言、民族传统、民族生活和行为方式，构成不同的民族文化。正如世界上没有两片完全相同的叶子，世界上的文化因民族的多样性而丰富多彩。文化的差异性致使在一个社会是合理的现象而在另一个社会可能很可笑，或者是大逆不道。

（五）符号性

文化的符号性，指的是任何文化都建立在一定符号体系上。文化符号的形式多种多样，服饰、旗帜、建筑、宗教、偶像等都可构成文化符号。比如，可口可乐、好莱坞、星巴克是美国文化的象征，而故宫、长城、中医是中国文化的象征。构成一种文化最重要的符号是语言，语言使文化得以延续。有了语言，知识可以积累，前人的经验、智慧可以为后人分享。语言使人们能交流其内心想法，表达从前从未表达的观点，将经验上升到抽象的概念层次。道德、宗教、哲学、文学、科学、技术和无数其他人类知识及信念领域，包括我们学习、运用这些知识的能力，都依赖语言这一符号体系。

（六）整体性

文化是一个整体系统，存在不同的要素，既包括物质文化，又包括精神文化，且这些要素之间相互联系、有机整合、共同变化，物质文化可以引发精神文化的变化，而精神文化也可以导致物质文化的变化。

三、文化对行为的影响

文化的作用渗透于社会群体和个人等各个层次、各个角落，其影响之深远，可谓无处不在，无时不在。人的任何行为都有文化的烙印，文化对行为的影响是自然和自发的，以至于人们浑然不觉。例如，当研究者问消费者为什么要这样做，他们往往回答"因为这样是正确的呀"。图17-1的理论模型展示了文化如何影响人们的信念、价值观、惯例，进而影响人们的社会规范、行为意图和最终行为。

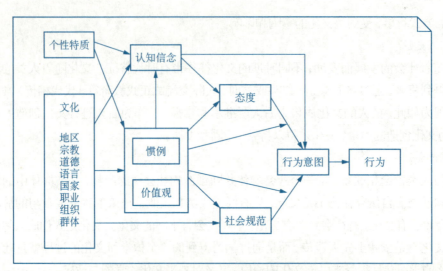

图 17-1 文化对行为影响的理论模型

对个人而言，文化具有社会化功能。社会化就是自然人成长为社会人的过程。某种文化被社会成员所共同认可和接受之后，就具有了超越个体价值观念的性质。人们只有按照其确定的价值标准进行选择，才是合法、规范的，才能为社会大多数成员所接受和承认；否则，个人选择本身便被社会视为无价值，甚至遭到打击和排斥。因此，社会化可以视为个体学习、接受社会共同价值观念的过程，也是文化对个体的价值定向和塑模的过程。

对社会组织或群体而言，文化具有凝聚功能。文化整合群体或组织的目标、规范、观念和行为，形成各具特色的群体文化，如家庭文化、企业文化等。组织或群体文化是根植于社会文化土壤中的亚文化。

对于整个社会而言，文化具有整合、导向功能。在历史发展中，一些文化因素被选择、吸收，渐渐规范化、合理化，并被强化、沉淀为人的心理特征和行为特征；而另一些文化因素被抑制、排斥、扬弃，脱离出去。文化的这种内聚和整合形成整个社会统一的文化模式和特定的价值取向。并且，在自身社会的发展和对其他文化的吸收与排斥中，文化发挥着积极或消极的导向功能，推动或滞缓某些社会变化。

第二节 文化的构成

文化的构成是复杂的，可以从三个层面看：外显层、中间层和内隐层，每一层又包括具体的文化要素，如图 17-2 所示。

外显层是最表层的文化，属文化中可见的层面，包括人工器物、人为事物、物质布局、可视听的行为以及语言。中间层主要包括文化价值观和一些行为规范。内隐层是指文化中关于人类的基本假设、基本信念等。三个层次都会对消费者行为产生一定的影响。

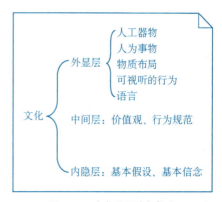

图 17-2　文化的层次与构成

一、文化内隐层

人类为了生存和发展,要认识和解决一系列问题。随着实践的反复进行,人类就怎样认识和解决某些问题形成了被视为理所当然的观念和思维方式。这些观念和思维方式就是"基本假设"。人类面临的基本问题可以归纳人与自然的关系问题、人的本性是怎样的、对时间的理解等方面。

(一)人与自然的关系

在中国,"天人合一"是传统文化的核心。儒家文化中把天、地、人称为"三才"。在"天人合一"的文化中,人是自然界不可分割的一部分,自然界有其客观规律,人类要服从和遵循这些规律。比如中国人养生,重视顺应时令,就像《黄帝内经》[1]中所强调的,要"顺四时而适寒暑"。《黄帝内经》的核心理念就包括"人与天地相参"的天人观,人要顺应自然规律才能进行正常生命活动,逆之则灾害生,从之则苟疾不起,是为得道。

西方文化则认为人类是大自然的主人,是可以主导自然的力量。同时,西方传统的天人观强调人与自然的矛盾与差别,认为人类要想活得更好,就要不断征服自然,从而增强了人的主体意识和积极进取意识,促进了西方科学技术的发展和物质文明的昌盛。

东西方这种对人与自然关系的不同理解,也体现在企业营销中。比如在中国,农夫山泉的广告语是"我们不生产水,我们只是大自然的搬运工";而在西方文化语境中,某化妆品的广告语是"Who grow old gradually? Fight it"。

(二)人的本性是怎样的

在中国文化中,"人之初,性本善"体现了中国人是相信"性善论"的。战国时期孟子最早提出性善论,在《孟子·告子上》[2]中提出"水信无分于东西,无分于上下乎?人性之善也,犹水之就下也。人无有不善,水无有不下。今夫水,搏而跃之,可使过颡;激而行之,可使在山。是岂水之性哉?其势则然也。人之可使为不善,其性亦犹是也"。所以中国人一直强调扬善避恶,发挥人性光明的一面。

而在西方文化中,从《圣经》到黑格尔,一直主张"性恶论"。西方的性恶论主要来源于基督教的"原罪说"。由于人类的祖先亚当和夏娃禁不住蛇的诱惑,偷吃了智慧果而犯了"原罪"。柏拉图曾经说过:"人类必须有法律并且遵守法律,否则他们的生活就会像最野蛮的野兽那样坏。人性总

---

[1] 姚春鹏译注:《黄帝内经》,中华书局 2010 年版。
[2] 方勇译注:《孟子》,中华书局 2017 年版。

是把人拉向贪婪和自私。"[1]

中国的性善论使得中国人一般都以道德的理念要求自己,而西方的性恶论则导致他们形成了更为成熟的法律制度,依靠制度设计预防和惩处"人性之恶"。

(三)对时间的理解

美国人类学家爱德华·T. 霍尔(Edward T. Hall)说过:"时间会说话。它比有声语言更坦率,它传达的信息更响亮而清晰。"[2]时间观念是重要的文化因素。中西方在时间观念上的差异,可以体现在几个不同的视角。第一是过去时间导向、现在时间导向、将来时间导向视角。在过去时间导向的文化下,人们高度重视传统,看重年龄和经验。中国就是一个过去时间导向的国家,"以史为鉴""前事不忘后事之师"等表述都体现了对过去的重视。我国一些企业的一些广告语也充分体现了这一时间导向,比如广告语"你能听到的历史 136 年,你能看到的历史 174 年,你能品味的历史 440 年,国窖 1573"。

将来时间导向则是着眼于将来,积极面对和迎接变化,崇尚努力奋斗,相信未来比现在更加美好,而视过去为落后的、过时的。美国是一个将来时间导向的国家,体现为人们着重未来,认为未来是美好的,善于追求新鲜事物。所以在未来时间导向的国家里,新产品、新事物层出不穷。美国企业的广告语也充分体现了将来时间导向,比如"To me, the past is black and white, but future is always colorful"(轩尼诗)。

现在时间导向的文化,不太关注过去已经发生的事情,也不太在意将来要发生的事情,而是关注现在。总体上说,菲律宾、拉丁美洲等地的人们多属于现在时间导向的文化,人们多关注当下的享乐,不在意对未来的影响,也不关注过去。

对时间的理解,除了过去、现在和未来时间导向外,还有一个维度就是线性时间观还是循环时间观。一般来说,西方人大多认为时间是线性的,可以分割成一个个阶段,时间过去了就是过去了。由此,他们的时间观念很强,为追求高效率,他们以分钟为时间单位,按日程计划行事,每个阶段完成一件事。准时是在西方社会中受人尊敬、赢得信赖的基本条件。东方人大多则认为时间是循环的,他们尊重过去、年龄和前辈,习惯于建立和维持终身的长期关系,并认为同时兼顾许多目标是合理的。

二、文化中间层

文化中间层主要包括价值观、行为规范等。

(一)文化价值观

文化价值观是一种行为的判断观念,它表明一个人对周围事物的是非、善恶和重要性的评价。文化价值观是人的文化心理结构中潜藏于深处的部分,它总是不自觉地、无意识地对人的文化心理、文化行为产生影响。每一种文化就像一座冰山,在各种显在的准则、规范、行为背后有一整套

---

[1] 柏拉图著,张智仁、何勤华译:《法律篇》,商务印书馆 2016 年版。
[2] Edward, T. H. and Whyte, W. F. Intercultural Communication: A Guide to Men of Action. *Human Organization*, 1960, 19(1):14-15.

价值判断系统作为根据，这些根据就是价值观。

由于作为文化核心的价值观各异，不同文化背景下的人们才会对同一文化现象产生不同的认识、感受和理解。价值观主要体现于人们对社会成就、过程和结果、时间、变化以及个性等有不同评价标准。国际营销从某种意义上说就是跨文化营销，其过程可以看作在两种或多种价值观的相互作用下展开的，价值观对国际营销活动影响极深。

对社会成就的不同认识，往往造成不同文化中的人追求不同的目标。如果在一贯把关系看得比成就更重要的文化环境中经营，管理者把主要精力放在通常的绩效或工作任务上，而不注意各种关系的建立与维系时，就会受到阻碍。通常，对成就需要高的人往往把主要精力集中在目标而非过程上，并用达到这些目标的程度来衡量他们的成就；在另一种文化中，人们可能把注意力集中到活动的过程而非结果上，集中在欣赏工作本身而非急于完成这项工作。

对变化的判断是经济活动中的一项重要内容，各文化接受变化的程度有很大差异。在美国，新奇、变化的东西往往被认为是进步、好的现象，人们喜欢尝试新奇的东西，因此广告中经常出现用大写字体醒目标明的"NEW!"（新）或"BETTER!"（更好）；而在另一些保守的国家，新的、变化的事物被视为冒险、扰乱甚至是罪过。当地文化对创新的态度是影响国际营销活动成功与否的重要因素之一。通常，外国公司进入某一市场，意味着它向当地文化介绍新产品或服务。如果产品是与其他产品完全不同的全新产品，公司必须预测消费者将做何反应。假如当地文化较封闭、抵触变化，市场营销活动就要困难得多。即使是对导入新产品看起来很有潜力的市场，理解如何导入和接受的过程也是十分重要的。消费者对新产品的认知直接影响产品能否被快速地接受。优越性明显、易于解释和传播、使用成本低、风险小、与现有文化价值和消费模式抵触不大的产品能够较快地被接受。

对个性的追求也因文化不同而各异。例如，美国人喜欢突出自己，日本人则不愿意。前者表现为去做某些特别的事，使自己被人认为是独一无二的；后者则尽量使自己与众人一样，避免被他人过分注意。因此，有人称美国人的价值观为"第一控制"，即为影响结果而主动地试图改变事态、客观条件及其他人的看法；日本人的价值观为"第二控制"，指适应事态、客观条件和他人，以达到内在的宁静以及同社会的和谐关系。

国民心理是一个国家文化价值观最深层的表现，它代表了一个国家的人对各种外界变化的想法和反应。例如，法国人由于极强的民族自豪感和团结，不太愿意用外国产品替代本国产品。营销者了解东道国的国民心理，有利于使自己的产品和市场营销战略适应当地环境。当人们习惯将外来文化看作对现存行为模式构成威胁的，或即使未把外国产品视为威胁，也认为是不同的、不好的时，营销者应淡化产品的外来性，尽量融入当地文化。当然，对外来产品的态度并非都是消极的。高质量的外国产品如法国葡萄酒等在国际市场上仍可以征服不同文化的消费者。想要在外国市场获得成功，关键是赢得当地文化的认可，这取决于公司融合当地文化建立认同感的能力，或者取决于改变当地购买者对产品态度的能力。

一般来说，消费者行为的文化价值观可分为他人导向价值观、环境导向价值观和自我导向价值观。

1. 他人导向价值观

他人导向价值观是指价值观反映的是一个社会关于该社会中个体与群体、个体之间以及群体之间适当关系的看法。这些关系对于营销实践有着重要影响。比如，不同的社会文化在对待个人与集体的关系上会有不同的价值取向。有的社会强调的是团队协作和集体行动，往往把荣誉和奖励归于集体而非个人；相反，有的社会强调的是个人成就和个人价值，荣誉和奖励常常被授予个人而非集体。又如，对于人与人之间竞争与合作的关系，不同的社会文化对于竞争与合作的态度会有所不同。在有的文化价值观中，人们崇尚竞争，信奉"优胜劣汰"的自然法则；而在另一些文化价值观中，人们倾向于通过协作来取得成功。这方面的价值观往往能从不同的文化对"比较广告"的反应中表现出来。例如，我国规定禁止做相互诽谤的比较广告；但在美国，比较广告则被允许甚至被鼓励。

2. 环境导向价值观

环境导向价值观反映的是一个社会关于该社会与其经济、技术及自然等环境之间关系的看法。这些价值观对于消费者行为也具有重要影响，并最终影响企业营销策略的选择及成败。比如不同社会文化对环境保护的看法和重视程度不同，在重视清洁和环境保护的社会，人们需要更多地获取清洁的产品或环保产品，如空气清新剂、除臭剂、工业污染处理设备、汽车尾气检测仪器及其控制产品等。党的二十大报告指出，我国的生态保护已发生历史性、转折性、全局性变化。我国消费者的环境导向价值观将越来越突出。

3. 自我导向价值观

自我导向价值观是指价值观反映社会各成员的理想生活目标及其实现途径，对消费者以及对企业的市场营销具有重要影响。例如，不同的社会文化在对待工作与休闲的关系问题上会有不同的观念和态度。一般来说，人们是为了获取经济报酬而工作。但是，有些文化使人们较倾向于从工作中获得自我满足，有些文化则使人们在基本的经济需求满足后较倾向于更多地休闲。在企业营销中，不能忽视这方面的文化差异。

经典和前沿研究 17-1

文化背景与价值观对消费者优惠券使用倾向的影响

优惠券是一种非常有效且普遍的促销手段，但如果不能"有的放矢"地发放到愿意使用它们的消费者手中，就会出现使用率低的问题。因此，找到影响消费者优惠券使用意愿的因素，有效区分出更可能使用优惠券的目标人群，是提高使用率和促销效果的关键。

研究（Lalwani et al., 2019）证实消费者的文化背景和价值观是影响其使用优惠券意向的重要影响因素。亚洲人（VS. 白种人）、印度人（VS. 美国人）更有可能使用优惠券。更普遍地说，在自我构建上偏重相互依赖的消费者与自我构建相互独立的消费者相比，前者往往具有更强的使用优惠券的意愿。根据这一研究结论对营销者提出的建议是：首先根据文化背景和价值观细分市场，亚洲文化背景和价值观的人群相比欧美消费者更愿意使用优惠券。其次，可以在店内通过广告等手段激活消费者的相互依赖自我构建，从而提高消费者优惠券的使用率。

资料来源：Lalwani, A. K. and Wang, J. J. How Do Consumers' Cultural Backgrounds and Values Influence Their Coupon Proneness? A Multimenthod Investigation. *Journal of Consumer Research*, 2019, 45(5): 1037−1050.

（二）宗教

宗教是人类社会一个突出的文化现象。宗教信仰不仅影响人们的消费行为、社交行为、穿着举止、经商风格、价值观以及在社会中处理冲突的方式，还影响人们对时间、财富、变化以及风险的态度，而所有这些都是营销者理解消费者及其购买行为的基础。

世界上主要的宗教有佛教、基督教、伊斯兰教、印度教等。不同的宗教有不同的价值观和行为准则，从而影响人们的需求动机和购买行为。

（三）仪式

仪式（ritual）也是文化学习中不可忽视的一种工具。仪式是指以一个固定顺序重复出现的一连串具有象征意义的行为。人的一生充满着各式各样的仪式，如婚礼、新年、毕业典礼、结婚纪念日、升迁以及退休庆祝等。仪式可以是公开的，也可以是私下的。仪式具有正式性，并且有一定的步骤。典型的仪式通常包括四个元素：象征物、仪式脚本、角色扮演及观众。从市场营销角度看，仪式的重要性在于，仪式过程往往伴随着某些可增强其内涵的商品。比如结婚仪式中的钻戒、圣诞仪式中的圣诞树等。一般我们称具有这一效用的商品为象征物（artifact）。有些象征物是经由风俗习惯传承而形成的，例如在中国，过年贴春联、端午吃粽子、中秋节吃月饼。但有些象征物是营销人员刻意创造出来的，如情人节要享受情人烛光晚餐、要给女朋友送玫瑰花等。消费者经常使用仪式脚本（ritual script）来描述仪式象征物的相关事宜，这包括仪式象征物本身、使用这些仪式象征物的顺序，以及谁来用这些仪式象征物等。另外，不能忽视观礼的人，他们扮演着观众的角色。没有观众，仪式通常也就没有意义了。

三、文化外显层

文化外显层包括可视听的行为、器物，以及语言等。

（一）行为

文化的外显层包括人们的基本行为，一个手势、一个眼神同样能在人们的交流中表达一定的含义、传达一定的信息，有时甚至可创造"此时无声胜有声"的妙境。了解不同文化下行为的含义，就能避免在直接接触中冒犯对方，能更有效地通过"察言观色"来发现对方的真实意图。例如，在伊斯兰国家不能用左手吃饭；在远东地区递交东西给对方时宜用双手。在世界大部分地方，左右摆头表示"不"，但在印度则相反。美国经理在谈判成功后无意中用手指做出的象征"OK"的动作，在法国南部却表示这个买卖没什么价值，在日本表示要一点贿赂，而在巴西这是粗野的表示。

> **营销小故事 17-1**
>
> **仪式感不能少，为新年注入吉祥**
>
> "过年"在中国人眼里，一直是最具有仪式感的。专门针对新年的各种礼盒令人眼花缭乱。包装大多象征着喜庆、团圆、吉祥，以中国红为主。与纯图片无文字的包装相比，消费者更希望从包装开始，就拥有好的"彩头"。由此年货包装盒上的文字吉祥语言，带着新春的祝福，满足消费者对新年好运的期待。元气森林推出虎年新春特别包装——新年"福气瓶"，将传统贴"福"字融入产品包装，呈现出"福气"二字特写。新年"福气瓶"共推出两种口味，分别为2022年新推的山楂苏打气泡水和经典的白桃苏打气泡水，配方依旧是0糖0脂0卡，搭配1.25升的超大容量，也有超大"福气"的意味，更让消费者"福"满钵满。健康代餐品牌 ffit8 则是推出了"发财礼盒"，利用"ffit8 = 会发"的谐音梗，推出了以国粹麻将为主题的新春礼盒，包含了好吃、营养、无负担的健康零食，以及发财包、麻将纸牌等周边产品，带来满满的过年氛围。王老吉于2021年底推出了百家姓氏图腾罐凉茶，用户可以购买带有自己姓氏及图腾文案的红罐凉茶，共可定制115个姓氏的产品。王老吉表示，"吉"文化是中国传统文化的典型代表，通过个性化的创意包装，满足各个姓氏消费者的消费需求，助力消费者向家人朋友传达更有象征意义的吉祥祝福，实现"吉文化"的潮流化表达。

（二）器物

器物包括具体的物品，也包括类似建筑、街景、艺术品等，都是文化的表层构成，因此，很多器物在不同的文化下有不同的含义。

1. 动物

值得注意的是，一些动物在不同国家具有不同的象征意义，人们对动物的喜恶也会因不同国家或地区而不同。出口到英国的商品忌用白象、山羊和孔雀图案作标志；日本人对饰有狐狸或獾图案的物品反感；猫头鹰在瑞士象征死亡，不受欢迎；仙鹤在中国备受青睐，象征长寿，但在法国它是蠢汉的代称。

2. 花卉植物

与动物一样，在国际营销中，人们也会经常以各种花卉植物作为产品的品牌或宣传图案。一些花卉植物在不同国家有不同的象征意义，不同国家和地区的人们对植物的喜恶也会不同。一些花卉植物在某种文化环境中表示吉祥，而在另一种文化环境中也许就喻示着晦气。例如，菊花在中国因其傲霜斗雪的品质被尊为"君子"，颇受喜爱，而法国和拉美一些国家却视之为丧花。在我国香港和台湾地区，商人不欢迎茉莉花与梅花，因为茉莉与"末利"、梅花与"霉花"同音。

3. 色彩

色彩是人们辨认事物的依据之一，它还能表达一定的情感。作为设计和宣传的要素，色彩的运用在国际营销策划中不可忽视。世界各国对颜色的好恶各不相同：印度人喜爱红色、蓝色、黄色和紫色等鲜艳的颜色；而日本人却偏爱柔和的色调；法国人最讨厌墨绿色，喜爱蓝色，认为蓝色象征自由；埃及人则喜绿色，忌蓝色；西方许多国家平时不用黑色，认为是葬礼的标志。显然，如果在国际营销中忽视不同国家对颜色的态度，很有可能成为营销的障碍。

4. 图案

图案在商品包装、广告和产品的造型设计上被广泛运用，成为现代促销的基本手段之一。不同文化背景的人们对图案亦有不同的审美心理。在某些国家或地区受欢迎的图案，在另一些国家或地区可能是忌讳。比如一些阿拉伯国家忌用雪花图案，国际上把三角形作为警告性标志，捷克把红三角作为有毒标记，土耳其用绿三角表示"免费样品"。我国著名的家电品牌海尔的标志是两个可爱的儿童图案，该标志在法国受到欢迎，购买海尔空调的多为女性消费者，她们喜爱孩子；但中东地区却禁止该标志的出现，因为其中的小男孩没穿上衣。

（三）语言

语言被视为文化的"镜子"，因为人们的全部思想几乎都要通过所使用的文字、说话方式（如语气、语调）或非口头形式的身体语言（眼神、姿态等）来交流。从某种意义上说，各国语言都是其社会文化的集中体现，折射出不同民族的价值观和世界观。因此，一种语言往往代表着一种民族文化或文化群，而成为区分一个民族和另一个民族的主要标志之一。要真正了解某种文化，就必须先掌握表达这种文化的语言。

市场营销活动的成功有赖于企业管理者与员工、供应商、中间商、消费者（用户）和其他关系者之间的有效沟通。语言正是沟通的工具，而且语言也是产品本身的构成要素之一，如商标、标签和使用说明等。语言文化的差异造成的沟通障碍往往成为国际营销必须克服的困难。对语言文化环境的研究主要包括以下四个方面。

1. 语种的构成及特点

除了要了解官方语言外，还要注意东道国内部使用语言的差异。例如，世界上有超 200 个国家和地区，官方语言约 100 种，但在地球上使用的语言有 3 000 种以上，加上各种方言约 10 000 种之多。世界上使用者最多的语言有汉语（普通话）、英语、印地语、西班牙语、俄语和阿拉伯语等。仅仅注意官方语言会错误地夸大一国语言的同一性。如印度的语言和方言有 3 000 种之多，而英语和印地语是使用最广的共同语言。

在语言多样化的国家，通常使用同一种语言的人分享同种价值观、经历或信念，构成亚文化群，而每个亚文化群在消费行为、消费习惯上各有特色。一国的语种构成越复杂，表明该国亚文化越丰富。号称"民族大熔炉"的美国是一个典型的移民国家，来自世界各地的多种民族文化在此碰撞、冲突、融合，形成美利坚民族独特的文化，也造成美国社会的高度复杂性。除英语是其通用的官方语言外，美国本土使用较多的语言还有西班牙语、法语、德语等数十种语言。

英语是目前国际商务通用的语言，但仅仅掌握英语并不足以实现营销者树立目标市场竞争地位的战略意图。人们更愿意用自己的语言交谈，营销者使用当地语言能够迅速拉近与对方的距离，建立亲切感。在德国、法国，虽然很多人会说英语，但并不愿意用英语交谈。法国为保护本国语言的纯洁性，甚至通过有关立法，限制外国产品广告使用外来词汇的数量。

虽然学习语言是营销者的必修课，但他们不可能掌握当地的所有语言。在通常情况下，当地的代理商、经销商或其他中介便成为沟通的桥梁。有时，为避免产品商标或广告宣传中歧义的产生，可以采取"双向翻译法"，即翻译成当地语言后，再回译成本国语言，看是否发生原意的偏差，以便即时纠正。

2. 语言的使用习惯

在语言的使用中，不同文化，习惯各异。有些民族在语言交流时不直接表明其意，而往往话中有话，并依靠大量身体语言，十分含蓄。也有些民族使用语言直截了当，表意清楚。前者如日本文化，后者如美国文化。所以，当日本人对你所提出的问题回答"是"时，别高兴得太早，因为这可能表示他同意、理解，也可能仅仅表明在注意听你说话，或干脆是在搪塞、敷衍你而已。而美国经理毫不客气的"No!"（拒绝）往往让其东方合作伙伴感到不留情面。

同一种语言在不同文化环境中使用情况可能不同，企业对词汇的运用要保持审慎态度。只有准确了解当地生动的语言，才能准确掌握市场信息，否则语言文化的差异会使营销者的努力南辕北辙。营销者在进行跨国市场沟通和宣传时，应格外注意语言的翻译；否则，不仅词不达意，还可能造成歧义，严重影响产品的市场销售。美国通用汽车公司的"雪佛兰·诺瓦"（Chevrolet Nova）汽车在波多黎各推销时遇到麻烦。原来 Nova 的英文含义是"神枪手"，但其在西班牙语中的意思却是"跑不动"。试想，谁愿意买一辆跑不动的车呢？百事可乐一则英语广告"Come Alive With Pepsi"在美国很受欢迎，其意思可以理解为"喝了百事可乐，可使你充满活力"。然而该广告直译成德语后，其含义竟变成了"喝百事可乐，从坟墓中爬出来"，令人哭笑不得。我国企业也有这方面的教训。例如，曾有"芳芳"牌小儿爽身粉在国际市场销路不佳，经调查，问题出在该品牌直译成英文竟是"（狗的）尖牙""（蛇的）毒牙"，该产品的市场命运可想而知。我国著名的"白象"牌电池在国外销售时也遇到同样的问题，其英文名称"White Elephant"有"废物、大而无用之物"的意思。

3. 数字语言

不同的文化对数字的讲究不同：中国人喜欢偶数甚于奇数，而俄罗斯人则相反；西方人惧怕"13"，尤其那天恰好是星期五；日本人不喜欢"4"和"9"，因为它们的发音在日语中分别与"死""苦"相同。再如，"6"在中国表示顺利，是所谓的"六六大顺"的意思；但在西方，人们讨厌"6"，尤其是"666"在《圣经》里甚至被称为"野兽数"，极不吉利。营销者如果不了解有关数字的知识，会遇到意想不到的困难。例如，美国销往日本的高尔夫球最初是 4 个一套，很长时间无人问津，经过市场调查才发现，问题竟出在这小小的数字"4"上。

4. 表情符号

1982 年 9 月 19 日，美国卡耐基-梅隆大学的斯科特·法尔曼教授第一次在电子公告板中输入了这样一串 ASCII 字符"：-)"，由此人类历史上第一张电脑笑脸得以诞生。从此，网络表情符号在互联网世界被广泛使用。但表情符号有文化差异，比如"双手合十"这个表情符号到底是"祈祷"还是"击掌庆祝"在微信朋友圈引发热议。以色列一家在线翻译公司曾经做过一项测试发现，在不同语言地区，人们对一些表情符号的理解不一样。比如这家公司用表情符号写了 13 句话，让说法语、西班牙语、德语、希腊语、希伯来语、阿拉伯语、日语、印地语、汉语（粤语），以及加拿大法语、拉美西班牙语的翻译解读这 13 句话，结果显示"面戴口罩"加上"肌肉隆起的胳膊"这两个表情符号，本意为"生病了，正在康复中"，加拿大法语翻译理解为"隆起二头肌"，德语翻译则理解为"沉默就是力量"，阿拉伯语翻译解释为"我腋下很臭"，广东话翻译则认为是"死也不说"的意思。这表明，表情符号并非全球通用，不同的文化背景有不同的理解。[1]

第三节 文化的测量

一、霍夫斯泰德的文化维度理论

目前，营销者广泛使用的评估文化环境的重要手段和分析方法是霍夫斯泰德（Hofstede）关于文化价值观的维度划分。他在《文化的效应》[2]一书中，提出了国家文化的四个维度——反映自我倾向性的个人主义/集体主义指数（IDV），反映权力倾向性的权力距离指数（PDI），反映风险倾向性的避免不确定性指数（UAI）和反映成就倾向性的男性化/女性化指数（MAS）——并基于此将世界上众多国家进行分类（见表 17-1）。

表 17-1 霍夫斯泰德价值观指数及排名

国家或地区	IDV 指数	排名a	PDI 指数	排名a	UAI 指数	排名a	MAS 指数	排名a
阿拉伯国家	38	26/27	80	7	68	27	53	23
澳大利亚	90	2	36	41	51	37	61	16
巴西	38	26/27	69	14	76	21/22	49	27
加拿大	80	4/5	39	39	48	41/42	52	24
哥伦比亚	13	49	67	17	80	20	64	11/12
芬兰	63	17	33	46	59	31/32	26	41
法国	71	10/11	68	15/16	86	10/15	43	35/36
德国	67	15	35	42/44	65	29	66	9/10
英国	89	3	35	42/44	35	47/48	66	9/10
希腊	35	30	60	27/28	112	1	57	18/19
危地马拉	6	53	95	2/3	101	3	37	43

[1] "表情符号有文化差异　不同语言理解不同"，https://world.huanqiu.com/article/9CaKrnJOEk7。
[2] Hofstede, G. Culture's Consequences: Comparing Values, Behaviors, Institutions and Organizations Across Nations. London: Sage Publications, 2003.

续　表

国家或地区	IDV 指数	排名[a]	PDI 指数	排名[a]	UAI 指数	排名[a]	MAS 指数	排名[a]
印度	48	21	77	10/11	40	45	56	20/21
印度尼西亚	14	47/48	78	8/9	48	41/42	46	30/31
伊朗	41	24	58	29/30	59	31/32	43	35/36
日本	46	22	54	33	92	7	95	1
墨西哥	30	32	81	5/6	82	18	69	6
荷兰	80	4/5	38	40	53	35	14	51
新西兰	79	6	22	50	49	39/40	58	17
巴基斯坦	14	47/48	55	32	70	24/25	50	25/26
韩国	18	43	60	27/28	85	16/17	39	41
中国台湾	17	44	58	19/30	69	26	45	32/33
土耳其	37	28	66	18/19	85	16/17	45	32/33
美国	91	1	40	38	46	43	62	15
乌拉圭	36	29	61	26	100	4	38	42
委内瑞拉	12	50	81	5/6	76	21/22	73	3

注："a"排名基于53个国家和地区。

（一）个人主义/集体主义指数

个人主义/集体主义指数（IDV）反映人们为促进自我利益的行为倾向。IDV越高，表示个人主义文化，即一种以"自我"为中心的思想越强，强调自我或个人的成就；IDV越低，表示集体主义文化，即一种以"集体"为中心的思想越强，强调个人的身份和成就都服从于集体。在个人主义文化中，个人的成就和独特性受到尊重；在集体主义文化中，人们的价值和安全都依赖于集体的认同，更加注重出身背景和社会关系。根据霍夫斯泰德的研究，该维度美国的得分最高，为91分，危地马拉的得分最低，为6分。

（二）权力距离指数

权力距离指数（PDI）反映人们对社会不平等的容忍程度。PDI越高，表明权力距离越大，在这种文化下，人们倾向于接受并维护等级制度，崇尚权力和地位；PDI越低，表明权力距离越小，人们更倾向于追求和维护平等、民主。根据霍夫斯泰德的研究，该维度危地马拉的得分最高，为95分；新西兰最低，为22分。

（三）避免不确定性指数

避免不确定性指数（UAI）反映社会对不确定性的容忍程度。避免不确定性指数较高的国家难以忍受不确定性，往往通过强调安全感和规范性，或崇拜高层次的权威来减少不确定性，而对新思想或新行为持有怀疑态度。避免不确定性指数低的社会乐于冒险,善于接受不同的思想和观点。根据霍夫斯泰德的研究,该维度希腊的得分最高,为112分;新加坡的得分最低,为8分。

(四)男性化/女性化指数

男性化/女性化指数(MAS)反映人们对成就的看法,体现一种文化由男性支配超过女性支配的程度以及相应的价值观。具有较高男性化/女性化指数的文化往往由男性占据社会的支配地位,人们对成就的看法是充满自信,喜欢自我表现,追逐金钱和社会地位;而在男性化/女性化指数较低的文化中,男女都可以担当多种角色,强调性别平等,注重追求金钱和社会地位之外的成就,如家庭幸福和生活品质。根据霍夫斯泰德的研究,该维度日本的得分最高,为95分;瑞典的得分最低,为5分。

经典和前沿研究 17-2

权力距离对众包产品的影响

权力距离是指人们对社会上人与人之间不平等现象的接受程度。高权力距离的人倾向于追随权威,相信权威人物有能力做出更可靠的决定;反之,低权力距离的人致力于减少决策者之间的权力差异。

"众包"是相对于专业设计师设计的产品来说的,是指用户驱动设计的产品。设计师拥有更多的专业知识,而基于众包的用户设计的产品,比"远离群众"的设计师更了解消费者的需求,从而能迸发出更多创意,因此,一般认为众包能够为公司带来正面的评价。研究(Paharia & Swaminathan, 2019)发现,消费者是喜欢用户设计的产品还是公司设计师设计的产品,取决于消费者的权力距离。高权力距离的消费者因会比低权力距离的消费者更看重设计师的专业知识,由此认为公司设计的产品比用户设计的产品质量更高。而低权力距离的消费者认为用户设计的理念,能体现出一种用户被公司授权的感觉,因此对这种模式产生积极态度。

这项研究对营销实践的启示在于:第一,管理者在实施用户设计产品的方案时应谨慎考虑,对于低权力距离信念的消费者来说,这是一种明智的策略,而对于那些高权力距离信念的消费者来说则相反。第二,在数字化和社交网络营销中,如果管理者能够提供备选广告,将消费者分别引导到具有众包设计产品,或是公司设计产品的不同广告页面,就可以同时吸引低权力距离和高权力距离的消费者。

资料来源:Paharia, N. and Swaminathan, V. Who is Wary of User Design? The Role of Power-Distance Beliefs in Preference for User-designed Products. *Journal of Marketing*, 2019, 83(3):91-107.

后来霍夫斯泰德又提出了第五个文化维度——长期导向/短期导向维度。长期导向意味着培育和鼓励以追求未来回报为导向的品德,尤其是坚韧和节俭。与之相对的短期导向,则意味着培育和鼓励关于过去和当前的品德,尤其是尊重传统、维护面子以及履行社会义务。在长期导向的国家,人们更加注重长远目标,愿意为目标而不断奉献;在短期导向的国家,人们更加注重当前的生

活和享受，不愿为了将来而牺牲现在。根据霍夫斯泰德的测量，世界各主要国家和地区的长期导向前五名包括中国内地、中国香港、中国台湾以及日本和韩国，而欧美国家的得分普遍要低于亚洲国家（菲律宾除外）。

二、霍尔的分析框架

爱德华·T.霍尔（Edward T. Hall）提出理解不同文化取向的另一种方法：高/低语境文化的划分。[1]根据霍尔的研究，各国文化在掌握信息和人们彼此之间互动的关系建立方面，依赖于非明确说出的、非成文的和不明显的规则的程度有很大不同。他以此差别将文化划分为低语境（low-context cultures）和高语境（high-context cultures）两类。在高语境文化中，人们的大部分行为是不明确表示的，而大量使用身体语言和彼此之间的默契，人与人之间有强的联系，内外差别明显，文化模式存在期长、变化慢。低语境文化则明确而外显，人与人之间联系弱，内外区别不明显，容易变化且快速。前者如中东、南美和亚洲的一些国家或地区，后者如北欧、北美的一些国家或地区。

霍尔为营销者研究东道国文化环境提供了详细指导。他指出以下基本信息或文化规则是营销者重要的研究框架：第一，互动，即人通过语言、接触、声音、姿态等与他周围的人互相影响的方式与秩序；第二，联系，即组织（群体）及社会结构；第三，生存，人们衣食住行等的生活秩序；第四，两性关系、性别角色、行为和作用的不同；第五，空间，即占有、使用和保护空间的意识；第六，时间，即时间的使用、分配和划分；第七，学习，即通过学习对外界变化的适应能力；第八，娱乐，即对休闲、幽默、享受的态度；第九，防御，即保护自己不受环境侵害，包括医疗、武力和法律等；第十，开发，即通过技术、建设和物质的提取，变环境为人所用的技术和能力。

通过探索上述十个方面的信息，营销者能够全面地了解文化的复杂性。然而在许多国际营销实践活动中，营销者并不需要如此广泛地了解文化，而只需要重点了解特定文化对他们产品的需求和使用、消费者购买决策过程、组织结构及其与雇员的关系等方面的影响就足够了。为了更好地进行微观层次的分析，霍尔建议调查以上信息间的互动。例如，想要了解人们如何看待工作，就应该把工作信息与其他方面的信息联系起来：在工作条件下人们如何互动，工作角色如何形成人们互动的方式，人们如何学会工作，等等。

三、文化的测量方法

研究文化有多种测量技术，例如心理学家在研究动机和个性时所使用的投射法，以及社会心理学家使用的态度测量技术，都是文化研究的常用工具。另外，内容分析法、消费者实地调查以及价值观测量等方法也常用于考察文化和识别文化的变化趋势方面。

（一）内容分析法

顾名思义，内容分析法关注口头、书面和图片交流的内容，试图通过考察特定信息中的内容，提炼出对关于某个社会或者社会的某个方面，或者两个或多个社会的比较的描述。这种方法

---

[1] Hall, E. T. *Beyond culture*. Chicago: Anchor Books. 1976.

可以相对客观地判断特定社会正在发生的社会变化和文化变化，也可以进行两个或多个社会（社群）的比较。在互联网和社交媒体背景下，由于有大量的消费者口碑，以及消费者的社交表达，因此内容分析法在发现消费者文化特征以及不同文化的消费者差异方面可以发挥越来越大的作用。比如，当营销者希望了解特定行业中竞争者的广告诉求，以及评价针对特定广告受众（如女性消费者、老年人或儿童）的广告诉求时，内容分析法非常有用。例如，研究者通过内容分析法进行中美两国儿童电视广告的比较研究，发现中国82%的儿童广告是食品广告，而美国56%的儿童广告是玩具广告。

（二）消费者实地调查

人类学家在考察特定社会或人群时，常常将自己融入要研究的环境之中，选择一小群样本仔细观察他们的行为。基于实地调查（field observation），研究者得出所研究社会或人群的主要价值观、信念、风俗习惯等。实地调查的显著特点是：第一，在自然的环境中进行；第二，大多时候，被观察者并不知晓；第三，关注于行为的观察。实地调查的重点是自然环境和可观察的行为。因此，这种浸入式的实地调查虽被广泛用于消费者行为研究之中，但对消费者行为的实地调查常常集中于店内购买行为，较少涉及家中的消费活动。例如，为了解女性如何选购牛仔裤，研究者可能安排经过训练的观察者在百货店和服装店观察并记录人们的选择行为（直筒的还是小脚的、是否有后袋等）。研究者也会观察消费者做出选择时的信息搜寻程度，例如消费者在挑选出最终购买的那条牛仔裤之前，是否会频繁地从货架上拿起牛仔裤检查并与商店中的其他裤子比较，而后又把它放回去。在互联网购物的背景下，由于可以获取消费者在网络上的搜索、点击、咨询等相关信息，可以全面了解消费者的决策轨迹，对消费者行为的"观察"变得丰富和简单很多。

有些情况下，研究者会采取参与式观察（participative observation），即研究者作为所研究环境中的一员。例如，研究者为了更好地了解消费者如何选购洗衣机，可能在家电商店扮演一位销售员以便直接观察，甚至与顾客在交易过程中互动。如今，有许多专门从事消费者研究的公司，通过拍摄被测试者在上班、居家、驾驶和公共场所等环境中的行为来进行实地调查。尼桑设计Infiniti汽车时就采用了这类研究方法。结果发现，日本人对奢侈的看法与美国人截然不同，日本人希望简约，而美国人希望显见的豪华。

实地观察和参与式观察都要求调查者必须训练有素，他们能够非常专业地将自己的偏好和感情排除在实际观察对象之外。这两种方法都可以提供其他调查法（仅仅询问消费者某些行为问题）所不容易得到的有价值的洞见。除了实地调查法，营销者也常常运用深度访谈法和焦点小组法来获得社会文化变化的第一手资料。在相对轻松的非正式气氛中开展的焦点小组讨论，使得消费者更容易表达自己的态度或展现自己的行为，这些态度和行为可能意味着非常有价值的改变，有可能对某种产品或服务的销售产生长期影响。

（三）价值观测量

在消费者行为研究中，除了观察特定社会成员的行为并从中推断出社会主导的或基本的价值观之外，运用测量工具（如问卷）询问人们对诸如自由、舒适、国家安全与和平等基本的个人和社会概念的看法，以此来测量价值观的方法也受到研究者的重视。其中，著名的测量工具包括罗基奇价值观量表（Rokeach value survey，RVS）[1]、价值观列表（list of value，LOV）以及价值和生活方式（values and life styles，VALS）调查等。

罗基奇（Rokeach）认为，价值观具有层次性和有序性，可分为"行为方式"与"终极状态"两大类，其价值观量表相应地也分为终极性价值观（terminal values）和工具性价值观（instrumental values）两部分，每部分由18项价值信念组成。其中，终级性价值观测量最终状态（或个人目标）的重要程度，如"幸福"；工具性价值观测量个人实现目标所采取的基本手段，如"勤奋"。罗基奇的价值观量表现了价值观作为"深层建构"和"信仰体系"与"行为选择"之间相互体现、相互依存的性质和关系，并且使价值观可进一步操作化，人们也可使用排序的方法表达他们认为哪一种价值观更值得和更为重要（见表17-2）。

表17-2　罗基奇价值观量表

终极性价值观	工具性价值观
舒适	勤奋
活力	心胸宽阔
和平	能干
公平	活泼
自由	清洁和卫生
幸福	勇敢
国家安全	宽恕
快乐	乐于助人
灵魂得到救赎	诚实
社会认可	创造力
友谊	独立
智慧	聪明
家庭安全与和谐	爱心与善良
成熟的爱	温顺
自尊	礼貌
成就感	可靠和可信赖
内心和谐	自律

---

[1] Rokeach, M. Understanding Human Values. New York: Free Press, 2000.

一项研究运用罗基奇价值观量表将成年巴西人划分为 6 种不同的价值观群体。例如，A 群体（占样本数 13%）最关心"世界和平""内在和谐"和"真诚友谊"。这一群体中的成员特别热衷于园艺、阅读以及与家庭成员一起拜访亲朋好友等。因为他们较少抱有物质主义和享乐主义，因此不太可能积极体验新产品。相反，B 群体（大约占样本的 9%）最关心诸如自尊、舒适、愉悦、令人兴奋的生活、成就感以及社会认可等自我中心的价值观，他们较少关心友谊、爱、平等与家庭相关的价值观。这些自我中心的、成就导向的追求者们往往更加偏好时尚的服装，享受积极的生活方式，也更可能尝试新产品。

第四节 跨文化营销：国际视角

市场营销活动实质上是人与人之间的沟通与交流，国际市场营销是不同国度、不同文化背景下的经营者和消费者之间的沟通与合作，是一种跨国的经济行为，从某种意义上说，更是跨文化（cross-culture）的经营活动。营销者首先面对的就是文化环境的差异：从市场调研、谈判，到商品设计、包装，再到经销商的选择与合作，以及广告促销策略的运用，他国文化环境的影响渗透于市场营销的方方面面。因此，对文化环境的研究和理解就成为国际营销成败的关键。

据调查，缺乏跨文化的沟通技巧是国际市场营销失败的重要原因之一。这一类教训不胜枚举：美国一家时装公司在拉丁美洲推销香水，突出宣传它的山茶花清香，生意自然惨淡，因为在拉美各国，山茶花是丧葬用花；一位西方经理因直接拒绝一位沙特政府官员为他添加咖啡而莫名其妙地丢掉了生意，因为在沙特，这种行为被视作有意侮辱。企业如果不能了解并适应目标市场所在国的文化环境，将难以获得理想的经营效果，甚至为此付出惨痛代价。因此，不难理解近年来，营销者越来越重视对目标市场国家独特文化环境的分析，强调当地化和适应文化差异的重要性。

值得注意的是，文化环境在给营销者带来困惑的同时，也蕴涵着无限商机。跨文化营销在充分重视文化环境差异造成的困难时，也应看到消除文化隔阂、发挥文化协同作用所带来的商机。

对营销者而言，向目标市场国家输出产品和服务的过程，就是接近和适应该国文化的过程；而对目标市场的人们而言，则是借鉴他国文化、改变自身文化的过程。这种改变，可能只限于浅显的物质层面，但也可能触及深层次的价值观念、生活方式等。因此，从某种意义上说，营销者是文化交流的使者，甚至是文化变革的促进者。无论是调整自身的营销方案以适应当地的文化特点，还是倡导新的观念或生活方式，都是在能动地改变当地的文化，因此需要认真分析、仔细研究当地的文化环境。

一、文化的差异性和趋同性

在研究分析国际营销文化环境的时候，必须要注意国际文化所具有的差异性和趋同性。

国际文化的差异性是指不同民族、不同国家、不同阶层、不同人群，均有不同的文化。国际文化的差异性是一种客观事实。文化差异对国际营销产生一定的影响和制约作用。如果没有文化差异，就无所谓对国际营销的影响，也就没有必要研究文化环境。

国际文化趋同性是指世界文化具有一种趋同现象，即不同民族、不同国家、不同阶层、不同人群之间的文化差异具有缩小的趋势。国际文化趋同现象也是一种客观事实。其直接原因是随着交通、通信以及世界的日益开放，国际沟通明显增加。《世界是平的》(The World is Flat)[1]的作者托马斯·弗里德曼认为，当代科技革命正在消除世界上各种政治经济壁垒，创造出更加公平的竞争环境，而这自然也为世界文化的交流和趋同提供了便利和助推力。国际文化趋同的根本原因是学习机制的作用。而互联网和移动通信技术设备的快速发展，极大地促进了不同文化之间的碰撞、借鉴和学习，消费领域文化趋同性日益明显，出现了全球消费者和跨国细分市场，也为全球品牌的发展带来了更多机会和挑战。

需要强调的是，交流和信息沟通技术的进步固然具有减少文化差异的作用。但是，我们在承认并认识这种趋同现象的同时，绝不能主观地认为文化差异已不存在，已不对国际营销产生影响。事实上，世界如此之大，各国、各地区的文化差异仍然客观存在，甚至在某些方面仍然相当明显。结论是：差异是绝对的，趋同是相对的。

二、排除自我参照准则影响，树立正确的文化环境观

在国际营销中，虽然文化环境的重要性已经得到了广泛重视，但由于自我参照准则(self reference criteria，SRC)的存在，实践中正确认识文化环境往往比较困难。所谓自我参照准则，是美国市场营销学专家詹姆士·A.李(James A. Lee)在《海外经营中的文化分析》[2]中首先提出的，指人们看问题时总是"无意识地参照自己的文化价值观"，一旦遇到具体情况，就会用自己的价值观来作为衡量和理解这种情况的尺度和标准，并对环境做出相应的反应。自我参照准则是一种本能，迄今仍然在国际营销中经常成为市场营销者适应文化环境的绊脚石。在它的影响下，人们常常无意识地参照自身的价值观来判断文化差异问题，造成分析不全面甚至错误。

詹姆士·李在论述自我参照准则及其影响的同时，提出了国际营销中有效避免自我参照准则不良影响的"反自我分析"思维框架：

- 按照本国文化的特性、习俗或观念，确定经营问题或目标；
- 按市场所在国的文化特性、习俗或观念，确定经营问题和目标，注意只做客观分析，不要进行任何价值判断；
- 将问题中所包含的自我参照准则的影响分离出来，仔细审查，看看由于文化的不同，问题是如何复杂化的；
- 在剔除自我文化影响的基础上，重新确定问题和最合适的方法去实现经营目标。

---

[1] Friedman, T. L. The World is Flat: A Brief History of the Twenty-first Century. *International Journal*, 2007, 9(1):67–69.
[2] Lee, J. A. Cultural Analysis in Overseas Operations. *Thunderbird International Business Review*, 2010, 8(3):5–6.

自我参照准则在国际营销中起到很大的负面作用，经常导致误解和失败。排除自我参照准则的影响要求营销者具有认识特定文化的能力，即不带偏见地感知他国文化、尊重他国文化的差异。美国迪士尼在进入欧洲市场初期就因为受母国中心主义和自我参照准则的影响，遭受致命打击。开业仅一年多就走到破产的边缘，不得不做出重大调整。以下是欧洲迪士尼的调整案例，它为我们认识和理解自我参照准则提供了极为生动和贴切的说明。

第一步，迪士尼的经理们认为世界各地对美国文化的出口存在着几乎是无限的需求，包括麦当劳、可口可乐、好莱坞电影以及美国摇滚乐。迪士尼在出口美国管理系统和商务风格方面有显著的历史业绩。东京迪士尼实际上是加利福尼亚阿纳希姆乐园的翻版，并获得了绝对的成功。迪士尼禁止人们在其主题公园内销售或消费酒精饮料。

第二步，一般的欧洲人，尤其是法国人，对美国的文化帝国主义比较敏感，午餐时饮酒是他们的传统习惯。欧洲人有他们自己的城堡，许多流行的迪士尼人物来自欧洲的民间故事。

第三步，通过比较第一步和第二步中的认识，发现了两地重要的文化差异，这些差异意味着哪些作为建造美国和日本迪士尼主题公园的市场需求在法国并不存在。为了在欧洲获得成功，需要对该设计进行大幅度修改。

第四步，主题公园的设计应与法国和欧洲文化规范保持一致，允许法国人将他们的身份印刻在乐园中。

基于以上分析，迪士尼公司重新协商财务计划，改变对待员工的方式，并对营销策略进行了包括改名为巴黎迪士尼乐园在内的一系列修正措施，积极地"法国化"。其他举措还包括：成功地将法国经典电影《巴黎圣母院》改编成卡通电影在乐园中放映；更新乐园餐厅的设施和菜单，使游客可以享受到真正的法国菜和葡萄酒。

值得注意的是，在国际市场中，重视文化环境的作用，需要理解不同的产品类别具有不同的环境敏感性（environmental sensitivity），即产品必须根据不同文化的具体需要进行一定程度的修改。可以将环境敏感性视为一个一端对环境不敏感、另一端对环境高度敏感的连续区间，所有产品都可以在该连续区间中找到相应的位置。产品的环境敏感性越强，越需要营销者花费时间和精力确定当地市场的具体情况和独特需求，做出较大程度的适应性调整。通常，工业品（如计算机芯片）因其通用性和标准化，表现为较低的文化环境敏感性；但也可能由于政府政策的原因（如能源设备等）对政治环境高度敏感。与工业用品相比，消费品（食品、服装、饮料等）对文化差异更加敏感。即使对饥饿、口渴等基本需要的满足，也因不同的文化而表现为千姿百态的欲望形式和满足模式。

文化适应（culture adaptation）是建立在对他国文化认知和理解基础上的反应能力。复杂的国际营销文化环境要求企业灵活地适应，但要注意在标准化和差别化上做出平衡。有些情况属于强制适应，即涉及对方文化内核（如与对方文化的价值观、宗教信仰发生冲突），只有无条件适应。有些情况属于自由适应，即不涉及文化内核的因素，如美国经理在中国不必一定使用筷子吃饭。还有些情况属于可以不适应或不追求一致的（如学阿拉伯人祷告），否则会因为不诚实而触怒对方，起到适得其反的作用。

本章小结

文化是人类社会实践过程中所创造的物质财富和精神财富的总和。文化具有整体概括性、历史性、社会性、民族性等特点。文化对个人具有社会化功能,对社会组织或群体具有凝聚功能,对整个社会具有整合和导向功能。

文化主要由内隐层、中间层和外显层构成,包含物质文化、语言、审美、教育、宗教、价值观和社会组织等诸多要素。这些要素各自又包含着许多具体因素。各种文化要素都对消费者偏好和行为产生影响,进而要求国际营销活动做出相应的调整。

营销者评价和分析文化环境的常用方法主要有霍夫斯泰德的文化价值观多维度分析、霍尔的高低语境文化分析框架等。

国际营销的文化环境是指对企业的国际营销活动产生影响和制约作用的各种文化因素的总和。文化具有趋同性,但世界各国之间的文化差异仍然客观存在。差异是绝对的,趋同是相对的。正是由于文化差异的客观存在,不同文化背景下有着不同的消费行为和营销行为,从而对国际营销产生十分重要的影响和制约作用。

文化差异往往会成为营销尤其是国际营销成功的障碍,特别是对文化环境的分析受到自我参照准则的影响时,难免发生偏差。因此,必须努力排除自我参照准则的影响,树立正确的文化环境观,根据所经营产品的环境敏感性,采用正确的文化适应战略。

思考题

1. 什么是文化?文化具有哪些主要特点?
2. 列举文化的主要构成要素及其对消费者行为的影响。
3. 测量文化的主要方法有哪些?
4. 跨文化营销中如何排除自我参照准则的影响?

第十八章 亚文化对消费者的影响

> **开篇案例**

泡泡玛特潮玩拥抱 Z 世代

随着中国泛娱乐市场规模不断扩大,潮流文化在年轻人的日常生活中越来越重要。其中,潮流玩具的增长最为迅速,超越功能用途、更适合展示及收藏的潮玩已经成为 Z 世代玩家增长最快、烧钱最多的爱好。

以"创造潮流、传递美好"为使命的泡泡玛特公司,2020 年底在联交所主板上市。公司通过签约知名设计师,获得深受市场欢迎的 IP 版权,引入盲盒玩法,设置隐藏款和限量款,激发收藏欲和社交性,迎合以 Z 世代为主体的目标市场。泡泡玛特由此迅速发展为中国最大且成长最快的潮流玩具公司。

泡泡玛特抓住了潮玩设计源头和市场激发两个关键:一方面,泡泡玛特不断培育新 IP 形象,打造强大 IP 库和开发 IP 衍生品。除大热的 Molly 外,还成功推出 Dimoo, Pucky, The Monster, SATYR RORY 等系列,不断刺激消费者的兴趣。另一方面,泡泡玛特建立起零售店、机器人商店、天猫旗舰店和葩趣商城等线上渠道,结合潮流玩具会展和批发渠道构成的全面销

> 售网络，有效触达目标顾客。为持续吸引目标顾客的注意力和互动，泡泡玛特还设计微信抓娃娃游戏，促进社交传播裂变，并通过会员计划、潮玩社区和文化活动等措施打造高黏度的粉丝社群，不断提高粉丝黏性，提高复购率。
>
> 泡泡玛特的成功，可以说是归结于以 Z 世代为核心的目标群体对情感、悦己的需要，对圈层文化与社交货币的依赖。
>
> 资料来源：https://www.sohu.com/a/438027594_100137742.

第一节 亚文化的含义

一、亚文化的定义

每一种文化都包含了众多更小的亚文化（subculture）。亚文化群是因为相同的生活经历和背景而有着共同价值体系的人群。作为主文化群的一部分，每个亚文化群的成员在行为、信念上无不打上了主文化的烙印；同时，又因为类似的成长环境和路径，具有共同的独特价值和行为模式。因此，营销者通过亚文化可以对其成员进行更具体的识别和社会化，当亚文化足够强大和丰富时，营销者通常会设计特殊的营销计划为之服务。

二、亚文化的种类和影响

亚文化可以根据地理区域、宗教、民族、年龄等进行划分，具体见表18-1。一个消费者往往同时属于多个亚文化。每一种亚文化影响人们生活方式和行为的不同方面，影响程度也不尽相同。通常，亚文化成员在多大程度上拥有某一亚文化的独特行为，取决于其认同该亚文化的程度。例

表18-1 主要的亚文化分类

亚文化类别	举例
区域亚文化	华南、华北等，城市、乡村等
宗教亚文化	佛教、基督教、伊斯兰教等
种族亚文化	汉族、满族、藏族、壮族等
年龄亚文化	千禧一代、Z世代等
性别亚文化	男、女
职业亚文化	司机、教师、工程师等
社会阶层亚文化	高层、中层、下层等

如，人们对新产品的接受程度受到地区亚文化的强烈影响，对音乐和服装的偏好则受到时代亚文化的影响，对食品的偏好则可能受到种族亚文化的影响，等等。

亚文化群往往形成自然的细分市场，对营销者而言，确定何种亚文化是影响其特定产品或服务消费行为的决定因素，是非常重要的。通过关键亚文化分析，找到特定亚文化群成员所共享的信念、价值观和行为模式，就能够针对性地运用营销资源。因此，亚文化是营销调研非常重要的分析单位。值得注意的是，亚文化是动态的，其特征和影响都在不断变化之中。同类亚文化的不同群体在规模和经济实力上会随时间而改变，例如中国年龄亚文化群中，老年人的数量在增加；被称为网络原住民的"Z世代"的消费影响也在增加。不同种类的亚文化对某种产品的影响力也会改变，例如，传统上人们认为消费者对酒的偏好受到宗教亚文化和种族亚文化的影响最大，但米勒酿酒公司发现，现在对酒的消费而言，年轻西班牙裔、非裔和年轻白人的共同之处远较他们之间的差异更大、更重要。营销者必须对亚文化的动态变化保持高度敏感。下面我们主要谈谈种族亚文化、宗教亚文化和年龄亚文化。

经典和前沿研究 18-1

消费者对文化混合产品的偏好

随着全球化的发展，文化混合现象越来越普遍。文化混合是指不同亚文化的象征或符号同时并存的现象。当这种现象出现在产品中时就成为文化混合产品。

研究（Cho et al., 2017）发现消费者对文化混合产品的评价取决于其对文化差异的观念（preconception）。他们把对文化差异的观念分为三种类型，分别是文化色盲（colorblindness）、文化多元主义（multiculturalism）、文化汇聚主义（polyculturalism）。其中，文化色盲是指认为文化对理解人们的决策没有重要意义的一种观念；文化多元主义是指重视不同亚文化的独特特征，关注不同文化之间差异的一种观念；而文化汇聚主义则是认为不同的亚文化之间是相互作用、相互促进关系的一种观念。相对于文化色盲和文化多元主义的消费者，文化汇聚主义的消费者更喜欢文化混合产品（比如传统英国茶中融入中国草药、法国与德国交界处生产的葡萄酒、日法融合餐厅等）。

国内的学者对这一主题也有研究，发现文化混合产品采用"外国文化－母国文化"的框架策略时，会使消费者产生外国文化改变了母国文化的感知，从而导致消费者对产品的评价显著低于采用"母国文化－外国文化"的框架策略，这当中感知文化入侵起着完全中介的作用。

在文化混合产品的营销推广过程中，企业应当通过各种营销手段尽可能地向消费者传达一种文化汇聚主义的观念，如强调"不同的文化之间存在着许多的连接与联系"以及"不同的种族、民族和文化群体之间相互影响"等，以引导消费者用一种更加开放的态度去看待不同文化之间的相互作用、相互影响以及相互改变，从而提升他们对文化混合产品的评价。

资料来源：Cho, J., Morris, M. W. and Slepian, M. L., et al. Choosing Fusion: The Effects of Diversity Ideologies on Preference for Culturally Mixed Experiences. *Journal of Experimental Social Psychology*, 2017, 69(3):163-171; 聂春艳、汪涛、赵鹏等,"解释框架对文化混搭产品评价的影响——比较焦点和解释策略的调节效应".《心理学报》,2018,50(12):1438-1448.

第二节 | 种族亚文化对消费者的影响

因相同的人种、民族、语言或国别背景而形成的独特价值认同和行为方式构成了种族亚文化（ethnic subculture）。各种族消费者在认同主文化的同时，又继承、保持了本民族的文化传统与习俗，展现出独特的消费需求和行为。

一、美国内部的种族亚文化

从某种意义上说，美国历史就是一部移民史，美国社会因此常常被形容为"色拉"——在色拉中，每种原料都保持着自己的独特风味，同时又增加了整个色拉的色彩和味道。多年来，不同文化背景的人们移民美国，形成了多姿多彩的种族亚文化。截至 2021 年 2 月，美国人口约 3.33 亿，其中约 66% 是白人。在美国比较有影响的民族亚文化群有拉美裔、非裔和亚裔。其中，拉美裔分布最广，为少数民族中的最多数，占 18.5%，非洲裔占 13.4%，亚裔占 5.9%，混血占 2.8%。美国人口普查局预测，美国的各种族人口未来预计会出现较大增长，在未来 40 年，美国拉美裔人口将增加一倍以上，到 2060 年，几乎 1/3 的美国人口是拉美裔。与此同时，亚裔人口也将增加一倍以上，达到 10%。[1] 而且，不同族群往往聚居在特定区域，例如在亚利桑那州、加利福尼亚州、佛罗里达州、新墨西哥州和得克萨斯州，西班牙裔人口最多；在檀香山，亚裔美国人最为集中；而非裔美国人则主要分布在美国南部以及东北部和中西部的城镇。在缅因州、佛蒙特州和西弗吉尼亚州，95% 以上的居民是白人。

种族亚文化衍生出不同的价值观、文化观和传统，通常他们有自己独特的文化活动和家庭传统，支持那些认可和尊重他们文化的零售商或品牌。麦当劳首席营销官认为"民族消费者渐成趋势，他们影响了我们加入市场的方式"，推动企业"以民族消费者洞察为先导"，邀请拉美裔、非裔和亚裔消费者参加焦点小组访谈，并根据消费者的反馈调整了菜单和广告信息设计。在 2022 虎年春节之际，Chinese New Year 元素的产品在亚马逊、速卖通等各大平台上线满足海外华人的需求。海外火热的社交媒体 Tik Tok 上，可以看到关于 "#year of the tiger" 标签的视频累计观看量超 2 700 万，不少视频博主都发布了关于中国新春虎年的相关元素视频，如对联窗花、老虎的手机壳，甚至

---

[1] "美国人口", https://baike.baidu.com/item/美国人口/3198477?fr=aladdin.

是老虎的蛋糕茶点烹饪。[1]

（一）拉美裔美国消费者

美国的拉美裔消费者，指有古巴、墨西哥、波多黎各、中美洲、南美洲血统的美国人或其母语和文化特征为西班牙语的民族。拉美裔市场目前是美国规模最大并且增长最快的亚文化市场，约有4 500万人。预计到2060年，这一群体人数将超过美国人口的1/3。显然，这已经引起了众多品牌营销者的关注。

尽管拉美裔消费者和主流购买大众有许多相同的特征和行为习惯，但他们之间也存在着显著差异。拉美裔消费者倾向于购买有品牌的高质量产品，很少消费没有品牌的产品。他们往往以家庭为导向，认为购物是整个家庭的事情，孩子们在购买什么品牌的决策上有很大的发言权。更重要的是，拉美裔消费者，尤其是第一代移民，有极高的品牌忠诚度，他们喜欢那些对他们特别关注的公司。

由于拉美裔人口增长的40%来自移民，因此对新文化的适应程度即文化适应（acculturation）对该族群消费者的态度和行为有重要影响。语言可以是一种衡量标准：年老的第一代拉美裔可能更喜欢将西班牙语作为主要或唯一的语言，而年轻些的第二代或第三代拉美裔可能更习惯于使用英语。

值得注意的是，拉美裔亚文化并不是一个单一的种族亚文化，而是具有显著的多样性。对于拉美裔消费者，可以根据民族、年龄、收入或其他因素将其划分出更多的子细分市场，主要包括墨西哥裔美国人（占64%）、波多黎各人（占10%）、古巴人（占4%）以及其他一些来自中美洲和南美洲的拉丁语族群（占13%）。他们彼此之间所讲的西班牙语略有不同，收入、价值观和生活方式也有差异。因此，企业常常针对拉美裔社会内的特定子细分市场采取不同营销策略。拉美裔机构纽约科尼尔广告公司就曾经为丰田的两个品牌——大型坦途（Tundra）皮卡和雷克萨斯——设计了不同的营销活动。

丰田坦途在西南部墨西哥移民中热销，他们以杰菲斯——被认为是社区的力量支柱的当地英雄——为榜样，为了迎合这些对墨西哥地方音乐和全国性的墨西哥"charreadas"运动（墨西哥式牛仔竞技运动）情有独钟的消费者，科尼尔设计了一场名为"艾尔·杰菲斯"的运动，由电视和平面广告支持，包括一系列成功的坦途牛仔竞技和"坦途音乐之旅"，强调了坦途的大尺寸、强动力和粗犷外形。它的宣传重点是：坦途和方向盘后的家伙一样强壮。

科尼尔广告公司为雷克萨斯设计的宣传则大不一样。该公司将雷克萨斯瞄准于迈阿密的富裕市场，通过围绕艺术和设计的推广运动来吸引推崇高雅艺术和文化的富裕的拉美裔消费者。雷克萨斯与当地的艺术家赫科特·卡塔（Hector Cata）以及克利斯汀·杜兰（Christian Duran）合作，将雷克萨斯打造成"南佛罗里达完美追求"的形象。然后在西班牙生活杂志上发布了醒目的雷克萨斯汽车广告。迈阿密宣传运动帮助雷克萨斯仅在18个月内从奢侈品市场的第四大销售商跃居为第一位，成为该市场的领导者。

---

[1] "2 700万点击量！虎年产品悄悄爆火海外"，https://new.qq.com/rain/a/20220124A08DFD00。

(二)非裔美国消费者

非裔美国人或黑人占美国总人口的 13%(约 3 870 万),主要集中在南部和南部之外的城镇。总体而言,非裔美国人大多比较年轻,受教育程度和收入水平都比白人低,但这一情况正在改变。随着黑人受教育程度、收入和购买力的显著提高,他们越来越富裕和先进,成为极富吸引力的细分市场。捷豹(Jaguar)北美公司最近针对年龄在 35~45 岁、年收入超过 75 000 美元、尚没有捷豹产品的非裔美国人展开了直邮促销活动。

非裔美国消费者市场也呈现出明显的多样性。由于人口统计特征、生命周期和生活方式的差异,存在众多不同的子细分市场。例如,有营销者将该族群市场划分为四类不同的消费者群体:比较成熟、对生活基本上感到满意、喜欢跟随而不是领导时尚的生活满意者,积极追求社会地位的专业人士以及经济状况良好、对未来持乐观看法的力争上游者,年轻、无忧无虑、喜欢社交和注重形象的及时行乐者,收入水平和受教育程度低、对价格敏感、对未来担忧的勉强度日者。

尽管与其他群体相比非裔消费者更在意价格,但他们也很看重品牌和选择性,而且更倾向于把购物视为一种休闲方式,比其他消费者更喜欢购物活动,即使是采购杂货类商品也一样,偏爱欢快有趣的购物环境,他们也是种族群中最具时尚意识的群体。

近年来,许多公司也为非裔消费者推出了特制的产品、包装和营销方案。芭比设计了黑人娃娃。宝洁公司更是深入这个市场,它在针对黑人消费者的媒体广告上的支出是过去 5 年总和的 6 倍。从 1969 年由艺人比尔·考斯比(Bill Cosby)代言佳洁士开始,宝洁一直在其广告中使用黑人代言。例如,安吉拉·贝赛特(Angela Bassett)代言玉兰油黑色肤质润肤乳,老虎伍兹(Tiger Woods)代言吉列剃须刀,奎因·拉蒂法(Queen Latifah)代言封面女孩(Cover Girl)黑种人产品系列。正如拉蒂法所说:"封面女孩的新 Queen 系列通过赞扬有色女性的美丽,强调我们的自然本色,让有色女性找回自信。"

宝洁公司还针对非裔美国消费者的特殊偏好推出了一系列新产品。例如,当市场研究显示黑种人更喜欢气味和味道时,宝洁在格尼(Gain)洗涤剂中添加了新的香味,在佳洁士酷白体验牙膏中添加了新的味道。另外,宝洁专门为有色女性研发了潘婷轻松自然洗发系列。这些革新让宝洁成为非裔美国消费者认可的顶尖品牌,成为其他企业争相模仿的对象。

(三)亚裔美国消费者

亚裔美国人是继拉美裔之后人数增长第二快的子市场。他们拥有高的受教育程度和收入水平,具有很大的潜在购买力。在这个消费群中,美籍华人最多,其次是菲律宾裔、日本裔、印度裔和韩国裔,但与拉美裔不同的是他们的语言和文化差别很大。预计到 2050 年,美国的亚裔人口数会是现在的两倍多,将占美国人口的 10% 左右。

亚裔美籍消费者可能是最喜欢网上购物的群体,有超过 90% 的亚裔美籍人经常在线购物。而且,他们更习惯使用如在线银行和即时消息等互联网技术。亚裔美籍人购物频率较高,他们是种族群体中最具品牌意识的消费群体,而且他们的品牌忠诚度很高。所以,很多公司现在定位于亚裔美籍消费者市场,这些公司有韦里孙通信、州立农业保险、丰田、联邦快递、西南航空、沃尔玛等。匹兹堡国家公司银行(PNC)通过围绕亚裔美籍人文化核心(重视家庭和节约)的广告和公共关系活动，与亚裔美籍人建立了良好关系。从庆祝亚洲文化中最重要的农历新年活动开始，匹兹堡国家公司银行针对中国和韩国客户推出了诸如开户和小额银行业务等特殊服务，并赞助提供民族风味食物、家庭娱乐活动和免费财务咨询的"PNC欢乐仲夏节"等活动。同样，旧金山的一家连锁店在农历八月十五这天，会为有大量华人和越南人光顾的网点举办特别活动，包括店铺公告和发放可以领取免费月饼和灯笼的促销券。西南航空公司为吸引亚裔消费者，瞄准与亚裔文化和家庭习惯的庆典活动，已连续15年担任当地中国新年庆典的冠名赞助商，通过从花车巡游和机票抽奖，到在街道杆横幅、公交车站、广告牌以及传统的广播和平面广告上发出"构思巧妙的春节祝福和对社区的亲切问候"等各种促销努力，将自己的品牌与春节文化联系起来。

二、中国的民族亚文化

中国是一个统一的多民族国家。根据2020年中国第七次人口普查的数据，汉族人数约12亿，在中国人口民族结构中占主体地位（约91%左右）。除汉族外，中国还有55个少数民族，其中人口超过100万的少数民族有壮族、满族、回族、苗族、维吾尔族、土家族、彝族、蒙古族、藏族、布依族、侗族、瑶族、朝鲜族、白族、哈尼族、哈萨克族、黎族、傣族这18个少数民族。壮族（1 692.64万人）和满族（1 038.80万人）是中国人口最多的少数民族，人口均超过了1 000万。[1]正是各个民族在长期交往和融合过程中形成了我国多姿多彩的中华文化。

尽管我国少数民族人口在全国总人口中的比重不到10%，但分布十分广泛（见表18-2）。由于历史和地理的原因，少数民族自治区面积占全国的60%以上，但人口密度远低于中东部汉族聚居地区。例如，西藏自治区人口密度每平方公里仅1.8人。总体上说，我国少数民族消费者受教育程度较低、购买能力较弱，不同民族的消费者因为本民族传统的生活方式、风俗习惯、伦理道德、消费观念、科技和教育发展程度等，在衣、食、住、行以及节日、交往等方面表现出独特的消费习俗，使我国民族风俗多种多样，民族文化异彩纷呈。例如，朝鲜族妇女的传统服装是短衣长裙，以长布带打结；男子也穿短衣，外罩坎肩，裤腿宽大。朝鲜族能歌善舞，姑娘们爱荡秋千和在跳板上飞腾；小伙子则喜欢一对对扭在一起摔跤，似猛虎角力。朝鲜族的传统食品有冷面、泡菜和打糕等。藏族人民能歌善舞，以踢踏舞驰名，乐曲节奏悠扬、欢乐自在。蒙古族牧民精骑善射，射箭、赛马、摔跤是一年一度"那达慕"大会的精彩节目，传统的演唱形式是深受群众喜爱的"好来宝"，马头琴是最富特色的民族乐器。苗族男子一般都穿对襟或左大襟的短衣，下穿长裤，系大腰带，头缠青色长巾；妇女大多穿大领短衣和百褶裙。彝族男子通常穿黑色窄袖右斜襟上衣和多褶宽裤脚长裤，用长数丈的青布包头；女子头上缠包头，有围腰和腰带，男女外出时都披"擦尔瓦"，形如斗篷，下缀长穗，彝族的传统节日以火把节最为隆重。布依族男子大多穿多襟短衣或长衫，包蓝色或白底蓝方格头巾，妇女大多穿右大襟上衣和长裤，或套镶花边短褂，或系绣花围腰，也有穿大襟大领短袄，并配蜡染百褶长裙的；在节日里，妇女还戴各种银质首饰，蜡染是布依族珍贵的手工艺品。某些少数

---

[1] "第七次全国人口普查主要数据情况"，http://www.stats.gov.cn/tjsj/zxfb/202105/t20210510_1817176.html?utm_source=zhihu&utm_medium=social&utm_oi=796295139365650432。

民族有忌食的习俗，如游牧民族忌食狗肉、藏族忌食鱼类、穆斯林忌食猪肉等。

表 18-2 全国十大少数民族人口数量及主要分布

序号	民族	人数（万）	主要分布地区
1	壮族	1 617.88	广西、云南、广东、贵州
2	满族	1 069.23	辽宁、吉林、黑龙江、河北、北京、内蒙古
3	回族	981.68	宁夏、甘肃、河南、新疆、青海、云南、河北、山东、安徽、辽宁、北京、黑龙江、天津、吉林、陕西
4	苗族	894.01	贵州、云南、湖南、广西、四川、广东、湖北
5	维吾尔族	839.94	新疆、湖南
6	土家族	802.81	湖南、湖北、四川
7	彝族	776.23	四川、云南、贵州、广西
8	蒙古族	581.39	内蒙古、辽宁、新疆、吉林、黑龙江、青海、河北、河南、甘肃、云南
9	藏族	541.60	西藏、四川、青海、甘肃、云南
10	布依族	297.15	贵州

资料来源：根据第七次（2020年）人口普查数据整理。

第三节 宗教亚文化对消费者的影响

一、宗教亚文化及其对消费者的影响

宗教亚文化（religious subculture）是以宗教为基础形成的亚文化群。世界上主要的宗教有佛教、基督教、伊斯兰教、印度教等。宗教信仰对消费者价值观和行为方式有非常深远的影响。

首先，宗教信仰极大地影响人们对产品的态度、购买和消费方式，进而阻碍或促进人们产生对特定产品的需求和偏好。

其次，宗教在建立人们道德价值的同时，还形成一些独特的节日。宗教节日是独特的文化现象和活动，往往形成相关产品的消费高潮，是企业营销不应错失的良机。

最后，宗教亚文化还会形成一些特殊的要求或禁忌，在信徒心目中具有一定的强制性，营销者要对宗教禁忌有一定的理解，避免触忌，造成损失。

二、宗教亚文化对营销者的影响

营销人员可以根据宗教归属对市场进行细分，传达针对性信息和促销，或用某些特别媒体来传递这些信息。

营销策略应该表现出对目标群体的信仰和风俗的理解与尊重。有时候，营销人员在促销策略中使用宗教话题，例如在宗教节日时销售特别产品或采用特别包装。在另一些情况下，营销人员要尽量避免带有明显宗教色彩的产品或信息，以免消费者误解或感到被冒犯。例如，多力多滋和百事可乐每年会在美国超级碗大赛期间组织"冲击超级碗"的视频广告比赛，一则备选作品曾经引发激烈争议：视频展示了一位"牧师"通过在圣坛上提供多力多滋和百事可乐，成功地吸引了不少教区居民。这则广告触怒了一些天主教徒，他们认为广告内容嘲笑和亵渎了神圣的圣体仪式（圣餐），并毫不客气地向天主教组织提交了请愿书，要求百事可乐公司放弃该作品参赛。最终，百事可乐公司不得不将这则广告从当年的参赛作品中删除。但该视频的作者将它发布在了 YouTube 上，产生超过 10 万次观看，仍然造成很大的影响。在我国市场上，宗教要坚持和体现中国化方向，这是企业营销中必须关注的。

第四节 年龄亚文化对消费者的影响

同一年龄段的人群因为有着相似的生活经历，而产生共同的需要、体验、标志和回忆，从而具有相似的消费模式，形成年龄亚文化（age subculture）。每个年龄亚文化内的消费者之间有着同时代人共享的文化纽带，对身份认同和决策行为相似，并随着年龄的增长不断调整自己的需求和偏好以期与同龄人保持一致，从而形成较为稳定的一世代（generation）或一个年龄代（age cohort）。同一年龄亚文化群的消费者往往被作为一个独特的细分市场。营销者也通常会为特定的年龄代设计产品和服务。

一、美国的主要年龄亚文化

世界上并没有统一的消费者世代划分方法，人们认识划分各世代的标签和时期也比较主观。以美国为例，比较流行的年龄亚文群体划分，是将消费者大致可以分为：

沉默的一代（1945 年之前出生）、婴儿潮一代（1946—1964 年出生）、X 世代（1965—1976 年出生）、Y 世代（1977—1994 年出生）、Z 世代（1995—2009 年出生）和 Alpha 世代（2009 年之后出生）。其中，XYZ 世代构成主要成年人口市场而备受营销者关注。

（一）X 世代

在 1965—1976 年出生的 X 世代，大约有 4 900 万人。他们在经济艰难时期走向成熟。由于在成长过程中经历了经济萧条和公司裁员，他们形成了较为谨慎的经济观念。尽管他们追求成功，但并非物质主义者；他们看重经验，而非结果。对许多X世代的人来说，父母、家庭是第一位的，事业其次。从市场营销的观点看，X世代虽然对多样化的态度更加开放，但却是更加多疑的群体，他们在考虑购买之前常常研究产品，对营销手段持谨慎态度，希望产品和广告信息是专门针对他们的口味和生活方式而设计的。

他们一度被打上"MTV一代"的标签，被视为逃避现实、对工作叫苦连天的人，但他们现在已经成长起来，最年轻的成员也已过不惑之年。他们中的许多人已经为人父母，成为生活方式、文化和物质价值观的主导，具有较强的购买能力，是汽车、奢侈品、家庭用具、儿童用品市场和旅游业的主力消费群体。因此，许多公司聚焦于X世代，将其作为重要的目标市场。

X世代相比以往的消费者更加热衷使用技术，在网上看视频，频繁使用Facebook等社交网站，收发即时信息等。以他们为目标市场的Learn & Master Guitar公司，在脸书发布的广告就采用了一个40多岁的男性形象。

（二）Y世代

出生于1977—1994年的人们构成了Y世代（也被称为千禧一代），他们有8 300万之众，人口规模让X世代相形见绌，甚至超过了婴儿潮一代。这一群体具有明显的多样性，婴儿潮一代中的80%是白人，而45%的千禧一代不是白人。但所有千禧一代有一个共同点，即他们极为喜爱并经常使用电脑、智能手机，对数字和互联网技术运用自如，是在充满计算机、手机、网络电视和网上社交网络的世界中成长的第一代。"相比X世代在电视机前花费许多时间，"一位专家说，"千禧一代始终在线，他们热衷于各种沟通手段：电视、广播、手机、互联网、电子游戏——还常常同时多屏使用。"

Y世代突出的特点是包容多样性、有强烈的独立感和自主性。他们对不同生活的宽容度比以往任何一代人都要高，充满自信，表达方式较为感性并且思维活跃、创新，对周围的事物保持好奇心。他们不喜欢"天花乱坠的营销方式"，更接受加进幽默或讽刺元素，或反映他们自身实际情况的广告。

Y世代享有很高的经济独立性，对家庭购买有着巨大的影响。他们中年纪较轻的人也已经接近而立之年，收入和开销都显示出极大的扩张性和旺盛的购买力，他们更沉迷于技术，青睐定制化的音乐和流行文化、服装。要想有效地进入这些信息饱和的细分市场，企业需要采用创造性的市场营销方式，不断推出有创意的媒体和促销主题。

（三）Z世代

Z世代指出生于1995—2009年的人，又被称为网络一代或数字原住民，因为他们都出生在电脑、网络、移动电话问世之后。他们花大量的时间在线，随时随地保持连通，在社交媒体收发即时信息、发布和阅读博客、访问虚拟世界。他们青睐诚实、幽默、多样性的信息，崇拜"网红"，希望品牌能与他们进行双向数字对话。

目前，Z世代正值十几岁和二十几岁的青春妙龄，大多数是学生身份，正是形成偏好和口味的时期，不少品牌虽然不直接出售给他们，但也认识到与他们建立联系的重要性。他们在享受数字化迅猛发展和全球高度连接的同时，也经历了全球动荡、经济不确定、恐怖主义、网络暴力、全球变暖等事件,所以他们非常重视个人责任、公民参与和多样性,更加规避风险。他们被给予厚望,难免产生焦虑,不太相信这是一个理想化的、无忧无虑的世界,而是更加倾向于务实和独立,思维活跃而乐于变化。这一代,尤其是其年轻的成员对音乐、时尚、化妆品、视频游戏等市场而言非常重要。营销者针对这个市场,小心选择合适的语言、音乐和形象,不断调整和升级产品与服务,才能保持对这个活跃群体的吸引力。

二、中国主要年龄亚文化群

最早系统深入研究中国消费者行为的西方学者是德国消费者行为学家霍尔马特·斯屈特(Hellmut schutte),他依照中国在 20 世纪发生的一系列历史事件,首次将中国消费者划分为三个世代:社会主义信仰者一代(1945 年前)、失落的一代(1945—1960 年)、关注生活方式的一代(1960 年后)。[1]之后,中国学者在此基础上进行了扩展和补充。例如,刘世雄和周志民(2002)[2]依据生活文化环境的不同以及由此产生的文化价值观的差异,把中国消费者细分为五代人,即传统的一代(1945 年前)、"文革"的一代(1945—1960 年)、幸运的一代(1960—1970 年)、转型的一代(1970—1980 年)、E 一代(1980 年以后)。随后刘世雄等(2010)又继续区分了"80 后"与"90 后"的划分[3]。杨东平(1997)[4]和阳翼、卢泰宏(2004)[5]等学者突出了人口结构、生育模式对世代划分的影响,界定 1979 年以后出生的中国独生子女为"独生代",认为这代人生长在中国改革开放以后经济高速增长、中西文化不断碰撞的社会背景下,同时,由于国家实行计划生育政策,其生活在没有兄弟姊妹、父母溺爱等特殊的家庭环境。表 18–3 总结了关于中国消费者世代划分的现有研究和观点。

表 18–3　中国消费者世代划分

时代名称	出生年代	经历的主要事件
传统的一代	1945 年前	抗日战争、解放战争、共产主义思潮
"文革"的一代	1945—1960 年	大跃进、人民公社、文化大革命
幸运的一代	1960—1970 年	恢复高考、国家包分配、经济体制改革
转型的一代	1970—1980 年	计划经济向市场经济转型、高考扩招
"80 后"	1980—1990 年	互联网快速普及、电子商务发展
"90 后"	1990—2000 年	数码产品流行、移动通信发展
"00 后"	2000 年以后	中国加入世界贸易组织、移动互联网快速发展、COVID-19 疫情

---

[1] Schütte, H. and Ciarlante, D. *Consumer Behavior in Asia*. New York: New York University Press, 1998.
[2] 刘世雄、周志民,"从世代标准谈中国消费者细分市场".《商业经济文荟》, 2002(5): 19–21.
[3] 刘世雄、张宁、梁秋平,"中国消费者文化价值观的代际传承与嬗变——基于中国主流消费群的实证研究".《深圳大学学报(人文社会科学版)》, 2010(6): 77–84.
[4] 杨东平,"代际冲突和独生子女的一代".《青年研究》, 1997(12): 6–9.
[5] 阳翼、卢泰宏,"中国独生代消费形态实证研究:意义与方法".《商业经济与管理》. 2004(8): 9–13.

（一）传统的一代和"文革"的一代

根据 2020 年第七次人口普查的数据显示，我国 60 岁以上老年人口达到 2.64 亿，占总人口的 18.7%（其中 65 岁及以上人口为 19 064 万人，占 13.50%）[1]。老年人的消费市场被称为"银发市场"，蕴含无限商机，理解老年人消费心理和消费行为，对有志于开发这一市场的营销者非常重要。

老年人经历人生的不同阶段，消费经验丰富。受到传统文化和生活阅历的影响，我国老年人的消费行为往往表现为以下特点。

（1）消费动机以求实求廉为主。老年人比较勤俭务实，购物一般要求商品经济实用、朴实大方、质量可靠、使用便利、有益健康。与其他年龄层次的消费者相比，他们对价格的敏感度最高，一般不愿到高档的购物场所去购物。

（2）消费内容以习惯性消费为主。长期的消费体验已经使老年人形成了一些消费习惯，这主要表现在日常生活中的购买方式、使用方法、商品认知或品牌认知等方面。他们大多对老字号、老商店很忠诚。

（3）消费选择比较理性。由于年龄和心理的因素，老年人的消费观较为成熟，不赶时髦，讲究实惠，冲动型购买少。但由于节俭和精打细算的习惯，比较容易受促销、打折的影响。

（4）购物讲求便利。生理变化使老年人行走不便，其消费追求便利性，习惯于就近消费。在产品的选择上，也更喜欢简单易用、操作方便的商品，以减少体力和脑力负担。例如，老年人对有些家用电器商品的复杂功能、各种开关、按键等大多感到不方便和反感。

（5）沟通方式上重体验、轻广告。老年人相信自己多年的消费经验，喜欢接触、试用产品。购买过程中，老年人特别看重服务，包括热情导购、适度的介绍、送货上门、免费安装调试、详细的使用说明、手把手的使用示范等售后服务。这些服务能使老年消费者感到放心和安全，降低感知风险。

（6）偏爱传统的购物渠道。老年消费者喜欢到就近的大型超市、专卖店和连锁店购买商品，一方面是出于便利的需要，另一方面还因为老年人害怕孤独，喜欢人际互动。他们有时喜欢结伴购物，将购物视为一种交流活动。目前，一部分老年消费者会通过网络购物和移动购物购买商品。这说明有相当一部分老年消费者的消费行为也在随着时代的变化而变化，尤其是知识水平较高的老年人，他们对于一些较新的购物方式表现出了一定的适应能力。

党的二十大指出，我国要积极应对人口老龄化，市场营销也应发挥它的作用。为此，营销者应该适应老年消费者的心理和生理需求，合理设计营销方案。

（1）营销者要积极开发针对性强、实用方便的老年产品，注重实用性、方便性和保健性。除了老年人用品市场以外，老年人服务市场更是一个亟待开发的市场。它包括生活服务、教育服务、送温暖服务、保健服务、医疗服务、娱乐服务、旅游服务、咨询服务等一系列服务。另外，营销者要从各个方面增加老年人购物的便利性。在选址、商店设施和商品陈列等方面，从老年人实际情况出

---

[1] "第七次全国人口普查主要数据情况"，http://www.stats.gov.cn/tjsj/zxfb/202105/t20210510_1817176.html?utm_source=zhihu&utm_medium=social&utm_oi=796295139365650432。

发，适应老年消费者的特殊需求，比如为老年人设立休息区。在服务方面，热情为老年人提供商品介绍、购物咨询，为行动不便的老年人提供上门服务、电话预约购物等。

> **营销小故事 18-1**
>
> **足力健老人鞋**
>
> 足力健是2015年成立的一个老年鞋品牌，是老人鞋品类的开创者。2021年，英国调查公司欧睿（Euromonitor）发布报告显示，足力健老人鞋为中国老人鞋销量第一。
>
> 足力健之所以能快速发展，在于专门针对老年人的全方位营销。在老年人需求方面，足力健一方面进行了大量的市场调研，发现了老年人对于穿鞋有着五个最为核心的需求：穿上不挤脚、走路不累脚、出门不怕滑、夏天不捂脚、冬天不冻脚。另一方面，2016年企业成立了用户研究中心，收集了数万份老人脚型大数据，精心研究老人的脚型变化，专门为老年人的脚型设计。研究中心在产品外观、鞋底、鞋垫等方面获得了实用新型、外观设计等方面260项国家专利，掌握了专业制作老人鞋的独门法宝。
>
> 除了专门针对老年人对鞋子需求的研发，足力健在产品上市之前，还会让100位用户体验官进行多轮测试，从产品外观、舒适度等不同的视角为产品提供最真实的意见和建议。在产品定价上，大多数鞋子在200~300元，是老年人可以接受的价格带。在营销宣传上，足力健选择对老年人触达和影响力最好的渠道——电视广告。从2016年9月，中国老年人普遍喜爱的中央电视台戏曲频道，知名演员张凯丽作为足力健形象代言人，开始在广告中为大家介绍这款鞋："不挤脚、不怕滑、不累脚""专业老人鞋、认准足力健"。这些广告词很实在，老年人一听就明白，有效地向目标群体传达了品牌信息。
>
> 参考资料：改编自 https://www.cbndata.com/information/232555。

（2）完善便利老年人网购的技术。尽管老年人总体上说主要依赖传统的购物渠道，但2020年重阳节之际，阿里巴巴发布的《老年人数字生活报告》显示，新冠肺炎疫情加速了社会的全面数字化，自疫情以来，60岁以上的老龄人口"触网"增速远超其他年龄组。具体来看，2020年第三季度老年人手机淘宝月活跃度同比增速远超其他年龄组，高出整体29.7个百分点。老年群体消费金额三年复合增长率达到20.9%，疫情期间消费增速位列第二，仅次于"00后"，消费潜力不容小觑。[1] 2020年12月25日，工信部发布方案，从2021年1月起，进行为期一年的"互联网应用适老化及无障碍改造专项计划"，于此同时，很多企业也在不断地完善便利老年人网购的技术。比如2021年9月28日，"饿了么"App正式上线对老年人更加友好的长辈模式。长辈模式精选了最契合老年人日常生活需求的四大功能频道：点外卖、逛超市、去买菜、去买药（2021年10月上线）。以早餐为例，根据饿了么数据，2020年51岁以上人群的订单量增长达到125%。老年人使用手机

---

[1] "老年人数字生活报告"，https://baijiahao.baidu.com/s?id=1681332171334511434&wfr=spider&for=pc。

最大的痛点就是字体显示过小，过去他们往往通过手机系统设置将字体放大，但会产生与 App 不匹配的情况，影响使用体验。而适老化改造后的长辈模式根据字体要求进行了模块精简和重新设计，令老年人能够完全"一目了然"[1]。无独有偶，百度也上线了"百度大字版"App，微信更新了适用于老年人的"关怀模式"。在 2021 年"双十一"之前，淘宝正式上线"长辈模式"。淘宝官方介绍称，长辈模式的改造主要由三部分组成：信息简化、字体放大、上线语音助手。核心是要帮助银发族逛淘宝时看得更清楚，操作更简单，购物更便利。[2]

（二）"60 后"和"70 后"

"60 后"的部分消费者已经超过 60 岁，进入了老年人群体；而"70 后"前期的消费者也进入半百的年龄。这部分消费者怀旧心理强烈，价格敏感性较高，注重产品的实用和功能，同时推崇大品牌。随着子女日渐独立，且人生补偿性消费心理明显，在梳妆打扮、健康营养、观光旅游方面有浓厚的兴趣。其中，"60 后"消费者由于子女独立居住生活、空闲时间多和对情感的需要，宠物消费需求旺盛，对医药保健的需求与其他年龄层次的消费者群体相比，也是很突出的。[3]

（三）"80 后"和"90 后"前期

总体看来，随着中国经济稳步发展和越来越深入地融入世界经济格局，以及在互联网高度发展下移动互联的深度、广度不断扩大，中国消费者 1980 年之后的年轻世代及其特征与国际划分结果比较接近。例如，"80 后"与以往世代相比，受教育机会大大提高，知识水平较高，进入社会早，已经成为各个行业的中流砥柱，同时也承受着房价居高不下、物价不断上涨的生活压力；"90 后"赶上了中国经济腾飞的时期，在电子产品、旅游消费、网络购物、媒介接触以及消费观念等方面均存在显著差异，更关注自我也更自信，又被称为"自我一代"。

（四）"95 后"和"00 后"

这一部分人群相当于 Z 世代。根据国家统计局数据，我国 Z 世代规模将近 2 亿，占全国总人口比重超过 1/8。这些年轻人物质生活富足，与美国的 Z 世代类似，同样是互联网的原住民，不同于美国的是，受计划生育政策影响，他们大多是独生子女，受到家庭长辈关注程度更高，儿时的孤独使他们更渴望依托互联网和社群空间寻求联系和认同，同时宠物消费也是他们的情感寄托。与父母辈相比，他们更注重体验，个性鲜明，自尊心强烈，热衷追求和尝试各种新生事物。他们是中国受教育水平最高的一代，其中的年长者已经开始走向社会开始工作，成为消费市场的主力，并且正逐步成长为未来中国新经济、新消费、新文化的主导力量。

Z 世代的消费者呈现出以下明显特征：

（1）是以数字化为生活核心基础的消费者。作为数字技术的原住民，互联网和数码产品是其日常生活不可分割的一部分。在技术革命的推动下，他们偏爱从便利、直接互动的网上渠道购物，

---

[1] "饿了么长辈模式上线　老人点个外卖太省心了"，https://new.qq.com/notfound.htm?uri=http:// new.qq.com/omn/ENT20190/ 20211001A055VD00.html。
[2] "双 11 前淘宝上线'长辈模式'"，https://baijiahao.baidu.com/s?id=1713383228850679994&wfr=spider&for=pc。
[3] "欧赛斯商业洞察：深度分析中国 00 后、90 后、80 后、70 后各世代消费者特征"，https://www.jianshu.com/p/b37bfb 173225。

喜欢在互联网上体现和表达自我，关注产品体验的社交货币价值。

（2）追求个性化和参与化。Z世代的消费者性格更加自我独立，更加追求情感价值和优质服务，关注个性化的体验感。2020年麦肯锡的一项调研显示[1]，中国Z世代消费者中，逾半数（51%）偏爱提供个性化产品的品牌，53%会选择提供定制服务的品牌。相比澳大利亚、日本或韩国的消费者，中国Z世代的消费者更渴望彰显个性。同时Z世代的消费者有强烈的参与动机，为表达个性化特征，他们参与产品的自我设计，网上的内容创作也吸引很多Z世代参与。

（3）偏好新国货。Z世代不盲目迷信大品牌，追求自己认同的潮流和时尚，拥抱民族品牌，喜欢新国货，不再以消费国外品牌为荣。他们喜欢通过社交媒体与品牌互动，非常在意品牌是否诚实以及品牌是否对社会有正面影响。

（4）对未来充满信心，更易产生超过预算的冲动消费。2020年麦肯锡的调研[2]显示，在中国、韩国、日本、澳大利亚等国家中，Z世代消费者都更倾向于"随性购买"。但中国消费者比其他国家的同龄消费者更容易冲动购物。中国Z世代冲动消费的比例在全球首屈一指，47%的受访者表示会随性购买，比中国千禧一代（24~38岁）高5个百分点，比中国X世代高10个百分点，比日本、澳大利亚、韩国的Z世代高20个点左右。

（5）社交媒体、网上评论对Z世代有重要的影响。品牌官方社交账号、网上博主/网红的意见对Z世代有重要的影响，2020年麦肯锡的调研显示，分别有55%的Z世代受访者将品牌官方社交账号作为重要信息来源，44%的Z世代受访者将网上博主/网红作为影响购买的三大因素之一，这一比例高于千禧一代和X世代。深受Z世代喜爱的关键意见领袖（KOL）为这一趋势推波助澜，提供评论、论坛和团购等服务的大众点评、美团等应用在中国年轻消费者中也广受欢迎。

（6）愿意为"悦己"付费。"悦己"消费成为Z世代的主要消费动机之一。凯度与QQ广告的《Z世代消费力白皮书》[3]认为，超过50%的Z世代认同花钱是为了获得幸福感。他们通过消费进行社交和自我价值的探寻，最终收获的是生活中的即时幸福与美好。与此同时，他们还愿意接受品牌溢价——有54%的Z世代表示，只要符合喜好，就愿意支付更多的钱；55%的Z世代认同花钱是为了开心和享受。B站因为聚合了中国将近80%的Z世代消费者，当仁不让地已经成为他们在网络上的视频娱乐集中地。

---

[1] "中国Z世代初长成，如何俘获他们的心？"，https://www.mckinsey.com.cn。
[2] "欧赛斯商业洞察：深度分析中国00后、90后、80后、70后各世代消费者特征"，https://www.jianshu.com/p/b37bfb173225。
[3] "Z世代消费力白皮书"，https://www.sohu.com/a/285319982_665157。

本章小结

作为主文化群的一部分,亚文化群是因为相同的生活经历和背景而有着共同价值体系的人群。主要的亚文化包括种族亚文化、宗教亚文化、地区亚文化和年龄亚文化。

一个消费者往往同时属于多个亚文化群。每一种亚文化影响我们生活方式和行为的不同方面,影响程度也不尽相同。通常,亚文化成员在多大程度上拥有某一亚文化的独特行为,取决于其认同该亚文化的程度。营销者通过亚文化,可以对其成员进行更具体的识别和社会化,当亚文化足够强大和丰富时,营销者通常会设计特殊的营销计划来为之服务。

思考题

1. 什么是亚文化?
2. 为什么辨别消费者的各种亚文化成员身份很重要?
3. 举例说明种族亚文化对消费行为的影响。
4. 举例说明年龄亚文化对消费行为的影响。
5. 举例说明宗教亚文化对消费行为的影响。

图书在版编目(CIP)数据

消费者行为学/王晓玉主编. —上海：复旦大学出版社，2023.2
(复旦博学. 大学管理类教材丛书)
ISBN 978-7-309-16539-5

Ⅰ.①消… Ⅱ.①王… Ⅲ.①消费者行为论-高等学校-教材 Ⅳ.①F713.55

中国版本图书馆 CIP 数据核字(2022)第 201006 号

消费者行为学
XIAOFEIZHE XINGWEIXUE
王晓玉　主编
责任编辑/张美芳

复旦大学出版社有限公司出版发行
上海市国权路 579 号　邮编：200433
网址：fupnet@fudanpress.com　http://www.fudanpress.com
门市零售：86-21-65102580　团体订购：86-21-65104505
出版部电话：86-21-65642845
上海华业装潢印刷厂有限公司

开本 787 × 1092　1/16　印张 24.5　字数 576 千
2023 年 2 月第 1 版
2023 年 2 月第 1 版第 1 次印刷

ISBN 978-7-309-16539-5/F·2934
定价：59.00 元

如有印装质量问题，请向复旦大学出版社有限公司出版部调换。
版权所有　　侵权必究